伟人的困惑

思想者卷

范炯——主编

辽宁人民出版社

ⓒ 范炯　2017

图书在版编目（CIP）数据

伟人的困惑：思想者卷 / 范炯主编 . — 沈阳 ：辽宁
人民出版社，2018.3
ISBN 978-7-205-09153-8

Ⅰ．①伟… Ⅱ．①范… Ⅲ．①思想史－中国 Ⅳ．
①B2

中国版本图书馆CIP数据核字(2017)第279401号

出版发行：辽宁人民出版社
　　　　　地址：沈阳市和平区十一纬路25号　邮编：110003
　　　　　电话：024-23284321（邮　购）　024-23284324（发行部）
　　　　　传真：024-23284191（发行部）　024-23284304（办公室）
　　　　　http://www.lnpph.com.cn
印　　刷：辽宁星海彩色印刷有限公司
幅面尺寸：170mm×240mm
印　张：21.5
字　数：330千字
出版时间：2018年3月第1版
印刷时间：2018年3月第1次印刷
责任编辑：赵维宁　艾明秋
封面设计：异一设计
版式设计：琥珀视觉
责任校对：赵卫红
书　号：ISBN 978-7-205-09153-8

定　价：70.00元

关于"回顾丛书"

约半年前,艾明秋女士来电,要我"再做点贡献"。小艾是辽宁人民出版社文史编辑室主任,也是我的第一本书《大汉开国谋士群》的责任编辑,我们的合作非常愉快,进而"成为生活中的益友"(张立宪语)。

对小艾的要求,我一向近乎有求必应。听她谈过初步设想后,觉得挺有意思,可以操作。随后,辽宁人民出版社副总编辑张洪兄来电,进一步讨论、商定了相关细则。这便是"回顾丛书"的由来。

"回顾丛书"拟每年出一辑,每辑6册左右。以经过时间和市场淘洗的旧书再版为主,新作为辅;以专著为主,文集为辅;以史为主,政治经济军事社会思想文学为辅。入选的各类书籍,都是我所感兴趣的,有料,有趣,有种。回顾的目的,当然是为了更好地前瞻、前行。

太白诗:却顾所来径,苍苍横翠微。2008年初夏,收到首册样书时,欧洲杯激战方酣。去年秋天再版,新书出炉时,我正沿着318国道驱车前往珠峰大本营。此情此景,宛如昨日。我想,再过五年、十年,回过头来看这套"回顾丛书",又会是什么心境呢?

是为序。

梁由之

2013年6月6日,夏历癸巳蛇年芒种后一日,于深圳天海楼。

却顾所来径·苍苍横翠微

新 版 前 言

梁由之

辽宁人民出版社是一家历史悠久、积累深厚的老牌名社。它与我，可谓"关系万千重"：2008 年和 2012 年，我的第一本书《大汉开国谋士群》在此推出了第一版和第二版，过程十分顺畅；自 2014 年始，应艾明秋女士和张洪兄邀约，我策划主编的"回顾丛书"陆续出版，集腋成裘，渐成气候，合作非常愉快。

一直存有一个念想：这套书中，起码应该有一坛该社自己的陈年佳酿，作为一点痕迹，一种纪念，一个说明，一次宣示。好书那么多，选什么呢？挑来挑去，我选中了《伟人的困惑》。

《伟人的困惑》全二册，分为"古中国治国者卷"和"古中国思想者卷"，范炯主编，辽宁人民出版社 1992 年 8 月 1 版 1 印。卷首各有范炯所撰详尽导读，言近旨远，热情洋溢。两书分别遴选 20 位与 23 位历史人物，每人一篇，夹叙夹议，深入浅出，雅俗共赏，不啻是 43 篇各具手眼精彩纷呈的袖珍版评传。所选人物，泰半大名鼎鼎（如刘邦、李世民、朱元璋，孔子、司马迁、苏轼），也有罕为人知的（如郝经，鲍敬言）。因出自众人手笔，角度各异，水平容有参差。但大多斐然可观，且不凡杰作（如《朱允炆：仁君梦的悲壮实践》，杨林撰；《金圣叹：悲凉的妄想者》，陈飞撰）。总之，这是两本有想法、有意思、有深度、有热力、有趣味——也有矛盾和困惑的读物，经受得住时间的淘洗，值得再版。内容上，保持原貌，一仍其旧，以示对出版社历史和同仁过往努力的尊重和怀念。在新的历史时期，它应该拥有更多的读者，带给人们全新的思索和启示。

　　再者，《伟人的困惑》所收的 43 篇袖珍版评传，与"回顾丛书"已出的《中国历代谋士传》（晁中辰主编）和《黄埔军校名将传》（王永均著），可自成一个小单元，互相映衬，相辅相成。

　　初版时隔久远，为解决版权问题，出版社花了不少力气。先是拐了好几个弯，终于找到范炯的原单位。不意范先生英年早逝，墓木已拱。又拐了几个弯，好不容易才找到他的哲嗣范昭……

　　当年，《伟人的困惑》出炉不久，我在友人方斌处见到此书，几度借读，感触良深。后来，购得一套，被亲友传阅，弄得有点脏。再后来，有了孔网，又买了一套品相接近全新的，时或翻开重读。现在，新版即将付印。瞻前顾后，感慨系之。不由想起两句古诗：

　　百年歌自苦。

　　所思在远道。

2017 年 11 月 28 日深夜，
丁酉大雪前九日，记于深圳天海楼。

卷
首
语

思想者的困惑

◎范　炯

　　罗丹有尊不朽雕像《思想者》：一个坐姿男子凝神颔首，托腮沉思。这是概括出来的人类智慧的形象。只有人类，才有思想，只有哲人，才会沉思。而哲人——思想者正是人类的精华。他们思考的对象是作为客体的大千世界，也是作为主体的心灵天地，是自我观照，也是涉世品味。他们思考的方式是抽象的逻辑思辨，也是形象的艺术感悟，是哲学，也是诗。他们是自由的，是思想的主宰；也是局促的，是思想的仆役。所有的思想者都无例外地体验过两种情绪：豁然开朗，发现的惊喜；百思不解，无路的困茫。这是一切时代局中者的典型状态。伟大与渺小，互为表里，昭示出殚思竭虑者悲壮而又执着的面容。他们几乎个个感叹过时运不济，但他们又几乎谁都不是真正的宿命论者。因为，"穷究物理""搜索枯肠"是他们生存的形式，他们永远做着"求解"的努力，以渺小的微躯成就人类的伟大，把思考的成果连同困惑奉献给已知和未知的后人们，因之而成就自身的伟大和不朽。

　　然而，这一切却永远伴之以生之痛苦和死之困惑。一切过去了的时日，无不属于那个过去了的旧世界，而一切旧世界思想者的痛苦和困惑，无不长久地回旋在人类总体的记忆之中。它是一笔财富，是一个个新思考的起点，人类通过一级级困扰的阶梯，走向新境界。

其实，罗丹的《思想者》的姿态，只是思想者的一般状态，是抽绎出来的代表性类型，具体而真正的思想者类型，原是极其生动而又千奇百怪的：

孔子，在人们心目中的剪影，是手捋胡须，怅望远水，轻叹"逝者如斯夫，不舍昼夜"。仿佛不经意的喃喃私语，道出了"天地曾不能以一瞬"（苏轼语）的名言至理，而其潜台词，则道出了生命的悲凉。这悲凉之精辟所在，正是人生的自觉。自觉之后的怆然，源自于有限人生与无限追求的反差。天不假年，他甚至无法看清自己具体追求的荒谬，更无论那千古告白的私心所愿。

孔子该怎么想呢？

孟子，那个欲以"王道"晓喻天下，与大国君王坐而论道、神色怡然的"亚圣"，误入思想者流实在有些委屈，他以王佐自命，心期平治，很有些"一语定乾坤"的书生梦想，然而梦归梦、真归真，这个富于实践热情的思想家，无疑早已随战国风云一同烟逝，然而他的"民贵君轻"的思想精华，却化作一把无形的尺度，存入后世无数士民的心中，使昏暴之君无不闻之而胆丧，致有明太祖怒弃其书于地而曰杀之惶惶失态举动。虽然，贱视天下万众的帝王专制却在"亚圣"之后绵延了两千余年，他的书意也被扭曲得面目全非，成了专制主义的理论工具。

孟子该怎么想呢？

庄子，一个手敲瓦盆、歌送亡妻的怪人。一个实际上的逃世者。他的存在只是一种象征，一则寓言，他用自己的逍遥风范和爽脱言谈提示时人和后人安度苦海余生的心法儿，他是后世一大批高人、隐士和狂生的"产婆"，而这一系列人所构成的意义，也大抵是一系列象征和寓言，虽有警世之意，但面对暴君和奴隶的世道，终归无补、无谓、无用，生也有涯，苦也无涯。

庄子该怎么想呢？

墨子，人称"小生产者的代表"，而他本人何曾享用过这么时髦的华冠？他义利并重，相对于那个时代来讲，是个新型的侠客壮士。在攻伐中他呼吁"非攻"，在仇杀中他呼吁"兼爱"，而且以武对武、以恶抗恶，尽可能简化思想和语言，而以身体力行警醒嗜杀成性、利欲熏心的统治者：士民可畏，相煎何急！他是个直截了当反对战争和仇杀的激进思想家。然而，人类的杀戮历程并未因这一巨人的真诚和热切而中止，战争的魔影至今笼罩在那同一片天空，而杀伐的因由，仍然是赫然在目的两个字：私利。

墨子该怎么想呢？

荀子，他发现了人心的险恶，用今天的话说就是人的竞争本能。可他并没有失望，而是燃起了"疗救"的热情，他像基督一样一再告诫人们，你们生来利欲熏心，你们是有罪的。但他没有像基督一样求告人们信仰什么虚空之物，而是强调后天学习、向善的重要，鼓励人们重塑心灵。这的确是一个伟大的忠告。然而，无数个世代过去了，无数个治世实以治心为本的政治家、思想家，仍苦苦执着于那片人性的荒野，在人世心灵的机巧纠缠中，证实着努力的惘然。

荀子该怎么想呢？

先秦诸子，百家纷纭，构成了中国思想的源头。大而观之，他们无不以治世特别是治国为要义，无不做着"文化英雄"的梦。然而，细敲细考，便会恍然大悟：这些伟大的思想者实与治国者隐然两别，治国者治世，安邦安民；思想者治心，究本究源。从这个意义上说，以法术刑赏为主旨的法家学说，实在谈不上更多的"中国特色"，它是构成国家的基本要素，其间差别，只在程度和分寸。那些为封建专制主义奔走呼号者的价值，已于"治国者卷"中充分体现，而此处的略去，旨在保持"思想者"的纯粹。

随着"百家争鸣"成为历史名词，生活在中国皇权时代的思想者们，更为显著的特点是寂寞的奋斗。虽说在私有制下，"任何时代的统治思想都是统治阶级的思想"，但思想者的自由是难以从根本上加以剥夺的，而思想文化的超前律又往往决定着有价值思想的当时命运：与统治思想相抵牾而横遭非议。于是，这又形成了另一个显见的传布规律，即司马迁之所谓"藏之名山，传之其人"。伟大的思想犹如石崖上的野花，艰难而又执拗地向后人昭示自己的存在。而作为自由思想的"生身父母"，一些敏感而又孤独的时代巨人，为了在严酷的环境中得以生存，也为了给人类留下一点点珍贵的文化"骨血"，他们或效阮籍酗酒佯狂，或效陶渊明归去来兮，或效苏东坡洒脱不羁，或效李渔放浪形骸。这些不幸中得以"苟全"微躯的大幸者，较之另一些不得善终的历史叛逆者，简直成了后世文人士子钦羡的人生范本，而如司马迁、徐渭、李卓吾、金圣叹、方以智、戴名世，或"触讳"，或"恃才"，或"骂世"，最终难得善终，其间较为"幸运"的也只如徐渭狂狷一生，穷愁以殁，而司马迁的死因则至今还是个谜。这就是那个黑暗年月里思想者的宿命。压抑的时代造就奇特的天才，而后又亲手扼杀了他们，周而复始，构成一部中国思想界的"人才史"。

旧时代杀死了这些优秀的时代之子。正由于他们不属于这个时代，而历史老人则以其悠悠岁月、无限情怀，收留、拥抱着他们，并不无惋惜、不无宽容地指出他们历史的局限和思考的盲点。

司马迁和王充，一前一后，两汉时期最杰出的时代思潮的制高点，他们敢于直面惨淡的人生和昏昧的世事，分别从史学和哲学高度创造出人类思想的当代纪录，可他们终于跌坐在自己曾一度大胆怀疑过的"天人感应"的尘埃之中，迷失自我。

阮籍、鲍敬言、陶渊明、范缜，这些黑暗和迷狂世界的 "独醒者"，他们洞穿时代的目光，甚至越过了我们今人的头顶，自谓"大人先生"，鼓吹"无君无司"，构画"桃源仙境"，倡言"人死灯灭"。这些惊世骇俗的言语曾怎样或激怒或照亮了那些昏乱的岁月，然而，他们在洞穿一切之后，却无法在现实世界里为自己找到一席之地，只有冥游于那杳不可确知的"人间仙界"和上古三代。思想者在时代的局中，前进有时也意味着倒退，这是不是更深一重的悲哀呢？

在思想者的行列，我们没有理由冷落用形象思辨的诗人们。

李白与杜甫，一仙一圣，高扬起整个盛唐的风采，令人千载之下，心驰神往。然而"百年歌自苦"的定律，无论对圣还是对仙，都是适用的。苦吟的兴衰"诗史"自不必说，即如李白的为人和为诗，究有哪些是真正使他得意的篇章片断呢？"白发三千丈，缘愁似箇长。"世人所见的诗人的快活，其实是诗人极至痛苦的幻象。有俗人读李诗，以为他喜欢"故作惊人语"，醉后狂言，以夸饰为快；而稍稍留意历史真相的人便不难发现，"盛世悲音"实际是个极普遍的现象，欲破解其间真意，非先破"盛世"的迷信不可。古之盛世之于今人，犹月球之于地球人。有几个人能跳出"为贤者讳"的旧史书的框框，洞悉它的负面呢？即如"盛唐"而言，"边庭流血成海水"和奸臣弄权于朝、路人斗狠于途的世道，有多少人佞佛、多少人信道、多少人谈玄？其后的深意，恐怕不独是时尚使然吧？而"功名只向马上取"的所谓时代精神，不过是每个古代强盛民族的集体意识罢了。国强、民安原就是两个不同的概念，不独汉唐如此。而汉、唐以及明朝中道的陡然衰败，无不是其盛世危机的总爆发，身处其间，敏感异常的诗心诗怀，如何消受？在以人类、人生和生命本身为慈怀对象的纯粹的诗人那里，现世的一切痛苦都是巨大的，而一切欢乐都是虚幻的，微不足道的。"大道如青天，我独不得出。"为什么？非不能也，不得也。其真正的羁绊，最终是在诗人的心里；大道所达，当非心之所愿。

李杜的困顿，也是苏轼及其后诸如徐渭、金圣叹、李渔、纳兰性德和王国维的。他们具有共同的诗人气质、悖俗气质，也就具有共同的与时抵牾的困顿。所不同的，首先是时代，是北宋的理学与党争的学术、政治空气之窒闷，是明末世俗的糜烂和政局的昏暗，是有清一代前期氛围的压抑和后期思潮的动荡。其次是因之而形成的个体差异：苏东坡亦诗亦仕，诗词豪放，宦海沉浮；徐文长亦狂亦困，狂介蔑俗，缘狂困俗；李渔亦庄亦颓，游戏人生，蒙垢人口；纳兰性德亦聪亦顽，得天独厚，得天独弃；王国维亦新亦旧，诗学实学，两得两失。这些悟性极高的诗心独具者，几乎都把文学艺术当作自己的精神避难所，不期然而然地记录着心路历程，以成就自身独特的人生使命，塑造着人类"苦闷的象征"。其间的苏东坡、王国维则又以其身跨文学和学术两端，而与方以智、戴名世、汪中构成另外的意义。

这些时代的评判者们或以学悖，或以诗狂，或以才傲，抗俗抗世，又以深厚的功力、奇警的识见，阐发精义，贡献哲思，在思想、学术的各个方面独辟蹊径。但在那个思想禁锢空前严酷的年代，仍为当政所不容，轻者为时所忌，潦倒一生；重者飞来横祸，身首异处。

然而，另有一些杰出的思想家、学问家，也给我们留下了耐人寻味的意绪。我们收容了清代大儒阮元作为代表。这位笃诚的"国粹主义"学者，在他以毕生功力建立了乾嘉学派的一些不朽里程碑的同时，也在那个中西交融的年代，为我们留下了自己的不惑之惑。这位聪明的学者，没有如当时许多泥古不化者对西学的真理之光视而不见，而表现出了一定程度的求知的兴趣，写出了《畴人传》等著作，介绍西学和中西科技史知识，对天文学等应用科学给予充分肯定，但他同时又以慷慨激昂的传统卫道士口吻，穿凿附会，像童稚吹牛一样，把你的说成我的，试图将西学的所有发明权"通通收归国有"，甚至不惜到《山海经》中找依据，以满足中国上自君王，下至庶民"中央上国"传统的集体虚荣心。其实，稍加分析，不难推断，连阮元本人也未必尽信其言，而其字缝里所透出的心态究竟说明什么呢？阮元不言，我们亦不必尽言。

泱泱中华古国，数千年文明史上思想的巨人举不胜举，我们这里选评的人物，甚至难以概括其类型。但有心人不难从中看出两个极为突出的特点：他们都是现实政治的失败者，而在困厄中成为思想巨子；都是思接千载的智者，而又都颠踬于各自时代的樊篱前。伟大和无奈都是那样鲜明，那样不容置疑。

　　思想是最最深不可测的领地，只有两种人才会涉足：学有专长，识见独具，语出惊四座，如众作者；糊涂胆大，不知深浅，终身在门外，如笔者。中国的思想史源远流长，但这一系列思想的创造者们都早已作古，如何把这一长一短令人怅惘的现象作一勾连，使后之来者得以寻绎出思想之由来和演进之迹，我想到了"困惑"的题旨。我认为，困惑正是思想流变代代不已的基因。一代英哲留下了自己的结论也留下了自己的疑问，于是下一代便有了思考的基点和目标；而诸如修身之惑、生存之惑、自由之惑、性灵之惑、治乱之惑这些几近永恒的困惑，则更是不断生成新思想的坯基。

　　相对于单纯的政治现象和权力世界，思想和人文文化的宽容性，应是其基本而又合理的内含和要求，这一宽容性，不光针对与其他领域的关系而言，而且适用于思想界各流派本身。因为，历史事实已经多次证明，那些不够宽容的流派一旦与权势结合，成为"独尊"，也就很快蜕变为教条，堕落为"教鞭"，丧失其作为思想和思想家的本真，虽能盛极一时，终成历史负累，有的甚至流变为历史垃圾，那些随历代皇朝浮沉的"显学"的命运即是如此。这才是思想者的真正的悲哀。

　　思想者应永远有其超尘拔俗的文化品格。思想着的人类，永远不应画地为牢。

　　思想没有疆界，没有范式。百家争鸣是一切伟大思想的催生剂，真理更是争论的结晶。一位朋友说：没有争论的世界是冷清的世界，没有争议的人物是平庸的人物，我深以为然。

　　浮光掠影，写下这些不着边际的杂感，私心所愿，是希望引起朋友们阅读的兴趣。书是写书者的思想总结，更是读书者的思想起点。胡思乱想是读书者较之写书者更大的一份自由。我已试着行使了这份自由的权利，相信更多的读者朋友理解我的苦心，并理解我的朋友们"用上帝赐予的声音"（契诃夫语）所琢磨出的各自不同的"叫法"——思想表述的通俗化、形象化。

　　"让思想冲破牢笼"。这句家喻户晓的名言，是对此书主旨最为精辟的概括。

卷首语·思想者的困惑 ◎范　炯

目录 | *Contents*

孔
子

古中国理想的浮沉

◎李向平

　　"半部论语治天下"。唯有中国才会发生这样的奇迹。幸亏孔
子本身不能被一分为二，不然，中国人将会继续坚信这样的奇迹。

　　千百年了，孔子的生平事迹几乎是家喻户晓。只要是中国人，不论识字
读书与否，大抵都能知道中国历史上有个孔子。近现代中国历史中的尊孔或
批孔，则更使孔子深入人心。

　　不管你喜欢还是不喜欢，也不管你是引以自豪还是不屑一顾，历史与社
会的事实就是如此。孔子的身影曾经覆盖过两千多年的中国历史，孔子的思
想曾经主宰过无数中国人或脆弱或坚毅的灵魂。独尊也好，如神般崇敬也罢，
抑或是必欲打倒而后快，中国人还是把孔子给牢牢地记住了。当年为劝说诸
侯采用自己思想主张的孔子，不能不说是席不暇暖而形象渺小，没想到给伟
大的中国历史和中国人留下了如此深刻的痕迹，留下了汗牛充栋的笔墨官司
和众说纷纭的是非议论。再过几个世纪又怎样？历史依然故我：孔子还会活着，
痕迹不会消失，笔墨官司仍将继续打下去。

　　面对着这一文化奇迹，不得不使人生发出思古之幽情，引申出忧今之深
意。

那是在公元前551年，孔子诞生在春秋鲁国陬邑（今山东曲阜）。其祖先本为宋国的名门贵族，后因躲避战乱迁居鲁国，从而失去优越的贵族门第。孔子的父亲叔梁纥虽也做过鲁国的陬邑大夫，但孔门已难以复兴。孔子出生时家道是贫贱的，青年时代他做过管理仓库和牛羊的小官；虽然后来曾为鲁国代理司寇，但为时甚短。总的说来，孔子一生主要是在周游列国、聚徒讲学与修订典籍中度过的，政治上难能春风得意，基本是一个在野的知识分子。

那是在公元前479年，孔子在一肚子宏愿未能实现的惆怅中悄然死去。他所处的时代，依然还是礼崩乐坏，高岸为谷，正在急剧动荡之中。陈旧的政治道德制度已经崩坏，新型的社会价值秩序尚未建立。一切都变得无序，一切努力都有可能失败，也都有可能成功；有可能销声匿迹，也有可能名垂千古。存活在这样一个时代的孔子，不但努力过而且是孜孜以求。从他死后所产生的影响来说，他成功了，并彪炳史册，万古流芳。

诚然，这也很使人纳闷：孔子生前的奋斗为什么只能获取死后的成功与美誉呢？

孔子活着的时代，周王朝周天子的威信与地位已经一落千丈，其无上权力逐层下移到诸侯、大夫手里。整个社会丧失了权力和秩序中心，众多的诸侯国不断地被吞并、被消灭，一些氏族贵族保持不了传统的世袭地位，而新兴的统治阶级迅速富裕壮大，在军事上要求兼并侵吞以扩张发展自己的统治势力。

一方面，是天子、诸侯、大夫政治等级森严分明的周礼统治秩序的彻底崩溃，另一方面，当时整个中国社会都处在一种动荡无序的暂时状态，无论统治者还是被统治者都在期待政治道德秩序的重新建构。统治者在显示实力收买人心并大肆进行军事兼并，企图充当整个天下的统治者；被统治者则在希望尧舜般的圣王再世，并已分别依附投靠在各大政治势力门下，希望早日结束这带来痛苦和灾难的动荡年月。所以，当时的社会理想无一不染上政治色彩；知识分子的任何努力也都只能在各诸侯国君之间进行，任何文化理想也都摆脱不了这时代与社会的规范甚至是局限。

作为当时知识分子代表的孔子，自然是超脱不了这些规范和局限。孔子本人也不乐意去如此努力。他宁愿在政治理想方面守先待后、持平保守。所以，虽然那有着森严分明政治礼仪秩序的周王朝社会已经崩溃，任何恢复和重建周代礼制的设想与企图都将是无济于事，但是，孔子却始终持守着自己固有的社会理想与政治寄托，始终以周王朝的德治礼仪作为自己的理想，主张维护由周礼所构筑起来的政治统治秩序。也正因为政治方面的这种态度，孔子在经济上也希望维持原有的经济结构，宁肯平均贫困也不要贫富分化过于激烈，反对追求财富与权贵，以免除经济力量对于君臣父子既定秩序及贵族人格尊严的损害与破坏。

孔子思考问题对待人生世事的基本态度是信而好古，宁愿依恋相信历史而不肯轻信顺从时代及其演变。在他的心目中，周王朝社会秩序及周公的制礼作乐的过程已被充分理想化了。不论身旁的社会与时代是怎样动荡、裂变，孔子总是固执己见，我行我素，迷信政治贤人周公及周代礼制。只要是过去几日未能梦见周公，孔子就会心神不宁，惶惶不可终日。将当时毫无政治道德秩序的时代与昔时周朝礼制社会比较，孔子无疑会喜欢过去周代由周公所建立起来的礼乐制度。况且，周王朝统治者承袭了夏、商两代的优秀文化道德，从而使得周王朝时期的礼乐德治大放光彩灿烂无比。这也难怪孔子一再强调自己是信从周礼、崇拜周公，述而不作。倘若在心灵深处所寄托的理想不可能在现实世界里通盘实现的话，要么就是全面放弃以往的追求而守株待兔；要么就是殚思竭虑地在现实世界进行努力。

孔子无疑是属于后一种类型。用他自己的话来说，这叫做知其不可而为之。尽管是异常的困难、艰苦，甚至要承受无数次的失败所带来的沮丧和打击。可幸的是，孔子没有绝望，以天下为己任，不知老之将至而不遗余力。

抱定着这样一个从周、复周的政治理想，孔子为此而四处奔波，周游列国，席不暇暖，含辛茹苦。他诚恳而又急切地向各诸侯国君贡献自己的政治方案，分析天下形势而陈述周礼尚可恢复重构的各种可能性。然而，孔子没能得到当时统治者的信任和赏识。统治者不相信孔子的那一套会有助于他们去兼并土地平定天下，也不相信昔时灿烂光华的周朝礼乐能够推导出一个可以重建强盛王朝的圣明天子。在这方面，孔子是彻底的失败主义者。困于陈、蔡，被围于匡，饥寒困苦，奔波几十年如一日，心中抱定自己的思想理论与治国方案。最后未见有被重用被采纳的可能，孔子只好疲惫不堪地回到鲁国，继续收徒讲学，同时，整理和传授古代文化典籍。孔子希望他的无数学生以及由他整理传授的文化典籍，可以延续他的理想和追求，影响和作用于后世中国。

从这方面讲，孔子是一个理想主义者。

可以看出，孔子的政治理想具有某些历史根据，却在现实世界难以实现，光辉高悬而不可即。孔子或许清醒地看到了这一点；更有可能，他并不认为是他理想的遥远空高而难以实现，而是他的努力和奋斗未能达到理想实现的崇高程度。作为一个智者，孔子对自己的失败有过深刻的回顾与反思。然而，如何重新选择努力的方向？如何奋斗才能使自己的理想如期实现？这些问题，曾使孔子大伤脑筋。

没有统治者的重用和赏识，周游列国其道不行，唯有一帮门徒紧紧尾随。念天地之悠悠，孔子也真感到自己孤苦伶仃。不过，孔子追求、期望的并不是个人的困苦解脱，也不是灵魂的被拯救。他的心灵支柱、精神寄托是上古圣王尧舜禹的美好治世，是郁郁乎文哉的周公周礼。个体的命运及其灵魂拯救的问题，似乎在孔子的心目中不占据重要的位置。孔子要把这些问题放在信而好古、圣王崇拜、政治道德秩序的重建的各个过程中来处理。在孔子看来，个人的命运以及精神灵魂，不能作为当时迫切的问题来对待。相对于圣王统治的恢复、政治道德统治秩序的重建，个人的灵魂能否得救乃是微不足道的小事。再说，社会秩序和道德规范的恢复过程本身，就已包含有个人的心灵的最后寄托。

孔子之所以是那样的崇敬周公，是那样的神往周朝礼制，就是因为在周公制定的礼乐制度中、在西周王朝的政治道德的统治秩序中，个人与社会已融为一体，个人的道德修养已属于西周王朝的政治统治过程；周天子无疑是天下百姓的父母家长，其道德圣贤无疑是至高无上的。个体的命运问题、灵魂得救问题由此而得到顺乎情理的化解与融释，别无神灵可以主宰，天下就是天子为圣为贤，社会政治秩序也就是生命意义与精神价值的体现。由此，个人的存在问题又何苦要舍近求远、舍人间而求苍天呢？

西周以前的商殷王朝，曾有一个受人崇拜的上帝，可以福佑人间上至帝王下至百姓的一切，也可以降临灾难以惩罚人们对它的不敬。但这个上帝，不像西方基督教所崇拜的上帝，它没有获得完全的人格化，天地宇宙人间人类也不是由他所创造的。所以他不是天上人间的最高主宰。它只是服从统治者的安排，管理风霜雨雪、春夏秋冬，或者是将统治者神化。同时，商王朝的统治者又十分相信自己的祖宗神，以为祖宗神与自己具有牢固深刻的血缘情感，更可信任，更为可靠。所以在商王朝的末年，统治者干脆自己也称"帝"，只相信祖宗神，而不喜欢一个叫作上帝的东西君临自己的头上发号施令。

周人灭商之后，周王朝的统治者眼见上帝挽救不了商王朝的命运。但为证明自己统治天下的合理性与必然性，周朝统治者也不得不重建相信"天命"的信仰体系，来作为政治权威的基础。不过，周代统治者更清醒理智，仿佛已明白对天的信仰不过是政治上的统治手段，眼巴巴地仰望苍天，到头来只会咎由自取。因此，以周公为代表的政治家们另设妙计，以德配天，以德敬天。这也就是说，天命所关怀的是那些修养有德、治国有道的人。于是，西周王朝的礼乐制度和一系列政治方略，无一不是在天命信仰的关照下，实际上又是沿袭着伦理道德的种种规范而建设起来的。国即是家的扩大形式，家族伦理也就是国家政治的统治手段；统治者（周天子）是一国之主也是天下之家长。统治者可以摆出一副父母官教化儿女的道德形象；被统治者作为子民则有祈望在上父母多多赐予阳光雨露的心安理得。这里，政治统治秩序往往就包含有对于个人命运存在问题的关注和监督，也不允许有关个人的思索询问飘溢出道德政治礼制的范围之外。

这就是孔子所崇拜的周礼。它很难用什么保守、顽固、落后的字眼来描述。苍天之下大地人间，孔子能寻觅到什么东西可做心灵的最后依靠？上帝没有，真主没有，只有往昔理想中的尧舜圣王，还有这已成为现实却又消失于社会中的周公周礼。

原有的信仰体系已经瓦解。春秋时代社会裂变，即便仅有对统治者神化对被统治者教化意义的天和天命信仰，都已动摇、颓败。原有的政治权威秩序已经崩溃。礼乐征伐已不出自天子，大夫专权，家臣骄横，一顶顶贵族王冠落地，那已伦理化的政治权威与已政治化的道德讲求，它们的内在联系则已分割、断裂。

孔子所烦恼的就是，古代文化的意义与政治权威的双重丧失。他所要努力寻找的，不仅是道德意义的，而且是政治权威的秩序。这是周公周礼压迫在他肩上的历史重担。

孔子在崇拜周公、神往周礼的同时，也就决定了他这副历史重担的分量和性质。他十分清楚，单纯恢复周礼已属不太可能的事情。

因此，孔子很难也不可能以宗教先知或救世主的形象出现在春秋时代的中国社会中。建设外在于政治社会的神学大厦，依靠上帝之类的神灵信仰来拯救痛苦于社会动荡裂变中的个人灵魂，构思一个超越于现实世界的彼岸天国理想，这都不是孔子的意愿与志向。虽然孔子也深深地感觉到，在沉重的历史与庞大的社会面前，个人的地位与作用太渺小、太软弱，个人的痛苦与磨难太难承受。有时，他也以天命自策，面对困厄与逆境大叫一声：苍天赋予我圣人之德，你们可奈我何。有时，他的高足因病死去，他会抚摸着学生渐渐冷却的手臂而喟叹天命的不公平。而在某些努力难获预期目的时，他会沛然而生畏天命畏大人的情绪心态，感到人世的无常与冷酷。但是，在更多的时候，孔子常有的思想与情感，则是神怪鬼异不言不语，不相信天命。天是什么？不过是风霜雨雪四时交替，有必要去为它伤脑筋吗？死亡是什么？连生命的意义活着的价值都不知道，有理由有资格去思考死亡问题吗？世上有没有鬼神的存在，如何与他们相处交游？

孔子的周游列国，完全不同于耶稣基督、释迦牟尼和穆罕默德几位宗教先知救世主的传道。他也做不了当时中国的救世主。他所以凄惶终日奔走诸国，所希望的只是得君行道。圣君不得，其道不行，他挽救当时礼崩乐坏、天下无道的政治理想和治平天下的美好方略也将成为一枕黄粱。天下之兴亡治乱，芸芸众生的生死祸福，孔子一人担当起来。然而，在现实世界的困难窘迫之中，上帝天命不需要，孔子一个人独力难支已经倾斜的政治大厦。故而，在孔子的理想中，一是努力争取施以青睐的国君（统治者），以君行道；一是努力教化一度沉陷在因社会裂变而价值迷失的庶民百姓（被统治者）。

孔子的最大最高理想只能如此。

既要寻求文化道德的价值与意义，又要重建社会政治的权威秩序；更为重要的却是，这权威秩序必须具有道德价值和文化意义，而价值意义体系也只能在权威秩序中来寻求。这也就是说，重新建立的政治制度必须具有价值信赖方可稳固实行，在社会变动之后的社会统治，必须通过价值意义体系的证明方可转变为合法统治。在权威系统中，信仰体系具有关键作用，它可以决定什么是合法或非法，因而就决定了权威系统的根本性质。在孔子看来，这也同时是统治者统治臣民百姓的根据以及被统治者为何要服从其统治的道德基础。

对此，孔子有一整套的美好设想。由于他对于周公周礼的敬佩，其治国平天下的主要方略就是以礼治国。这个礼，同时包含有政治统治与道德教化两大方面的内容，统治者与被统治者都会乐意接受它们。在这个大前提下，政治的本质应当是正确、正当、正直，首先具有伦理道德意义的可取价值。作为政治权威、国家君主，就应当以身作则，以道德楷模的榜样来风教天下，于是整个天下便会对他肃然起敬。倘若为政以德，以道德规范作为政治统治的手段和工具，那么，臣民百姓也会像服从道德君子的谆谆教诲那样俯首听命，就会像群星拱护着北斗星那样无所不从。

孔子曾有一个异常漂亮的比喻，说君子的道德犹如风一般，小人的道德则与小草那样，一有风吹小草必动，必然会折腰垂首。所以，统治者勤精于道德讲求，则小民莫敢不敬，莫敢不服，莫敢不忠心耿耿。

这就是孔子的"德政"理想，也是他一生为之努力奋斗的目标。假设政治上的统治治理都使用道德手段或伦理规范，注重对臣民百姓的恤养保惠以及伦理教化，所谓军队刑罚监狱等统治工具都可以废除不用，老百姓肯定会心悦诚服，自觉遵守国家法令政治规定，既有道德上的羞耻心，又有服从法令上的安分守己。如此，统治者与被统治者不都皆大欢喜共同进入大同理想实现尧舜盛世？

遗憾的是，理想终归是理想，不论是多么美妙多么伟大。

孔子不能理解所有人类历史的发展都是在矛盾中进行的，社会的进步财富的增加生产的发展，都必然要以大多数人付出沉重牺牲作为代价。这是不可抗拒却又回避不了的悲剧性的历史，二律背反。孔子更不能理解那些身为统治者的国家君主或专权大夫，他们就是历史悲剧性矛盾的主要方面，他们的权欲贪欲就是要使大多数人成为牺牲品，但同时又是当时社会演变、前进的主要动力之一。

孔子是不在其位而谋其政，自然不解个中三昧。他对于政治及政治统治者们抱有书生的可爱而天真的幻想，希望他们能推行德政实行教化，所以他老人家才会不辞辛劳地四处游说，寻找政治靠山以得君行道。他自己也试图投笔入仕，直接参与政治实践践履他的伟大抱负。可惜，那是一个绝不言及礼信道德的时代，那是一个讲究军事政治实力尔虞我诈的时代，那是一个大肆进行土地人口兼并杀人盈野的时代。孔子能不四处碰壁时时感慨吗？他也只好惆怅茫然却又我志不衰地回到老家，重操旧业，收徒讲学，整理古籍。

按理说，孔子的心灵无疑是异常的空寂，思想是难言的沉重，情感也会不可言状的苦恼。倘若没有那远大崇高的政治理想，他肯定会悉心构筑起一个神学大厦，做做宗教先知，悟道后大讲人生处处皆苦，世间时时不道德。他没有这样去想去做，也不可能。不然，中国人中将缺乏一位圣人；中国历史将失却几分光彩。

孔子是个神圣的智者。周游列国其道不行后，他曾想到过率学生乘筏渡海一去不归，也想到过天下无道不如暂且隐居，有待来日大显身手于世间。不过，他毕竟留居在鲁国。他在沉思整个时代，忧虑整个中国，甚至为后世无数的中国人操心。

他所崇尚的周代礼乐制度为什么会分崩瓦解呢？他所设定的道德政治理想为什么得不到统治者的喜爱并付诸政治行动呢？究竟是什么原因促使周代道德文化失去政治作用，失去安定社会、约束个人行为的权威力量呢？

经过多年的观察体验和冥思苦想，孔子终于有了自我信服的结论：人心变坏了，精神堕落了，人的思想行为已不符合道德文化礼制。如欲救世，必在乎先正人心，先救人。周代的道德文化依然没有丧失它的价值和光辉，只要人心能够匡正，思想行为能够有所约束，精神上能够勤苦修养，博学于文约之以礼，整个世道有救，整个中国有救。

所以，孔子提出并建立了他的"仁学"思想体系。其主要的内容是，整个社会应该建立在以血缘宗法为根据的情感心理原则的基础之上，建立在既有严格等级秩序又有某种博爱兼济人道关系的基础之上，整个社会内部应强调上下左右尊卑长幼之间的秩序、协调、友爱、团结，应该是老者安之，朋友信之，少者怀之，君臣之间有礼，父子之间有孝，兄弟之间讲悌。如此，君主注重血缘亲族之爱，老百姓则会在仁爱的原则里敬畏君子。作为被统治者来说，为人尽孝为悌者是不会犯上作乱的；作为政治主宰来说，只要整个社会实行了孝悌仁爱，也就是实现了最完美的政治统治。

孔子以为，通过整个社会（包括统治者与被统治者）的这般努力，就会把政治权威秩序理解为血缘亲子情感伦理的要求，就会令外在的政治统治手段、法令原则内化为个人的心理需要，就会把传统的礼乐制度直接归结为亲子之爱的生活情理。于是，时代、社会的难题就可以迎刃而解，重建和谐的政治伦理关系。

概括地说，孔子的努力在几经失败之后，只能依靠着传统的礼乐制度，不去做社会原则上的改弦更张，而是从人心情理上入手，从整治人心开始，去寻求道德政治的建成之路。这样一来，本是外在的政治理想转化成为内在的心灵欲求。外在的政治理想仅仅依靠外在的努力已屡试屡败，所以孔子转而由外求内，同样可收到既寻求价值意义又重建政治权威秩序的双重作用，文化信仰与政治统治殊途同归。而且，更加容易为人们所理解所接受的却是，不论价值信仰还是政治权威，它们的重建或教化作用，都不是简单地服从跟随，而是人心的内在欲求。

正因为如此，每一生活在这个时代的个人，不论是政治权威还是必须恭行孝悌的庶民百姓，都必须严于克己，克制那造成人心麻痹堕落的私欲。只要能够自我克制，勤于道德心性的修养，注重心灵精神的纯净和自守，那么，整个社会便会共同臻于仁学博爱的境界，所谓政治理想和太平盛世便会自然到来，统治者也不会去凭借着外在法令暴力来实现对社会的控制，被统治者则心悦诚服地接受政治权威，将孝悌仁义视为政治原则。

克己复礼为仁。一曰克己复礼，天下归仁焉。

可以说，这是孔子德政、仁学理想的集中体现。一方面是追究周代礼乐文化在当时失去作用的时代原因，一方面是为自己政治抱负的充分实现而另辟蹊径。于是，政治统治的权威与原则被引导和满足在日常生活的伦理心理的系统之中。寻求诸侯国君的赏识重用以及政治权威秩序的重建，由此变成了个人内在的成德成圣的问题。政治上的矛盾与失败会由此而归咎于心性道德修养训练方面的问题。所谓克己，就是自我克制，德性自我；所谓复礼，就是周代礼乐文化社会秩序的恢复；所谓为仁，也就是道德信仰体系与政治统治手段的相互黏合。

正是这仁学理想，首先斥除了人们的宗教欲求与彼岸意向，肯定了君臣父子夫妇的心理人情及贯穿于其中的忠孝原则，始终把庶民百姓的文化信仰、价值欲求局限在政治权威的影响范围之内，然后又希望政治主宰们也注意以仁学原则自我克制，从而以道德楷模伦理先知的模样出现在臣民的心目中，以免重新导致道德与政治的冲突以及国家政治与庶民百姓的对抗。

外在的礼制、权威、暴力，都由此而转换成为从属和次要的东西，根本和主要的却是人的内在伦理心理状态。人性的纯正美好与否，直接决定着政治的清明或昏浊，直接决定着权威秩序的安稳与动荡。这就是中国历史上具有划时代意义的内圣外王理想的首次出现，同时也是孔子作为中国儒学创始人的奠基之处。

诚然，孔子也受着历史与时代的客观制约，不得不修正其理想和努力方向，变单纯的外王政治目标为内圣成德之学。对于周公周礼的崇拜敬从，使孔子不可能离开礼乐制度价值意义的寻求，不可能成为宗教先知救世主，而只能作为思想家和伦理楷模出现；春秋时代的政治斗争你死我活，道德礼仪只能成为大鱼吃小鱼的牺牲品或无形的阻碍，这使孔子的政治目标不可能迅速实现，仁学德政更不可能得到各个诸侯国君的采纳与推行。在这样的时代条件下，孔子以天下为己任，不得不由外王（政治）而求内圣，由对当时统治者的诚恳期望转而去赞美远古圣王尧舜禹，祈求现实社会中的统治者去做圣王。

孔子为此主张，得道为仁乃是个体生命的自觉责任，而非他人社会的外在要求。从国君到平民百姓以至引车卖浆者流，皆应一视同仁，都必须把道德克制为仁义引为自己生命存在的基础。

尽管在孔子所处的时代里，外王内圣的理想经由孔子的苦心经营已初具规模，可是这一理想始终还是保持着理想的形式，难以成为现实世界的建设蓝图。孔子终其一生直至溘然逝去，也未能成为天下君民共同景仰的精神导师，更不可能成为治理国家统治百姓的政治设计师。

在此理想与现实依然存在着不可缓解的矛盾的同时，孔子也并不完全摈除其外王政治目的，全然内向求己反观自心，但求为贤为圣。他为自己也为他的学生（更为后世无数中国人）制定了由内圣通向外王的捷径：学而优则仕。

当理想与现实的矛盾不可能最后解决时，作为知识分子，不能改变自己的理想去屈从现实，却可以自我砥砺严格修养而等待举用。尽管孔子主张的学而优则仕，为知识分子开辟了一条参与政治的路径与方法，但也难以保证学优者必能做到仕优；外王的目标能否真正实现，能否与内圣真正沟通，大都是无暇顾及的。倘若理想与现实的矛盾永恒存在的话，知识分子的外王问题（政治理想）也就自然转变成为出仕做官统治百姓的问题。

外王的问题，孔子不可能把握；后世儒生即使高唱内圣外王的曲调，也只能是君子动口不动手而已。春秋战国之后，治国平天下的外王之事，只好让秦始皇、汉高祖、汉武帝这类人物去干了。至于外王者果否就是内圣者，各代儒生也不太怀疑。外王者肯定为内圣者，道德修养不达圣境如何能为天下之主！内圣者却不一定非外王不可。

实际上，到了这步田地，也就是外王理想的萎缩与内圣境界的自我压抑了。在孔子那里，外王理想又何曾得到过展开？内圣的境界又何曾不是以克己、自律、为仁由己作为主要内容？作为理想，它产生形成于当时的现实世界里；但自因孔子的努力使其具有雏形时，直至后来中国两千多年社会中，这一理想始终没能保持正常的形态并且自在地展开。

然而，这就是中国理想。孔子能荣幸成为儒学的创始人，一个很主要的原因当是这一中国理想的最初设定。它上承周公周礼的皇皇圣德，寄托有远古圣王尧舜禹的灿烂德业；下启两千年中国历史中道德与政治的绵延发展。中国文化中所具有的重要内涵，如血缘基础、心理情感原则、强调忠孝人伦、人道主义色彩和个体人格的注重等等内容，都无一不由这内圣外王的理想所涵盖。这一中国理想在千年历史中多经沧桑浮沉，成为儒学传统"有治人无治法"的原始根由，把道德政治常常混为一谈；弄到最后，是大谈内圣却使假道德假道学不胫而走，一切外王事功都是为了内圣，外王的作用成为次要的东西，圣者不圣、王者不王。但这毕竟是中国人的理想，是由孔子创设沿袭千百年的中国理想。

孔子能获得中国人的崇拜、赞美、歌颂，无不由此理想；孔子所遭到的抨击、批判、咒骂，也无一不是因为这个理想。为了这一理想，有些中国人还伪托着孔子的美名，干着自己的事情；也有些中国人顶着孔子的招牌，在利用、玷污着这一理想。谁是谁非，孰善孰恶，孔子不能复活再生。

或许，孔子的理想类似于柏拉图的"理想国"。柏拉图在西方文化思想史上的地位也近似于孔子在中国文化思想史上的地位。柏拉图的理想国家也建立在伦理学之上，以为所有的人如果都讲道德和德性，就不必有法和国家，因为一个完全有德性的人受理性而不是受外在的政治原则所支配。在理想国里，理性应占据统治地位，所以受过哲学训练的人代表理性，应为统治阶级，即"哲学王"。在这里，哲学与政权融为一体。或者哲学家取得王权，或者是称为国王和君主的人具有足够的哲学方面的真正修养。

表面上看来，柏拉图的理想与孔子内圣外王的理想十分类似。但实际上是貌同而质异。柏拉图的理想世界乃超越经验世界，不受丝毫人间世俗关系的支配；伦理学上的至善，是理性所具有的绝对价值，而理性则来自于对永恒理念永恒存在的把握与认识，统治国家的"哲学王"别无其他寄托，归根到底，依据的却是超越现实世界的永恒理念。尽管柏拉图这一套以理念为世界模型的理想，实质上是人间神国的梦想，往往被人称为乌托邦，但是从其理想内容及其所有的终极依托而言，则使孔子所创设的中国理想大异其趣。

孔子以一平民身份提倡德治，主张仁学，但又颇感人微言轻无征不信，所以要强调远古尧舜禹圣王德业，以作为心灵上的依靠。同时，孔子崇敬周公鼓吹周礼，这也是他精神上的寄托。所以，他想做的是道德楷模，如能得君行道，不妨自己就做做"道德王"（圣王）。他不需超越现实世界的神学关照，恰恰相反，他极力主张入世出仕，在人间实现内圣，在现实中追求外王。这就不像柏拉图，没有高居于人间任何人群之上的价值秩序。孔子的理想世界就是现实世界。他一生的努力方向，不过是以克己内圣作为接受外在政治权威的心理情性根据，不过是以外王事功作为个体生命努力向善趋圣的途径。然而，孔子万万没有想到，德性内圣与政治外王搅混在一块，不仅是圣者难以自圣，而且对政治外王无力无法以德性原则来加以规范和制约。王者可以自信自称为圣者贤君。

对此，孔子无可奈何。作为一个智者，他老是努力于世俗人间君臣父子的伦常关系之中，太不愿意去思索去追问那可以超越君臣父子政治伦常之上的永恒存在，太不喜欢去建设去构筑那可以超越外王权威秩序的心灵价值世界。因此，栖遑终生艰辛一世，只好徒然喟叹：逝者如斯夫！天丧吾乎！究竟什么境界堪称内圣，什么模样的道德君子可以为王为君，道德君子又如何学优而仕成为天下主人，……诸如此类的问题，孔子自己生前也未必全弄清楚。他带着满脑子的困惑离开了他依恋不舍的人间世界。学生们辑录了老师的言语称为《论语》，以释心中困惑。然而，跟孔子一样，不但是他可爱的学生，而且还有历代的儒生，也追随着孔子困惑了两千多年。

墨　子

摩顶放踵利天下而为之

◎荣　真

就其所创立的理论学说在后世的遭遇而言，他几乎只属于他所托身的那个剧烈动荡的时代；就其思想中洋溢着的极具论辩色彩的战斗的平等精神而言，他无疑属于后来的所有世纪。

墨子，名翟，其生卒年大约在公元前 468 年到公元前 376 年之间，恰在孔子之后，孟子之先。他是鲁国人，一说为宋国人，宋昭公时在宋国做过大夫。

墨子曾自称为"贱人"，是个技艺超群的木匠。他和同时代著名工匠公输般（鲁班）都曾制造过会飞翔的木鸢。墨子说自己"上无君上之事，下无耕农之难"，可能已经上升到"士"这个阶层。他学问渊博，早年学儒，受孔子之术，因恶其礼教烦琐，厚葬靡财，遂非儒反孔，自创墨学。其门徒众多，均为劳动者。墨家集团是一个准军事组织，其领袖称为"巨子"，皆仁义慷慨，赴火蹈刃，死不旋踵。秦汉以前，墨学、儒学并称世之"显学"，可见其影响之大。汉以后，墨学中绝。墨子的思想资料主要集中在《墨子》一书中。

动荡的时代造就了理论大家，困惑的世界培育出斗士哲人。从春秋后期起，一代又一代的探索者就各自以其独特的视角、新奇的逻辑、机敏的思维和快捷的辩才，辗转跋涉，游说于各诸侯国之间，群星灿烂，各领风骚，使中国古典哲学形成了独具特色的现实传统。属于这个传统的，有孔子、孙子、孟子、商鞅、荀子、韩非……墨子是他们中间最富矛盾性和斗争性的一位。

◆◇ 非攻与征诛

战国初期，奴隶制度的影响还十分强大，小生产者集团在经济上的发展仍然要受到许多限制，而且从根本上说来，封建生产方式的诞生也不会给他们带来真正的福音。因此，他们迫切希望有一个能够稳定其外部经济的安定和熙的社会环境，发展生产，增强自己的经济实力。但是，剧烈而频繁的兼并战争无情地撕碎了他们美好的憧憬，粗暴地践踏了他们虽然愚昧却十分纯真的情感，使他们陷入了更为深重的迷茫和更为热烈的希冀之中。

作为小生产者集团的代表，墨子的视线当然也要受到战争强烈的吸引。被兵燹战火笼罩着的世界已成为历史的十字街头。为什么会发生战争？战争的性质又如何区分？进而则是人为什么要被分成高下不同的若干等级？各个等级为什么会有不同的权利和义务？等等。这些问题肯定也曾困扰着蹒跚独行在历史街头的墨子。正因为有困扰，所以才有希冀和执着的求索。战争成为促使墨学形成的重要动力之一。

墨子直觉地感到兼并战争给人民生命财产带来了巨大的破坏：刈禾稼，斩树木，堕城郭，湮沟池，攘杀牲畜，燔烧祖庙，屠杀万民，掠夺重宝，至于百姓因饥寒冻馁而死者则不可胜数。不仅如此，墨子清醒地认识到，战争使社会再生产的条件遭到严重破坏，必将导致社会政治的混乱和行政管理上的瘫痪，因为兼并战争"久者数岁，速者数月，是上不暇听治，士不暇治其官府，农夫不暇稼穑，妇人不暇纺绩织纴，则是国家失卒，而百姓易务也"。墨子愤怒地揭露天下之大害是大国之攻伐小国，由此才产生了"强之劫弱，众之暴寡，诈之谋愚，贵之傲贱"等一系列恶性循环。所以，墨子最痛恨齐、楚、晋、越等国统治者，谴责他们"攻其邻国，杀其民人"，"厚作敛于百姓，暴夺民衣食之财"。从小生产者以劳动立身、以俭求富、要求减轻剥削的善良愿望出发，墨子坚决反对厚葬久丧挥霍和浪费社会财富的恶习。他还痛斥奴隶制屠杀奴隶殉葬的罪恶制度："天子杀殉，众者数百，寡者数十；将军大夫杀殉，众者数十，寡者数人。"这是当时对奴隶制度十分清醒和自觉的反抗。所以墨子一面提出"非乐""节用""节葬"等政治主张，幻想统治者自觉地减轻对人民的剥削，使用人力物力"以奉给民用则止，诸加费不加于民利者，圣王弗为"，一面向天下各阶级主要是统治阶级疾呼"非攻"，坚决反对大国之攻小国的"攻伐"战争。

大约在公元前444年，名动天下的能工巧匠公输般为楚国制造了一种十分结实和灵便的攻城器械——云梯，楚王大喜，决定挟此向中原的宋国进攻。

消息传到了东方的齐国，墨子得知后很快离开齐国南下。他身着裘褐，足登跂蹻，怀揣粮糗，肩背草履，登山涉险，晓行夜宿，恨不得一步便跨至目的地。当他吃完了最后一块干粮，穿破了最后一双草履，拖着一双被沙石磨得血肉模糊的光脚板，踉踉跄跄地走进楚国都城的时候，已经过去整整十天了。与此同时，他的学生禽滑厘率领几百名壮士，手持墨子研制的新式守城器械，正百倍警惕地巡视在宋国都城的城头。

楚国宫中，墨子力谏楚王不可攻宋。他解带为城，以牒为守城之械，与公输般当廷较技攻防。公输般变换多种进攻方法均遭失败，而墨子的拒守之法却未用尽。当意态始而骄横继而惊讶的楚王得知墨子已派人在宋国做了精心防卫之后，终于放弃了进攻宋国的打算。

墨子就是这样辛勤跋涉于山野丘壑之间，不顾个人安危，成功地制止了多次征伐战争，摩顶放踵，利天下而为之。墨子虽然主张"非攻"，即反对大国攻伐小国的战争，却并不非战。反对"非攻"的人反问墨子：你说攻伐是不义的，那么，古代夏禹征讨有苗氏，商汤讨伐夏桀，周王征伐商纣，为什么他们又被尊为圣王呢？墨子回答道：你所说的攻伐实际上应谓之曰诛。在墨子看来，汤伐桀，武王诛纣，所以除天下之害，兴天下之利，义莫大焉。诛杀别国更为残暴的统治者和贵族是正义的战争，应当除恶务尽。墨子反对儒家"毋逐奔"即穷寇勿追的迂腐主张，认为那样做将导致"天下害不除，是为群残父母，而深贱世也"，是人世间最大的不义。自墨子"征诛"理论出现以后，儒学大师孟子也曾有过"闻诛一夫纣，不闻弑君也"的名言，在这一点上同墨子取得了一致。墨子利天下而为之的任侠风度，赴火蹈刃死不旋踵的殉道精神感染了其后几代人！但是，墨子的"征诛"理论还不是尽善尽美的，因为他主张这样的征伐必须由统治阶级主持，人民不能直接向自己的敌人宣战；由于时代的局限，墨子对春秋以来许多有利于统一的兼并战争的历史作用也是无法正确认识的。

◆◇ 兼爱与尚同

但是战争并没有因前述墨子所做的这一切而停止，贵族与庶人、封君与僭主、将军与陪臣、楚子与秦公……都在拼命厮杀。战争的背后究竟隐藏着何种本质动力？究竟怎样做才能完全刹住疯狂的战争之车？自古多征战的中国使得人们对"太平盛世"的希冀一代更比一代强烈，但是除了墨子企图在庶人和贵族之间架起一座平等之桥以外，后来的封建思想家有几位能与墨子比肩而行呢？

墨子的学生魏越问他："既得见四方之君子，则将孰先语？"墨子特别叮嘱他：如果你去的那个国家专事侵凌掠夺，你就对他们宣讲"兼爱""非攻"。"兼爱"就是墨子为平等之桥铺设的奠基石。

墨子多方面考察了当时社会上各种不平等现象的始末由来，认为自尧舜禹汤文武三代圣王之后，天下失义，导致国相攻、家相篡、人相贼、父子不慈孝、兄弟不和调，皆起于不相爱。因此，天下人就应变不相爱、交相恶为"兼相爱"、"交相利"，要以兼易别，爱无差等。因为恶人者，人必从而恶之；害人者，人必从而害之，所以爱人者，人必从而爱之；利人者，人必从而利之。墨子认为，实行"兼爱"的矛盾双方即统治者和人民中，统治者应当是起主导的决定性作用的方面。从前楚灵王好细腰，结果后宫里的人便投其所好，每天只进一餐，饿得要扶着墙壁才能站起来，人人面带黧黑之色，还不是因为国君喜欢和倡导的结果吗？所以只要统治者身体力行，强不劫弱，贵不傲贱，"兼爱"又有什么难于实现的呢？墨子的理论显示了小生产者集团在经济上的软弱性以及由此而产生的对社会政治的幼稚认识。他以庶人的伦理道德标准去要求统治阶级向世界普施慈惠之爱，不但抹煞了阶级的差别，也抹煞了等级的差别。墨子鼓吹"农与工肆之人"和"王公大人"之间超阶级超等级的人类之爱，在理论上是荒谬的，在实践上也是不切实际的幻想。但是也应当看到，"兼爱"说的主观愿望是要禁止"强者劫弱，贵者傲贱，多诈欺愚"，从而自根本上杜绝剥削和压迫，消除人与人之间在社会权利与义务上的不平等现象。就奴隶制的"亲亲"和儒家所宣扬的"爱有差等"而言，"兼爱"说无疑是我国古代富于战斗精神的平等思想，不可简单否定。

墨子正在竭尽全力开辟和建设着自己的精神世界，即使以今天的尺度来衡量，他的理论建设也具有相当大的难度，尤其是当他触及社会政治的神经中枢——政治制度的时候，我们透过其学说中严重对立的矛盾建构，仿佛看到了一个执拗坚韧而又愁肠百结的哲人形象。别人是在用"心"思索和探询周围的世界，墨子则不仅用"心"，还义无反顾地奉献出自己的全部血肉。

中国的思想家喜欢"托古"，"托古"的目的是要以古代的权威对抗现实的权威，假托死人的理论说服或压服活人，此举除了说明中国人具有无与伦比的历史感和作为社会道德承担者的正义冲动以外，还表明了其理论本身与现实政治的包容度相去较远，缺乏有力的现实支撑点。小生产者为了发展生产，提高自己的社会地位，除要求有一个安定的社会环境，其上层人众还要求参与国家的行政管理，在政治上有自己的发言权，为本阶级的利益伸张正义和提供保护。于是墨子也像孔子一样，言必称三代圣王，将其打扮成尚贤使能的最高典范，借此呼吁现实社会的统治者满足小生产者的参政愿望。

在墨子看来，尚贤乃为政之本，因为由贤才听狱政治，国家才会万民和乐欣欣向荣；由贤才守土驭民，才可能不乏关市山林之税，增强国家的经济实力。舜耕于历山，渔于雷泽，尧立以为天子而治万民；伊尹为臣仆厨役，商汤立以为三公，令掌天下之政；傅说本善版筑（盖房子），役于傅严之城，武丁却立以为三公，使治天下之民。此三人都是既无地位又无财富而相貌皆属平常的"农与工肆之人"，却被圣王们高予之爵，厚予之禄，任之事，断予之令。所以墨子激愤地指斥"今王公大人其所富其所爱皆王公大人骨肉之亲"的丑恶现实，要求举公义，辟私怨，效法三代圣王，"不党父兄，不偏贵富，不嬖颜色"，"有能则举之，无能则下之"，"官无常贵，民无终贱"，呼吁打破等级身份的桎梏，尚贤使能，实现国家政治上的平等。孔子也讲尚贤，不过是在"亲亲有术"宗法理论上的尚贤，而墨子以任人唯贤代替了任人唯亲，以官无常贵否定了儒家的亲亲尊尊，符合时代发展潮流，同"兼爱"一样，体现了鲜明的战斗的平等精神，冲击了宗法制度人唯求旧的血亲观念，并且化入自陈胜直到洪秀全的历代势不可当的农民起义的口号和纲领之中，所以才招致历代封建卫道士的谩骂和反对。

在科学尚在萌芽的古代，等级间的差异和对立总是令人感到比阶级的对立更直接、更明显，也更能撩拨人的情感。所以，古代世界中那些喜欢浮想联翩的浪漫哲人不论怎样超脱自己，最终都身不由己地被拖拉到现实的港湾。墨子也是如此。他的尚贤理论充满了对圣王时代原始民主制度最热烈的赞颂和情意缠绵的呼唤。当他呼吁"兼爱"，呼吁打破世卿世禄制度尚贤使能的时候，天真浪漫得像个不懂世故的孩子。而当他以此为起点继续向前探索，终于又摸索到另一个点——"尚同"的时候，墨子却由理想天堂回归到现实世界。令人感到可悲的是，墨子在这个探索过程中始终坚信自己面向前方迈进，从未意识到自己只不过是在森严的等级世界中留下一道杂沓的圆形足迹而已。

墨子对国家这个政治实体作了考察，认为在"古者民始生，未有刑政之时"，人们对社会生活的看法各不相同，一人一义，十人便有十义；人人都坚持自己的意见，而反对别人的主张，闹得百姓之间分歧丛生，甚至父子兄弟互怨互恶。天下人皆"交相非"，有余力不以相助，有余财不以相分，有良道不以相交，整个世界混乱得犹如禽兽相噬。墨子断言，造成这种现象的根本原因在于"民无政长"。于是才选出贤良圣明的人做君主，统一了人们的意见，创设了国家组织。墨子当然不会懂得，国家的产生绝不是某种正义力量推动下的演变发展过程，而是私有制度发展到社会阶级矛盾不可调和的产物，是阶级压迫的工具，因此墨子关于国家起源说法的本质是历史唯心主义的。然而，墨子毕竟提出了国家是历史发展产儿的观点，较之儒家的"天生蒸民作之君"的理论无疑是一个巨大的进步。

天子选出来了，还要有三公、诸侯等等辅佐天子治理国家。这样，便出现了一个统治和被统治的关系问题，和如何建构统治秩序问题。墨子这里说的各级官吏是所谓的贤人，因此他要求百姓皆要唯上级统治者之命是听，所谓"上之所是，必皆是之，所非必皆非之，上有过则规谏之，下有善则傍荐之"。自里长而国君至天子皆要"上同而下不比"。要做到这一点，必须赏罚兼施。如确能率一方之民，统一一方之义，必以上之是非为己之是非，则赏誉之，否则必施以毁罚。而天下人就其本性而言，皆欲赏而畏罚，所以百姓必上同于里长，里长必上同于乡长，乡长必上同于国君，国君必上同于天子，天子又总理天下之义上同于天。这样，"治天下之国若治一家，使天下之民若使一夫"，人人皆以余力相劳，余财相分，良道相教，一个新的统治序列建构成功了。这就是墨子的"尚同"理论。这个政治改革的设想在某种程度上已经被墨子应用于小范围的社会实践墨家集团即实行"巨子"的推选制度，前任"巨子"又在集团内部挑选最贤德的人作为后继者。

"尚同"是以"兼爱"和"尚贤"为自身存在的基础的。墨子从坚持和维护人民的利益出发，幻想由那些"为万民兴利除害、富贫众寡、安危治乱"的贤人治理社会，要求人民在各自的位置上"兼相爱"，供养和服从统治者，反映出小生产者集团具有反对野蛮贵族政治的一定的阶级自觉性，而墨子对统治序列的设计也符合中央集权政治模式发生发展的历史趋势，后来法家的专制主义集权理论便沿用了墨子的尚同思想，尽管墨、法两家的阶级立场和观点很不相同，然而在"同于上"这点上却取得了一致，难怪20世纪40年代即有人断言墨子主张独裁政治（李相显：《先秦诸子哲学》）。无论怎样，墨子的"尚同"理论的确凸现了一种悲剧性的矛盾意识："兼爱""尚贤"虽然表示了小生产者集团对弱肉强食之世的愤怒和抗议，表示了对平等的圣王之世的深切憧憬，然而，在一个依靠阶级压迫等级对立维系自身的社会里，小生产者包括小农民和手工业者由于自身经济基础的极端脆弱，对日甚一日的贫富悬殊和兵燹战祸怀有本能的畏惧之心，使得他们无法依靠自己的力量实现理想，不能提出比较彻底的革命主张，只能"同于上"，只能要求有一个高高站在他们上面的权威，一个不受限制的政府权力来代表他们，这种不受限制的政府权力的集中表现就是总理天下之义的天子。所以，最初否定了等级制度呼吁"兼爱""尚贤"的墨子，最终又肯定了等级制度，归结为对等级序列的重建。墨子"尚同"理论为我们提供了一把理解"封建农民"起义的钥匙，即在不触动封建生产方式的前提下，从陈胜到洪秀全的历代封建农民领袖都不可能自觉地建设一个反封建的纯粹的"农民政权"，他们的行动，在本质上都是"补天"，而不是"拆庙"；小生产者本身的存在就是等级制度专制思想发生发展的群众基础，因此我们现在的一个重要任务，就是要坚持在经济和思想文化领域继续有步骤地肃清小生产的影响。

◆◇ 尊天与明鬼

在宇宙观上，墨子同许多小农民、行会师傅和帮工一样，是一个有神论者，他相信天和鬼神主宰着自然界和人类社会。同神学宗教教义相比，墨子尊天事鬼的宗教思想同经济基础和政治形势的联系更为紧密。

墨子所说的大首先是一个意志之天、人格之天，可以赏善罚恶。墨子是个工匠，离不开规矩准绳，所以他又很自然地将天志作为衡量人们言行是非和政治清浊的标准。

那么，天志的内涵是什么呢？墨子说："天之意不欲大国之攻小国也，大家之乱小家也；强之暴寡，诈之谋愚，贵之傲贱，此天之所不欲也。"天之志即为义之经。反天意之道而行即为不义，是以"别"为道，是以力正天下；顺天意即为"兼"，是以义正天下，即实行以"兼"易"别"的义政（又叫善政）。由此可见，天志就是"兼爱""非攻"的宗教神学化。

墨子认为鬼神的存在也是真实的，不容怀疑。他攻击无神论者宣传世无鬼神使人心受到蛊惑，造成天下大乱。墨子相信鬼神无所不在，即使在深溪之滨、密林之内等无人之地，言语作为也不可以不谨慎，因为鬼神正在暗中进行监视，就是说鬼神也可以赏善罚恶，进行报应。

所以，墨子宣称天志不可违，鬼神不可欺。墨子举例说：商纣王贵为天子，富有天下，但他不按天意办事，诟天侮鬼，残虐万民，荼毒无罪，甚至贼诛幼童，刳剔孕妇，致使天下之人皆号咷无告，于是天就授意武王灭掉了商纣。有些学者认为，墨子心目中的天鬼善良爱民，主持正义，是人世间最公正的裁判者。这种神学对于官方正统神学来说，无疑是一种异端神学，是对传统观念的大胆冲击和背叛，因而具有很大的进步意义。如果将墨子尊天事鬼之论与殷商一味迷信上帝的宗教神学相比，也许的确如此，然而与西周天命神学相比较，恐怕还不能如此评价。诚然，西周天命神学论证了君权神授，建立了虚幻的天界上帝与人间天子的血亲关系，但是，由于"殷鉴"不远和维护"小邦周"政权稳定的需要，周初统治者改造了殷商神学迷信，成为独具特色的天命转移的神学观念。其主旨就是认为天命的给予是有条件的，这个条件就是保民；保民的主要内容就是用贤、慎刑、上下勤恤等等。就是说天意的具体内容要受民意的约束而定，所谓"天视自我民视，天听自我民听"（《尚书·秦誓》）。如果不这样做，周天子也会像商纣王被周人取代一样，被别的敬天保民的统治者所取代。可见，在理论上和形式上，墨子并没有比他的先辈提供更多的东西，所不同的是，墨子的出发点是为维护小生产者的利益而提出尊天爱民，西周统治者则以巩固自己对天下的统治而提出敬天保民。也只有在这一点上，我们才可以说天志思想具有一定的进步意义。

同"尚同"学说一样，"天志"思想中也活跃着等级制度的幽灵。墨子屡次提到实现"义政"即顺从天意兼爱天下之人的前提是自上政下，"无从下之政上，必从上之政下"，"义之不从愚且贱者出，而必自贵且知者出也"。似乎展现了这样一种观点：愚与贱、贵与智之间有着必然的因果联系，所以人民不可能作为"义政"的主动者出现在政治舞台上，只可托庇于作为"义政"实践主体的既贵且智者的福荫之中。这是一种唯心主义的命定论观点，它通过尊天事鬼论证了阶级压迫和等级对立的合理性。

别具意味的是，墨子可能最早为封建地主阶级提供了一套较为完备的愚民武器："古圣王皆以鬼神为神明，能为祸福，执有祥不祥，是以政治而国安也。自桀、纣以下，皆以鬼神为不神明，不能为祸福，执无祥不祥，是以政乱而国危也。"在要求人民坚定天意和鬼神信仰，做循规蹈矩的顺民的同时，公开鼓励统治者利用宗教迷信治国安民，认为这是圣王之道。此与《易传》"神道设教"思想同工而异曲。

然而墨子又力主"非命"之说。反对命定论。面对来自各方面的诘难，墨子泰然自若地阐述自己的理论，使人对他杰出的应变能力和语言内在的逻辑力量感到惊讶。一个虔诚的有神论者猛烈地批判命定论，仅此一点就足以有理由使我们对全部中国思想史发生兴趣，因为在一般人看来，信仰"天志"鬼神与主张命定论乃是顺理成章之事。

孔子有"三畏"，其中之一是"畏天命"，认为天的意志可以决定人的命运，所以他概括为一句话："死生有命，富贵在天。"墨子则针锋相对，认为"在于桀纣则天下乱，在于汤武则天下治；岂可谓有命哉！"否定天命的存在。有命论者认为，上之所罚，是你命里注定该受惩罚，不是因为你的残暴；上之所赏也不是因为你的贤德，而是因为你命中注定要受奖赏。墨子认为，如果照有命论者的话去做，人生一切都是命中注定，任你费尽心机，辗转腾挪，也无法同天命抗争，人的生夭福祸，只与天命相连，同人的清浊昏贤毫无关系。这样一来，还有谁肯在自己的位置上勤恳于分内之事呢？王公大人必怠于听狱治政，卿大夫必怠于治理行政，农民疏于耕稼树艺，妇女则懒于纺绩织纴，必将导致衣食之资严重匮乏，万事荒废，一种无可奈何、得过且过、毫无进取精神的社会心理趋向就会控制整个国家。人人皆不为善举，臣不忠、父不慈、子不孝、兄不良、弟不悌，伦理失序，为政失和，道德沦丧，天下凶暴。相信天命对现实社会有百害而无一利。"上无以供粢盛酒醴祭祀鬼神，下无以降绥天下贤可之士，外无以应付诸侯之宾客，内无以食饥衣寒将养老弱"。所以，若偏执有命之说，则于尊天事鬼的"上利于天，中利于鬼，下利于人"相反，上不利于天，中不利于鬼，下不利于人，是对"义政"的最大反动。可见，墨子注意的只是有命之说与"尚同"、"天志"等的关系问题。他的"非命"论与尊天事鬼思想一脉相承，都是为"非攻"和"兼爱"天下人张本的，是从反面来论证"天志"鬼神思想的合理性。因此，"非命"的要害在于要求人们了解认识的主要对象是"天志"，建立"天志"和鬼神的绝对权威。尽管墨子的"非命"论显示了一定的唯物主义倾向，然而因为他仅仅根据感觉经验而不是尽量依据当时科学发展的成果去理性地进行哲学上的论证，否定天命的存在，还由于他在"非命"的同时极力宣扬顺天意者必得赏，如周武王；逆天意者必遭罚，如殷纣王，说明"天志"（天意）和孔子所谓的天命一样，都是不可违反的，墨子实际上支持了有命论。所以墨子的"非命"论给我们的一个感觉是：好像一棵依附在大树之上的藤条，虽然表面上在竭尽全力扶持着老态龙钟的巨干，可在实际上却将它缠绕得奄奄一息。总之，墨子虽然在某些个别的具体的问题上有唯物主义的成分，而就其整个哲学世界观体系而言是唯心主义的。

◆◇ "察类明故"和"三表"之法

孔子的《论语》虽不似《春秋》那般"断烂"，令人无法卒读，但那一连串的"子曰"也的确令人"望而怯读"。《墨子》是问答体，在文体上较《论语》进步些。可是其中讨论的是战国之初天人关系、君臣关系等等抽象的大问题；思想家哲学家的文字往往比他们的语言更玄虚、更晦涩。《墨子》的辞藻并不瑰丽，体制也非华美，殊少文采；然而一编在手，愈读兴致愈高。其文时若山间流瀑，飞动于清幽之中；时若大漠孤烟，凝聚于苍凉之界，隐约似闻金戈之声。这一切多亏了墨子在逻辑学上的深厚功力。

老子说："善者不辩，辩者不善。"明确反对论辩。墨子却公开主张论辩，专设"谈辩"一科教授门徒。孔子讲"正名"，"名不正则言不顺，言不顺则事不成"，荒谬地要求以名正实，削足适履。墨子却认为名比实更重要。他讥讽诸侯进行攻伐战争有誉义之名而不察其实，好像盲人虽曰白曰黑，却无法分辨其物一样。而在更多的场合，墨子主张名（概念）应与社会实际生活相结合，接受实践经验的检验，从而进一步发挥名在认识领域中的能动作用。

墨子在中国哲学史上第一次使"类"成为逻辑学的基本概念，将"类"作为分析事物的根据和判断是非的标准，并且将"类"与"故"（事物之成因、条件和推理之依根）联系起来，提出了"察类明故"的逻辑学主张。譬如有人反诘墨子：既以攻伐为不义，则禹、汤、武王都曾攻伐过，为何还要称之为圣王？墨子就回答说："子未察吾言之类，未明其故者也。"就是说你未弄明白我反对攻伐的基本依据是反对大国之攻小国的不义之战，不是诛杀暴王的"征诛"之战。

要"谈辩"就要立言，就要判断各种言论的是是非非。于是墨子又提出"三表"（三法），即"有本之者，有原之者，有用之者"。他进一步解释说："于何本之？上本之于古者圣王之事。于何原之？下原察百姓耳目之实。于何用之？发以为刑政，观其中国家百姓人民之利。"是说要以历史经验为依根，以群众现实经验体会为依据，并将理论政策等等付诸实践，观其是否符合国家和人民的利益。有些学者认为墨子要求立论必须从实际出发，是唯物论。据我们看来，所谓"本之"主要是提出以未经科学验证的三代传说进行简单归纳。如他引周宣王杀杜伯，而杜伯死后三年又亲执弓矢射杀宣王的传说论证鬼神为实有。所谓"原之"就是单纯地从人民的感觉经验去追寻和证实立论的根源。如"非命"论即根据"生民以来者，亦尝有闻命之声，见命之体者乎？则未尝有也"来否定天命的存在，而不是依据科学理性地证实天命的虚幻。所谓"用之"则真正体现了墨子注重实践的唯物主义倾向，但是由于他过分相信狭隘经验即为客观真理，在前二表中即以感觉经验取代了理性认识，所以也就削弱了第三表中所具有的实践为真理标准的客观意义，再次形成了矛盾的缠结。墨子的"三表"是墨家逻辑学的认识论基础。

可见，墨子十分重视逻辑推理，他经常从事物的现象推理其本质，从感觉经验去推知将来，为自己的理论"谈辩"服务。譬如他以列举王公大人索良工制衣裳，索良医治病马，索良匠张危弓为据进行推理，得出王公大人于此则"不失尚贤而使能"的结论，从而为进一步批判他们为政不尚贤的荒唐举动张本。再如墨子从天下君子皆知偷窃水果、金玉布帛、牛马和抢人子女为不义，因为不劳而获"非其所有而取之"，所以不义，而今之王公大人攻伐无罪之国烧杀抢掠亦为"非其所有而取之"，所以他们的攻伐也是不义。可见墨子广泛运用类比推理的手段不仅增强了自己在政治、哲学方面的"谈辩"能力。而且实开墨辩逻辑学之先河。

　　墨子的政治主张、哲学思想和逻辑谈辩中都存在着十分明显的矛盾，反映出小生产者在那个激烈动荡的时代无法解放自己甚至无力理清自己思绪的困惑、愁烦和苦闷。总的来看，墨子的思想充满了一种创新的改革的开放精神，充满了最令历代小人物感到亲切的冲动之情。虽然秦汉以后墨家生命终结，墨子的思想却汇入了更广泛更深刻的社会运动之中，就像前文已经指出过的那样。直到清季，一个东奔西走以拯救天下苍生为己任、慷慨赴义、谈辩如流的墨侠形象最终又被新一代的探索者树立起来。在世界重新认识中国文化的今天，已经可以听得见中华民族那即将震动寰宇的正义呼啸！

孟子

在王道与人格之间

◎李向平

倘若上帝与恺撒（统治者）合为一人，那么，如欲平治天下舍我其谁的人格精神，便转换为对于政治秩序的渴求与道德权威的自勉，失却了原有的独立与自由。

提到中国儒学，自然会联想到孔子和孟子。孔圣人之下，就是孟子。

孟子当然比不上孔子，红运走得比较迟缓。即使是汉武帝采纳了董仲舒的建议，罢黜百家独尊儒术，孟子的声誉也未能一夜走红。孟子乃孔丘的孙子孔伋（子思）门人的弟子。虽然孟子的思想言行在当时未能引人注目，可孟子却是以孔学继承者自居，一再自诩平生宏愿就是沿袭孔学。按理，孟子只能称得上是孔子的私淑弟子。

唐代之后，韩愈、王安石尽量高抬孟子，朱熹又把《孟子》编入人人必读的《四书》，从而使孔子的《论语》与《孟子》并行天下。这样，孟子便成了中国儒学中仅次于孔子的"亚圣"。

孟子生于公元前390年，死于公元前306年。鲁国邹人（今山东邹县）。其身世与命运与孔子也大略相近。他曾经在山东一带传授孔门儒学，追随者有数百人之多；先后游说于齐国和梁国，与齐宣王、梁惠王有过会晤；也到过宋、滕等国，向各诸侯国君宣讲他自己的政治主张。然而，他的主张与设想，也和当年孔子的命运一样，被当时各诸侯国的统治者视为空玄而不合时宜，迂远而不切实事，未被采纳施用。孟子满怀怏怏别无他求，只好回到老家邹县，与学生们讲道著作，以此来表示对先师孔圣的称述与继承。

孟子生活在孔子死后一百年左右的时代。整个时代的总体追求依然类似。作为知识分子，他们（孔、孟）依然有一个如何对待政治权威的问题；考虑到以天下兴亡为己任，他们还是在思索价值体系与政治秩序的重建及彼此吻合的问题；已经纷乱的天下如何统一，统一后的国家又该如何治理，无数臣民百姓又将是怎样来信任并服从那些治国平天下的政治权威问题；等等。诸如此类的忧虑，在孟子这类知识分子的思想中有，在齐宣王、梁惠王这类政权统治者的思想中也有；至于一般老百姓，无论如何总是作为被统治者，渴求的是五亩田宅，仰足以事父母，俯足以畜妻子，乐岁果腹，凶年能免于死。

不过，历史毕竟在演进，时代意向也有了细致而突出的变化。孔子从周，企图恢复周礼，重新做到礼乐征伐出自天子的时候，整个社会正加剧变化，新型的政治格局还不太明显，统治者努力的却是个人政治经济军事势力的增强与扩大。孟子时代，人们已不再感叹天下无道，而在寄托于天下有道君子救世了。一批获得政权而崛起的统治者，已在各自势力范围内实行变法，建立新型政治原则，其注意的重心已立足在证明各自统治地位的合理性，借以取得臣民忠心拥戴，以便更好地一定天下。

孟子的努力途径，虽也与孔子一样，怀抱治国平天下的志愿，周游列国上说国君，际遇坎坷命运结局难有上下，但历史时代毕竟有了变异。所以，孟子作为孔门儒学的继承人，一方面是继续鼓吹内圣外王德政仁治的政治主张，化外在的政治原则为内心的情性心理，实现天下归仁的社会理想；另一方面，则是将孔学中的内圣学说为仁由己的主张发扬至高而推张到了极端，突出了个体人格精神，更重要的是，提出并建立了人性本善的学说，将仁学德政的社会理想安设在一个人性本善的先验性伦理基础上。

孟子能够被称誉为儒学亚圣，迄今还能得到现代新儒家的无比推崇，在很重要的方面，就是因为孟子思想中的个体人格论与人性本善的主张。

个人的努力无疑与现实世界存在着巨大的矛盾，从而也引发了难以排遣的孤独与寂寞。这不得不使怀揣治国平天下宏图大计的孟子，沉潜于自我精神世界之中。齐宣王、梁惠王尽管也曾与孟子席间长谈，共析天下形势与政治前途，但言犹在耳，孟子还是不能得君行道或入仕遂愿。

现实生活毕竟不如精神世界。统治者的政治思路总是与孟子有些距离。于是，孟子的思想虽然也是政治论社会哲学的体系，《孟子》七篇的主要内容和着眼点仍然也是政治经济问题，但孟子的思想底蕴和生命根据却是孔学中的个体人格。试想，在一个兵荒马乱每况愈下的时代，欲以某思想主张来平治天下的，倘若没有一个俯瞰天下一览芸芸众生的人格心态，他能上说国君礼抗王侯吗？虽是思想家，却也有一股救世主的气派。所以，当孟子在现实政治中四处碰壁之后，保留下来的就只是以思想救世唯我为圣的人格心态与精神气派。

孔子心中的楷模是周公；孟子则口口声声不离尧、舜、文王。在孟子的心目中，尧舜禹汤文武周公等等先王，都是道德典范与治世象征。可是，自春秋以来，天下就处于乱世一派糊涂，世衰道微，邪说暴力横行天下，诸侯放肆，处士横议。春秋五霸，是古代三王的罪人；今日国君，又是五霸的罪人。整个世界还有什么好说的呢？王者不作，世界漫长如夜。要救世于衰微，救民于水火，就必须效法尧舜推行王道王制。这就急需一个能够承继先圣效法先王的人物。

孟子在考虑这个问题，在物色一个最能胜任的人选。人类社会的悠久历史又不过是一治一乱的彼此交替过程。久处乱世，必有治世重现。所以，"五百年必有王者兴"。

成为一个大人物，不是为宗教献身，不是为名利角逐，而是被一种崇高的历史使命感道德责任感所驱使而产生的自我选择。在时代的召唤面前，唯有当仁不让自告奋勇，否则，一切无从谈起。于是，孟子历览天下众生，迫不得已地自视为先王先圣的继承者。他向天下庄严宣告：如欲平治天下，当今之世，舍我其谁也！

无疑，这是一种高度的道德自觉，同时也是对于治平天下政治使命的自觉承担。它有道德意志的独立自主，也有人格精神的自由自在。孟子作为一个在野的知识分子思想家，不在其位而谋其政，能有这样的选择与自觉，在个体人格上确实体现了独立和自由。正因具有这种精神，他才能屡遭挫折而不馁：天将降大任于是人也，必先苦其心志，劳其筋骨，饿其体肤，空乏其身，……

面对世俗政治的复杂无常，肩负着治平天下的道德使命，孟子不仅仅是在重复孔子克己复礼天下归仁的道德训诫，而且更加突出了内圣成德之学中成就人格、强化自我主体道德意志的这一方面，并认为这是平治天下拯救黎民的必要手段，甚至为了道德仁义上的某一至上目标，可以舍生取义，牺牲自己的个体生命也在所不惜。

很明显，这是怀有平治天下大志者所必须具备的精神素质。先王均已远矣，活着的个人如何是好？假使是凡夫俗子，必待文王再世才能意识到个人的使命，倘若是英雄豪杰，即便是文王已没也必有一番大作大为。得志，可以平治天下；不得志，也可以独行其道。真正的英杰豪士，应该是富贵不能淫，贫贱不能移，威武不能屈。不然，怎么能够达则兼济天下，不达则独善其身！

为了达到这些目的，孟子把孔子提出的内圣外王理想更加具体化，同时也更加理想化了；推至极端，外王的政治理想几乎也在孟子的思想虚构中成为中国人尤其是中国知识分子的人格理想了。平心而论，这一人格理想也具有一定的现实作用及对现实政治的批判效应。在孟子看来，统治者不行仁义、戕害百姓，就不能称之为君。周武王率兵讨伐商纣王，这就不是弑君，不过是杀了一个昏庸无道的老家伙而已。再有，作为天下主宰的国君，必须尊重他的臣僚，按君道统治；作为臣子的，也须按臣道对国君尽其忠诚。国君视臣下如手足，则臣下奉国君犹腹心，国君视臣下如犬马，则臣下视国君为平民；国君视臣下如土芥，则臣下将以强盗仇人来对待国君。

在这中间，自然有智者从政后仍不失去的知识良心与文化自尊，还有因上述人格精神所带来的道德自傲。孟子希望凭借着这点精神，促使知识分子进入政治秩序以后还能持守着未从政前的固有姿态，能够独立不倚地面对王侯，以形成一个与"政统"相对峙的"道统"，从而能够影响、作用于最高统治者，并与之一道使天下政治臻于王道仁政的理想境界。

这就是孟子以道德自律作为最高标准的个体人格。它已不是孔子"畏大人"的精神态度，而是说大人则藐视之，不在乎他地位的高贵，从而突出发展了孔学中的内圣之学，极大地强调了个体人格价值及其所负的道德责任和历史使命。这是孟子对儒学的最大贡献，也是在中国文化思想史上的一大创造。

两千多年来，《孟子》七篇中激励人心的伟辞名句能被传颂不绝，不正是对孟子所创设之人格理想的执着追随吗？

然而，孟子同孔子一样，自始至终都心怀着莫大的忧虑与不解。他周游国君上说王侯以推行自己的政治主张，似乎是以道统自居，治平天下非我莫属。但是他终究是游移、徘徊在当时社会的政治秩序之外，即便是在构筑他那伟大的个体人格理想时，也始终是一个政治秩序之外的旁观者和清醒者。这就制约了孟子的个体人格理想。

孟子虽以道统自居，欲与政统对峙，但总的志愿并非在于政治秩序之外来实现这一目的。他不愿作一个政治上的旁观者，仅呼治平天下舍我其谁。他之所以要突出发展孔学中的内圣之学，就是因为他清醒地认识到，身为文化人参与政治，非有一番道德上的自我磨砺不可，目的还是参与政治。如能保持理想的人格，就可在政治秩序的雷池之中实现政统与道统的对峙；如果不能，则取下策，个体人格能够自守自保，独善其身就是阿弥陀佛了。

孟子大有道德理想主义的气度，以理论的逻辑形式来设想天下政治的发展图景，然后构设一个人格理想来附会这一图景，反倒不是以其独立的人格态度来进行纯思想纯理论的建设（内圣人格的进路就是外王政治），但是，孟子的道德人格主体性也确乎是有着相当的现实根基。

孟子以为，世上分别有"天爵"、"人爵"。仁义忠信，乐此不疲，就是"天爵"；公卿大夫，朝廷官职，则是"人爵"。先王时代的人是修其"天爵"而"人爵"随之而来。当今之人则是以修"天爵"为资本来索取"人爵"；获得"人爵"之后则弃其"天爵"。这才是令人大惑大忧的事啊！

孟子感到困惑的不是内圣成德之人对于公卿政治的兴趣，而是在学优而仕获得一官半职之后，其原有的仁义忠信善良本性的逐步丧失。十分有幸，他窥破了道德与政治的某些矛盾冲突之处，意识到了身处政治秩序中的文化人的道德困窘。可是，孟子又不是去希望有德为仁之人为了高尚其志而一尘不染，从而远离政治权威否弃"人爵"。恰恰不是如此。他期望的是当今人士应像先王时代的君子那样，一心修其"天爵"，并且要牢牢守住"天爵"的本色。犹如出污泥而不染的白莲，既在公卿大夫之位又不否弃仁义忠信的道德原则。

的确是难能可贵。的确可鞭策今古。

然细细想来，又深深感到它的脆弱和肤浅，感到它的空玄和无力。这人格理想总有点像孟子本身，悬滞在现实政治之外，一旦入乎其中则难以自主，孟子不再是孟子，理想则成为空想，徒有的慰藉。

这个人格理想，毕竟没有超越现实政治所能设定的规范与制约。孟子企图以德施政，当他发现难以实现时，则不得不把现实问题理想化，期冀以理想的形式来超越现实及现实世界中的统治者。但孟子又不是单纯的理想主义者，对于世俗生活有着很细致严肃的现实考虑，不愿沉溺在自己的理想世界里了此一生。他学习孔子，不把世界分为神界（理想）与俗界（现实），心目中只有一个人际伦常可行忠孝的现实世界，所以只有入世，使理想屈从现实，以道德修养作为参政入仕之本。同时，又万分忧虑自己入仕预政后在躬行仁义施化忠善方面的孤立无援，从而又不得不再次强调个体人格的理想主张。

实际上，这时的个体人格已服从政治秩序难有价值意义的独立了，也少有个体自由的色彩。这时候对于人格理想的再次强调，一方面是自我安慰自我凭借，更主要的文化效应，则由此而进一步将世俗政治道德化理想化神圣化。孟子的个体人格理想，本来就是政治伦理化的结果，为此，不论其政治是否已经完成、实现伦理化的过程（实际上永不可能），此刻又渗入个体人格理想于其间，又多抹了一层道德理想色彩。所以，孟子别无他助，只好希望统治者的人格品质也能道德化理想化。他希望统治者以善养人保民而王，乐以天下忧以天下，由己及人推恩治平，并进而指出，这样做乃为仁政之端王道之始。在孟子的理想中，统治者如果能作这样的努力，则政统与道统合一，"天爵"与"人爵"相吻，文化人的人格理想与道德政治的圣王境界则珠联璧合，天下幸甚，先王幸甚！

到了这一程度，孟子虽为旁观者也难为清醒之士了。他不会也不可能像黑格尔那样，郑重指出必然的恶在历史发展中的进步作用，也不可能像马基雅维里那样，看到政治秩序中所必然具有的恶。他仅能崇尚仁义，坚持自己的思想信念，以道自居，独自面对现实世界的政治权威。他也没有明确地意识到，他所自居自信的道，已不可能强过高于政治领袖统治者们的权威。虽然孟子与当时各位思想家一样，思以其道易天下，虽然孟子也大有舍我其谁的英豪气派，但他孑然独身总是无济于事，总是要依赖一个圣王般的国君或主子。可惜，天下不是孟子个人的，乃是统治者的；以道易天下，没有政治权威的认可怎么会不寸步难行呢？孔子孟子的理想实践过程和结局不都是这样吗？

虽然，孟子有着不枉道屈从权势的执着，有着个体人格高于世俗政治的自尊，但是他又一再把它们直接系乎治国之道，以期在现实世界中获取平治天下的唯一正统地位。这就以一种不对自己人格理想负责到底的态度，减弱甚至是斥除了原有的独立和自由。

还有一个更基本更主要的方面，那就是孟子的个体人格理想，思想依据是孔儒的内圣之学，历史基础是对先王的崇尚，现实政治根基则是统治者急需对于各自政治势力形势的合理化证明。孟子能够依靠什么？内圣之学正是他应光大发扬的思想内容，崇尚先王是他个体人格理想的一大内涵以及对现实君王提出道德理想要求的历史背景；但现实政治形势则把他排挤于外。

孟子以道自任，以道自居，这是他的最后心灵寄托。这个道，源自于孔子所敬重的周公与周代礼乐文化和礼乐传统。然而，正是这个不导向宗教关怀彼岸向往的传统，本质上是一个按照氏族血缘、人际伦理安排人间秩序关怀天下国家的政治道德传统。它与其他民族的宗教性传统截然相异，不分神界与俗界，也不区分上帝与恺撒。它要求它的信奉者以天下归仁的关怀为主要使命，始终作为它的承担者，在现实世界努力实现其最后目的（礼乐征伐自天子出；后世变化为自圣王出），而不论这一目标是在上帝还是在恺撒那儿实现。假设天下主宰是恺撒，那么，就同时产生另一必然的目标，即要变恺撒为上帝，使恺撒与上帝合二为一。

因此，像孟子这样的知识分子，肩担着道义，从步入这个世界的第一天开始，操心管理的并非个体灵魂自己的命运，而是统治者（恺撒）的事情。这本来是很伟大的事业，然而，那作为中国知识分子终极关切的礼乐传统，不像其他宗教传统，不是上帝归上帝，恺撒属恺撒，最终恺撒的权力来自上帝；它合上帝与恺撒一并对待，视之为可以成圣的圣王。知识分子则要敞开心怀呈露智慧，为此而竭诚相助。

知识分子在管理着恺撒的事情时，其心灵的深处与背后并无一个上帝作为支柱，其可为依赖的礼乐传统，在安排道德政治秩序时同样也出自统治者（恺撒）之手，同样成为与道统对峙的政统（政治权威）的依赖力量。于是，像孟子这样精神的漂泊者，属于自己所有的只有执著的思想信念和丝毫不敢放松的个人道德修养。但他永远成不了高于恺撒的上帝，结果是，犹如敬奉上帝那样来敬奉统治者，然后把自己也变成为上帝圣王（实质上恺撒是国君）的侍从和幕僚；最后，也可能在一事无成四处碰壁之后幻想自己成为能够制约恺撒的上帝，极大地强调高高地弘扬那个体人格精神，以做到不淫不移不屈。

除此之外，知识分子别无保证别无寄托，唯有以道自尊、以道自爱、以道自高。不这样，连这一可行内圣外王理想的礼乐传统也将无从体现。同时，这个礼乐传道（道）也还是一历史理想，处在悬测阶段而缺乏具体、外在、客观的形式，这就使知识分子在以天下为己任时，在以道自尊、自爱、自高时，仅能在道德心性个人修养的圈子内原地旋转，只有成就个人人格的自由，只能以道自慰自大的独立。一旦外向投射、陷入现实政治秩序中，便是泥菩萨过河自身难保，别再妄言什么独立和自由，只好眼巴巴地等待圣王明君恩赐给阳光雨露。到这时候，连内圣成德也成了问题。没有天下可以平治，历史使命不能完成，又何以达到内圣为仁的理想境界。

孟子的个体人格理想就是如此。按照孔孟理想努力奋斗的有识之士，之所以常常是带着镣铐来跳舞，却又永远跳不出道德主义的圈子，其深层的文化心理缘由也还是在孟子这里。遗留下来的倒有许多慷慨大义、雄浑盖世、传唱不绝的道德警语，也出现了不少现实政治路径行走不通后还保持着孟子人格理想气度的道德超人，如何心隐如李卓吾……

与孟子个体人格理想相映成趣的，还有孟子的人性本善理论以及建立在此理论基础上的仁政王道。

很显然，孟子的个体人格理想一旦置入客观现实之中，便是那样的软弱无力。所以，孟子在构想其理想人格时，也可能会同时考虑到它的现实实现问题，从而也在理论上设计了一个与其理想人格并行不悖、相得益彰的社会政治秩序。

作为这个社会政治秩序的，是孟子的人性本善理论。孟子指出：在人的身上，都有一种不学而能不虑而知的东西，可以称之为"良知"或"良能"。这好比是人们在耳目口、声色味等感性感觉上都有着共同的偏好同嗜那样，人的"良知""良能"也是一致的。比如，有一小孩儿忽然掉落水井，目击者会毫不犹疑地去奋力抢救。这就是人同此心的"良知"和"良能",是人人皆有的恻隐之心。

恻隐之心,人皆有之。那么,类似的其他良知良能也必定是人人皆有。孟子由此而推论,羞恶之心,人皆有之;恭敬之心,人皆有之;是非之心,人皆有之。人们平日时时刻刻要遵循要践履的仁义道德,也犹如这人皆有之的本心,是不能缺少的东西。所以,恻隐之心为仁;羞恶之心为义;恭敬之心为礼;是非之心为智。仁义礼智也并不是由外强加于个人的,而是植根于内心情性,是每一个人所固已有之的。

在这点上,孟子不仅仅是紧步孔子以"仁"释"礼"的后尘,而且走得更远更高,努力将外在客观的社会规范转化为内在人性意识,将具有强制性的政治社会原则完全落实在心理情感深处。换句话说,孔门儒学提倡的仁政王道,并不在于任何外在的条件,更不需要从外在客观环境中去寻求、建立什么基础,而只在于人固有之的善心以及四大"善端"。这样,仁义礼智伦理原则及恻隐、羞恶、恭敬、是非四心,便成了一种内在的、先验的、永恒的人的本性,仁政王道也就随之不证自明,不言而喻。

至于人性为什么是善而非恶,还有恻隐、羞恶、恭敬、是非四心,为什么它们又必定是善心四端的诸多问题,孟子没有逻辑证明,没有充分展开论述。大抵中国思想家的旨趣,在于入世治平方面而不屑于为此烦恼。况且,它作为思想,是十分具体的,通过现实人世的心理情感而被证实被认同的。

所谓仁、义,就是事亲从兄;所谓礼、智,就是节制克己与明晓此理。孩提小儿,天生就懂得敬爱父母;待其长大,又无不懂得亲其兄长。亲亲为仁,敬长为义。谁人没有父母?谁人没有家庭?统治者被统治者不是都一样吗?那么,仁义礼智不也都是天生就有的,不就证明人人先天均有善良之心吗?这样的道理,不也是很容易很普遍地获得统治者与被统治者们的理性接受和心理认同吗(迄今也很容易得到当代学人的认同)?谁要是没有这份善心,没有这个心理认同,谁也就不配人的称号,等于禽兽,不如尽早尽速地死去。这世界不需要他(她)!所以,作为知识分子,不必白费心机去证明这类不证自明的人类至理,他所须努力的则是规劝人们以仁存心、以礼存心,挽救世俗中的陷溺之心,求其放心,完美善心。

孟子相信,如此可使整个世界充满爱善,理想的仁政王道不建自立。

梁惠王高坐在朝中殿堂上，见有人牵牛过堂准备宰杀以作庙中祭品，他不忍看到牛死前的痛苦挣扎情景，下令放生。孟子便对梁惠王说道：大王啊！有了这份善心就可以称王，建立王道了。

孟子还对梁惠王说过：老吾老以及人之老，幼吾幼以及人之幼，天下就可以运于掌心。把这种善良原则扩充至天下，则天下尽可以听由你的治理了。

用孟子的话来说，这就叫作以不忍人之心，行不忍人之政。此为仁政王道的理想。为了充实这一理想，孟子还提出了许许多多美丽的设想：善政不如善教，善教得民心；政在得民，贵在行仁；君行仁政，民亲其上；乐以天下忧以天下，使百姓无饥无寒养生送死无有遗憾；等等。

对此，用不着急急忙忙地来肯定孟子思想的所谓人民性、合理性、进步性。倘是空想幻想，纵使是合理进步又能有多大价值？假如孟子人性本善的理论不能成立，什么仁政王道外王理想岂不都成了道德君子的梦中呓语！

人性的或善或恶，本来是不可能证明也不可能证伪的问题。但对这一问题的论述及其理解，却能直接间接或深或浅地作用、制约着一个民族的道德、文化、政治诸类理想，也影响、支配着个人的价值观与人格心态。

孟子以为，个人的心性修养和道德实践，只要能做到收其放心，以仁存心以礼存心，便能够依照善心四道而直达圣境。在此前提下，人们可以将此善心四道膨胀扩充，便足以事父母保四海治天下。个人修养如此，国王君主公卿大夫无不如此。这是一条由内圣直通外王（圣王）的实践途径。孟子固然是没有想到，当世风不古、人欲横流，善心四端不能顺利扩充时，他的仁政王道又该去如何建设？特别是当统治者权欲熏心、贪欲膨胀的时候，梁惠王不会因一头牛的被杀而感到残酷痛苦的时候，孟子的不忍人之政又怎么能循着内圣人格的道德实践进路而逐步构成？

显然，即使不说此路不通，也是很难在现实社会中走得下去。人性本善及其仁政王道的理论，严重忽略了个人、家庭与国家社会之间的冲突，忽略了人格精神、道德原则与政治权威统治手段之间的矛盾。一个政治目标，孟子却书生气十足，满以为由亲亲尊尊、仁义忠孝就可以达到，结果只能把人们世世代代地封闭在血族伦常的狭小圈子里，或者是把知识分子的努力限制在个体成德的樊篱中。外王政治理想纯粹留下一层虚影，内圣人格也只能摆着一个空洞的外壳。

在孟子所处的时代就有这样的观点，认为孟子的思想不过是志大辞美，徒善不能以为政，徒法不能以自行。所谓保民而王，政在得民，心怀仁义以相交接则成王成圣者，实际上是一条无法让人遵循的死路。与生俱来的善良心性，绝不可能带来天生先验的仁政王道。说些漂亮话语，想想空中楼阁，都是无关紧要、不痛不痒的，既无道德妨碍亦无政治灾难，个人可以心安理得，历来都是如此。

综观孟子的所有思想，无不以其人性本善作为最深的底蕴。他的个体人格理想可谓伟大高美，但独自持守十分艰难，以道自任也非常困苦。他设想一个亲亲皆善的道德社会，等待一个内心情性慈善为怀的统治君主，人格理想可以坚信，而由理想人格所包含的平治天下的外王目标也可在理想光辉下顺利达到。还有他的仁政王道，寄希望于整个社会的良心一致向善（而非法律治理），更寄希望于那高高在上的政治权威，也能以仁以礼存其心性四端，或以平治天下的人格内圣来实行道德自律，于是，一个完美的天下正在恭候圣王的统治，四方的百姓都会像崇敬先王尧舜那样来拥戴顺从现实世界的政治权威。

不过，历史不等于理想，人格设定也非政治秩序所必须。孟子的人格理想一旦进入现实政治环境，便会处处受窘，肤浅无力，只能将理想转变为对于某一圣人某一政治秩序的期待与渴望。仁政王道的政治理想，也因这内圣人格境界的失落而逐步下降。人性本来不善，平治天下的政治权威道德权威也难以成为尧舜圣人，于是，人格的与社会的双重理想，也只能成为理想而留给后人去玩味和评头论足了。不论它们是否变质变色，不论它们是否被利用、改造，成为历史的则有秦始皇、汉武帝、隋文帝、唐太宗、明太祖和康熙帝……

作为历史文化遗产的《孟子》与《论语》，长期作为中国知识分子的必读之书。孟子本人也没有被人遗忘。明太祖朱元璋读到《孟子》中"民为贵，社稷次之，君为轻"的句子时，不由得拍案而起：这还了得！如果这老夫子还在世的话，我非宰了他不可。无疑，这也是历史的重要部分（凯撒不服你孟子管教）。

大清皇朝的雍正皇帝也曾经说过：纵使孔子、孟子当日能得位行道，也唯有自尽他做臣子的职责。一介清苦儒生，岂有自做皇帝的道理！

　　真不知当年艰苦奋斗、周游列国以求得君行道的孔子、孟子，九泉之下该作何感想。他们追求向往的不就是学优而仕与平治天下吗？后世历代的硕彦大儒，但知追随效法这大圣亚圣，怎么就不能改变改变自身的命运和地位呢？今人思来，仍然可以反复回味平治天下舍我其谁一类的格言名句。诸如此类，岂有他哉。

庄　子

天下沉浊不可与庄语

◎傅　杰

吾昔有见，口未能言；今见是书，得吾心矣！

——苏　轼

庄子（约前369—前286年），名周，宋国蒙（今河南商丘东北）人。生活于战国时代的伟大哲学家、文学家，道家学派主要代表人物。年轻时曾做了一阵管理漆园的小吏，后来由于对当时腐败政治与黑暗现实的深刻认识与极度厌恶，拒绝各种高官厚禄，终身未仕。他在贫贱之中，对现实作了尖锐的批判，对人生作了深沉的思索，提出了一系列重大的哲学命题与一整套独特的人生理论……

◆◇ 他想：他为什么偏偏会逢上这样的一个时代呢？

没有哪个时代的统治者比当今的统治者更残暴嗜杀的了，没有哪个时代的人民比当今的人民更困苦憔悴的了！

窃取了一个衣带钩的小贼要被判成死罪，窃取了一个国家的大盗却被奉为君主。统治者身为一国国君，不惜压榨一国的人民，来奉养自己耳目口鼻的享乐，满足自己不断膨胀的私欲，又频频发动大规模的战争，来掠夺土地，争抢财产——而一次战争的代价往往就是几万甚至十几万百姓的生命呵！

看那卫国的国君，做事专横独断，治国轻举妄动，从来不见自己的过错，随便用兵，把人民置于死地，惨死的人遍布全国各地，人民已经像干枯的草芥，寻不见生路了。

远古时的君主，把成绩归功于人民，将过失引咎于自己，走上正路是靠人民的智慧，走上弯路是因为自己的失误。现在不是那样，而是隐匿真相却指责百姓不明智；制造困境却归罪人民不安分。君主天天在做伪事，士和人民哪能正直？于是能力不足的就靠做假，智慧不足的就靠欺诈；财货不足的就靠盗窃。这一切的一切都该怪谁？

那跳跃的猿猴，当爬在树上时，攀着树枝，自得其乐，那会儿就是像羿和逢蒙那样的好射手对它也无可奈何。等到一落入遍布荆棘的环境之中，它就只有小心翼翼、战栗不已了。这并不是由于它的筋骨出了毛病，而是因为处在不利的形势下，不再能够施展自己的全部才能了。现在我也是这样，处在昏君乱象的时代，怎么还会不终日疲惫、终日困顿呢！

社会这样动荡不安，是非这样淆乱不堪，风气这样衰颓腐败，被极刑处死的人尸堆成山，被带上镣铐的人接连不断，身在其中能够免祸，已是难得了呵！请听听那传诵着的歌谣吧：

> 凤凰啊凤凰，
> 为何生在衰败之邦？
> 来世难以预料，
> 往世难以追回。
> 天下有道，才能成就事业；
> 天下无道，只能保全性命。
> 如今这个时代，
> 只求勉强能不遭到杀罚。
> 幸福比羽毛还轻飘，
> 没有人能找到它；
> 灾祸比山岳还沉重，

没有人能躲开它。
一切都要完了啊，
出路究竟在何方？
这遍地密布的荆棘，
不要扎伤我的腿啊！
我战战兢兢地走着，
不要扎伤我的脚啊！

◆◇ 他想：他为什么偏偏会逢上这样的一个时代呢？

在从前那个美好的时代，人们都按自己的本性，自然而然地生活着，纺织而衣，耕耘而食，不用计谋，所以质朴，不怀贪心，所以纯真，没有名利之逐，没有上下之分。他们不知仁义之名，却出乎自然地实行着仁义之实，整个世界一派和谐宁静。

后来，一些号称"圣人"的人出来了，劳神地求仁，费心地求义，制造出种种的规范名目，制造出种种的精神枷锁。把仁义变成了从外强加给人的东西。人的本性是自由的，多样的，而那些自以为是的圣人却偏要人为地把它们纳入一个固定的僵化的规范中去。你的手指生来是多一个的，他们硬要砍掉它；你的脚趾生来是连在一起的，他们硬要切开它；凫的腿是短的，他们硬要把它续长；鹤的脚是长的，他们硬要把它截短。总之，什么都要一个模样。人性从此被扭曲了；天下从此被扰乱了。

马，蹄子可以踏霜雪，皮毛可以御风寒，吃草喝水，跳跃撒欢，那是何等真朴自在。马的真性就在其中。然而后来出了个什么伯乐，自称"我最善于驯马"，于是给马打烙印、剪鬃毛，钉上马掌，系上绊腿，戴上笼头，拴上马槽。这样一来，被折磨死的马已有十之二三。然后让马挨饿受渴，强奔硬跑，让它们整队，让它们走齐，前有嚼子的扼束，后有皮鞭的胁迫，马就被折磨死大半了。本来的马，无拘无束，高兴了就脖颈相摩，生气了就后腿相踢，等到套上车子，装上头饰，有了束缚的体验，尝到负重的滋味，于是吐出嚼子，咬断笼头，神态变得如同强盗。这其实都是伯乐的罪过啊！

刻意推行仁义，貌似益天下，实是害天下。以仁义作招牌招徕世人，于是真正身行仁义的人越来越少；假借仁义之名来捞取好处的人则越来越多。仁义只造成虚伪的风习，更成为贪求的工具，于是，真仁真义的君子便越来越倒霉，假仁假义的混蛋却越来越得势。淳厚的民风终于变为浇薄，难再恢复了。

为了防备开箱子、掏袋子、撬柜子的小偷，一定要扎紧绳索、加固锁钥。这就是世俗的所谓聪明智慧。然而要是来的不是小偷，而是大盗，扛起柜子、提起箱子、挑起袋子就走，他唯恐你捆得不紧、锁得不牢。那么先前的那点小聪明，不就成了为大盗做的准备吗？而世俗的聪明，有哪一条不是为大盗所做的准备呢？所谓的圣人，有哪一个不是为大盗守财的呢？从前，齐国遵从着圣人的教诲，建立了宗庙社稷，统治着城镇乡村，然而田成子一下子就杀了其国君，盗走了齐国，他所盗走的不只是国家，也包括了圣人发明的一切斗斛、权衡、符玺和仁义，继续利用那一套来作维护统治的护符，保护他那盗贼的利益。圣人们所倡导的仁义礼智，就是这样更多地被窃国大盗所利用，因为它本身正是统治压迫人民之道，是巩固宗法、等级、专制的社会体制的工具。经过仁义道德的驯养，奴隶们更把俯首听命看作是天经地义；有了仁义道德作护符，统治者更把争权夺利看作是名正言顺。社会上的一切罪行：众暴寡、强凌弱、杀戮、掠夺，等等，不都是在仁义的名下干出来的吗？用动听的言辞美化自己的卑鄙行动，不正是统治者一贯的行径吗？

当年黄帝就用仁义扰乱人心，于是尧舜之辈费尽心机地去施行仁义、规定法度，放逐异己，累死累活，最终还是难以改变人心。到了三代帝王，天下更受惊扰，暴君、盗贼与贩卖仁义的所谓圣贤们搅来搅去，争执纷起，喜怒相忌，愚智相欺，风气日坏，纠纷日多，于是用刑法来制裁，用礼义来迫害，其实天下所以大乱，正是因为他们自己扰乱了人心呵！现在那些杀人性命、掠人土地的诸侯，谁不是以口头上的仁义来统治国家、欺压人民的呢？这就是他们推行仁义的实质，这就是他们治理天下的结果，这样的治理怎么能不越治越糟？

◆◇ 他想：被称之为人的，难道就是这样些东西吗？

社会像个牢笼，人一来到尘世就被束缚在功名利禄的罗网中，被环境左右，为外力支配，浮沉进退，不能自已。生产在扩大，消费在增长，名位财富对人正产生着越来越大的影响、越来越大的诱惑。当今之世，不把工具价值与市场价值当作自己人生全部价值的人，究竟能有几个呢？士农商工兵，都在为官位、为财货而奋争，他们为了浮名，为了虚荣，为了占那一点点便宜，为了把自己卖个好价钱，就把自己的一生全部投入、全部断送了。

野猫俯着身子爬着，一心想捕获只老鼠，它东跑西跳，不管高低，结果自己却中了猎人的机关，死在了兽网里。人也正是这样，为了眼前利益而陷溺在社会斗争的旋涡中，施展着各自的身手，进行着殊死的搏斗。得势者气粗自傲，咄咄逼人；投机者锱铢必较，喋喋不休。一群群人勾结起来，有利可图时就狼狈为奸，相互利用，遭难受患时就竞相背叛，落井下石。

期盼发财的人，因为没有得到丰盛的美食、华丽的服饰、淫靡的声色而苦恼、而焦躁。是的，财富不是没有用的，有了它甚至可以使一头蠢驴借助别人的智谋冒充聪明，使一个恶棍借助别人的德行伪装贤良。然而也有暴富的人，在家担心来窃贼，出外害怕遇强盗，内则楼门紧闭，外则不敢独行，积财不止，纵欲无度，外表日益华贵，内心日益枯竭，看似荣而实为辱；看似福而实为祸，只是被物欲迷了心窍的人们都看不到这一点，等到祸患临头，再想耗尽钱财去换一天的平安，却已不再可得。这样浮在生活表面，一年到头忙忙碌碌，疲于奔命，相互摩擦，相互销蚀，睡着心神不安，醒来肢体不适，浑浑噩噩地随波逐流，时时处处以私欲、功利作为衡量万物的准绳、引发行动的指针，乃至不惜危害身体、舍弃性命去换取那原是为了用来奉养自己的外物，结果自己反而成为受外物支配指挥的奴隶，还有什么比这更愚蠢的呢？

你到猪圈去和猪商量，好好喂养它三个月，然后铺上名贵的白茅草，把它的肉放在雕花的祭板上，当作祭品，猪也一定不会愿意，宁可吃着酒糟啜着米糠而自在地活着。而那么多的人，为了高官厚禄，为了能装进彩绘的棺材，放上雕花的灵车，戕害生命做了祭品竟然还要喜形于色，不是比猪更昏昧吗？他们看似个个狡黠精明，其实在精神上，对那广大浩瀚的世界，完全是聋了耳、瞎了眼的！

比赛射箭技艺，当用瓦片做赌注时，射起来就灵巧轻快；当用衣钩做赌注时，射起来就紧张不安；当用黄金做赌注时，射起来就晕头转向了。同一个人，射箭技巧没变，但一被利害得失的考虑堵塞了头脑，射箭的水平就不能得到自由发挥了，射箭本身也不再是一种快乐的活动而变成一种沉重的负担了。对身外物越看重，内心就越笨拙。生活的质量不也是如此吗？为什么要将赢利看作是生活的终极目的呢？为什么要像对待赌博那样来对待生活呢？

功名欲望不仅正在扼杀你自由的天性，它还在剥夺你人格的尊严！是的，名利实惠与人格尊严也常常不可得兼，名利实惠的获得往往要以人格尊严为代价。为宋偃王当使者的曹商，由于有功，被赐车百乘，暴富的他神气活现，四处炫耀，还问我怎么这样无能，竟住在贫民巷里面黄肌瘦地靠编草鞋维持生计。我对他说："从前秦王有病求医，谁能让他毒疮溃散就给谁一乘车；谁愿为他舔痔疮就给谁五乘车。手段越是龌龊下作，得到的赏赐也就越多。你所以能得到这么多车，不正是因为你兼有肯舔痔疮的下贱和善舔痔疮的本事吗？"其实这也正是名利场中的流行病，如今像曹商那样得了富贵实惠而没有他那份自得自傲的人，又找得出几个？

社会上充塞了这样蝇营狗苟而又自以为得计的人，与其让他们这样滥用聪明与知识，倒不如彻底地剥夺他们的那份聪明、彻底地剥夺他们的那点知识，还可能把他们从各种功利得失的计较和思虑中解脱出来，免得他们的人格越来越卑劣，精神越来越萎缩。功利的欲望越来越强，自我的幻影越来越大，反而把真正的自我完全迷失了。为什么人们就不能打破自我封疆，挣脱外物纠缠，抛却名利，忘掉小我呢？什么才是人生的真正意义呢？什么才是人生的根本企求呢？什么才是人生的正当归宿呢？

看这些心胸眼界如此褊狭却又自以为是的学者们，各居一曲，勾心斗角，从某一先生那里学来几句话，就没完没了地鼓噪喧嚣，自己私下里得意，自以为懂得最多，各以自己的学说为最了不起的学说，各以自己的观点为最正确的观点。他们不能认识真正大道的浩博广大，却只相互攻讦，一心想要压倒别人以自利自炫，既生怕别人来批评自己，又削尖脑袋想找点别人的岔子，今天批判对方，明天辩白自己，殚精竭虑地进行大量的其实无聊的争辩，制造了大量一本正经其实空洞的说辞。他们行为迎合当世，交友拉小圈子，读书是为了装点门面，教人是为了一己私利。他们在文化市场上自我兜售，整日整夜患得患失，食不甘味，寝不安席，为那一点点琐屑的利益，时而恼怒，时而欣喜，时而悲哀，时而得意，时而张狂作态，时而忧虑叹息，时而神气活现，时而垂头丧气，一天天地销毁下去，精神衰敝就像秋冬的景物一样萧条肃杀。他们沉溺于习惯作为，固守于礼法教条，心灵的闭塞好像受了缄縢的重重捆束，透不进一点儿活气，越老越不可自拔。他们的心灵正在走向死亡，再也没有什么力量能使他们迷途知返了。

当秋天雨水涨满的时节，百川灌河，水面宽阔，于是河伯欣然自得，以为天下之美尽集于己身。等他来到北海，见识了海洋的无边无际，才变自得为自愧，对着海神叹息道："常言说'听了许多道道，谁也没有我好'，说的就是我了。我曾听说有人对孔子的学问都不以为然，还不肯信，我要不是今天亲见你这样博大无尽，以一隅而自足，就太糟了。"北海神说："天下的水没有大过海的，但海水并不因此而盈满，海水不息地从尾闾流出去，但海水并不减少，不论春秋，都不受影响，不论旱涝，都没有感觉，水容量比起河来，多得没法计算，但我并不自满，从天地间来看四海，也不过就像是大泽中的蚁穴，又有什么值得夸耀呢？孔子以游谈来显示博学，他的自夸也就跟你刚才的自夸没有什么不一样呵。长在井里的青蛙，没法跟它说大海的事，因为它受了地域的局限；活在夏天的昆虫，没法跟它说冰冻的事，因为它受了时间的固蔽；那些乡曲之士，没法跟他说深奥博大的道理，因为他受了教条的束缚。你只有认识到自己的孤陋，才可以谈真正的学问啊！"然而又有多少学者能清醒地认识到自己的孤陋，能摆脱地域、时间和教条的限制呢？

他们犹如井底下的蛤蟆，上则围着狭窄的井沿跳来跳去，下则缩在残缺的井壁喘气歇息，游在水洼里，让水托起下巴；走在泥地里，被水没了脚背，独占着这坑水，以为这便是天下的伟观、快乐的极致，不禁满脸都洋溢着喜色和骄色。殊不知那只是块东海大鳖连伸脚都不自如的弹丸之地。什么时候他们才能跳离那废井残壁，去看一看浩瀚无垠、波涛壮阔的大海呢？什么时候他们才能学会不只是从竹管窥看天的大小、用锥子妄测地的深浅呢？

名利侵蚀着学者的意志，表象扰乱着学者的认识，好恶影响了学者的平正，偏见堵塞了学者的心灵。名成了人们相互倾轧的原因，智成了人们相互攻击的工具，这二者都成了凶器，造成了天下无数的争执——而这些争执，又是多么的无聊啊！

争执，争执，究竟几时能有公正的结果呢？我和你辩论，你胜了我，真的是你对吗？真的是我错吗？我胜了你，真的是我对吗？真的是你错吗？

是我们两人一人对一人错呢？还是我们两人都对或都错呢？我和你谁真知道呢？凡人都不免有偏见，我们让什么人来评判这是非呢？假如让意见和你相同的人来评判，他已经和你相同了，怎么能够评判呢？假如让意见和我相同的人来评判，他已经和我不同了，怎么能够评判呢？假如让意见和你我都不同的人来评判，他已经跟你我不同了，怎么能评判呢？假如让意见和你我都相同的人来评判，他已经跟你我相同了，怎么能评判呢？其实天地万物本来浑然为一，本来没有许多分别，有因而认为是的，就有因而认为非的；有因而认为非的，就有因而认为是的。"是"也可以叫作"不是"；"然"也可以叫作"不然"，"是"假如是真正的"是"，则它自然与"不是"有区别，又何须争辩呢？"然"假如是真正的"然"，则它自然与"不然"有区别，又何须争辩呢？人人都以为自己的议论是正确绝妙的，是不同于那有意无意发出的吱吱喳喳的鸟语的，然而他们的这些无聊的争辩与鸟语又有什么区别呢？

无耻的人富有，夸夸其谈的人扬名。那些获了大利出了大名的，大半不正是由于他们的无耻和夸夸其谈吗？大道被小有成就的人掩蔽了；言论被华而不实的人滥用了。因为他们有局部的小成就，就自满于片面的所见所得，只以自己为价值的核心，对于这片面外的全体，不是茫然无知，就是盲目排斥，他们对学问的极小部分有着极多的知识，而对人生的目的、内在的生命，仍是一片茫然。他们一天比一天自大，也就一天比一天庸俗。他们的心胸这样狭窄，以致一小团垃圾就把它们给塞满了，再也容不下一点其他的东西了；他们的目光这样短浅，以致一丁点小利就把它们给遮严了，再也看不见一寸身外的世界了。

◆◇ 他想：真正的人，是不该这样的！

政治这样腐败，社会这样污浊，我能怎么办呢？我能做什么呢？三人同行，其中的一个迷惑了，还能指望着到达目的地，因为迷惑的人不多，其中的两个迷惑了，就不免劳而无功；而眼下呢？天下众生都迷惑了，迷惑者胜利了，我就是有抱负，又如何达到？明知道做不到还硬去做，怕也是一种迷惑吧？我只求不让这腐败的政治、污浊的社会玷污了人格的独立，扼制了精神的自由。

暴君满身骄横，飞扬跋扈，喜怒无常，一般人都不敢违背他的意志。他一贯打击别人的谆谆规劝，只由自己任意妄为，平素让他积点小德都办不到，何况让他积大德呢？那些傀儡们呢？除非唯唯诺诺，否则被他抓住话柄遭受斥责，便会眼花缭乱，怯气低声，只顾替自己作辩解，不自主地弯腰打拱，最后也赞同他的胡作非为，于是火上浇油，为虎作伥。要是再作强谏，那就必将死在他的手里。没有一个君主不要求其臣下忠诚，但忠诚未必能获得信任，得到好的下场。奸臣常被重用，忠臣常遭嫌隙。从前夏桀杀关龙逢，殷纣王杀王子比干，就是因为他们高尚廉洁，关怀百姓，而这就是以下犯上，所以他们的君主就因为他们的忠诚高尚而害了他们。还是既不要同流合污，也不要露才扬己，不做沽名钓誉的善事，不做触刑犯法的恶事，顺应自然以为常法，远离这样的政治、这样的社会吧！

摆脱政治，摆脱社会，只要能够不受利诱，也就能够不受支配，楚威王曾派使者带来厚重的财货，让我去当宰相。我笑着说："千金固然是大利，卿相固然是尊位，然而你见没见那被选中来做祭品的牛，披着纹彩锦绣，吃着嫩草大豆，好不叫人羡慕，可是有朝一日被牵进太庙，就是想做一只自由的猪崽也不可能。走你的吧，别再让我徒增耳垢。我宁可在穷困之中自得其乐，也不愿被国君牵羁役使。"眼下各国都在竞相养士，去巴结王侯混得一官半职，既可食禄千钟，还能骗得些名声，这也是当今盛行的风习，然而风气干我庄周什么事？我决不受牵羁役使！看那水泽里的野鸡，走十步才能啄到一口食，走百步才能喝到一口水，尽管如此，它也还是不愿被关在笼子里养起来，那样虽然不必再劳神费力去觅食，但还能有先前的那份自在愉快吗？让那些心甘情愿被关着豢养的人去享那份儿福、折自个的寿吧！

我曾见过一株栎树，枝叶繁茂可为几千头牛遮阴，树干粗壮要用上百个人合抱，但是木匠从不光顾加害于它，因为它只是无用的散木，做舟船易沉，做棺材易烂，做家具易坏，做屋柱易蛀，所以它才不被砍伐，得以自然生长壮大。而反观那些个瓜果梨枣之类，每每一到果实成熟之际，必定大枝被折断、小枝被扭烂，这是因为它们以自己有用的才能坑害了自己，所以半道夭折，招来打击。一切事物都是这样。虎因为身有文彩，所以招致猎杀；狗因为善捕狸狌，所以招致拴捉。而世上的芸芸众生，为什么都那么热衷于有用和被用，竟都不惜以人格与自由作代价呢？人不再是自然独立的人，而都成了具有各种用途的工具，被外物所役使，有的为了官位，有的为了浮名，有的为了财货，有的为了声色，有的为了家族，有的为了国家，人怎样才能不被这些外在的东西所决定、所控制、所支配、所影响，而达到自由的境地呢？

是的，有用才能有得，然而，有得反而有害，牺牲了自由的"得"可以算是真正的得吗？得失计较与声色臭味充塞于心中；冠冕朝服与笏板印绶约束着行动，内心既筑起篱笆，外面又系上绳索，整个儿都严严实实地被捆绑了，还自以为这是有所得，那么罪人的被戴上枷锁，虎豹的被关进牢笼，都一样可以算是有所得了。做高官享厚禄，并非人的本性，只是偶然寄托于人身的外物，不应因高官厚禄而丧失志向，也不应因穷愁潦倒而浑噩混世，心境平和，不忧不虑。现在寄托者一离去就难过哀痛，甚至发疯，为外物而丧失本性如此，这是本末倒置，而今这样的人，却竟比比皆是。最可笑的，是那些被捆绑的人，一心想保有其地位，以己之腹，度人之心，以为他人都愿陪绑甚至取而代之。旧友惠施在梁国做宰相，我去见他。有人对他说："庄周是想来夺你的相位的。"他就派人搜捕了我三天三夜。我对他说："南方有种高洁的鸟，名叫鹓鹐，从南海飞到北海去，在遥遥的长路上，不见梧桐它不肯停，不见练实它不肯吃，不见甘泉它不肯饮。这会儿可笑的鸱鸮正弄到只腐烂的死老鼠，抬头看见鹓鹐飞过，就慌忙紧护着死鼠对鹓鹐吆喝道：'吓！'今天你也要拿你的区区梁国来'吓'我吗？"而他，又怎么能理解我视高官厚禄为腐鼠的情怀呢？这些身外之物把他们都蒙蔽毒害了，使他们再也不能认识体悟那伟大的道了。

那伟大的道啊，它真实可信却无为无形，可以心传却不可口授，可以体察却不可目见；它自为本自为根，在太极之上却还不是最高，在六合之下却还不是最深，先天地存在却还不是最久，长于上古却还不是最老，它产生万物又无所不在。得了道的人才能明达事理，明达事理才能洞知变化，洞知变化才能不为外物坑害自己，才能摆脱社会的一切束缚，超脱人世的一切利害，才能役使外物而不被外物所役使，才能顺应自然而与自然融为一体——而人与天地万物，原本是相贯通的啊！那样的人，不因为得而欢喜，不因为失而哀伤，普天下都赞誉他他不感到兴奋，普天下都诋毁他他不感到沮丧，他顺应着万物的本性，遨游于无限的境界，再不必以外物作为凭借——那才是一个不屑有自我、不屑建功业、不屑求声名的精神得到了真正自由解放的理想人格啊！

　　而在纷繁现实的种种干扰下，要实现这样的理想人格，又是多么艰难啊！我只能安然随顺于世界的一切变化，外化而内不化，在万物莫测的变化中超然独立，保持内心的平静。是的，也只有随顺现实世界的必然才能保证精神世界不受外物干扰的自由。我是干预不了现实了，但愿现实也不要来干扰我。人和人又为什么一定要相互不断地干扰呢？河水干了，鱼儿们都被困在陆地上，用湿气互相吹嘘，用涎沫互相湿润，不如让它们在江河湖海之中彼此忘记。人之于道犹如鱼之于水。适宜于水的，只要入水就安适快活了；适宜于道的，只要无事就天性自得了。鱼游于江湖就会忘记一切而自由快乐；人安于大道就会忘记一切而自由快乐。人们呵，也让我们在大道之中相互忘记吧！

　　古时候那些得了道的真人，不违逆失败，不追求成功，错过时机不后悔，顺利如意不自得，胸襟开阔而不褊狭，心境虚淡而不夸饰，无论是什么事，来了就欣然接受，去了就不再思虑，不计较得失，不有待外物，智者说不动他，美女惑不住他，强盗抢不了他，他的精神可以穿越大山而不受阻碍，进入深渊而不被淹没，迅雷劈裂山崖他也不会受伤，狂风掀动海浪他也不会惊慌，真是登高不觉惊，下水不觉湿，入火不觉热——那是一个多么令人向往的境界啊！那就是逍遥游的境界呵！到了这个境界的人，不要说现实的利害关系，就连生死这样极大的事，也影响不了他啊！

　　是的，死亡。人从一生下来就在走向死亡，谁也不能例外。人应该顺应自然，不轻易舍弃自己的生命，但是死是一种必然，畏惧死亡、忧虑死亡的到来，是人类不幸的主要来源，也是人类愚昧的集中表现。有生就有死，就像有白昼就有黑夜一样，天地在生时赋我以形体，壮时赋我以艰辛，老时赋我以闲逸，死时赋我以安息，所以不惧怕生的，也就应该不惧怕死，生时不欣喜，死时不排拒，飘然而来，飘然而去，顺遂自然，死生如一。

　　贪生，又未必不是一种迷惑啊！你怎么知道怕死不就像少壮离家而不想还乡呢？骊姬，是艾地守封疆人的女儿，当她被作为战利品一送到晋国的时候，哭得像个泪人，后来进了王宫，和晋献公同床共寝，享用着美味佳肴，又后悔当初根本不该痛哭，你怎么知道死去的人不会后悔当初不该贪生呢？当年列子出外旅行，在路旁吃饭时，看见一具已有百年的骷髅，就拨开荒草对它说："只有我和你知道你不一定是死，我也未必是生啊！你果真忧愁吗？我果真快乐吗？"何况死了，上不再有君臣关系的束缚压迫，下不再有一年四季的劳苦奔波，从容自得地和天地融合为一，就像毒疮溃散一样，你又怎么知道那不是一个解放呢？

老子死后，他的朋友秦失前去吊唁，看到人人痛哭不止，就批评说："他来，是应时而诞生；他去，是顺理而归真。安时而处顺，哀乐不能入，这正是解除了倒悬之苦啊！"是的，人本来就没有生命，不仅没有生命，而且没有形体；不仅没有形体，而且没有气息。在自然中变而有气，气变化而产生形体，形体变化产生生命，再复归于死：这样生来死往的变化就好像春夏秋冬四季的运行那样自然。往者静静地安息在天地之间，我们为什么要用啼哭去打搅他们呢？这也就是我的妻子死后，我不悲哀，反而敲着盆、唱着歌为她送行的缘故——而现在，就要轮到我了。就让我用蓝天大地做棺椁，用日月星辰做珠玑，用自然万物做殉葬吧：难道还有比这更厚重的安葬吗？

世间有形之物都是千变万化，无穷无尽。视茫茫之宇宙，人是多么的渺小；察万物之变化，人又有什么特殊！偶然得了人形，又有什么值得特别高兴？又为什么想固持不变呢？人们每因暂有的形体，就互相说这是我这是我，不肯自忘，不肯自舍，其实你又怎么能确知这是你的呢？当年我曾梦见我变成了一只蝴蝶，一只翩然飞舞的蝴蝶，快乐而自由地飞来飞去，根本不再知道自己原是庄周。忽地醒来了，一下又感到是我庄周了。不知道这是庄周做梦化作了蝴蝶呢，还是蝴蝶做梦化作了庄周？庄周和蝴蝶是有分别的，这种转变就是物化。而死亡，也正是这样的一种物化呵！为什么物和人要相互对立而不能像我和蝴蝶那样和谐为一呢？为什么人要成为外物的奴隶而不能像充满了解脱感的蝴蝶那样在一个美丽广大的世界里自在逍遥呢？为什么人要畏惧死亡呢？死后也许你的左臂会化成公鸡，那你就让它打鸣；也许你的右臂会化成弹丸，那你就用它打鸟，死后的你也许还会像我那样化为一只蝴蝶，快乐轻捷地飞起来，飞起来……

庄子死后，他的著作由其后学附益编定，成为在中国思想史和文学史上闪耀着独特光辉的不朽名著《庄子》。他的思想也影响了历代千千万万人，它所体现出的超迈的精神、自由的思想、独立的人格，旷达的情怀，给无数困境中的思想家和文学家以有益的滋养，但它也在被片面诠释理解、突出了其消极因素后，对培植苟且随俗、逆来顺受、自欺欺人、得过且过的奴隶性格起到了恶劣的作用，这是庄子的不幸。

然而庄子更大的不幸是，一生坚决不与统治者合作、一生屡屡遭到统治者压迫的他，却还要受到后世统治者的任意利用。暴君秦始皇就窃用过庄子所理想的"真人"徽号；连庄子自己也被后来的帝王封为了"南华真人"；他的学说经过歪曲，也"被上级统治者用以御下，使天下人消灭了悲愤抗命的雄心"，"那么超然的庄子思想会有这样卑污的发展……大凡一种思想，一失掉了它的反抗性而转型为御用品，都是要起这样的质变的。"（郭沫若《庄子的批判》语）视名利地位如粪土的庄子，怀着莫大的鄙夷和厌恶逃名逃官，这种逃名逃官，在他生前差不多是成功的，不料在他身后的千百年反而遭到了失败——这是历史留给这位历史上真正深刻的困惑者的最大困惑！这是历史对于这位历史上真正伟大的讽刺家的最大讽刺！

面对这历史的大玩笑，庄子有知，他又会说些什么呢？

（荀子）

凝视人性的荒野

◎李广良

　　他所看到的是一片人性的荒野，他要在这荒野上开拓出礼义法制的文明之路，确立起一个整合有序、公正美好的社会统治秩序。然而……

　　战国晚期，秦人的铁骑以疾风暴雨之势横扫六合，无数高贵的与卑贱的生命无声无息地倒下了。在战车的碰撞与金戈的交锋声中，最后的几个王国覆没了。"方生方死，方死方生"，一个真正的思想家，却总能于绝望中看见希望，于毁灭中看见新生，在血雨腥风中期待着和平，他总不能放弃以自己的思想与智慧为乱世的众生寻找出路。

◆◇ 时世中的忧患

　　秦帝国诞生的前夜，一代大哲荀子，长眠在兰陵的蒿草中了。与同时代许多横遭夭折的伟人比较起来，高龄而殁的荀子也许是幸运的。这是一个真正的知识分子，一生主要从事教学与著述。没有威名显赫的事功，也没有浪漫传奇的生平，与那些双手沾满鲜血的政治家、军事家不同，他是那种因思想而伟大的影响了历史的人物。

思想的动力来源于忧患，荀子的心灵中充满了忧愤痛苦。为弟子（李斯）的命运担忧，为大道不显而困惑，崇高的志向与黑暗的现实发生了剧烈的冲突。《荀子·尧问》说："孙卿不得已处于混乱的社会，迫于严酷的刑罚，上面没有贤良的君主，下面遇到残暴的秦国，礼义不能实施，教化不能实现。道德高尚的人都被罢免而穷困，天下昏暗，德行完备的人反受讥讽，诸侯相互倾轧。在这样的时代，有智慧的人不能参与治理国家，贤明的人得不到任用。所以，统治者蔽塞而看不清，贤人遭到拒绝而不被接纳。然而，孙卿怀着高尚的志向，不得已装出狂人的神色，让天下把自己看成愚蠢的人。"因此，在命贱如草、世道衰微的时代，他保全了自己，给后人留下了数万言的著作。

作为先秦时代的最后一位大儒，荀子自命为孔子的真正传人，他也确实在基本方面继承了孔子的精神。仍然是仁义、礼乐、修身；仍然是王道、先王、神秘的"天"；仍然是《诗》《书》《礼》《乐》；仍然是政治、伦理；仍然是"修身齐家治国平天下"。但时代在变，荀子不可能再是孔孟那样的儒家，他吸收了道、墨、法、阴阳诸家的许多东西，给儒家的旧传统中贯注了新的活力。他清醒、冷静、理性、渊博，富于批判精神，他的思想对确立中国宗法专制社会的意识形态产生了深远的影响。从表面上看，他似乎不像孟子那样幸运，但他从人性恶的前提所发扬的礼的精神，却深深地渗透进了中国文化的方方面面。幸与不幸，都是那样的沉重而惨淡，那样的艰难与痛苦。

◆◇ 在人性的荒野

先秦知识分子好谈人性。他们热衷于从人性中探寻社会动乱的原因，从人性中寻找解脱苦难的出路。他们对人性的态度，或是顺应善良的本性，成就内在的人格；或是桎梏邪恶的本性，导向外在的规范；或是无所谓的通达与超脱。对他们来说，人性似乎是世界上最重要的东西，一切都取决于抽象的人性，那些具体的政治、经济方面的社会矛盾，似乎倒成了次要的东西。在这种对人性的过分重视背后，隐藏着什么样的秘密呢？我们的精神先辈们，究竟是怎样为我们确立精神起点的呢？我们无法确知。

但有一点可以肯定，那是一个邪恶的时代，知识分子处在黑暗的包围中，黑暗给了他们黑色的眼睛，使他们犀利地洞察到了人的众生相，也从而有了种种的人性论。孟子和荀子的人性论自然是影响最大的两种。孟子主性本善，荀子主性本恶，他们都看到了现实人心的险恶，对世道都持激烈批判的态度，但两者角度不同，他们用不同的药方来救世。由性本善引出了孟子的仁政王道，由性本恶导向了礼制的严酷统治。

在荀子的感觉中，那是一个颠倒的世界，充满了数不清的灾难和价值的混乱，真是糟透了。请看他针对"天下不治"而写的那一首"偈诗"："天地易伦，四时易乡。列星殒坠，旦暮晦盲。……仁人绌约，敖暴擅强，……螭龙为蝘蜓，鸱枭为凤凰，比干见刳，孔子拘匡……"感情极其浓烈。荀子借舜之口慨叹："人情甚不美"（《荀子·性恶》），他所看到的是一片人性的荒野，他要在这荒野上开拓出礼义法制的文明之路，确立起一个整合有序、公正美好的社会统治秩序。然而……

人性是什么？在荀子看来，人本是一种自然存在，人性就是人的自然共性、人从自然所获有的"恶"的规定性。人饥而欲饱、寒而欲暖、劳而欲休的生物本能；目好色、耳好声、口好味、心好利、骨体肤理好愉佚的天然追求；好荣恶辱、妒嫉憎恨、好利恶害的社会心理，都是人性的生动表现，人必然为之所累。放纵本性、任其自由的结果，只能是道德伦常的败坏、法制纲纪的颓废，满世界的混乱与残暴。人性恶，人都是天生的坏蛋，孟子所谓人性善是绝对错误的，人决计不是什么生来的"天使"。人的善良与美好不但不是人性中固有的，而且是违反人的本性的。人之所以向善，那是因为人性中本来没有善；人之所以求美，那是因为人性中本来没有美。美与善都是属于人为的社会的东西，而"性"则是不关人为的自然规定性。

然而，荀子对人并不感到绝望，他企图用人类社会的"礼义法度"来改造人性。在他看来，这种改造人性的努力是完全有可能成功的，走向文明的道路，就是一个"化性起伪"、不断改造人性的过程。通过感性的积极进取的实践活动，背离原有的本性，人们就会创造出一个美好和谐的理想社会。在荀子看来，人的社会地位和社会品质，不是先天注定的。人的本性生来就是同一的，"尧舜之于桀跖，其性一也，君子之于小人，其性一也"（《性恶》）。一个人最终成为什么人，不取决于他的本性，而取决于社会环境的影响、后天经验的积累。在客观外在环境的影响、磨炼和塑造下，一个人可以成为尧禹，也可以成为桀跖；可以成为工匠，也可以成为农贾。人是环境的产物，不同的社会环境造就不同的人。乱世、乱俗的恶劣环境，只能使人的恶性更加膨胀，不可收拾；而在一个良好的社会环境中，用"礼义法度"来约束、限制人的原始本能和情欲，使人通过对纲常礼教的体悟而导向归属感的寻求，是实现人的价值的必然条件。

所以，荀子非常重视教育、重视学习，这二者是"蒸矫"和"砻厉"人之恶性、实现人的主体价值的最佳手段。荀子的"学"，包括智能训练和科学、文化知识的掌握，但主要是一种道德修炼，通过艰苦不懈的努力，用"礼义法度"来改造自己的恶性，一个人不但有形成高尚品德的可能，而且有成圣成哲的可能。"涂之人可以为禹"（《性恶》），一个普通的平民百姓也可以成为大禹那样的圣人。对荀子来说，圣人也是人作的，在普通人与圣人之间没有一道不可逾越的鸿沟。但是无论如何，圣人总是"积善而全尽"的全粹之人，是"在本朝则美政，在下位则美俗"的人格美典型，到哪里去找这种完人呢？在我们已知的历史人物中，谁有资格称得上是这种所谓的"圣人"呢？事实上，作为完美道德之化身的"圣人"不过是一个虚构罢了，它永远无助于真实的人的生存。把成"圣人"作为追求的目标，无疑将导致自我的虚无化和道德的虚伪化，这是极其危险的。

更危险的还在于性恶论本身。按荀子的理解，人性本应是无所谓善恶的，它不过是人的一种自然素质，是君子、小人所同具的本能追求。何以硬要把本无所谓好坏的人性说成是恶呢？难道现实人生的种种罪恶与苦难，都是恶的人性所赐吗？以为把人性限制在"礼义法度"的范围内就能消解罪恶与苦难，建立美好和谐的社会秩序，无疑是很幼稚的，体现了一种思维轨道的单一性。用社会的"礼义"来限制、改造邪恶的人性，听起来很美妙，但又如何来保证这"礼义"本身是合理的，而不会成为生命的枷锁、杀人的工具和罪恶的源泉呢？荀子以及整个儒家对人的理解其实极其肤浅，他们总幻想着有了完美的道德就有了一切，所以总是力图用古圣先贤的绳索来束缚百姓的手脚。荀子也许没注意到，当所谓"礼""理"蜕变成伪价值的时候，芸芸众生的基本生存权利就很难得到保障了。把人性定义为恶，确实有助于确立纲常名教的合理性，但由"存天理（礼），制人欲"却合乎规律地走向了"存天理，灭人欲"。历史上的统治者正是以人性恶为借口而残酷地实施其压迫与控制的。

性恶论的提出，本是迫于现实的黑暗、人心的险恶，要为救世的手段寻求理论根据。然而，这根据很不可靠，那手段又如何呢？

◆◇ 礼论的困境

荀子用来救治世道人心的手段就是"礼"。有人说："中国民族是一个礼的民族，中国民族精神就是礼的精神。"在一定意义上，这是正确的。礼的精神的确渗透于中国民族从政治体制、文化观念到个人行为方式的几乎一切方面，作为一个中国人，你简直没有希望摆脱它，它已融入了你的灵魂、血液之中。在礼的发展历史上，孔子和荀子是对确立礼的精神贡献最大的两个人物。

礼本是来自远古的意识形态，在周代形成了一整套的典章制度，是几乎无所不包的社会生活的总规范，对个体具有强大的约束力。春秋战国时期"天下无道""礼崩乐坏"，沿袭已久的古礼面临着空前的大危机。但是，礼所赖以生存的社会土壤依然存在。儒家在礼衰之际，顽强地为礼的再兴而奋斗，期望着礼再度成为社会的支柱。

孔子以复兴周礼为己任，悽悽惶惶地周游列国。他以仁释礼，把礼从外在的规范约束解说成人的内在欲求，赋予了礼以心理学的合理依据。所谓"人而不仁，如礼何"（《论语·八佾》），礼主要表现为"仁"的外在形式。荀子则把礼提升为人道的最高准则（"人道之极"），外化为人类群体的生存尺度。在荀子看来，人是一种"能群"的动物，人必须生活在群体之中。而人的欲望的无限性与物质财富的有限性、欲望的同一性与享受的排他性之间，天然地存在着矛盾。为了免于无秩序的争夺，使人与自然、欲望与财富、人与人之间的各种矛盾得到有机的协调，以维持人类群体的生存，就必须确定相应的规范尺度，这种规范尺度就是礼。所以，礼是为规范人与人之间的关系，应稳定社会结构的需求而产生的。"人无礼则不生，事无礼则不成，国无礼则不宁"（《大略》），礼的价值可谓大矣。治乱安危，生死存亡，都取决于礼之能否贯彻实行。

礼的本质在于"分"，通过明确"分"来实现公正和谐的统治，是治理天下的基本原则。所谓"分"，即名分，乃是社会存在和组织的根本，表现在社会生活的各个方面，如君臣上下之分，夫妇兄弟之分，等级之分，财产与权力的等差之分，职业之分，衣食器用之分等等。通过分使每个人各就其位，各奉其事，各尽其职，社会就能保持稳定有序的状态。

礼具有无所不在的巨大力量。在礼的关系结构中，"贵贱有等，长幼有差，贫富轻重皆有称"（《富国》），每一个人都严格地隶属于某个等级，不得僭越和反抗。君主高踞在宝塔式社会等级的顶端，掌握着绝对的权力。因之，除了受制于权力及对君主、族长至尊地位的崇拜与服从之外，没有任何别的自由。"少事长，贱事贵，不肖事贤，是天下之通义也"（《仲尼》），一部分人摆弄另一部分人乃是天经地义的事。在荀子看来，墨家的平等观是毫无意义的，怎么可能设想一种没有等级差别的平等呢？

荀子认为，君君臣臣、父父子子、兄兄弟弟、夫夫妇妇的纲纪伦理，体现了终极的理性原则。作为人，不是父即是子，不是君即是臣，不是夫即是妇，不是兄即是弟。在家事父，尽其力行孝；在外事君，竭其身以尽忠。忠孝都以绝对服从为天职，只有义务而没有权利。每个人都是为他人而活着，人只有在隶属他人的关系中才有价值。当然，荀子也讲"从道不从君，从义不从父"（《臣道》），讲"权利不能倾也，群众不能移也，天下不能荡也"（《劝学》），但在重重的礼制网罗中怎么可能呢？所谓"道"也正是礼的原则。在中国封建专制社会中，那些为了长远的统治利益而真正坚持礼的原则的人却因为礼而毁灭了，这样的例子不胜枚举。

荀子援法入儒，在礼的原则中贯注了法的精神。这一方面意味着在礼的作用不能贯彻的地方，要以法作为有效的补充，因为总会有些冥顽不灵、礼义所不能教化的人；另一方面意味着礼本身即具有法的强制精神，循礼或非礼，不仅是道德问题，还是法律问题。所以，在荀子这里，"隆礼"与"重法"、"王道"与"霸道"是完全一致的。

"礼者，谨于治生死者也"（《礼论》）。一个人从生到死，都得受礼的制约，简直是无所逃于天地之间。荀子大讲"三年之丧"的必要性，强调祭祀礼仪的合理性，无非是要阐明尊尊亲亲的大义，忠臣孝子的人道罢了。死人受活人摆弄，活人为死人而活着，这不但是惨淡的生，而且是惨淡的死。荀子之冷峻的理性精神，使他并不相信鬼神，却使他为了现实的统治而劳心尽力地去论证礼制的合理性。

自然，光有"分"还不行，昭然若揭的对立反而不利于社会的稳定。于是，就得有"乐"的补充与调谐。儒家向来"礼乐"并称，乐不但是礼的美学形式，而且其本身就有调节心理、抒发感情、引人向善的功能。所谓"乐合同，礼别异"（同上），礼的作用在于严肃社会的等级秩序，使社会成员严格遵守这种秩序；乐的价值在于调节社会成员之间的矛盾，使人与人之间的关系和谐敦睦。礼与乐从两个方面保证着专制秩序的稳定。

总而言之，所谓礼的精神，实即专制主义的精神。专制主义不能容忍任何异端的存在，至少在自觉意识的层面，它要清洗掉一切不利于大一统的异质因素。如果以荀子的是非为是非，则凡是其思想"不合先王，不顺礼义"（《非十二子》）、与礼的精神相悖逆者，都是属于必须加以清洗的异端。事实上，先秦诸子几乎没有一家不曾经过他的批判，这种批判中未始没有包含合理的因素，如对墨家的批评。但经常则是独断式的蛮横指责，如对陈仲子的非难，就典型地暴露了专制主义对特立独行之士的排挤和打击。

对这套似乎颇为精致的理论，该说些什么呢？荀子真诚努力的结果，就是为众生寻得了一个"礼"，礼是和平与安宁的保证，只要恪守礼的原则，就不会再有罪恶与苦难，天下就可太平，盛世就可到来。然而，果真会如此简单么？荀子重视人的价值，认为只有组成社会群体才能显示出人的力量。但在荀子所设计的社会秩序中，人与人之间亲疏贵贱、上下尊卑极不平等，政治和伦理方面的森严等级窒息了个体的独立和尊严，等级统治的绝对权力抑制了人的生命创造的冲动。所谓"制天命而用之"的伟大理想只不过是空中楼阁，所谓"上勇"的人格气概也只能带来沉重的毁灭。荀子本是要发扬人道的，而专制制度唯一的原则却是使人不成其为人。对以儒家为轴心的中国传统文化来说，这是一个难以跨越的历史逻辑。儒家思想正是在这一点上暴露了深刻的内在矛盾：一方面是对人们在人格修养上提出平等要求的道德理想主义；另一方面是在社会政治地位上又极力维护等级制的专制主义王权思想。也许对儒生来说，事情本就该如此，但那些空谈儒学的现代价值者流，也作如是观么？

◆◇ 身后毁誉

悠悠往事千年，风流总被雨打风吹去。在漫长的岁月里，人们对荀子或褒或贬，或扬或抑，总是众说纷纭，莫衷一是。这里面既有着褒扬和同情，也有着误会和曲解，更有着指责和抨击，但不管作何了断，荀子总是一位非凡的历史人物。

与孔子、孟子一样，荀子生前也未能实现自己的抱负，但他的弟子李斯、韩非却因先后出关辅秦而为乃师赢得了相当的名声。尽管秦王朝很快覆灭了，荀子在汉代的地位仍然非常显赫。在学术上，不管是今文大师董仲舒，还是古文经的倡导者刘向，都对荀子评价极高，司马迁的"礼书"也几乎是荀子"礼论"的照抄。可以说，没有荀子，就没有汉儒；没有汉儒，就很难想象中国文化会是什么样子。汉代上层建筑中的很多制度、措施，也都是以荀学为理论根据的。汉武帝"罢黜百家、独尊儒术"的"儒"，既不是孔子思想的照搬，更不是孟子思想，而是以礼的精神为核心的荀子思想。一直到中唐，荀子都是和孟子并列的大儒。

从韩愈开始，已经有了贬抑荀子的倾向，到了宋代，掀起了第一次反荀高潮。宋代理学家们激烈地攻击荀子，不但把荀子革出了儒门正宗，而且视之为"大逆不道"的圣教罪人。宋儒对荀子的攻击主要集中在性恶论上，如二程曾说："荀子极偏驳，只一句性恶，大本已失。"（《河南程氏遗书》）又说："荀、扬性已不识，更说甚道？"（同上）就这样对荀子作了最终判决。理学家们持"性即理"的主张，幻想着空阔纯净、一片光明的"理"世界，他们希望用"穷理尽性"的功夫达到"与天地参"的道德境界。他们的"性"是完美至善的封建纲常伦理，所以对他们来说，"性无不善"才是绝对真理。然而，宋儒对荀子的批判并不具有多少意义，首先他们根本没有弄懂或是没有理会荀子所谓"性"的意思，因而对性恶论的攻评纯属无理取闹，其次，理学家强化"三纲五常"的礼教、维护宗法等级统治的专制主义，与荀子更无两样。理学与荀学的分歧，只不过是儒家内部的门户之见而已。前者从内在方面强化礼教的自觉意识，后者从外在方面加强礼法的规范尺度，同样是缚人于礼，前者更彻底地使人失去自由。自理学兴起后，人间又生出了多少眼泪与苦难。

17世纪随着子学研究的兴起，荀子的地位有所变化。有清一代，无论在荀子研究的资料整理还是思想阐述方面，都超过了历史上任何一代。但无非都是或修补其人性论，或揄扬其言礼之功，并无多少新意可言。到了近代，随着西方资产阶级启蒙思想的传入，荀子的历史地位又经受了巨大的变迁。戊戌维新时期，在遍世遵循的风气下，由谭嗣同、梁启超、夏曾佑等掀起了一场"亢气淋漓"的"排荀运动"，这是历史上反荀的第二次高潮。这场运动并不是单纯的学术运动，实际上是对封建君主专制制度和封建伦理道德的激烈批判。谭嗣同说："二千年来之政，秦政也，皆大盗也；二千年来之学，荀学也，皆乡愿也。"（《仁学》）梁启超说："自秦汉以后，政治学术，皆出于荀子。"（《论支那宗教改革》）夏曾佑则指出：秦始皇及后来的历代统治者都是"本孔子专制之法，行荀子专制之旨。"（《中国历史教科书》）唐才常认为："荀子开历代网罗钳制之术"（《唐才常集》），乃是孔子之孽派。他们从不同的角度，揭露了荀学专制主义的历史危害，号召人们冲决网罗，建设近代化的中国，从而从根本上宣告了荀子历史命运的终结。

遗憾的是，战国的云烟早已消散，我们的精神却总是摆脱不了诸子的阴影。难道真是"众生万古无度日"，中国人的智慧竟永远超越不了古圣先贤的境界？有人重弹起了孔孟荀朱的老调，妄图以"仁义礼法"来补救现代文明之不足；有人则大谈荀子自然观的进步性，素朴唯物论的伟大意义。这些人都没能把握住荀子影响历史的关键。荀子无疑是一个大思想家，但他的唯物论、逻辑思想等并没能对中国的文化、历史和社会进步产生多少积极影响，倒是其"礼"学思想成了统治政策的魂魄，从而严重地制约了中华民族心理的健康发展。而且，在现代理性之光的烛照下，荀学中至少还包含下列毒素："唯圣人为不求知天"（《天论》）的反科学态度，"持宠、处位、终身不厌之术"（《仲尼》）的权谋技术；"主损绌之，则恐惧而不怨"（《仲尼》）的奴性；"财利至则善而不及也，必将尽辞让之义而后受"（《仲尼》）的虚伪性；"有宠则必荣、失宠则必无罪"（《仲尼》）的明哲保身主义。

让荀子和他的思想的痼疾永远成为过去，我们将带着新时代的忧患、欢乐和信念走向未来。

司马迁

担荷岁月的受难者

◎范振国

> 思考的痛苦也许只属于思考者，而思考的困惑则属于全人类。
> 因为，困惑意味着思考的价值。

汉武帝征和二年（前91）初冬的一天，五十五岁的司马迁正在奋笔疾书，给他的朋友任安写信。此时，他的心情忧郁、愤懑、悲壮而又踌躇满志。

◆◇ 思想转变的契机

任安虽是司马迁的朋友，但彼此并不真正了解，两人之间在思想上的距离可以说是相隔天渊。七年前，司马迁承蒙皇帝接见，要他就李陵战败被俘一事谈谈自己的看法。司马迁根据战事的始末以及自己平时对李陵为人的了解，说出了真实想法：在双方兵力悬殊的情势下，李陵率兵奋力作战，转战千里，所杀匈奴兵士远远超过自己所率军队的人数，纵然兵败被俘，仍然功大于过；而且，以李陵之为人，将来必会寻找机会重新报效汉朝。依常情而论，既然接受召问，就理应说出自己的真实看法，纵令这种看法不对，亦不至于因而获罪受罚。司马迁万万没有料到，他的这番出于为国惜才的真话，竟会引起皇帝震怒。

武帝之所以如此震怒，一则是以为司马迁在为李陵"游说"，二则是以为他在攻击自己的宠姬之兄贰师将军李广利。封建皇帝的一时喜怒爱恶，可以立即决定一个人的命运，或者使之富贵尊荣，或者使之身死族灭。特别是像武帝这样的专制君主，如果有谁触怒了他，或者仅仅是引起了他的猜疑，那么，极其残酷无情的刑罚立即就会加诸其身，多少王侯将相、达官显宦，不是都成了武帝盛怒之下的可悲牺牲品吗？何况司马迁仅仅是个太史令，一个区区六百石小吏。于是，司马迁被下狱了。

当时的法律只是体现皇帝个人意志的工具，而执法官吏也只是秉承皇帝旨意行事的奴才。因此，无辜的司马迁竟被判以"诬上"（意即欺罔君上）之罪，依律当处斩刑。如欲免死，办法只有两个：一是出钱赎免，但数额巨大，司马迁家境贫寒，根本无力拿出；二是接受宫刑。以司马迁的思想和人格，他本来是宁可死去也不愿接受宫刑的，因为在他看来，宫刑是一种最大的耻辱。可是经过反复、激烈的思想斗争之后，他还是决定含垢忍辱地生存下来，这不是苟且偷生，而是为了完成自己的千古不朽之业。

司马迁受刑之后不久，即被武帝任命为中书令。在一般俗人看来，这似乎是一个令人艳羡的职位。因为一旦身居此职，即得以掌管机要文书，成为皇帝身边的亲近侍从。然而，司马迁却始终怀着一种刻骨铭心的耻辱感，他把中书令一职视为"闺阁之臣"，不但丝毫不以此为荣，反而以为是莫大的羞辱。因此，自任职以来，除应付必要的公务外，他息交绝游，集中心思和精力于自己的撰述之业，以为只有这项事业才是自己生命价值的真谛之所在。

正是在这种心境之下，司马迁收到了任安的来信。这封信使司马迁极为不快。他万没想到这位朋友的精神境界竟然如此低下，和一般凡夫俗子的看法竟毫无二致：他对司马迁在受刑之后得居中书令之职，似乎不胜歆羡之至，而且要求他以"推贤进士为务"，对朝廷竭尽忠心。任安写此信的确切日期已无从考稽，假若是在他因"戾太子之祸"而身陷囹圄之后写的，那么，他的信中可能还有这样一层意思：要求司马迁向武帝进言，劝其为国惜才，从而赦免自己的死刑。这与司马迁此时的心情和思想是多么格格不入啊！第一，前面已说过，司马迁对于自己以"刑余之人"的身份担任中书令一职本来就是感到耻辱的，以这样的身份向朝廷荐举人才，对被荐举者也同样是一种耻辱。

何况受刑之后的司马迁对专制暴君的认识已日益清醒，早已不愿为之竭尽愚忠了。第二，对于任安之被处死，司马迁未尝没有惋惜之情。任安的精神境界虽然无异于俗人，但毕竟是一位能干的官员，况且他之被处死，纵不算是负屈蒙冤，至少也是罚过其罪。但是，司马迁又怎么能够在武帝面前为之开脱呢？"李陵之祸"的教训难道还不够沉痛吗？这倒不是说司马迁为了保全自己的身家性命，不敢替朋友辩白，而是说，通过那次事件，他对武帝刚愎暴戾的性格有了清楚透彻的了解：凡是他决定了的事情，任何人都无法改变。

基于上述原因，他对任安的来信久久不曾作答，也可能原来就准备采取不予理睬的态度。但是，现在任安即将引颈就戮，死于武帝的屠刀之下。或许司马迁考虑到，任安的这种遭遇跟自己当初的遭遇有某种近似之处，在这种情况下，他至少在一定程度上能够体谅一些自己的心境和思想，于是就修书作答了。

这封《报任安书》和《太史公自序》，都是我们了解司马迁生平事迹、研究司马迁思想发展的极其宝贵的可靠资料。当然，这两篇东西还是有着很大的差别的：《自序》着重叙述自己的家世和生平事迹，对于自己修史的宗旨虽然有所说明，但语多隐晦，对"李陵之祸"也只用了不多的语言交代过去。其中心意思是说明在忧患之中，时时以古哲先贤来激励自己，发愤著书，用以昭示后人。《报任安书》则是一篇饱蘸着血泪写出的充满炽烈激情的文字。它详叙了"李陵之祸"的始末，辩明了其间的是非曲直，申诉了自己所蒙受的冤抑。这是在辩诬，在控诉，在宣泄，在抒发长久郁积胸中的愤懑不平之情。文章写得气势磅礴，笔酣墨畅，滔滔若江河之水，一泻千里，淋漓尽致。这是一篇了解司马迁在遭受"李陵之祸"前后思想感情重大变化的最重要的材料。

顺便说一句，此信当时未必真正送达任安之手，可能是一直保存在家里，直到宣帝时才由其外孙杨恽连同《太史公书》（即《史记》）一起传布了出去，后来被班固收入《汉书·司马迁传》中。

"李陵之祸"是司马迁生平中最为重大的事件，对他的思想发展变化产生了极其重大的影响。《史记》的写作虽然开始于"李陵之祸"发生前的若干年，而全书的完成则是在此事之后。而且，有充分的根据可以推断，即使原先已经写成的篇章，也是在"李陵之祸"以后重新修改或加工润色过的。因此，有充足的理由说，"李陵之祸"对于《史记》一书的整个思想倾向都产生了极大的影响，打下了深深的烙印。

同样的遭遇，同样的祸患，在不同的人身上会产生不同的甚至是完全相反的影响。

对于一个平庸的人，悲惨的命运会摧毁他的精神力量，使之意志消沉，自甘沦落；对于一个利欲熏心的人，受刑之后，而又受到重用，他会感激涕零，变成一个更加卑躬屈膝、温驯忠心的奴才。司马迁在精神上、性格上和思想上都是一个傲岸不屈、不可征服的巨人。在当时的情势下，他不可能在行动上反抗那强大而残暴的统治力量。统治者可以损伤他的躯体，却无法征服他的思想，战胜他的精神。而且，经过此次事件，使他的思想更加成熟深刻了。他重新审视了自己过去的人生观、世界观和对统治者的态度，思想发生了重大的变化。"李陵之祸"是司马迁思想转变的契机。

◆◇ 独立的思想决定独立的人格

一个人的特殊思想、性格的形成，除了某种特殊禀赋外，决定性的条件是后天的特殊环境的熏陶和所受到的特别教育。

司马迁出生于汉景帝中元五年（前145），恰逢旧史家羡称的"文景之治"的封建盛世。在《自序》中，司马迁把他的家世追溯得特别遥远，从传说中的颛顼帝，历经唐尧、虞舜、夏、商、周，以迄于战国秦汉，世世相仍，绵绵不绝。其间也不乏某些功勋显赫的人物，如周宣王时的程伯休甫和秦惠王时的司马错。追寻远古祖先，以祖先的显赫为荣，是一般古代文人的通病，司马迁似亦未能例外。这类家世自叙，一般都极其悠久，荒渺难凭，自然不能视为信史。

司马迁的近世先人，自秦始皇时的司马昌（司马迁之高祖）、西汉初年的司马无择（曾祖）、司马喜（祖父）直到他的父亲司马谈，都不是什么高官显宦，其地位都属于统治阶级的下层。

司马谈是一位博大精深的学者，他精通当时的"准"自然科学——天文历法之学和《易》学、道家学说——曾从《易》学大师和道学专家那里接受过专门训练。此外，他对先秦诸子百家之学亦广为涉猎，悉心研讨，具有独到的心得。他写过《论六家之要指》这样一篇气魄宏伟、思想深邃的论文。此文虽然受当时政治和学术风气的影响，对于道家学派特为推崇，但他绝没有排斥异端的倾向，而是认为道家之外的儒、墨、名、法、阴阳诸家，既各有所短，亦各有所长，因而主张兼容并包，汲取和融汇各家之长。

我同意这样的观点：评判人文文化的进步与否，应看其是否具有理论上的宽容性。历史上的某些文化流派恰恰就不具备这种宽容性。这样的文化流派一旦与权势相结合，并被圣化为不容怀疑的神圣教条，就会将不同的学派斥为异端邪说，不遗余力地对其进行打击和迫害。这样的学派当然不具备理论上的宽容性，从而也就不具备文化上的进步性。先秦及秦朝的法家学派，汉以后被统治者所改造利用的儒家学派，以及中世纪欧洲基督教的各个宗派，都是如此。司马谈学术思想方面的这种宽容精神和博大气魄，在人文文化史上具有明显的进步意义，对后来司马迁思想方面的影响有不可低估的意义。

生长于这样的家庭，有着如此深厚的家学渊源和浓郁的文化氛围，司马迁自幼耳濡目染，所受的熏陶和影响，自然就与普通儿童大不相同了。他自称其诞生地是"龙门"，实际上则是现在陕西韩城县境内的芝川镇。他又自称其幼时曾"耕牧于河山之阳"。这就是说，自孩提时代起，他一方面开始接受家庭教育，学习读书识字，一方面又跟随在家人之后学习耕牧，除了接受文化熏陶外，还得以目睹家乡附近雄浑壮丽的山河，在大自然中陶冶其性灵，同时，又能亲切地感受到古朴淳厚的民风。这就是司马迁十岁以前生活和学习的大致情况。对于任何一个人来说，儿童时期的家庭、社会和自然环境的影响，对其后来的成长都会起到难以估量的作用。

汉武帝即位初期，司马谈以其通晓天文历法的学术专长做了太史令。大约就在此时，司马迁跟随父亲来到了都城长安。他自称"年十岁而诵古文"，也是此时的事。所谓"古文"大约是指《尚书》和《左氏春秋》之类的书。在此后的几年内，他曾亲聆《古文尚书》大师孔安国的教诲，又曾从今文经学大师董仲舒学习《公羊春秋》。

大约在司马谈做太史令之后不久，他的全家也由故乡迁徙到了茂陵。秦始皇和汉高祖都曾下令迁徙关东六国之后和各地强宗大族于关中，其目的在于削弱地方势力，充实京师地区，巩固中央皇朝的统治地位。汉武帝也曾两次下令移民于其陵园——茂陵（今兴平境内，距长安仅数十里之遥），这固然是为了使其陵园周围成为人烟稠密、繁华昌盛之地，但其主要目的却跟始皇、高祖是一样的。司马氏家族虽然不在富豪之列，大概因为司马谈在朝做官之故，也于此时迁移到了这里。可以想象，此时的司马迁经常往来于京师和茂陵之间，一方面得以亲受经学大师及各类学有专长的先辈的耳提面命之教，一方面得以接触来自全国各地的诸色人等——他目睹名闻遐迩、为许多人所倾心仰慕的游侠郭解之为人，也是这个时期的事。

上面所讲的大致是司马迁十岁以后二十岁之前的生活、学习情况。这是一个人一生中的黄金时代，是奠定其知识基础的时期，也是其人生观开始形成的时期。正是这个时期，司马迁在学问方面打下了极为坚实的基础，同时也增广了见识，丰富了阅历。

二十岁这一年，司马迁外出漫游各地。此次出游的目的究竟是什么，司马迁在《自序》中不曾明确说出，但我们有理由推断，这是他强烈的求知欲望的表现。在此之前，尽管他在学问上已经有了长足的进步，但其足迹尚不曾越出关中一步。战国时代的读书人即有"游学"的传统，司马迁此次外出，亦是继承前人的这一传统，目的是进一步增广知识。

他由武关（今商县）出关，至南郡（今江陵）渡江南下，浮游于今湖南境内的沅水、湘江之间，俯察大诗人屈原的遗迹，慨然想见其为人，仰观传说中大舜的葬身之地，发思古之幽情。继而进入今浙江境内，登临会稽山，探察传说中的"禹穴"。由此转而北上，在淮阴，访询考察了汉初天才的军事统帅韩信微贱时的遗闻。在曲阜，他长久地徘徊观望、流连忘返，考察了他早已心向往之的孔子故居，目睹了孔子后世弟子们按时演习礼仪的动人情景，孔子当年亲自教诲弟子的动人场面，仿佛历历在目。在齐地，他考察了那里的风土物产，亲切地感受到了春秋战国以来齐国的泱泱大国之风，又寻访了孟尝君的遗闻旧事。丰、沛是刘邦及其亲信部下的故里。此时上距刘邦等人起义反秦仅仅七十余年，关于他们的旧事，当地故老还时时载诸口碑。司马迁对于这些极有价值的遗闻，进行了细心认真的访求收集，从中获取了极为丰富生动、真实可靠的历史素材。在大梁，他访察了秦灭魏时引水灌城的情况，以此来印证历史文献的记载。对战国时代以养士驰名的所谓"四大公子"，司马迁唯独敬重魏国的信陵君，以为只有他才是不图虚名、真正礼贤下士的君子。既然来到这里，他当然要寻访关于信陵君的遗事了，还专门考察了备受信陵君礼遇的夷门监者侯嬴的居守旧址。在此地考察之后不久，司马迁就返回了关中。

这段游历生活，不仅使司马迁增广了见闻，开阔了视野，在访问故老、搜求遗说、考察风俗民情的过程中锻炼了收集活史料的能力，而且使他对天下的山川关塞、地理形势有了清楚切实的了解。这些，对他后来的修史工作有着十分重要的意义。譬如说，秦末及楚汉之际的战争是那么频繁纷纭，但司马迁却写得那么生动明晰，令人读之了如指掌。他之所以能达到这种境界，与他对地理形势和古战场的实际考察有着至为密切的关系。清人顾炎武说："秦楚之际兵所出入之途，曲折变化，唯太史公序（叙）之如指掌。以（因）山川郡国不易明，故'曰东''曰西''曰南''曰北'，一言之下，而形势瞭然。"又说："自古史书言兵事地形之详，未有过此者。太史公胸中固有一天下大势，非后代书生所能几也。"顾炎武讲得完全正确。司马迁胸中之所以"固有一天下大势"，正是由于他在青年时代就进行过实地考察。

游历天下也开阔了他的胸襟，陶冶了他的博大浩然之气。这对他后来文章风格的形成，也有着一定的关系。宋人苏辙说："太史公行天下，周览四海名山大川，与燕赵间豪杰交游，故其文疏荡，颇有奇气。"所谓"疏荡"，所谓"奇气"，是指司马迁那种浑厚壮阔，遒劲跌宕，迈越前人、雄视千古的文章风格。一个足不出乡里，终日蜗居于户牖之间，刻意为文的人，绝不可能写出司马迁那样的文章。从这个意义上讲，苏氏的话也是颇具卓识的。

游历归来后，司马迁仍然往来于长安与茂陵之间，继续读书学习，研讨学问，其间也可能曾将其游历中的见闻加以记录整理。这样的生活又继续了好几年。

大约在三十岁之前，司马迁开始步入仕途，做了郎中。郎中一职，秩比三百石，品位极低。但有了这种身份，即得以出入于宫廷之间，服务于皇帝左右。从此，他得以接近最高统治者，对最高统治集团的内幕，对朝廷上下各类人物的风貌和性格，开始有了清晰的了解。

元鼎六年（前111），三十五岁的司马迁奉命出使巴、蜀以南的西南夷地区。汉武帝于二十多年以前已经开始经营西南夷之业，中间由于种种原因，曾一度中断。一年以前，汉朝平定了南越，使西南夷诸君长受到了极大的震慑，自愿归顺汉朝。于是武帝就在这一带设置了五个新郡，统归中央皇朝直接管辖。

司马迁此次的使命就是对这一新建地区进行安抚慰问。

来到这里，展现在他面前的是一片崭新的世界。这里的许多地方尚处在蒿莱未辟、近乎洪荒的原始阶段，那种未经人工开凿的雄奇壮伟的自然景观，纯朴自然的风土人情，以及与内地迥异的各类特殊物产，都强烈地吸引着司马迁，他怀着浓厚的兴趣观察着、分辨着、记录着，又一次获取了大量从前闻所未闻、见所未见的新的材料。后来，他的《西南夷列传》之所以能够写得那样真切翔实而又详略得当，条理井然，正是这次西南之行的真正成果，虽然这并不是朝廷所赋予他的使命。

当司马迁返回京师复命时，汉武帝已经东行，准备到泰山举行封禅大典。司马迁不敢久留，立即赶向东方。行至洛阳，见到了因病滞留于此的父亲。司马谈此时病情已经危殆，自觉不久于人世。当此弥留之际，他最大的遗恨是未能完成修史之业。按职务来说，汉代的太史令只掌管天文历法，并无修史之责。但前文说过，司马谈是一个博大精深的学者，不是那种仅仅满足于恪守本职工作的俗吏。汉时的太史令虽然不掌修史之事，但历史上的"太史"却曾是执掌记事的史官，《左传》中的太史董狐便是一例。司马谈既有述作之志，又有述作之才，于是就援引历史上的旧例，以修史为己任。他可能已经收集了相当丰富的材料，并已开始起草了部分篇章，但到此时为止，此项工作尚处在准备和草创阶段。

当见到远道而来的儿子时，这位即将走完人生最后行程的老人顿时兴奋起来。司马谈拉着儿子的手，反复说明修史的意义以及自己的修史之志，再三嘱咐，反复叮咛，要求儿子一定要完成自己的未竟之业："余死，汝必为太史，为太史无忘吾所欲论著矣。"听了父亲临终之际这番肺腑之言，司马迁感动万分，痛哭流涕地表示：一定要完成父亲未竟的著史之业，不敢稍有缺失。父亲死后，司马迁因为使命在身，便尽快料理了丧事，匆匆向东赶去。向武帝复命后，又亲自参加了"封禅"大典。所谓"封禅"，是战国之时某些术士的附会之说，儒家经典中无此礼制。不过，在当时人看来，这是一种极其隆重的盛典，因为皇帝在泰山之巅祭了天，在泰山之下祭了地，这就等于说，他的至高无上的统治权得到了天地神灵的正式承认，从而就获得了完全的合法性。借用天上神权的威灵来维护地上的现实统治，这是古代中外统治者所共同玩弄的伎俩。司马迁对这套伎俩的实质虽然还未能完全识破，但在一定程度上还是有所察觉的，从《封禅书》中，可以感觉到他在记叙这次被视为神圣的大典时，处处流露出的讥讽和怀疑态度。

元封三年（前108），即司马谈死后的第三年，司马迁被任命为太史令。这年，他三十八岁。这对他的修史工作极为有利。前面说过，汉之太史令只掌天时星历，不管记事。但当时人们的观念以为，天时与人事有着密切的关系，所以担任此职的人可以阅读研究朝廷所收藏的一切图书档案。司马迁利用这个便利条件，立即开始了这方面的工作，即所谓"绌石室、金匮之书"。

但司马迁在任太史令的最初几年，却未能集中其主要精力从事修史工作。最主要的原因是他参与并主持了《太初历》的制定工作。此项工作相当艰巨，在武帝的诸项"改制"工作中，这是一项极有意义的事业。汉朝建立后，一直沿用秦朝的《颛顼历》。这种历法以十月为岁首，本身就不科学，而且沿用既久，差误更大，对农业生产极为不利。新制定的《太初历》以正月为岁首，对日月星辰运行的推算也比旧历精密得多。这就是所谓"夏历"，对后世的影响极为深远。司马迁为此付出了时间和精力，影响了修史工作的进展，但这是值得的。

从太初元年（前104）到天汉二年（前99），这六年左右的时间，是司马迁集中主要精力和时间从事史料整理和进行写作的一段时间。这段时间，正当司马迁四十二岁到四十八岁之间。对于一个大学问家、大史学家来说，这正是精力充沛、思想成熟的时期。

从上面的概括叙述中，我们可以看出，从出身和教养讲，从天资和阅历讲，从所担任职务的便利条件讲，司马迁都具备了修史的特殊优越条件。

还可以看出，他不只具备史家的条件，还博古通今，掌握了当时的中国人所能掌握的各种学问和知识，是个"百科全书式"的人物。王充称他为"汉之通人"。"通人"是汉人对学者的最高赞语。一般通一经或数经的儒者，或仅仅长于文辞的人，都是不能与之同日而语的。

司马迁不仅具有渊博的学识，而且具有创造的天才。这就决定了他所写的史书，绝不是沿袭成例，仅仅将材料加以整理排比，撰写成书而已。他所从事的工作是创造性的工作。一切材料（包括从文献和生活中收集来的），对他来说，都不过是像砖木瓦石之于建筑师一样，他要运用这些材料来建构一个全新的、完整而又雄伟的大厦。

司马迁还是一个思想上的巨人。他于书无所不观，善于对各种学派融会贯通，从中提炼精髓。对同代的学者，即使是他的老师，他也从不盲从。他善于学习、研究、对比、吸取，从而形成自己的独立见解。

司马迁的思想和人格是统一的。也就是说，独立的思想决定着他独立的人格。而且从所能见到的材料看，司马迁父子从来不曾媚事过任何权贵，所以，我们在前面说过，司马迁在精神和人格上都是一个傲岸不屈、不可征服的巨人。

大凡文化史上的真正巨人，几乎都具备对自身价值有清醒认识这一特点。俄国诗人普希金在其自颂诗《纪念碑》中说：

> 我将永远光荣，即使只有一个诗人生活在月光下的世界上……
> 我的名声将传遍整个伟大的俄罗斯。

巴尔扎克把自己和拿破仑相比拟，他的座右铭是："彼以其剑所完成之业，我将以笔完成之。"四十八岁之前的司马迁，其生活一直是平静而安稳的：他一方面在自己卑微的职位上勤奋工作，另一方面则潜心治学，不断思索，努力著书。从当时一般的世俗观点看，他的生活缺乏任何外表的光彩：既不曾立下赫赫战功，博取封侯之荣，也不曾凭借政绩和资历获得卿相之位。而这些都是当时的士人阶层所共同向往、梦寐以求的事，或者说是那个时代那个阶层的人们的普遍价值观念。司马迁是超脱了这种价值观念的。中国古人认为不朽有三："太上立德，其次立功，其次立言。"司马迁所追求的不是生前的富贵尊荣，他认为这只是过眼烟云，在历史长河中将转瞬即逝，不会留下踪影："古者富贵而名摩灭，不可胜记，唯倜傥非常之人称焉。"他是以"倜傥非常之人"自诩的。他自信自己的不朽之途在于"立言"，即写出一部足以流传千古的不朽著作。和前面提到的那两位世界文化巨人一样，司马迁对自身的价值也有着清醒的自我意识。

◆◇ 伟大精神成果来自痛苦的抉择

正当司马迁满怀自信和热情撰写他那部鸿篇巨制之时，意想不到的巨大灾祸却突如其来地降临。

"生存还是毁灭，这是一个值得考虑的问题。默然忍受命运的暴虐的毒箭，还是挺身反抗人世的无涯的苦难，在奋斗中结束一切，这两种行为哪一种是更勇敢的？"这是莎士比亚最著名的悲剧《哈姆雷特》中的那段古今传颂的独白。用这段话来形容受刑之前司马迁矛盾复杂的心情，似乎有点不伦不类：一个是四百年前英国最伟大的戏剧家所塑造的不朽艺术典型，一个是中国两千年前最伟大的史学家。这两者之间又会有什么相似之处，怎么可以相提并论？其实，人类思想感情总是有相通之处的。他们所处的历史背景、所代表的社会情绪以及他们个人的社会身份固然迥不相类，然而，他们都是自己时代先进思想的优秀代表者，都是恶势力的对抗者，都面临着人生的一个最严峻的问题——生与死的抉择，都把个人所遭逢的厄运和整个社会人生问题联系起来进行思考，都具有超越常人的巨大的思维能力和精神力量。

突然身陷囹圄，他的灵魂曾震颤不已，胸中的怒火更燃烧不熄！然而，这种无情的残害是直接来自汉武帝这样的专制暴君，纵使你有万般冤屈，千种理由，又哪里容得申辩一言半语？"挺身反抗"吗？当时，他只有一种反抗方式，这就是自杀！可对他来说，这又有什么意义呢？如果他位高望重，功勋卓著，人们会认为这样做是一种为了免受羞辱、保持气节的刚烈行为，未来的历史家也可能对事情的是非曲直作出公正的评价；然而，他的现实地位如此低下，既不为君上所重视，又不为世人倾慕，谁也不会把他的自杀同死于节义者相比并，只会认为是"智穷罪极，不能自免"。接受死刑，"伏法受诛"吗？这也如九牛之亡一毛，与死一只蚂蚁没有什么两样？无论是自杀或是被杀，对他来说都只能是"轻于鸿毛"，他的名字将会在历史上默无声息地永远消失，不会留下任何痕迹。

从长远的历史观点看，人物的伟大与渺小不是由他们当时所处的历史地位决定的。莎士比亚之与伊丽莎白女王，普希金之与尼古拉一世，巴尔扎克之与复辟时期的法国国王以及其后的皇帝路易·波拿巴，其伟大与渺小是不待评说的。即使拿那些曾对历史的发展起过巨大推动作用的统治者来与其同时代的文化巨人相比较，譬如拿破仑之与歌德、贝多芬、黑格尔，汉武帝之与司马迁，他们的伟大程度恐怕也是很难分出高下的。而且，人们会更喜欢后者，因为后者带给人类的是历史和哲学的真理以及永恒的艺术之美；而前者的功绩则是建立在无数人的殷红鲜血和嶙嶙白骨的基础之上，其价值也是有限的。

可是，在现实中却完全是另外一回事。一个社会地位低下的人，不管你的才智如何优异，不管你对人类的文化将会做出多么巨大的贡献，最高统治者那把锋利而无情的剑，随时都会向你砍去。特别是在中国古代的封建专制主义绝对君权制度之下，像汉武帝这样的专制君主之与司马迁，只在一念之间，便可以令后者的头颅落地。

司马迁在"生与死"之间进行抉择，经过反复、痛苦的思索，最后还是选择了生路，即接受宫刑，以换取自己的生命和事业，尽管他认为宫刑是为人所不齿的、最为耻辱的刑罚，但他还是作出了这样抉择。因为只有如此，才能保留住自己那颗无比伟大的、天才的头颅，一颗装载无穷智慧和深刻思想的头颅。

对司马迁来说，这是一种痛苦的抉择，但对中国的文化史来说，却是一种非常幸运的抉择。我们简直无法想象，假若没有司马迁，没有他那部不朽巨著《史记》，中国的史学史、文学史、思想史乃至整个的文化史会是什么样子？

从"李陵之祸"到给任安写信，时间过去了七年。在这七年时间里，司马迁一刻也不曾忘记他所遭受过的莫大凌辱，他的心境始终是极端痛苦，异常激愤。但对一个思想上的巨人来说，这种痛苦和激愤又会转化成一种精神力量，推动他去进一步思考关于现实和历史、关于自然和人生的诸多重大问题，重新审视自己过去的生活和思想以及业已写出的东西。这七年时间，是他的思想最后结晶时期，也是他的著作的最后写定时期。

为什么说"李陵之祸"是司马迁思想转变的契机？

"李陵之祸"以前，从整体上说，司马迁是汉朝政权的拥护者。他对自己所处的时代充满着自豪感，对汉武帝本人也确实存有尽忠效力之心。是的，司马迁所处的时代确实是一个充满朝气、辉煌壮丽的时代，一个几乎使所有的才智之士都有机会建功立业、创造奇迹的时代。汉武帝本人虽则好大喜功，欲望无穷，但他也确实完成了其前辈所不曾完成的巨大而烜赫的功业。在古代帝王中，他确乎是一个出类拔萃的杰出人物，一个有着非凡魄力和坚强意志的天才。当然，汉武帝之所以能够完成超越前人的功业，起决定性作用的还是当时的社会历史条件，但无论如何也不能否认其本人所起的作用。

然而，这又是一个极其残酷的时代：最高统治者雄才大略的另一面是专制暴戾；烜赫功业的背后是广大人民的无穷无尽的苦难；才智之士进取精神的另一面则是卑劣无耻、阴险谄媚和背信弃义。以司马迁头脑的敏锐和目光的深邃，他在受刑前对这个时代的另一面不可能不有所察觉，对这个时代的一些重大矛盾不可能不感到深深的困惑，不可能不进行认真的思考。但是，当他还不曾亲身遭受到这种暴政虐害的时候，他对这个时代的另一面（黑暗残暴的一面）的思考和认识，还不可能是十分深刻的。因而，此时他的主要倾向还是肯定这个时代的正面——业绩辉煌的一面。当然，以司马迁的思想和人格，即使不遇"李陵之祸"，也绝不会写出司马相如之徒所写的那种纯粹歌功颂德或"劝百讽一"的御用作品。作为史家，他可能会保持对史实的客观求真态度，即所谓"不隐恶，不虚美"的"实录"精神，仅此而已，绝不会有后来那种入木三分、深透有力的批判精神；对专制暴政以及为这种暴政服务的理论和法律绝不会有那样清醒透彻的认识，对许多历史人物的不幸遭遇也绝不会有那样溢于言表的深切同情，因为如果没有相似的遭遇，他不可能和这类人在精神上那样息息相通。

总之，"李陵之祸"以前的司马迁，对他生活于其中的那个时代是肯定多于否定，对于那个时代的许多阴暗面虽然有所察觉，但还缺乏深透的批判力。"李陵之祸"以后的司马迁，则转变为对那个时代、那个制度的阴暗残暴面的大胆揭露和无情批判者了。

我们之所以说"李陵之祸"是司马迁思想转变的契机，其原因就在这里。

应该指出，这样说，决不意味着司马迁对专制暴政的揭露和批判，仅仅是为了宣泄个人的私怨。如果这样看问题，那就是对司马迁批判精神之价值的贬低。

◆◇ 陷于困惑中的非凡思维能力

司马迁不仅"好学"而且能够"深思"，"深思"的结果，往往对许多一般人无法理解的问题，能够达到"心知其意"。这说明，他是一个具有非凡思维能力的人。凡是能够思索的人，总是在精神上经常感到困惑和痛苦的人。当他在研究、考察历史问题，撰写史书的时候，不可能不经常深入思考许多重大的问题，诸如历史人物的命运问题，善与恶的报施问题，自然与人类的关系问题，德义与利欲问题，历史进化与道德完善之间的矛盾问题，等等。

所有这些问题，都会经常困扰着他。就个人的思维过程而言，当他思考某一个问题的时候，与之有关的其他诸多问题也会随之纷至沓来，这往往会使他的思想陷入混乱和迷惘之中，使他感到一种百思不得其解的痛苦。有巨大思维能力的人，其可贵之处在于，他不会在迷乱、惘然和痛苦之前畏难却步，他会继续思考，深入探究。经过一个痛苦而漫长的探索过程，混乱会变为明晰，迷惘会变为清醒。到了这种境界，他便豁然开朗，痛苦就会变为欢乐，精神上会产生一种不可言喻的满足感。当然，对一个思想家来说，他的一生决不会只是经历一次这样的思想过程，而是要经历许多次。只有如此，他才有可能在有限的领域和有限的问题上达到或接近对真理的认识。

前文讲过，司马迁是个博古通今的"百科全书式"的人物，但这并不是说他对各种学说、各个学派都不偏不倚，采取等量齐观的态度。他对道家学派的态度与其父亲有所不同。他只是吸取了老子的"损有余以补不足"，反对过分剥削劳动者以及因循自然反对过分扰民等类的主张。

司马迁对于以孔孟为代表的儒家（未经后世统治者改造利用的，原来面目的儒家）是十分尊崇的。孔子主张"节用爱人"，对人民要"齐之以礼，导之以德"；治国者应该"养民也惠"，"因民之所利而利之"；反对"居上不宽"，重赋厚敛；向往着人间"无讼"的太平境界。孟子提出民重君轻的思想，反对统治者孜孜求利，重视民生问题，提倡德化教育。孔、孟当然不可能超越其时代的和阶级的局限性（他们自己不可能意识到这一点），但是，在他们的思想中，确实包含着原始的朴素民主思想和民本精神。司马迁在政治思想方面有和董仲舒相通的一面，即主张德政，反对暴政。在这一点上，司马迁确实是接受了他老师的影响。

他尊崇儒家的上述思想，可是当他具体考察历史实际时，却又感到了极大的困惑。他所向往的孔孟主张，如仁义，如德政，如"不嗜杀"，虽然美妙动听，令人神往，可是在现实面前却处处显得那么苍白无力，无济于事。以孟子那样超凡出众的旷代辩才，他的思想言论却根本无法打动各国的统治者，使他们放下屠刀，实行他设计的那套尽善尽美的"仁政"、"王道"。恰恰相反，真正被各国君主所采用，在当时的政治实践中发挥了重大作用的，却正是孟子所憎恶和轻蔑，以为应当受"上刑"的兵家、法家和以纵横捭阖之说见长的纵横家。这个问题长久困扰着司马迁。在当时的历史条件和思想条件下，他虽然可能隐隐约约地有所体察，但还不可能从根本上理解这个问题，因为他还不可能懂得这样的道理："恶是历史发展借以表现出来的形式。""自从阶级对立发生以来，正是人的恶劣的情欲——贪欲和权势欲成了推动历史发展的杠杆。"（恩格斯语）承认恶（暴力）在历史发展过程中的作用是一回事，赞美和歌颂它又是一回事。

孔孟的思想之所以不被当时的统治者所接受，正说明了他们的思想中有代表人民的愿望和要求的一面，而不是至少不完全是从当时统治者的直接利益出发的。评价以往的思想家，绝对不应该以他们的思想是否符合当时统治者的需要而被采用为标准，恰恰相反，应该以他们的思想是否在一定程度上反映了人民的要求和愿望，代表着人类的某种美好理想和追求为标准。因为尽管这类思想在当时还是一种空想，但它毕竟是美好的，是先进人们的希望之光。即使人们生活在极端困难的逆境中，只要还有这种希望之光存在，就会给他们以生存和奋斗的勇气与力量。

司马迁深受战国时代士人阶层那种独来独往、自由不羁精神的影响。这一点，早已有人指出。

战国时代士人阶层中的优秀分子在历史上起过极大的进步作用。先秦各个学派创始人物和代表人物，按其出身和地位，大都属于这个阶层。他们和当时统治者的关系已不再是简单的依附关系。他们有自己明确的政治主张，"合则留，不合则去"，确乎有一种独来独往、不受束缚的自由精神。他们还有一种自尊、自强的意识，"布衣傲睨轻王侯"，敢于和国君分庭抗礼，甚至还敢于对其表示公开的轻蔑，孟子的许多言论行事，鲁仲连为人排难解纷而不慕荣利、不求酬报的高尚气节，都是这种意识的真实体现。

老子思想中的某些合理成分，孔孟思想中朴素民主意识、民本精神，以及战国士人的独立不倚、崇尚气节的精神，都对司马迁的思想和性格的形成产生过重大影响。不过，在他的生活平静安定之时，在他被汉武帝的宏大事业所吸引之时，这些思想因素在他的头脑中还暂时处于潜在地位。在他经历了那场突如其来的无妄之灾以后，在他结合个人的命运来重新思索整个人生、整个历史和现实时，原来处于潜在地位的东西就会转化为占主导地位的东西。

我们现在从《史记》一书中所深切感受到的那强大的历史穿透力和对现实政治无畏的批判精神，以及几乎贯穿于全书的反对专制主义的巨大激情，都是司马迁后期思想的主要表现，也正是司马迁整个思想的特色之所在。

对此，我们从以下几个方面加以陈述。

第一，对当代最高统治者大胆的揭露和鞭挞。

司马迁虽然对孔子充满景仰之情，但在其修史的实践中，却不赞成孔子"为尊者讳"的原则。对汉武帝的残暴和虚伪，他毫不掩饰，大胆进行揭露。武帝为了无限地扩大其统治空间，穷兵黩武，征伐四夷，进行了长达数十年之久（至于如何历史地评价这项事业，不在本文的论列范围）的扩边战争，耗费了巨大的人力和物力。单从经济方面说，武帝的这种政策，将汉朝建立以来六七十年间积累起来的雄厚财富耗费殆尽，使国家财政陷于枯竭的境地。于是，对人民的搜刮和掠夺也就更加凶狠。

对此，司马迁在《史记》的许多篇章，特别是在《平准书》中进行了无情的揭露。

张汤、桑弘羊、孔仅等人是武帝极为宠信的"掊克之臣"，他们相继为武帝筹划解决财政问题的方案。先用"入物者补官，出货者除罪"，继而又用卖"武功爵"的办法来弥补财政收入的不足。但是，这些办法不仅没有从根本上解决问题，反而在政治上造成了极大的昏乱。于是就又有盐铁专卖、均输、平准以及算缗、告缗令诸项政策的出台。这些政策，实际上是对人民实行"法外掠夺"。譬如盐铁专卖政策，把两种当时最基本的生产工具和生活资料的生产和销售权从商人手中夺取过来，由封建国家进行垄断，这固然是暂时解决国家财政困难的有效措施，但对人民来说，却不仅无益，而且祸害无穷。官府制造的铁器，质量低劣，价格昂贵，又强迫人民购买，这就严重地妨碍了人民的生产和生活，以至于造成了这样的惨状：由于农具粗劣，致使大量田地荒芜；由于无钱买盐，致使人民长期淡食。

算缗（强令商人交纳资产税）、告缗（诱使人们告发商人隐匿资财者，一经查出，即予没收）这项政策，虽然也确实暂时大大增加了国家的财政收入，但其结果却使中等以上的商人大抵破产，造成了整个社会经济的大破坏。有人为了片面夸大武帝的大一统功业，对他所实行的上述诸项政策，不加分析地加以颂扬，以为这些政策只是打击了商人而无害（甚至有益）于广大农民，从而指责司马迁对武帝贬损过甚。这是根本不符合历史实际的。汉昭帝时期召开的盐铁会议的内容，经过当时人桓宽的整理，完整地保存下来了（即《盐铁论》）。贤良文学们所讲的这些政策的弊端及其给人民带来的严重灾难，就连这些政策的制定者和推行者之一的桑弘羊（时任御史大夫）也无法否认，虽则他是一个极富辩才的人物。还有人孤立地抓住《平准书》中"民不加赋，而天下用饶"一句话来盛赞武帝的诸项经济政策。这与事实真是南其辕而北其辙。不管桑弘羊之流的敛财手段多么巧妙，但归根到底那些财富都是从人民身上强行搜刮来的。当这种搜刮超过了社会的负荷力时，就必然会造成社会经济的大破坏，从而使人民失去最基本的生存条件，迫使其铤而走险。武帝晚年，全国各地此起彼伏、连绵不断的农民起义，正是这种超负荷的搜刮所激起来的。

至于武帝个性中极端暴戾恣睢的一面，司马迁也揭露得十分充分。单就任意诛戮大臣一事，下面的事实就足以说明问题了：西汉的丞相原是皇帝一人之下的最高行政长官，统揽全局，领袖群伦，宰制百官，权力极大；武帝为了集大权于个人一身，设立所谓"中朝"，削弱丞相之权。尽管如此，其在位期间，自公孙弘之后，凡任此职者，极少有幸免于杀身之祸的。武帝喜欢广揽人才，一时之间，朝廷上下人才济济，汉朝的人才之盛，似乎莫过于此时了。但是如果有谁稍违迕其旨意或者引起他的猜疑，就又加以杀戮，此类事例，指不胜屈。一方面是极力招揽，一方面却又任情屠杀，充分暴露了这个专制暴君的残忍个性。

武帝不仅要不断扩大其统治疆域，表现了在空间方面无限的统治欲望，而且在时间方面也有同样的强烈愿望。因此，他像秦始皇一样，总是希冀着长生不死，以求自己至高无上的统治之权能够永远持续下去。上有所好，下必甚焉。于是就有不少骗子一个个相继登场表演，他们用低劣的骗术向他证明，确有长生不死之药可求。不用说，武帝在中国的历代封建帝王中，是一位绝顶聪明的人物。可是，正是这位绝顶聪明的人物，在那些低能骗子的愚弄下，却又变成了一个十足的傻瓜。其所以如此，第一，是被自己的欲望所蒙蔽；第二，绝对的独裁者往往也同时是绝对的孤独者，谁也不敢向他说真话。这样，由聪明绝顶的人变为十足的傻瓜，就是势所必至，理有固然的了。有个叫作栾大的人，以拙劣的骗术取得了武帝的充分信任，于是在瞬息之间就变得身价百倍：封乐通侯，官五利将军，而且武帝还把自己的嫡生女儿长公主嫁给他。不久之后，栾大的骗术暴露，立即被杀。对此，司马迁在《封禅书》中，以嘲讽戏谑的笔调，绘声绘色地加以描绘，极尽挖苦奚落之能事，活脱脱地勾勒出了一个处处受骗子愚弄的大笨蛋的形象。

司马迁对酷吏的鞭挞，是他揭露武帝专制暴政的又一个方面。他笔下的酷吏们大都活动于武帝一朝，这正说明武帝时期皇权的高度集中及其统治的残暴性。酷吏是绝对君权主义的特有产物，是专制皇帝用以实现其无上权威的爪牙和鹰犬。《酷吏列传》给我们描绘了一幅幅鲜血淋淋的人间地狱的场景，千载之下读之还令人毛骨悚然。

司马迁的深刻之处还在于，他充分揭露了封建法律的实质。正是在《酷吏列传》中，他借大酷吏杜周之口说："前主所是著为律，后主所是疏为令"，这是杜周在回答别人指责他"不循三尺法，专以人主旨意为狱"时所说的话。这段话充分揭示了中国式的封建极端专制主义法律的实质：它仅仅是专制皇帝个人意志的体现。

第二，对专制主义思想的揭露和批判。

首先谈谈司马迁对"内法外儒"思想实质的揭露和批判。

法家学说是专制主义制度的理论基础。这是一种公开鼓吹对人民和异己者实行无情镇压的独裁理论。不过，由于这种理论具有毫不掩饰的、赤裸裸的血腥性，因而不适于封建统治者长期使用。汉武帝"罢黜百家，独尊儒术"，实际上他是假儒家之名，行法家之实，这就是所谓"外儒内法"。就连最大的酷吏张汤在断狱时，也"缘饰以儒术"，用根据法家理论制定的严酷刑律来断案杀人，又用儒家的仁义道德来加以装饰，这是多么巧妙而阴险的杀人术、镇压术啊。用儒家学说来对法家思想加以乔装打扮，非常适合当时封建统治者的需要。这是汉武帝及其宠臣们的一大"创造"。

张汤虽然是这种思想的实践者，但他还不是这种思想的主要代表人物，其最大代表人物是武帝的另外一个特受宠信的大臣公孙弘。

西汉盛行的是儒家春秋公羊学派。这个学派内部又为两派，一是以董仲舒为代表的重礼春秋公羊学说。汉武帝只是采用了董氏学说中的大一统主张来为其现实政治服务；但董氏学说中还有另外一个重要方面，即主张德政，反对严刑峻法，这和法家思想是水火不相容的，因而也就不为武帝所用。汉武帝真正重用和实行的是公羊学说的另一派，即以公孙弘为代表的重法公羊学派。关于春秋公羊学内部的这两个派别，清人皮锡瑞在其《经学通论》中辨别得十分清楚。对于重法公羊学的实质，皮氏一针见血地指出，它只不过是"酷吏借以济（实现，完成）其酷"的工具。举例来说，譬如"诛意"，是指某人虽无反叛行动，但只要认定他在内心萌发了反叛的意念，即可对其实行诛杀；又如"无将"，《公羊传》里有"人臣无将，将而诛"的话，"将"，指将有谋逆之心，根据这条原则，如果某个臣子被认定"将有"谋逆之意，纵无实据，亦可予以定罪。武帝时的酷吏确有根据上述那些荒谬绝伦的原则来治人死罪的。颜异之被杀，就是其中的一例。此人时任大司农之职，位在九卿之列。当有人在他面前说到新颁法令不便于民时，颜异一语未发，只是略表不服气（"微反唇"）。此事被张汤探知后，竟以"腹诽"的罪名判了颜死刑，而且从此将"腹诽"（在心里诽谤朝政）作为一条罪名，正式写进了汉律。由此可见，"内法外儒"之学对于武帝加强和巩固其绝对皇权统治是多么有用！武帝对其臣下的任情诛戮，也正是借助于这个学说。

对于这个学派的代表人物公孙弘，司马迁是"恶之特甚"（王鸣盛语）的，对他从各方面做了无情的揭露。他借用当时人的话称公孙弘是"曲学阿世"，意思是说，他以邪曲不正之学来迎合当代君主的心意，从而猎取高官厚禄。在汉朝，公孙弘是第一个以布衣身份而位至丞相封侯的人，这正是他"曲学阿世"的结果。身为丞相，他从不坚持自己的主张，只是一个唯皇帝意志是从的十足奴才。对于同僚又如何呢？《史记》本传中有一段话把他的伪善、奸诈、凶险的个性刻画得惟妙惟肖："弘为人意忌，外宽内深，诸尝与有隙者，虽佯与善，阴报其祸"。阴贼猜忌，表面上宽宏大度，内心则深怀杀机，凡是与他有嫌隙的，尽管佯装与之友善，暗地却伺机进行陷害。多么善于伪装，这真是一个凶狠歹毒，令人防不胜防的伪君子，一只披着羊皮的豺狼！"

汲黯是司马迁十分敬重的直臣，他是公孙弘的死对头。汲黯经常"毁儒"，但他所诋毁的儒，正是以公孙弘为代表的"内法外儒"的假儒。通过汲黯之口来揭露公孙弘其人其学，是司马迁采用的对公孙弘的侧面揭露方法。汲黯甚至当着武帝的面直斥公孙弘"怀诈饰智，以阿人主取容。"

其次，谈谈司马迁对法家学说本身的批判。

前文说过，法家学说是封建专制主义的理论基础。司马迁对先秦各个学派都进行过深入的研究，并且钩玄提要，抓住了各家学说的主旨和精髓。在所有学派中，他唯一彻底否定的正是法家学派。司马迁在对待各个学派的态度上，基本上和他父亲的态度是一样的，都具有理论上的宽容性。但有一点却不尽相同：司马谈对于法家虽然有所批判，但亦有所肯定，司马迁则对其采取彻底否定的态度。其所以如此，主要原因当然不是出于学术方面的爱恶弃取，而是由他的现实政治态度决定的。既然司马迁有着强烈的反专制主义精神，那么，推本论源，为这种制度奠定理论基础的法家学派，就必然成为他坚决否定和彻底批判的对象了。

表面看起来似乎是矛盾的：司马迁并不否认先秦法家的重要代表人物吴起、商鞅等人的政治才能，也不否认其政治成就，但对他们的人品和思想却持着彻底否定的态度。韩非是法家思想的集大成者。司马迁对其学说的否定态度更为明确而坚决，称他的思想是"其极惨礉少恩"（意谓极其严刻，残酷无情），这句话是对韩非思想的最为简要概括的说明。韩非极力讴歌专制暴力，极力颂扬君主独断；公开主张灭仁绝义，毁弃文化，实行愚民政策，狂热鼓吹厉行严刑峻法，对人民进行无情镇压。韩非的政治理论是最典型的极端专制主义理论。具有强烈反专制主义倾向的司马迁，当然和韩非的政治理论是冰炭不可同器的，因而对它采取彻底否定和无情批判的态度就是理所当然的了。尽管如此，司马迁对韩非最后的不幸遭遇亦不无同情之心，对于他的文才也给予了肯定的评价。

怎么理解司马迁对法家人物的这种矛盾态度呢？

作为一个伟大的史学家，他当然不会抛弃忠于史实的求真精神。正是这种精神决定了即使对于思想上反对、感情上厌恶的人物，也不能不肯定其应该肯定的一面。但是作为一个专制主义制度的批判者，他对这种制度的思想上的代表者、理论上的奠基者——法家人物，从根本上说，是持着严厉的批判和坚决的否定态度的。

司马迁对秦朝暴政的揭露和批判，是他对法家思想批判的继续和深入。这是因为法家思想在秦朝得到了全面彻底的贯彻，秦朝的统治是法家思想在政治实践上的具体实现。秦之完成统一中国的大业，从一定意义上说，正是法家思想的胜利。韩非说："上古竞于道德，中世逐于智谋，当今争于气力。"所谓"气力"，指的就是暴力。司马迁承认秦朝"成功大"，意思是说它完成了统一中国的前所未有的大业。但是，在他看来，秦朝的胜利，只不过是暴力的暂时胜利，终于因为它"仁义不施"（贾谊语），转瞬之间就土崩瓦解了。在《秦始皇本纪》《李斯列传》等篇中，司马迁对秦朝的各项暴政做了充分的揭露，这些揭露处处是和对法家的批判态度密切地联系在一起的。

第三，对个人在历史和现实社会中命运问题的思考。

善恶问题是困扰着许多古代思想家的一个重大问题。司马迁不像孟子、告子、荀子那样，从纯粹哲学意义上去抽象地探讨人性的善恶问题；他主要是对善人和恶人在历史和现实的遭遇与命运问题，进行深入认真的观察思考。

道家有句名言："天道无亲，常与善人。"意谓天道是没有私情的，它只是佑助那些善良的人们。《伯夷列传》列于《史记》一书列传部分之首。前人已经指出，此篇的主旨并不是为了替伯夷叔齐这两位古人立传，而是整个"列传"部分的序言。这篇序言所探讨的问题，正是善人和恶人的命运问题。而对这个问题的探讨，又贯穿于全部七十篇人物传记之中。

正是在这篇序言中，司马迁对道家的那个命题，提出了深深的怀疑。在古人看来，伯夷、叔齐可以称得上是至仁、至义、至让、至善的高洁之士了。可是他们的命运又如何呢？最后不是竟可悲地饿死了吗？他的思想驰骋上下古今，想到了历史上和现实中善人、恶人的遭遇与结局，对"天道无亲，常与善人"这个命题做出了否定性的结论。

这个重大的历史哲学命题，曾经长久地、深深地困扰着他，促使他苦苦思索；悲惨的个人遭遇，更使他对许多前人的坎坷命运感同身受。他用了浩繁的功夫，研究了从古到今几乎所有名人的生平，为他们写了传记。他看到那么多恶人，所欲必遂，富贵利达，最后还能得其天年；又有那么多的仁义之士、忠烈之臣、高洁之士，或穷愁终身，或忠而被谤，或惨遭酷刑，或功成身戮。难道冥冥之中真有那"常与善人"的"天道"存在吗？如果真有，那它为什么常常佑助恶人而伤害善类？这真是一个巨大的疑问："倘所谓天道，是耶，非耶？""余甚惑焉"。这个疑问贯穿于他所写的大部分人物传记之中。不是吗？伍员为吴国的强大建立了丰功伟绩，又为吴国的长远利益奉献了一片赤胆忠心，其结局如何呢？还不是落了个惨死的下场！韩信是汉朝的第一功臣，军事上是一位旷代奇才；他拒绝了蒯通的策反，表现了对刘邦的忠贞不贰之心，然而，终于因为功高震主，竟被诬以"谋反"之罪（至少司马迁是这样看的），身死族灭。李广才力过人，忠厚朴诚，爱惜士卒，深得人心，自少至老，与匈奴大小七十余战，屡建奇功，为一代名将，然而，他不仅未得封侯之位，而且在六十多岁时竟被迫自杀。至于屈原的忠而被谤，自沉汨罗；贾谊的才高遭忌，郁郁而死，诸如此类，数不胜数。

相反，许多平庸无奇之辈，操行不轨之士，奸佞邪恶之臣，仅仅因为他们善于阿谀取容，工于干谒营求，即能得到最高统治者的宠信，出将入相，生时富贵尊荣，死后荫及子孙。诸如此类，也同样是举不胜举。

通过对历史上和现实社会中众多人物命运的考察，司马迁几乎得出了这样的结论：善人遭殃，恶人得福。这就不仅是对"天道无亲，常与善人"这一命题的怀疑，而且是对它的彻底否定了。

既然否定了天道，那么，决定人们命运的原因究竟是什么呢？司马迁虽然对此没有作出明确的答案，但他既然否定了天道的作用，就只能归因于社会了。在这个问题上，我们可以体察到司马迁对于他生活于其中的那个专制、残暴、黑暗社会中种种不合理、不公平现象的强烈不满和反抗情绪。

第四，对义利问题的思考探索。

司马迁崇敬孔子，赞赏孟子，他对属于道德范畴的"仁义"绝无轻视之意；他对于"利"这个问题又有着特别深刻的见解。在这个问题上，他不仅远远超出其同代人，而且许多后人也无法望其项背。

在《孟子荀卿列传》的开头，他说："嗟乎！利诚乱之始也！夫子罕言利者，常防其原也。故曰：'放于利而行，多怨'。自天子至于庶人，好利之弊何以异哉！"通观古今历史，他深切地了解所谓好利之弊。历史上多少深重的灾难，骇人的祸患，多少卑劣的罪恶，血腥的残杀，不都是起源于人们的"好利"之心吗？这里的所谓"利"，包括政治权利和经济财富两个方面。不过从实质上说，这两者是一回事。就统治者来说，表面上他们更重视政治权力争夺。为此，他们不顾一切，不择手段。政治权力的占有和经济财富的占有是一致的。特别是在古代中国的极端专制主义制度之下，至少从形式上看，政治权利的占有是第一性的，或者说是决定性的。有政治权力，有统治之权，随之就有了一切，就可以不受限制地占有和享用巨大的经济财富。在历史上，统治者之间互相争夺，互相屠杀，甚至于父子相残，兄弟相灭，夫妇相害，刎颈之交变为不共戴天之仇，这些鲜血淋淋、触目惊心的罪恶事实，其背后的动因究竟是什么呢？归根到底还不是为了一个"利"字吗？他认识到，人们的好利之心，是历史上和现实中的一切罪恶之源。司马迁虽然还不可能懂得，在私有制社会里，"恶……是推动社会发展的杠杆"这个道理，从而也不可能对这个问题作出科学解释。但是，他确实是捕捉住了这个问题的许多现象，许多事实，许多表现形式，并且把它们联系起来，进行了深入的思考，达到了一定的认识高度。

如果司马迁对这个问题的认识仅仅停留在上述的水平上，那就说明他还是从纯道德的角度来观察的，其认识水平还只能说是停留在低层次上。费尔巴哈正是从这样的角度来观察思考这个问题，因此，像他这样的大哲学家，竟得出了"在历史领域中很少有有教益的东西"这样肤浅的结论。

但是，司马迁对这个问题的观察思考并没有停留在上面所说的那个水平上。当他的观察角度转向更为广阔的历史和现实的视野时，他对这个问题的探讨就更深入得多了。他并没有停留在道德唯心主义的界限上，而是在某些方面接近了唯物主义真理的边缘。

《货殖列传》在中国的史书中是一篇奇文。在这篇闪耀着特殊异彩的杰作中，司马迁详尽地考察了当时中国各地的物产分布状况和经济生活的特点。他已经敏锐地察觉到，各地社会经济生活的差异决定着人们的心理特点和性格特征的差异。在古代中国，这确实是一种卓见。

他还试图从社会经济生活的变化中寻求历史发展的动力。他认为，追求物质财富和物质享乐是人的本性："富者，人之情性，所不学而俱欲者也。"所有的人毫无例外地都追求耳目口腹感官方面的享乐，都企慕权势地位，并以此为荣耀。人们的这种欲望，这种追求竟是如此之强烈，以至于任何力量都无法遏止它，任何美妙动听的理论都无法改变它，这已经成为一种不可移易的习俗（"俗之渐民久矣……"）。在这个问题上，司马迁虽然还没脱出古代思想家人性论的窠臼，但已经隐隐约约地体察到了某种是属于社会历史必然性的东西。他之所谓"俗"，是指社会风尚。为什么这种追求物质财富和物质享乐的风尚会愈来愈盛呢？这中间实际上存在着社会经济条件的客观支配作用问题。对此，他虽然尚不能作出科学的表述，但确实是朦胧地意识到了的。

司马迁远远超出其同时人的一点（他的一些后人在这个问题上也比他远

远地倒退了，班固就是其中的一例），就是他已经体察到了社会经济活动是不以人们的主观意志为转移的客观过程："待农而食之，虞而出之，工而成之，商而通之。此宁有政教发征期会哉！"又说："人各任其能，竭其力，以得所欲……各劝其业，乐其事，若水之趋下，日夜无休时，不召而自来，不求而民出之，岂非道之所符而自然之验邪！"人们为了自身的生存，各行各业都自发地从事着生产活动和交换活动，满足着个人的和整个社会的需要。这是自然而然的事，没有政令的强制性干涉，也会照常进行。从这种认识出发，在经济问题上他主张自由竞争，赞成放任政策："善者因之，其次利导之，其次整齐之，最下者与之争"，对于人们的经济活动，最好的办法是顺其自然，最坏的办法是政府与民争利。这里，司马迁对封建专制主义国家及其积极维护者法家的经济政策，亦即抑止和打击工商业的政策，不仅明确地表示了反对的态度，而且进一步从理论上进行了系统深刻的批判。

统治者总是标榜仁义道德，以此来掩盖其无穷无尽的贪欲，同时用以遏阻广大劳动者的正当求生权利。司马迁无情地揭穿了这一点。他指出上自帝王将相、下至一般庶民都是患贫而求富的，推动一切人的一切活动的最终动力，都是追求财富的欲望。当然，司马迁没有、也不可能将统治者的剥削行为同劳动者的正当求生欲望和谋生手段严格区分开来。但是，他却在揭穿统治者贪婪本质的同时，又为劳动者的正当生存权利进行了辩护。

有人认为，由《货殖列传》可以证明司马迁是一个拜金主义者。其所以如此，是因为他在受刑之前"家贫，货赂不足以自赎"，从而痛切地感到金钱之可贵。这种看法，未免失之浅陋。个人的遭遇，固然能够促使他去更深入地思考某个问题，并且在思想见解上形成鲜明的个人色彩。但要写出像《货殖列传》这样独步千古的作品，没有超越同时代的特别深刻的思想和极其敏锐的洞察力，是根本不可能的。

在义利问题上，司马迁的思想是充满着矛盾和困惑的。他崇尚德义，痛感到"好利"之患。但在历史和现实中，他却看到了德义的力量竟是那么软弱无力，道德的堤防常常被利欲的巨大洪流冲决。在矛盾和困惑中，他进一步思考、探索。思考、探索的结果，虽然不可能对这个问题作出科学的解释，但对这个问题许多方面都提出了深刻的甚至是光辉的见解，而且在个别方面还接近了真理的边缘。

第五，朴素的历史发展观与向往上古社会的矛盾。

司马迁承认历史是一个不断发展的过程。尽管他对秦朝暴政抱着强烈的反感，但他仍然承认其所取得的巨大功业，认为这是历史发展的必然。当时有人以为"汉承尧运"，把秦朝排斥在历史发展的序列之外，这是一种极端迂腐荒谬的见解，司马迁肯定了秦朝的历史地位。

承认历史发展的必然性是一回事，是否喜欢和赞赏这种必然性又是一回事。司马迁厌恶秦朝的暴政，对于他身受其害的汉武帝的专制暴政更是深恶痛绝。不错，社会是在不断地发展着，终于出现了秦汉大一统的局面。但这个从上古社会发展而来的现实社会又是怎样的呢？暴君的肆虐，官僚的骄横，人民的苦难，以及其他种种黑暗现象，比诸古代，不仅不曾减少，而且有增无已。于是在司马迁的头脑中就又产生了一个巨大的矛盾：一方面承认社会发展是一种不可抗拒的必然，一方面又看到伴随这种发展而来的更多的黑暗和罪恶。希望何在呢？司马迁没有也不能从社会的继续向前发展中，看到美好希望的曙光。于是他就又把自己的政治理想寄托于遥远的上古，传说中的黄帝、尧、舜之世，又成了他理想中的太平盛世，他的理想国。

这是司马迁思想中的又一个矛盾，一个不可解决的矛盾。

第六，整个体系与具体见解之间的矛盾。

已经有人指出，《史记》不单单是一部记录史实的史书，而是"借事言理"，含有子书的性质，即有哲学著作的性质。司马迁也自称他著书的目的是要"究天人之际，通古今之变，成一家之言"。这就是说，他要建构一个完整的自然和历史哲学体系。至今还有人盛赞司马迁"自成一家之言"的完整体系。其实，就司马迁的整个思想而言，其中最不可取的就是他的"成一家之言"，亦即他所建构的那个体系。

先看"究天人之际"，这本身就是"天人感应"说的常用语，在汉人的文章中经常出现，并非司马迁的独创。在这个问题上，他究来究去，到底"究"出了什么呢？"究"的结果，最终还是不能摆脱"天人感应"说的影响。一篇《天官书》固然保存了中国古代天文学的许多宝贵材料，但"天人感应"说的影响却又随处可见。再看"通古今之变"。他固然看出古今历史变化中的许多重要迹象，而且在对这些迹象的观察思考中也不乏某些创见，在个别问题上甚至接近了真理的边缘，但是，他没有、也不可能从历史的发展中寻找出规律，结果又从发展论回归到了复古论。在一切哲学家那里，"正是体系是暂时的东西，因为体系产生于人的精神的永恒的需要，即克服一切矛盾的需要"（恩格斯语）。而无论自然界或人类社会都永远是在矛盾中发展变化的。无论哪个人或哪一代人都绝对不可能"永远解决一切矛盾"，因为如果这样的话，人类社会真的就要终结了。

对我们来说，可贵的不是司马迁所建构的那个体系本身，而是蕴藏在那个体系大厦中的许多珍宝，诸如对当代史实的秉笔直书，对社会经济生活现象的观察与思考，对封建道德实质的有力揭露，对新史学体裁的创造，特别是他在对封建专制制度的种种罪恶进行揭露时所表现出的那种大无畏的批判精神，那种反对封建正统的异端思想倾向。

王
充

划破混沌的极光

◎张世明

　　他死了近两千年，但他的思想活着，并且闪烁着永恒的求真的
光芒。从中，人们始终可以感受到一种性格，一种力量，一种精神……

　　困惑与人类形影不离。它是人类与生俱来的产物。情感的困惑，认知的
困惑，价值取向的困惑，达官贵人的困惑，小民百姓的困惑，还有困惑的困惑，
等等。仿佛世界上没有一个人不是处于困惑的围城之中。

　　人类过去是、将来也永远是在困惑中探索前进。困惑，像生命极茂盛的
蔓草，潜滋暗长，错综纷繁；困惑，推动人类趋向真理，是人类真诚的表现，
也是责任心和自信心的折射。这世界有太多的奥秘，太多的解，太多的结，于是，
人们陷入了痛苦的困惑之中，陷入了深沉的思索之中。

　　时间：公元一世纪。地点：会稽上虞（今属浙江）。

　　夜，深沉、宁谧。皎洁的月亮为一些云翳所遮蔽，因而夜空显得比平常
暗淡。劳作了一天的淳朴乡民都已安然入睡，除闾巷间偶然传出几声狗吠之外，
万籁俱寂。一间低矮、局促而简陋的小屋窗户中透出昏黄的灯光。一位饱经
沧桑的儒者正在灯下伏案著述。

　　这位儒者就是王充——中国古代历史上一位颇具个性、卓立不群的杰出

思想家。

◆◇ 重重迷雾中的艰苦求索

雾很浓很浓，弥漫氤氲，将周围的一切无情吞噬，使人无法辨识前进的征途，更令人倍觉凄苦与沉闷。在这重重迷雾笼罩大地的时候，有人迷失方向而误入歧路，有人徘徊踟蹰而不知所措，有人却保持着高度的清醒，驻足凝眸，以其深邃的目光透过迷雾的帷障而窥见事物真实的体相。

王充所处的时代，是一个迷雾重重的时代。王充的一生，是在重重迷雾中艰苦求索的一生。

王充，字仲任，生于汉光武帝建武三年（27）。当时，一场疾风暴雨式的农民战争刚刚落幕，其余波尚未彻底消失，以汉光武帝刘秀为首的代表豪强地主利益的东汉王朝鼎立伊始，哀鸿遍地、社会经济凋敝的景象灼然可见。为了维护自身统治，汉光武帝刘秀积极采取一些休养生息的政策，诸如释放奴婢、禁止虐杀奴婢、均定赋税等等，以期使整个社会复归于封建统治的正常轨迹。

童年，懵懵懂懂的童年，天真烂漫的童年。人在童年具有玩乐的天性。然而，童年的王充并不喜欢追逐嬉戏，却偏爱独自沉思。也许，这便是他后来属于思维型人格的端倪。

王充六岁时开始识字，八岁时入书馆读书。由于他天资聪明，学习刻苦，成绩优异，因此被郡县保举到京师洛阳的太学读书，从师于当时著名的经今文学家、史学家班彪。在京师游学期间，王充经济上拮据，无钱买书，只得到洛阳街市上的书肆里去看书。出于强烈的求知欲望，凭着顽强的毅力和超人的记忆力，王充得以广泛涉猎九流百家之言以及自然科学书籍。博览群书，消除了他童年时代许多百思不得其解的疑惑，开拓了他的视野，同时也将他引入更深层次的思考，使他产生新的困惑。

时光倏然而过，王充在洛阳游学不知不觉已经过了十六七年。回顾往昔的游学生活，王充感到很充实，为自己没有虚掷年华而庆幸；瞻望前程，王充既兴奋、激动、充满期望而又不安，他怀着一丝对今后未卜事件的淡淡忧虑。别了，繁华的京师洛阳；别了，多年来时常光顾的一座座熟悉而亲切的书肆！

王充回到了阔别多年的家乡。

王充返回家乡的原因有三：其一，他自青少年时代起就性格倔强，反对贵族豪门，对政治上不合理现象的抨击不遗余力，对天人感应的迷信不以为然，而这一切都与其被誉为行不逾方、言不失正的标准儒家的老师班彪格格不入，必然导致其在政治上、思想上与老师班彪分道扬镳。王充在《自纪》篇里所说的"谢师而专门，援笔而众奇"，即是隐晦地指其与老师班彪决裂的事。其二，中国传统社会是封闭式的自给自足的农业社会，土地是农民实现自身价值和保障自身生活安定的基础，农民对自己生于此、长于此、老于此的土地具有依恋情结。中国传统知识分子固然与农民的心态不尽相同，但他们与中国传统农民一样具有安土重迁的众趋人格特征。在王充看来，游学异乡犹如浮萍般漂泊不定而没有根柢，唯有故乡方是自己灵魂得以栖息的归宿。其三，在中国传统知识分子的价值取向体系中，在政治上建功立业较诸在学术上撰文著书更为人们所认同。中国传统文化势力通过衍射和内化而形成社会个体的人格，王充受社会文化的濡化也合模于中国传统知识分子的价值取向结构。他读书不是仅仅为了读书，而是以兼济天下为旨归。

像羽毛刚刚丰满的雏鸟振翼欲飞，准备搏击长空；如初次试蹄的骏马仰天嘶鸣，意欲纵横驰骋。刚从京师返回家乡的王充，才华横溢、踌躇满志、雄心勃勃、豪情如海。然而，等待他的命运竟是——

返回故乡后，王充先是担任上虞县掾功曹，不久又升任会稽郡都尉府掾功曹、郡太守五官功曹从事。当时会稽地区连年灾旱，物价飞涨，农民流亡，但大量的粮食却被用于酿酒，豪强地主为富不仁，奢纵无度。鉴于此，一则出于中国传统知识分子素来具有的关心民瘼的忧患意识，一则出于中国传统知识分子的成就欲，王充向会稽太守提出了禁止酿酒、禁止奢侈的建议。可惜，王充的建议不仅未被采纳，反而受到一些世俗庸人的讥讽。由于其政治主张与官僚们不合，王充终于被贬黜废退，离开了五官功曹的职位。

苍茫茫的天涯路显得格外凄迷。此刻，雾霭沉沉，像旋转翻腾的滚滚浓烟，游弋漂浮，变幻不定。大自然一切可以激荡人心的颜色都不见了，留下的只是迷惘窒闷的单调。讨厌的雾哟，挟着听不见却能感觉出的惊天动地的声响，在恣意肆虐。

青年时代的美好理想和抱负，经邦济世的愿望，一时间都成了泡影。王充感到失落，感到万绪悲凉。路，在何方？

诚然，东汉王朝建立之初，其统治集团还显示出一股虎虎生气，政局万象更新，社会矛盾相对处于低谷阶段。东汉王朝统治的天宇，似乎晴空万里，艳阳高照，清新怡人。但这时的整个思想界却乌烟瘴气，谶纬学说盛行一时，甚嚣尘上。

谶纬是一种庸俗经学和封建迷信的混合物。所谓"谶"，就是一种预言、隐语。在当时，那些用诡秘的语言向人们昭告吉凶祸福、治乱兴衰的书籍作品，往往有图有文，所以称作图书或图谶。为了显示其神秘性，这些作品往往被假托为天神的启示，染成某种特殊的颜色，所以又称为符命或符箓。所谓"纬"，相对于"经"而言，是用宗教迷信的观点对儒家经典所作的解释。西汉末年，谶纬迷信开始广为流传，毒化了整个思想领域的学术气氛。王莽为了实现其政治野心，指示其党羽大量制造符瑞和谶纬，使谶纬迷信思想愈演愈烈。刘秀在夺取天下的过程中曾经得助于符瑞图谶。什么"刘秀发兵捕不道，四夷云集龙门野，四七之际火为主"啦，什么刘秀诞生时"有赤光照室中"啦，各种奇异诡谲之说源源而出，为刘秀篡夺农民起义胜利果实鸣锣开道，以证明刘秀当皇帝乃是天命所归，乃是神的意志。刘秀袍冕登基之后，对谶纬图瑞的提倡、崇信更是有增无减。任何统治者除了用政治、法律、军事等刚性社会控制手段使整个社会系统的行为纳入统治阶级预定的轨道，还必须运用弹性社会控制手段使社会系统处于满足统治者利益的稳定状态。谶纬学说即是东汉王朝统治者进行思想统治的弹性社会控制手段。在当时，统治者用人施政要找谶纬作根据，儒学生徒在对策试文时必须引用谶记。当时思想界的状况，正如王充所说的那样，"至或南面称师，赋奸伪之说；典城佩紫，读虚妄之书。"汉章帝建初四年（79），汉章帝率大夫、博士、议郎、郎官及诸儒生在白虎观集会，讨论五经异同。这次会议的讨论结果由兰台令史班固整理成书，名为《白虎通义》。白虎观会议进一步提高了谶纬迷信的学术地位。当迷信与谬误的旗幡高扬的时候，真理的光芒便湮没不彰。

极目处，四野八荒。唯有浓雾，尽是浓雾。这是一个迷蒙的世界，一个邪说横流泛滥的世界。一般的人们都惘然了，都浑浑然了，只有王充、桓谭等少数人并没有坠入五里云雾之中。面对谶纬迷信思想的拘囚锢蔽，王充虽命运乖舛，困厄悱恻，但他穷且益坚，依然不坠青云之志。时代的矛盾决定了王充终身不遇，而终身不遇却成就了王充这样一位思想巨人，这就是王充的历史命运。艰难困苦，玉汝于成。王充在潦倒不堪的情况下孜孜追求真理，顽强著述。一年，一年，又一年，一篇，一篇，又一篇，皇皇巨著《论衡》终于完成了。

◆◇ 困惑之一：青冥高天有无意识

远古之时，天地玄黄，宇宙洪荒，未有人类。

剪除荆莽，开辟草莱，通红的篝火映照出原始人的殷殷求索。

在战国时代的中叶，著名爱国诗人屈原遭谗被逐，心怀悒郁，以其奇矫活突的笔法创作了千古绝唱《天问》："远古的开始，是谁使他流传导引？天地未成形之前，怎么能成形？幽与明是如此的混沌一片，有谁能为他分辨极限？这种缊缊浮动而又充盈的现象，又如何能认识其为天为地？明的明，暗的暗，究竟它是为何而然？世言阴阳与天地参合而生宇宙，究竟哪个是本体哪个是作用？天的体制世传为九重，又有谁人去环绕着度量过？这是何等大的工程呵！又是谁开始造作？……"

不知过了多少年，也不知过了多少代，更不知为什么，《天问》的余音依然袅袅不绝而萦绕于人们的耳际，人们一直在思考着《天问》中那一个个悬而未决的问题，并为此争论嚣然。

在东汉时期，中国天文学家关于天的本质和结构的学说主要有三种，即盖天说、浑天说和宣夜说。盖天说认为：天是一个旋转着的圆盖子。至于是什么样的圆盖子，说法很混乱。有的说天圆地方，天似车盖，地为四方的平面，像棋盘；有的又说天似斗笠，地像倒扣着的盘子，天离地八万里。浑天说认为，天地都是圆的，天在外像蛋壳，地在内像蛋黄。与盖天说和浑天说把天看作物体不同，宣夜说认为天只是无边的气，而日月星辰都在这个充满气的虚空中自由漂浮。

对于宣夜说所主张的天只是无边的气的观点，王充是不赞同的。在他看来，天有高度，又有度数，星宿在天上还有固定的位置，如果天是气，怎么会有高度、度数和固定的二十八宿呢？因此王充深信天是有形体的。在当时，浑天说尚未形成完整的理论体系，对于天球面的旋转是如何从地底下通过的，还缺乏恰当的解释，认为"天北际下地中，日随天而入地。"王充认为这种观点不能成立。他说，天体怎么能从地下和水中穿过去呢？如果地是不平的，北方低下，那么水岂不都流到那边去了吗？在否定了宣夜说和浑天说之后，王充对盖天说进行了许多修改，自成一家之言。他这样指出："且夫天者，气邪？体也？如气乎，云烟无异，安得柱而折之？女娲以石补之，是体也，如审然，天乃玉石之类也。"天在王充的理论中是一种玉石之类的东西，但又不是纯固体的东西，而是"含气""禀气"的自然，在其运行过程中还能施气。王充既说天是"体"，又说天是"气"，这显然不符合逻辑推理中的排中律的。盖天说认为天与地都是曲面形的、有限的，天像一把张开的伞倚靠着地，而王充则不以为然。他用归谬法阐明自己的观点，指出，如果天倚靠在大地上，天就不可能运转了。王充把天、地看作两个无限的正平面，并把人们平时视天若覆盆状的原因归结为天的四周距人很远。

从当今科学的高度来审视王充关于天的理论，人们难免失笑。但历史问题必须用历史的眼光来看待，任何离开参照系的评价，其合理性都荡然无存。王充最可贵之处在于，他在解释天文现象时并没有求助于上帝、神灵或其他超自然物，而是用唯物主义自然观对以董仲舒为首的儒家神学和谶纬迷信进行了尖锐的批判，廓清了当时思想界的一些迷雾。按照王充的看法，天是客观存在的自然物，"夫天者，体也，与地同"。宇宙间无处无时无刻不存在的阴阳二气，其矛盾和运动造成了物质世界的千态万状、光怪陆离、巧妙神奇。宇宙本身根本没有上下左右的界限；在这无限的空间里，存在着无限量的物质；无限量的物质就是无限空间本身；在一定条件下，气从无形变为有形，又从有形变为无形。王充在批判董仲舒天人感应说的过程中，吸取了董仲舒的天和人通过"气"产生感应的理论，但又进行了扬弃，否定了天有意志，不把日月星辰的运转看成是天意的表现、天人感应的征候，这样便将其元气论与董仲舒先验的神学元气论划清了界限。

王充明确指出，有目的、有意识的行为是人类的特征，人有智慧，有物质需求，有手，所以能够有目的、有意识地行动，然而，天地及天地之气是没有什么需求的，也没有口、耳、手，怎么可能有目的有意识地行动呢？由此可见，"夫天覆于上，地偃于下，下气蒸上，上气降下，万物自生其中矣"。万物的产生乃是自然现象，并非出于天意的安排。与董仲舒天故生人的理论针锋相对，王充坚持天道自然无为的思想，主张万物自生论。他义正辞严地质问道：如果天是有意识地生育万物，则应该让它们相亲相爱，为什么还放任它们自相侵害呢？王充在这里以儒家神学思想之矛而攻其之盾，批亢捣虚，从逆向思维过程中得出了朴素的唯物主义结论。

以董仲舒为代表的汉代儒家神学思想认为，天的形象和人的形象是一致的，天的感情变化与人一样，假如按类归纳，天和人是同一类的；正是因为如此，所以天人会发生感应，天意与人事紧密相连，天以祥瑞灾异影响人，人的活动也能感动天。董仲舒的这套天人感应说哲学理论，其形式是唯心的，其内容是现实的，即有效地限制了君王和庶民的某些非理性行为，有利于社会的安定。但随着时间的推移，理论本身的缺陷必然会冲淡它原来的光泽，使之日趋反动而丧失存在的意义。可以说，王充天道自然论与董仲舒天人感应论的对立，体现着辩证否定的必然铁律。王充不随俗沉浮、曲学阿世，敢于根据自己的独立思考向风靡一世的天人感应说提出挑战。他认为，"日月行有常度"，"日朝出而暮入，非求之也，天道自然，""天道自然，人事不能却也"，"人不能以行感天，天亦不随行而应人"。用现代语言来表述，就是：天体运行，天象变化，具有客观规律性，是不以人的意志为转移的，不管是平民百姓，还是圣贤天子，也无论是匹夫含冤还是万人俱叹，都无法改变这些规律。王充的这些论点字字铮铮，可谓旗帜鲜明。

董仲舒《春秋繁露》中有这样一段话："天地之间，有阴阳之气，常渐人者，若水常渐鱼也。所以异于水者，可见与不可见耳，其澹澹也。然则人之居天地之间，其犹鱼之离水，一也。其无间若气而淖于水，水之比于气也，若泥之比于水也。是天地之间，若虚而实，人常渐是澹澹之中，而以治乱之气，与之流通相殽也。"在这段话中，董仲舒对"气"的论述是很精彩的，也是很科学的，可是在后面加上"治乱之气"，跟科学的"气"相混淆，这便使"气"带上了神秘主义色彩，科学成了其唯心主义哲学的论据。针对以董仲舒为代表的儒家神学所说的人动犹如鱼动激起水动荡一般而引起气变并感动上天的观点，王充是这样加以辩驳的：一尺长的鱼在水中游动，所振动的波浪只有几尺远，即使像人体这么大的鱼在水中用力游动，水波不过一百步而已，一里之外的水面仍然平静如故，而人在天地之间如此渺小，怎么能够感动上天呢？此外，王充对汉代儒家神学思想所大肆渲染的祥瑞、灾异谴告等许多天人感应现象进行了条分缕析，还其庐山之真面目。

完美与不完美相互待观而生。王充对天人感应说的批判鞭辟入里，他不愧为廓清当时思想界重重迷雾的智者，不过我们在他的思想中依然隐约可以窥见天人感应说游荡的影子。王充曾经这样说过："德酆政得，灾犹至者，无妄也。德衰政失，变应来者，政治也。夫政治则外零而内改，以复其亏；无妄则内守旧政，外修零礼，以慰民心。"王充把灾变分为"政治之灾"和"无妄之灾"，而其所说"政治之灾"就是指"德衰政失"引起的阴阳不和所产生的灾害，所以他在《商虫》篇也说"阴阳不和，政也"。王充认为，对于消除"政治之灾"，必须通过"默改政治，潜易操行"来转变自然气数。在这里，王充这个以天人感应说为批判对象的天道自然论者，又把自己对天人感应说的那些富于批判性的思想批判掉了。王充在虫灾兽害问题的看法上也有同样的毛病，因为他说一个人被老虎吃掉了，就是这个人气数已尽，双方发生了自然感应。王充的这一看法与董仲舒的看法的荒诞程度同等并重。藕断了，丝还连着；丝虽然连着，但藕毕竟断而不复合。这表明，王充尽管独具慧眼，批判了天有意志论、天故生人论等谬误，然而天究竟有无意识这一困惑仍像春晓残梦般不时缠扰着他的心绪。

仰望凛冽的天宇，睇视着万古如斯的日月星辰，王充在苦思冥想。夜空，浅黛静蓝。苍茫河汉，绵亘千里。天宇是那样深邃宏大，广袤无垠。点点繁星，闪着悠远、神秘的光，给人心灵投下点点明亮，又给人留下知之不尽、探之不穷的奥秘……

——天，原来就是古往今来无数哲人们困惑的根源啊！

◆◇ 困惑之二：问苍茫大地谁主沉浮

有人出身于钟鸣鼎食之家，为贵胄后嗣，像是永远跟着由幸运之神驾驭的金舆冕车，一帆风顺，好运迭交；有人一降临人世便陷入人生无边的苦海，衣食不周，时运不济，永远与福禄荣华无缘。

这是为什么？

善有善报，恶有恶报。人们都如是说。然而，善人不得寿考，有时衔冤辞世；恶人播恶殃民，妨贤病国，罪孽深重，却往往得享天年。

这是为什么？

有的人年轻时备尝艰苦酸辛而后来飞黄腾达，有的人少壮富贵盈满而晚景凄凉。有的人终生栖栖惶惶却得不到幸运之神的青睐，有的人一夜之间便腰缠万贯、骤登显秩。有的人才洪行淑却沉滞不得晋升，有的人能薄操浊却秉持国钧、身居要津。

这又是为什么？

一大堆的疑惑！一连串的问号！

王充出身微贱，他在掌握了比较渊博的学识后一心想在政治上展露锋芒，但残酷的现实使他的远大理想归于渐灭。这一情景因素的压力使他的内心世界产生了不平衡，他在从五官功曹的职位上废退之后，品尝人生失意的苦酒，对自己怀才不遇的原因感到困惑不解。书案的灯光摇曳着，王充环视四周，仿佛觉得自己的境遇都是命中所注定的，一切都那么无可奈何，只有顺从于命运的摆布了。对于他来说，命运简直是一种不可抗拒、不可控制的力量。

他的思想驰骛得很远，很远——

王充啊王充，你何必为自己的怀才不遇而愁眉不展呢？这都怪你自己运蹇命穷啊！想开点！一定要想开点！每个人都有每个人的命。上自王公贵族，下至庶人仆役，不论圣贤大德还是愚钝之至的笨伯，莫不有命。人的一切都取决于命。在我看来，品性与命运不可混为一谈。经典书籍上把命分为三种：正命、随命和遭命，说什么生下来骨相就好、不需要通过行善即可自然得到富贵的叫作正命，努力端正操行而吉祥幸福、放纵情欲而获致凶祸的叫作随命，行善而得到恶报的叫作遭命。不对，这种说法绝对不可信。盗跖、庄蹻横行天下，聚党数千，攻杀抢掠，按理说应该获致凶祸，然而事实并非如此，经典书籍所谓的随命岂不是欺人之谈？屈原、伍子胥对他们的君主忠诚不贰，这不能说没有行善吧？他们理应有随命之福，可结果偏偏是遭命之祸，其原因何在？这样看起来，品性善恶与人的福祸贵贱并没有直接关系啊。

噢，每人的遭遇虽然迥不相同，似乎毫无章绪，其实都是早已设计好的命运程序的固定推衍而已。或贫或富，或贵或贱，或福或祸，或吉或凶，或顺或逆，或成或败，或安或危，或寿或夭……难道不都因命运不同而使各自的际遇随之殊异吗？命富则富，命穷则穷，命贵则贵，命贱则贱。富贵之福，不可求致；贫贱之祸，不可苟除。命当贫贱，虽一时富贵，还是终将遭受祸患，命当富贵，纵然在一定时期内身处逆境，也会最终臻于发迹、显赫。表面上，富贵就像凿沟伐薪一样，只要奋力凿沟不休，沟就会加深，只要挥斧采薪不止，薪就会增多，只要黾勉追求，富贵就不速自至，哪里又有什么命运可言？殊不知沟未凿通而遇大水、伐薪未多而遇猛虎，这不是命又是什么？仕宦不贵、治产不富，原因即在于此啊。

命运这东西，太不可思议了！它对不同的人、在不同的时候有变幻莫测的面具，多情的，无情的，正直的，狡猾的，慷慨的，吝啬的，善良的，凶恶的，仁慈的，残酷的。命运，你是什么？为什么具有这般神奇的魔力？既能使人直上青云，又可以把人推入万丈深渊；既能使人富如东海，又可以使人一贫如洗。想必，人的命有这样两种吧：一种是死生寿夭之命，这可以称之为寿命；一种是贵贱贫富之命，这可以称之为禄命。算了吧，命中有时终须有，命中无时莫强求，天命吉厚，不求自得，天命凶厚，求之无益，一切都顺其自然好了，劳精苦形地追求富贵纯属庸人自扰，终究无济于事。不是吗？孔子这样的贤哲虽然有不世之才，仆仆奔走于列国之间，可是其至死都尚不能实现政治抱负，更何况我辈呢……呜呼哀哉，这就是命，这的的确确就是命。才能？勤奋？这些都算得了什么，在命运面前，它们太孱弱，太苍白无力了……

行伟大之思者，必经伟大之迷途。

是宿命就无法摆脱。

也许，在政治上失意的痛苦泪水迷住了这位思想家的慧眼。也许，沉重的打击使他的心彻底碎了，所以他的内心是分裂的。他一方面把批判的矛头尖锐地指向善有善报、恶有恶报的封建迷信思想，指向唯心主义的天命论，另一方面又陷入了自然宿命论。在当时的历史条件下，王充不可能运用历史唯物主义的观点解释命运这一社会复杂现象，其观点滑进唯心主义的泥坑，不能不说是一种历史的必然、一种无法摆脱的"宿命"。

命运，从历史唯物主义的观点来考察，是客观环境和主观因素不同形式交织而成的复合物，是必然性和偶然性的二重奏鸣曲，是原因和结果的链条带。如果我们以历史唯物主义为思想武器，那么，关于命运的一切疑问都可以迎刃而解，一切困惑都可以涣然冰释、烟消云散。太可惜了！当时并没有这样先进的思想武器来武装王充的头脑。对于王充来说，命运问题是横在其面前的一片广阔的思维盲区。正是在这片思维盲区，他步入了思维的误区，正是在这片思维盲区，他用力叩击真理的大门，然而真理的大门却紧紧闭阖，无法开启……

夜已经很深了，皎皎明月都困倦得蜷缩着身子躲进破棉絮的云中睡觉去了。然而，困惑依然淤积在王充的心头，他思想的波澜还没有平静下去。受着诸多困惑的煎熬，他睡意全无，思考，思考，再思考，反复思考着命运从何而来的问题。想着，想着，他把思考的焦点投射、集聚到了人的出生上面——

——对了，每个人胚胎于母体时不都承受了厚薄、性质不同的气吗？这就是形成每个人具有形形色色的命运的初始因。每个人胚胎于母体时最初承受的气是天和星宿施放的，天和星宿施气是自然而然的、无意识的，可是天上星象有贫富贵贱的差别，而人承受气时偶尔有厚薄之分，所以便各自形成了决定死生寿夭和贫富贵贱的不同的命。人承受的气渥厚，则身体坚强；身体坚强，则寿命长。人承受的气少薄，则身体羸弱，身体羸弱，则寿命短，容易夭亡。人得富贵相就有富贵的命，得贫贱相就有贫贱的命。虽同属尊贵而等级也有高有低，虽同属富裕而资产也有多有寡，这莫非都是由星位尊卑大小所决定？

王充心里默默地诘问镶嵌在夜空中的璀璨群星，但群星却缄默不语，把困惑留给人间，留在勇于探索的人们的心间。困惑这东西也真怪，就像尘埃一般，你拂拭过后，爽洁几许，可不久又是尘封灰积，迫使你不得不经常打扫。

想出命运与天和星宿所施放出的气之间的关系之后，王充似乎觉得有些莫名的轻松，但仍有不少困惑填塞在他心房那一居小小的空间，负荷感依然没有消遁。人所承受的气的厚薄、性质的不一又是怎样表现出来的呢？时间像溪水般脉脉流逝。王充的思维理路不由自主地发生了偏转。仰视苍穹，神思无限：

"骨相？不会吧，不！就是骨相。"王充摇摇头。不过，他马上又恢复了自信，并深信自己找到了解开困惑的钥匙。"骨相，你是人禀命于天的表征。凭着你所显示的表征，我们便可以知道一个人的富贵贫贱，寿命长短以及操行好坏，犹如看斗斛就可以知道容量一样。富贵之骨，决不会遭贫贱之苦。贫贱之相，决不会遭富贵之乐。案骨节之法，察皮肤之理，以审人之性命，屡试不爽，甚至毫厘不差……"

就这样，王充亢奋着，思索着，一轮明月不知不觉移去。"忽"的一下，他眼前仿佛浮现出许多熟悉的身影。如舜帝，如孔子，如汉高祖刘邦，如卫青，还有权势显赫一时的名将周亚夫。咦，那不就是眼睛中有双瞳的舜帝吗？……孔子，伟岸高大，其头顶中间凹，四周高，恰似翻过来的屋顶。嗬，他依旧那样气度雍容，蔼然可亲……慢慢地，这些身影又无声无息地隐去了，如游丝飞絮，杳然无迹。王充心想：舜帝、孔子、汉高祖等人，他们有的居帝王之位，有的辅主忧世，有的封侯入相，如果从骨相上来看，这些命运的结果都是势所必至、理所当然的啊，丝毫不足为怪。

王充的哲学是气自然论，因此在命定论上也有其特殊的印记。按照王充的观点，事物在发展过程中所出现的一切结果，都受偶然性的支配，而偶然又受命的支配。命是不随人们的意志而转移的一种必然趋势，它决定人的生命现象——生死寿夭，决定人的社会地位——富贵贫贱，决定人的社会关系中所发生的种种结果——福祸吉凶。王充的气定论并没有改变其宿命论的错误性质，只不过比天命论多了几笔自然无为的油彩而已。

困惑不等于浑浑噩噩，而是一种探索。

浑浑噩噩是酣梦不醒；和梦相比，困惑要进步得多。

困惑不是科学的，它很混乱——持常见者说。

困惑中往往出现错误，它有害无益——持断见者说。

我们却想说，王充在困惑中得出了错误的观点，但他是人，上帝是允许人困惑的，而不犯错误只能是天使的梦想。

屋外一片静寂。

王充站起来，不安地走动，在屋里。

"我的命运太惨、太苦、太不幸。别人走的都是坦荡荡的路，而百劫的魔障早在我命运上布伏。"

黑夜里，没有希望的羽光，没有光明的细鳞，一个不甘沉默与坠落的心迸裂出这样的呐喊：问苍茫大地谁主沉浮？

◆◇ 困惑之三：人死能为鬼乎

死，这是一个对谁都那么冷漠的字眼，谁也逃不掉，躲不开，回避不了。这是人人都必须经历的人生一课，是一个休止符。当生命的乐章戛然而止以后，死者便无法告诉人们那死后的境界。而对于没有历经过死的人们来说，死后的境界是无法体会的。生死相隔两苍茫。愈是神秘莫测的东西，愈是吸引人的注意力，这大概是人类高明于其他生物的特点之一。死，作为一种必然的生理归宿，曾经使许多人对此产生过不安、畏惧与困惑。

在过去的时代里，人们讲迷信，相信有鬼。

据说鬼也和人一样，有好鬼，有恶鬼。有大鬼，小鬼，男鬼，女鬼，好看的鬼，难看的鬼，文鬼、武鬼……林林总总，不胜枚举。

东汉时期的儒家神学思想有一套人死后变鬼的理论：人的肉体是僵死而没有生命的，只有灵魂存在肉体之内，人才有生命。灵魂可以脱离肉体而单独存在，灵魂是永生的。人死时，灵魂便脱离肉体而归去，"鬼者，归也"，所以灵魂又叫作鬼。鬼和生人一样，有知觉，既能报恩，也能报怨，能作祟害人。

这种人死变鬼的理论在当时广有市场。然而，王充并不人云亦云，表现了可贵的怀疑精神和实事求是的态度。关于人死后变为鬼神这一深邃神秘的现象，王充是不特别有把握的。他说："实者死人暗昧，与人殊途，其实荒忽，难得深知。有知无知之情不可定，为鬼之实不可是。通人知士，虽博览古今，窥涉百家，条入叶贯，不能审知。"又说："天道难知，鬼神暗昧，故具载列，令世察之也。"人死后是否变为鬼的问题的确比较难以言说，历来许多人都说人死后将变为鬼，书籍中关于人死后变为鬼的记载也所在多见，所以王充要对这一问题作出合理的解释殊非易事，不得不存疑，在提出假说的同时把一些材料和见解保存下来留待后人继续考察研究。

错误同真理的关系，就像睡梦同清醒的关系一样。一个人从错误中醒来，就会以新的力量走向真理。笔者认为，王充的身上具有人格冲突现象。从心理学的角度来看，王充在鬼神问题上的看法，与浮士德的"有两种精神居住在我们心胸"的自我表白、拉摩的侄儿的矛盾心理等现象一样，都表现了心理结构中不同观念互相扞格参差的性质。我们不妨这样说，王充受鬼神迷信思想的麻醉，其头脑一半依然处于睡梦之中，但另一半已经觉醒。不可否认，王充对有无鬼神的看法存在着迷信思想，但他对鬼神将信将疑，对人死后变为鬼的理论大胆地提出了铿锵有力的质疑：

——人是物，人以外的万物也是物，人以外的万物死后不能变成鬼，为什么人死后偏偏能变成鬼呢？

——开天辟地、三皇五帝以来，正常和非正常死亡的人成千上万，即使当今活着的人数也不如自古以来死去的人多。如果人死后真的变成了鬼的话，那么道路上就会一步一鬼，甚至满堂盈庭了，可是传说中的鬼为什么却寥寥可数呢？

——有的人说，鬼是死人的精神变来的。既然如此，那么人见到的鬼就应该是赤身裸体的，但传闻中的鬼却衣冠楚楚，俨然生时模样。这是为什么？如果说，人死了他的精神可以变成鬼，难道身上穿的丝布之物也有精神存在吗？人死形朽，衣服也随之腐烂，又怎能重新使衣服原形再现呢？

——人未出生时处于元气之中，死后复归于元气。人未出生时没有知觉，其死后也归于无知觉的原始状态。鬼怎么能有知觉呢？躯体要靠精气才能形成人，精气要依附于躯体才能产生知觉。天下没有离开物体而独自燃烧的火，世间怎能有脱离形体而独自产生知觉的精气呢？

——在野外的枯骨有时发出呼呼的声音，就像夜晚听到人在哭泣，有人说这是鬼在叫喊。果真如此吗？活着的人之所以能讲话，是因为气括口喉之中，动摇其舌，张歙其口，便发音成言。人死后口喉腐败，舌不复动，怎么还能讲话？同样，如果说鬼能害人，那么他们便必须像人那样有手臂能够拿刀握枪或有尖利的爪牙，但人死后，手臂朽坏，怎能持刀弄斧？爪牙堕落，又怎能抓咬人？

——有的人在病中自言看见了鬼，说他见到的鬼就像某人。可是他所说的某人当时还没有死亡。从这一事实来看，如果说死了的人必变为鬼，为什么这个病人见到的鬼是一个活生生的人呢？

问得好！

这一个个质疑挟其雷霆万钧之力冲击、震撼着由臆想和迷信的传统土壤筑成的堤坝。这一个个质疑如犀利的闪电撕裂着阴霾密布的思想王国的天空。人死后为鬼的理论，在王充一个接一个的质疑面前纰漏百出，千疮百孔。王充的这些质疑是在迷惘与困惑中发出的正音稀声，它们在历史的回音壁上发出殷殷不绝的回声。在这一个个质疑当中，在王充对真理的执着追求中，在他闪烁着火花的学术思想中，我们可以感受到一种性格，一种力量，一种精神——黜伪存真、大胆怀疑的精神！

王充对当时人死后变为鬼的理论提出了大胆的质疑，堪称我国古代无神论者的杰出代表。在对人死后为鬼的理论大胆质疑的基础上，王充进一步指出人们见到鬼是一种主观幻觉，并把鬼神看作阴阳二气之名。有必要说明的是，王充在讨论鬼的问题时经常出现前后矛盾的现象。他既认为"阴气逆物而归，故谓之为鬼，阳气导物而生，故谓之神"，又说"鬼，阳气也"，把鬼断定为太阳之气所形成。这些悖逆的说法是王充思维中依然存在困惑的外显型混乱。

大约在汉和帝永元九年（97），王充溘然长逝，年逾古稀。

他死了，但他的思想活着。他的英名永垂青史，他的思想、他的困惑都是中国传统文化宝库中重要的组成部分。人总是处于困惑之中又不断超越困惑。也许困惑就是人类的天性、超越困惑即人类的天职，道里辽邈兮仍需上下求索。

鲍

敬

言

横迈时空的预言家

◎万绳楠

历史，幸运地记下了那个封建暗夜里一个千古叛逆者的朦胧剪影和片断言行。隔过漫漫时空，他那"无君无司"的倡语，依然振聋发聩……

暮春三月，江南草长。

燕子矶头，迎风站着一个白衣少年，清澈的目光，久久落在东逝的江水上，帽带衣袂在春风中飘荡。

忽然，他惊觉矶上不止他一人，眼光微扫左侧，正有一个身穿青袍的老道士站在八尺开外，不知何时来的。

"鲍生何思之深也！"老道清瘦的面庞绽开了微笑。

"原来是稚川先生。"被叫着鲍生的转身一揖到地。"晚生敬言正在思索皇帝的由来问题。"

这位先生姓葛名洪字稚川，道号抱朴子，是东晋初年江东五斗米道的著名信徒与理论家。鲍敬言的话，使他一怔，诧异地问道：

"皇帝者，圣人也。圣人之出，受命于天。鲍生何思之有乎？"

鲍敬言闻言，不禁呵呵大笑起来，笑声直可穿金裂石。

"先生！"鲍敬言道，"嬴政征服六国，才做了秦始皇；刘邦灭了项羽，才成为汉高祖；我朝（晋朝）文帝杀了魏帝曹髦，武帝才能有天下。八王之乱，赵王司马伦做过短暂的皇帝。皇帝何圣人、天命之有乎？争强弱而较愚智，胜者为帝王，此帝王之所由来，彼苍天果无事也。"

鲍敬言说来从容，葛洪听得却未免惊心。他不同意这个年轻人的话，反驳道：

"鲍生应知秦始、汉高、我朝武帝之所以成为胜者，即在他们都是圣人，应天而受命。"

鲍敬言目光一闪，问道：

"匈奴刘氏掳我怀、愍二帝，灭我洛阳朝廷，称帝于平阳，易晋为汉。刘渊、刘聪是胜者，先生是否承认他们是圣人而应天受命呢？羯人石勒灭刘氏，称帝于襄国，先生是否承认石勒也是圣人而应天受命呢？"

"这……"葛洪无法回答。

鲍敬言缓缓说道："先生，江风苦寒，矶上不宜久留，走吧！晚生要请教的地方正多。"

这一老一少离开了燕子矶，向栖霞山走去。

笔者趁此，交代魏晋时代"天人之际"学说的变革，以明鲍敬言何以能得出君臣之道的产生"由乎争强弱而校愚智，彼苍天果无事也"的结论。

——汉朝的董仲舒著《春秋繁露》，提出了"天人合一"之说。倡导天道为本，人事为末。皇帝是天之子，由上天派到人间，代天治民。皇帝所尊奉的儒家的三纲五常之教，亦从天来，谁也不能反对。后来，班固又写《白虎通德论》，按照皇家意志，用图、谶与虚妄的"纬书"，来解释儒家的经书，给儒学涂上了浓厚的迷信色彩。天人合一更进一层变成了神人合一。两汉皇家是想用天人合一、神人合一的说教，把皇帝说成"与神通精"，以维护汉皇的统治。可是汉朝越强调天，汉朝的统治也就越走向黑暗。桓、灵二帝时代，竟出现了被称为"使饿狼守庖厨，饥虎牧羊豕"的虎狼政治。那时宦官当政，以党锢人物为代表的有识之士，被全部锁进了监狱。大饥饿、大疫疠在全国各地疯狂肆虐。国家的一切生机都被断送了，黄巾军在冀、兖等八个州擂响了造反的战鼓。信天，而天却给人们带来了这样沉重的苦难，人们自不免要问一问："苍天哪，你到底是怎么一回事？你到底值不值得人们去相信，去崇拜？"

每个时代都会有一些先进人物走在前列。曹操撰文自明本志，表白他从来"不信天命之事"，并写诗大声疾呼"天地间，人为贵"。与他同时代的仲长统，公然把天人关系颠倒过来，在《昌言》中声称："人事为本，天道为末。"诸葛亮更加激进，他喊道："造化在乎手，生死由乎人。"这些人振臂一呼，汉帝、汉儒筑起的天国倒塌了，人、人事、人性、人才、人谋被提到了空前重要的地位。以玄学为代表的魏晋哲学，居然把天从哲学中赶了出去，代之以自然。

鲍敬言把魏晋以来天人关系的颠倒，用去考察君臣之所由起，隶属役御关系之所由生，从而在帝王起源问题上，得出了"由乎争强弱而校愚智，彼苍天果无事也"的新结论。这是暴力论。当然，那时的鲍敬言并不了解国家出现的必然性及国家的阶级性质。但他推翻了君权神授的传统说法，提出全新的暴力争夺论，在对皇帝由来的看法上，将导致革命性的转变。

回过头来我们再说鲍敬言和葛洪。他二人在路上把争论转到了皇帝的本质上。葛洪边走边问：

"老弟既然认为天子不是受命于天，而来自人与人之间的争强弱，较愚智，既来之自私，又何以解释明王在上，群后尽规，坐以待旦，昧朝旰食，为民兴利除害，受到百姓欣戴呢？"

鲍敬言又一次响亮地大笑起来。笑声在林间、在田野、在天空回荡。他侃侃言道：

"人们争做天子，为了什么？是为民兴利除害吗？否，否，否。天子有无上权威，无限权力，谁做了天子、皇帝，谁就可以肆酷恣欲，屠割天下。"

"老夫不能同意。"葛洪大声道，"天子设官分职，宇宙穆如，岂是为了屠割天下？"

"先生，天子设官分职，正是为了屠割天下。有司设则百姓困，下民贫。"鲍敬言的声音有如暮鼓晨钟，在春风中敲响。

"老弟是否可以举例说明？"葛洪道。

"可以。"鲍敬言道，"秦始皇造阿房宫，起土木于凌霄，列离宫于绿野。高山搜宝，深渊采珠。聚玉如林，不足以极其变；积金成山，不足以赡其费。中外殿观一百四十五，后宫列女万余人，尽六国之选，气上冲于天。视天下财物、美女尽为己有，极屠割之能事，秦之始皇，如此而已，岂有他哉？"

"老弟未免偏激。"葛洪道，"且不谈秦始皇，汉朝文、景二帝，与民休养生息，田租三十取一，老弟认为这是不是屠割天下？"

鲍敬言反问道："《汉书》有言，文景之世，太仓之粟，陈陈相因。黄藏积钱之多，贯朽而不可校。先生认为这么多的粮食与金钱，是否出自民间？"

"当然出自民间。"

"那还不是屠割？"

葛洪一时想不到话反驳。鲍敬言又道：

"先生对本朝是很熟悉的。洛阳朝廷，上下无不爱钱，成公绥、鲁褒先后著《钱神论》加以讥刺。武帝聚钱不知纪极，后来居然想到卖官。刘毅骂他卖官钱入私门，连桓、灵二帝也不如。王恺是武帝之舅，武帝居然赐给他一株二尺多高的珊瑚树，以与石崇争豪。更有进者，自平吴后，武帝掖庭内宠，已达万人，直可与秦始皇比美。这样多内宠从哪里来呢？先生想不会忘记，武帝曾下令禁天下嫁娶，命有司广采良家美女，以充后宫。这难道不是屠割天下，以恣其欲吗？"

葛洪听得心惊肉跳，想阻止他再说下去，停步道：

"老弟，本朝的事，不谈了吧。"

"哈哈"，鲍敬言笑道："谈本朝的，不止晚生一人，鲁褒不是说洛中朱衣当涂之士，爱我家兄（钱），当无已已吗？干宝不是说本朝官者为身择利，情匿奔于货欲之涂吗？他们不过没有把矛头指向皇帝，不敢说皇帝役彼黎庶，以养百官，百官替他屠割天下罢了。屠割天下，乃皇帝本质。"

"老弟，栖霞山到了，登高一览何如？"葛洪想缓和一下空气。

鲍敬言望着葛洪一笑，道："晚生能随先生游览栖霞，幸甚，幸甚！"

二人指点江山，边笑边谈，拾级登山。他们在谈江南风物，也在谈五斗米道，比之适才的气氛，大有不同。

笔者在此交代：鲍敬言之所以产生"屠割天下，由于为君，故得纵意"的激烈思想，与他对西晋灭亡历史的思考，关系最为密切。中国的君主专制制度发展到西晋，更加深刻地暴露出了它的腐朽性。早在魏末司马氏当政之时，嵇康已向那些"凭尊恃势"的人物特别是封建君主，提出了挑战。他写了《太师箴》，声言仁、礼、刑、教，都是那些凭尊恃势的人为了以天下"私其亲"而"造立"出来的。他们只知道"宰割天下，以奉其私"。尤其是君主，"昔为天下，今为一身"。如果"君位益侈"，祸害势必益烈。今日丧乱弘多，"祸蒙山丘"，总根源就在君位之侈，就在君主被抬到了神圣的地位，拥有"宰割天下"的最大的权力。嵇康还写了《答向子期难养生论》，提出了他自己的带有民主性的政治思想——"以天下为公"。他是一个预言家，他的预言"君位益侈"，"祸蒙山丘"，在司马氏夺取政权建立西晋后，在以皇帝为首的达官贵人的骄奢淫逸中，在诸王无休止的争夺皇帝宝座的战争中，完全表现出来了。

西晋自皇族以下，士族官僚"奢侈之费，甚于天灾"。慢说是皇家，即使是一个官僚，如何曾，日食万钱，"犹云无下箸处"，而此人却是西晋三大孝之一。他的儿子何劭日食二万钱，超过乃父一倍，可谓"不孝"。洛阳贵族妇女"皆不耻淫佚之过，不拘妒忌之恶。父兄不之罪也，天下莫之非也。"班昭《女诫》至此也不起作用了。可注意的是皇帝对这种骄奢淫逸之风，不是压制而是纵容。石崇与王恺是奢侈的代表人物，武帝却帮着王恺与石崇比富。贾氏姊妹贾南风与贾午，是淫逸的代表人物，武帝明知"贾家种妒"，却要娶贾南风为皇太子妃，皇帝的纵容与支持，遂使西晋朝野上下骄奢淫逸之风狂吹不止。

西晋的官吏有种种特权。官吏都可"以品之高卑荫其亲属，多者及九族，少者三世"。根据这个规定，所有官吏和他们的亲属可免除一切课、役，多者达到九族全免。难怪达官贵人纵情极欲，毫无顾忌。

西晋设官分职，考虑的也是专制的利益，官吏的利益。西晋的专制政治有一个很大的特点，即机构多，官属多，兼职多，"望空署名"者多。以此，"机事之失，十恒八九"。而在皇帝看来，一个机构多、官多、无效率的政府，既可满足世族做官图财的要求，又对君主集权于一身，屠割天下有利。

西晋的专制走到反面，就出现了八王之乱与匈奴贵族刘氏的起兵，招来了西晋本身的灭亡。

鲍敬言的可贵之处，是他既看到了西晋世族自皇家以下，"壅崇宝货，饰玩台榭，食则方丈，衣则龙章，内聚旷女，外多鳏男，采难得之宝，贵奇怪之物，造无益之器，恣不已之欲"，又看到了农民"田芜仓虚，杼柚之空，食不充口，衣不周身"，于是发出了一个疑问：统治者"非鬼非神，财力安出哉"？他的结论是很明白的：出自统治者对人民的"劳之不休，夺之无已"。

在统治阶级中，谁是最大的劳之者，夺之者呢？鲍敬言看出了是"人君"。他抨击"人君采难得之宝，聚奇怪之物，饰无益之用，厌无已之求"。他认清了"屠割天下，由于为君"。"有君"是一切祸害的总根源。而他所说的"人君"，正是西晋世族的总头目晋武帝腐朽面貌在他的头脑中的概括。

鲍敬言既然认为"屠割天下，由于为君"，一切祸害，"皆有君之所致"，既然认为衙门百官，既是皇帝借以屠割天下的工具，又是贪得无厌的蛀虫，最后的结论，就必然是有君为害，无君为利；有司为害，无司为利。为天下计，为苍生计，莫若废除君主，废除为君主屠割天下百姓的国家机器。

且听鲍敬言和葛洪在栖霞山上发生的又一次争论。

鲍、葛二人攀上了栖霞山巅。山巅风光吸引了鲍敬言，他游目四望，发出了一声慨叹：

"江山谁作主，花鸟自迎春。"

葛洪眼光一闪，似乎抓到了机会，应声道：

"江山君为主，临民有百官。"

鲍敬言也不看葛洪，只是一连摇头道：

"不行，不行，不行。有君不如无君，有司不如无司。君臣既不能为江山主，亦不能为百姓主。"

"无君无臣，天下岂不要大乱？"

"不会的，先生。"鲍敬言眼里现出了异彩。"上古之世，无君无臣，民自为主，穿井而饮，耕田而食，日出而作，日入而息，汎然不系，恢尔自得，不竞不营，无荣无辱，势利不萌，祸乱不作，干戈不用，城池不设。万物玄同，相忘于道，凤鸾栖息于庭宇，龙麟群游于园池。但闻天下大治，不闻天下大乱。"

葛洪闻言含笑道："老弟才高八斗，出口成章。上古之世，无君无臣，民自为主，祸乱不作，诚如弟言。但当今之世，却不可无君无臣，道理何在？老弟自明。"

鲍敬言笑道："晚生并未讲现在就要把君臣废掉，但君臣必废，时间或迟或早而已。"

葛洪正色道："天不变，道亦不变。君臣之道，现在不会废，将来也不会废。"

鲍敬言哂道："先生又说天道了。晚生读百家之言，察阴阳之变，以为天地之间，但有阴阳二气。二气化生万物，决定万物的属性。万物各依其性，各附所安，乐阳则云飞，好阴则川处，无尊无卑。若论天道阴阳，反足可证天地之间，本无君臣上下。君臣现在虽然存在，可以预言，将来必归于无有。一旦君臣都被取消，太平世界立可出现。"

"老弟思路何至于此！这是叛逆思想，太危险了！"葛洪叹惜道。

"哈！哈！哈！哈！哈！"鲍敬言站在山头上，向着苍穹大笑。

笔者按：鲍敬言的无君无司论，实质上是要把封建君主连同封建国家统统废掉。他是世界上最早的一个"无政府主义者"。他的无君无司论是在历史进入中古时期提出来的，因此具有强烈的反对封建君主专制政治的意义。君为臣纲，是封建思想的核心，君主专制，是封建政治的脊髓。在我国中古时代，产生这样一种以有君有司为害，以无君无司为利的思想，无异于一颗划过封建长夜的灿烂明星。那时没有新的生产力，新的生产关系，新的阶级，鲍敬言当然不会了解国家与帝王的产生是一种历史现象，也就当然找不到变有君有司为无君无司的途径，而只能"贵上古无君之治"。因而他的无君无司论只能是一种空想，这颗闪亮的明星也只能在封建的夜空中一闪而过。但国家既是历史的产物，最终是要在历史上消亡的。鲍敬言猜到了。

鲍敬言无文章传世。因此，我们倒要感谢葛洪，他写了一篇《诘鲍篇》，收入《抱朴子·外篇》中，单是读他摘引的鲍生的片断言论，我们已能感觉到那位年轻人对历史思考之深，对君主专制弊端观察之细，攻击之烈，与对无君无司世界的向往之殷。

陶
渊
明

永远的南山梦

◎刘新风

做官为酒，种秫为酒，采菊亦为酒，因为酒既可为烈士壮行，又可为懦夫压惊。于是，更多的人迷恋上了它……

南朝宋文帝元嘉四年（427）冬天，一位瘦弱的六三老翁在贫病交加之中，寂寞地死于江州浔阳南村（今江西九江附近）。此时，南山泛紫，西风猎猎，桑麻早枯，菊花初谢，荆扉半掩，酒残灯灭……世界还是这个世界，季节也依然是那个季节；现实不以老人的死而有丝毫的突变，不似巨星殒，也不似大厦倾。只有比他小十九岁的那位忘年之交颜延之在秋风中感叹着"琼玉至美，不为城隍之宝；桂椒信芳，而非园林之实"，惋惜着他盖因殊性而至"菁华隐没，芳流歇绝"的身世，进而缅怀他那"畏荣好古，薄身厚志"的高风亮节。

六十余年后，刘勰撰《文心雕龙》五十篇，论及文学创作的许多问题，却只字未提这位起码遗诗一百二十余首、文六篇、辞赋三篇、四言韵文两篇的作家。只是沈约把他辑入《宋书·隐逸传》，津津乐道他作为一位江湖隐士的奇言异行。

又约三十余年后，钟嵘撰《诗品》三卷，品评了自汉以来的诗人一百二十二位，却只把他列入"中品"，谓其"古今隐逸诗人之宗"。

钟嵘稍后，梁昭明太子萧统颇为赏识这位先贤的遗作，曾因"爱嗜其文，不能释手"而为他编集、作序、作传，使之七卷诗文得以延留，固穷余风得以持续，然而在编集三十卷《文选》时，却也只辑入他的诗八首。

直到有唐，帝业承平，文坛得到空前的繁荣，许多有识之士才发现了这位躬耕自资又不忘饮酒赋诗的布衣之人的可贵之处，因此，他开始被人们用一种喜爱并且推崇的心理刮目相看。这已经是他死去二百多年以后的事了。

他不是一个幸运的作家，他的不幸，在于他的追求迟迟地难于被人理解。他又是一个幸运儿；他的幸运，却在于他的价值终于被人发现了。

他，就是陶渊明，又叫陶潜，做过几任小吏但最终还是归田事农的陶渊明。

陶渊明出世的时候，我国第一个伟大诗人屈原已经死去六百多年了。屈氏以降，在诗歌史上尚未出现第二个可与比肩的杰出诗人。我国的像乐府那样直言讽世的诗歌传统，在当时已成明日黄花；从正始名士、甚至从党锢之祸始，因遭到政治暴力的摧压，为了避祸远嫌，只事清谈、玄言或者缄口寻醉的文人风气也已经持续了二百年。家世并非名门大族，无法平步青云，才华不得施展，又无法经国济世的窘境，使陶渊明胸中郁结着一个又一个的困惑。是抗争还是逃避，是乐农还是忧贫的矛盾，乃至关于生与死的哲学情结，令他柔肠百结，迟疑不决。

他在涉世的尝试中推敲着自己的理想归宿。

他在理智与情感的交叉点上对自己的人生旅途进行着艰难的抉择……

◆◇ 喧嚣尘世与灵魂净土

这不是一个诗的时代。

诗人永远不应属于金钱的贪欲、权力的纷争，淫逸的苟求。

然而，陶渊明置身的，却是一个人欲横流的世界——遥远的北方和西部，坦荡的中原、封闭的关中、辽阔而荒芜的漠北草原、西域黄沙漫漫的千里瀚海，已经被剽悍的匈奴人、羯人、鲜卑人、氐人、羌人彼此之间的连年攻伐、征战与掠夺，撕掳得支离破碎，践踏成一片焦土。脾性不通、服饰不同的各个部落与种族之间，用刀光与血色制约着固守着自己的权力，维系着相互的衡定。

和婚、称藩与结盟，在蛮荒的年代，被蛮荒的人们频繁使用，但是，却不具备丝毫的道德约束力。在私欲或者危势的诱惑和迫使下，原始的冲动往往使那些权力持有者擅举刀兵，轻率杀戮。于是，牛羊被胜利者在山野里赶来赶去；几万甚至几十万的无辜百姓，常常在皮鞭的驱赶下长途迁徙，背井离乡；不可计数的人头在腥风血雨的沙场上，成了炫耀战绩的展品。

淮河以南，渡江避难的东晋政权划江而治、偏安一隅。享惯特权的世家大族在颠沛流离之余，不是兴兵北伐，恢复河山重建家园，而是斤斤计较于名利地位，钩心斗角，明争暗夺。他们侨置州郡、空加官爵，在南迁的侨姓与当地吴姓的世族门阀之间，展开了一场惊心动魄的力量内耗。这场贯穿东晋政权始终、延宕百年的门阀之争，使得"晋主虽有南面之尊，无总御之实，宰辅执政，政出多门，权去公家，遂成王俗"。懦弱昏聩的东晋朝廷像一艘在浪涛中颠簸不定的小舟。

陶渊明二十一岁那年，励精图治的谢安病逝，朝权落入骄奢淫逸的司马道子之手。醉眼朦胧的司马道子嗜酒尚佛，"日夕与帝以醑歌为事"，因此，左右近习得以争弄权柄，"交通请托，贿赂公行、官赏滥杂，刑狱谬乱"。

东晋太元二十一年（396），陶渊明三十二岁的时候，耽于酒色的孝武帝司马曜，因醉后戏言，被宠冠后宫的张贵人指使侍婢杀死，从此，东晋政权更加紊乱不堪，——那位即位登极的东晋第十位皇帝安帝司马德宗是一个年幼的白痴，"口不能言，至于寒暑饥饱亦不能辨，饮食寝兴皆非己出"，却在母弟司马德文的节适常侍之下，前后在位共二十二年，其朝纲不整、国势衰微，可想而知。正是在这二十多年的时间内，东晋政权陷入了内忧外患之中，一蹶不振。

东晋安帝隆安元年（397），兖、青二州刺史王恭联合荆州刺史殷仲堪上表举兵，讨伐依附于司马道子而扰乱纲纪的王国宝等人，逼杀王国宝；次年，王恭、殷仲堪、桓玄、庾楷等以除谯王司马尚之为名，再次起兵，未果；晋安帝隆安三年（399），琅邪人孙恩趁东土诸郡由于司马元显的鱼肉百姓而民怨沸腾之际，从隐身的海岛杀回大陆，攻克会稽，旬日之间，从者达数十万。此后的三年之间，孙恩三次远避海岛，四次回师中土，使承平日久、民不习战的三吴地区，陷入深重的战争灾难与变乱当中，直至孙恩以及继之而起的卢循最后赴水而死。

　　同一年，司马道子的世子司马元显借机剥夺了父亲的权位，取而代之。多疑少决的荆州刺史殷仲堪图谋桓玄不成，反被这位不可一世的江州刺史袭杀。三年之后，司马元显因为力量迅速壮大的桓玄威高震主，矫诏罪伐。桓玄挥师东下，入京师，杀司马元显；迁司马道子至安成郡，旋又杀之；任都督中外诸军事、丞相、录尚书事、扬州牧，兼任徐、荆、江三州刺史，假黄钺，总百揆，专擅朝政。次年，也就是晋安帝元兴二年（403）冬，晋安帝禅位于楚，桓玄称帝，迁废帝司马德宗至浔阳。次年，建武将军刘裕与何无忌、刘毅等人相谋在京口起兵，讨伐桓玄，桓玄挟持司马德宗西逃，被斩。先入建康的刘裕主留台，迎司马德宗复位。十四年后，独揽朝权的刘裕派人以散衣缢杀浑浑噩噩的傻皇帝司马德宗，立其母弟琅邪王司马德文即位，为恭帝。但一年半以后，晋恭帝元熙二年（420）夏，官至相国、受封齐王的刘裕终于半推半就地代晋称帝，国号宋，改元永初。东晋政权，在动荡了一百零四年之后，寿终正寝。这一年，我们的诗人陶渊明也已五十六岁。

　　自从"弱冠逢世阻"以来，陶渊明无可回避地陷入了动荡丧乱的社会变难之中，一次又一次地饱尝了希望、进而失望的痛苦。那君与臣、父与子、弟与兄、亲与朋，那皇室与大族、官宦与同僚以及地力势力之间的一幕幕倾轧、混战的场面，对于一个心地善良的草泽文人来说，实在是太凄苦、太惨烈了。陶渊明无论是作为桓玄的僚属、刘裕的参军，还是作为一介布衣躬耕在野，其对生活的体味和对人生的咀嚼，无疑都是深刻细腻的。

　　但是，陶渊明无论如何是一位诗人，诗人的人格风貌与诗人的理想追求，决定了陶渊明诗人式的现实抉择，尽管诗人产生于这样一个不属于诗的时代，然而，诗人毕竟还是诗人。

　　诗人的特点，就在于他拥有诗，并且善于创造诗。何况，诗人陶渊明最终又是一个哲人！因此，就在尘世的喧嚣如同浊浪滔天的洪水泛滥到生活的每一个角落的时候，和所有随波逐流的人们相反，陶渊明自然而然地找到了那块只属于他自己的灵魂净土。这是诗人本质人性的真正回归，还是社会残酷现实逼迫的结果？都是，又都不是。

　　难以想象，假如生活一帆风顺，陶渊明将如何设计自己的前途；也难以想象，假如没有对自然的刻意追求，陶渊明的一生将会怎样的黯然失色。以任真自然的态度对自然心向往之，使陶氏获得了既缱绻于社会又忘情于自然的绝妙的人生遭际和天性境遇。于是，他终于发现了桃花源……

太元中，武陵人，是为实；缘溪行，忘远近，是为虚。如此虚虚实实，由实而虚，遂使渔人有忽逢桃林之遇，得穿山洞之机。诗人借此为我们勾勒了一个化外的大同盛世，同时也流露出了他对这大同盛世的理解。渔人不意为之，但却能豁然而至；待其既出之后，抚向路而处处志之，率人往寻，却竟然不复得路，实在是可遇而不可求。诗人的所谓桃花源，正是这样，既其来有自、确确实实，又虚无缥缈、无从把握；实则举措逼真，虚则神秘莫测，达到了无即是有、有即是无的玄妙境界。

其实，陶渊明也许仅只向我们强调了一点，那就是，任何美好的理念世界，只要你想，那么，它就已经存在了。

由是，我们发现，陶渊明在羁足尘世的同时，还拥有一个比现实更博大更丰富更具有人性本质意味因此也更真纯质朴的内心世界。这世界既无所不包，又空无一物。

恐怕正是诗人的这个世界，这世界所涵盖的诗人与生俱来的忽略时空观念的自然意念，及其足以超越历史甚至足以超越整个人类思想水准的价值追求，决定了陶氏几乎在任何条件下，都于关注现实的同时，以同样的热情关注着千变万化的自然，关注着那样一个可以洗涤灵魂的伟大去处。

陶渊明正是这样，肩负着现实使命，胸怀美的理想追求，走向生活。

在生活里，他是要选择社会，还是要选择自然？

……

◆◇ 出仕与归隐

萧统《陶渊明集序》言："有疑陶渊明诗篇篇有酒。吾观其意不在酒，亦寄酒为迹焉。"说陶诗篇篇有酒，是实情。且不说那"饮酒""止酒""述酒"等篇醉意醺然、神迷意恋，即是那"独饮"，那"对酌"，那"理也可奈何，且为陶一觞"的歔欷，那"谈谐终日夕，觞至辄倾杯"的遭遇，那"造饮辄尽，期在必醉"的爽性，那"公田之利，足以为酒"的算盘，以及那"引壶觞以自酌，眄庭柯以怡颜"的欣慰，处处都有醇酒香溢，萦绕不散。面对这样一种事实，也许无论谁都不怀疑我们这位五柳陶公，确有嗜酒之癖，性贪杯中之物。然而，关键并不在此。我们毕竟通过他的朦胧醉眼，看出了他内心的烦乱，透过他的酡然红面，发现了他情绪的复杂。所谓"寄酒为迹"，换句话说，就是通常意义下的"醉翁之意不在酒"吧！

陶渊明的以酒遣兴，确有他的苦衷。

按照陶氏自己的说法，我们知道，少年时的诗人，也曾意气风发，胸怀远大抱负。老大之后，他曾一次次地抚今追昔，不胜转叹："忆我少年时，无乐自欣豫。猛志逸四海，骞翮思远翥。""少年壮且厉，抚剑独行游。谁言行游近，张掖至幽州。"这种自鸣得意的无限流连的憧憬，一方面向我们强调着一种事实，而另一方面则也显而易见地流露出一种老来无奈的凄凉。他对自己年轻时代的作为并无丝毫悔意，相反却在时时耿耿于"先师遗训，余岂云坠"，时时追怀"饥食首阳薇，渴饮易水流"的志向。也许正是在这种朝气勃发、拔剑扬眉的少年气度激励之下，他才认同了自己对于社会所担负的一部分责任，毅然压抑自己"本爱丘山"之性，涉足尘网，以偿其"大济于苍生"之愿的吧！二十九岁那年，他终于"起为州祭酒"，虽不堪吏职，几天便自己去职而归，但是，他毕竟是把济世的冥想付诸实践了。他在现实的坎坷路上，迈出了第一步。

这种结果的产生，是自然而然的，没有一点人为的痕迹。虽然诗人是那样倾心自然，偶爱闲静，期求"五六月中，北窗下卧，遇凉风暂至"式的"羲皇上人"的生活，但是，他无论如何也不会把那经天纬地的宏图大愿扼于单纯的空想，而不事哪怕一次的尝试。他没有理由置二十余年的圣贤教化于不顾，一味沉迷于未经证实的逍遥国里优哉游哉。他天生并不就是哲人，可以过早地戳破红尘，认定老守田园便是人生最大的乐趣。他起码还曾是青年，他毫无疑问地也会有过一般青年所共有的好奇心和参与欲。因此，诗人在十多年后，把他这次出仕的原因说成是"畴昔苦长饥"、是为贫才投耒学仕，则未免是"此地无银"之举，正所谓"胸中道德经济之怀，岂易向人道哉"！

然而，现实的污秽不堪，也的确令人失望，令人无法容忍，何况陶渊明又有那样一副纤尘难染的诗人襟怀。于是，他开始颇以为官为耻，立誓"遂尽介然分，终死归田里"了。他是那样缱绻于闲适放纵的自由民的生活，从内心里厌倦束人手足的官场应酬，同时，他又是那样割舍不开对于现实苦斗、有所作为的恋念。作为一个并不排斥建功立业的名教思想的封建文人，其向往出世而又从内心里并不甘于寂寥一生的矛盾心情，是陶渊明所没有办法逃避和排解的。因此，当他每次从生活的动荡中看到一丝渺茫的希望的时候，他总是不能遏制那激流勇进的弄潮欲望，一而再，再而三地涌身官场，寻求那在适意之外的可以遂志的契机。在几经反复但仍其志未泯这一点上，陶渊明较之几乎所有的封建士大夫的游宦生涯来说，都表现得既坚韧而又曲折。这是由诗人那颗比其他人更矛盾更深邃更动荡得多的心灵所最终决定的。

东晋安帝义熙元年（405），陶渊明最后结束了出仕为官的生活，回到了他昼思夜想的篱院茅屋。可以说，陶氏此时已经看透了现实的黑暗，他不能不承认自己不懈追求了十三年之久的理想境界在当时这样混乱的时代里是无法实现的了。他的仕途宦游，是一个追求、失望到最后绝望的过程。这场追求的结果是幻灭。

但是，对不薄己俗的陶渊明来说，这幻灭却可能意味着解脱。

陶渊明政治理想的破灭，却恰恰顺随了他个人的天性意趣。因此，无意去做隐士，只愿归田事农的自然人陶渊明又开始了他鄙薄世俗、勤于农事的恬淡生活。他再一次获得了率性施为的自由，虽然这并不意味着他随之可以从根本上获得一个自由的灵魂。有人说，陶氏的离家为宦，实出迫不得已，只有弃官归隐才真正满足了他的人生追求。但在这里，我们可以设想，假如时代真的为他提供了一个拯世济民的机会，真的可以满足他的政治理想，或者真的有一个政通人和的社会环境的话，陶渊明是否会终生羁于尘网、乐不思返呢？当然，这是无法得到证实的事了。

两条路。一条是感性的选择，归隐；一条是理智的选择，出仕。前者虽然也需具备某种条件，是它不需要顽强的社会人生意志。而后者则需要责任感、功利心以及一切属于社会人对于自己所处环境的公允理解和集体意识。陶渊明选择了前者，但却不是感情欲念的重复回归，而是带有深思熟虑后的冷静的。我们甚至可以这样说，诗人的最终归隐，是既符合了诗人潜在的关于冲淡自然的本性追求，又是诗人政治理想不得实现所反激的必然结果，同时也是诗人洁身自好、不与世俗同流合污的品行操守的唯一选择。他的归隐，无时不有官场失意的阴影，无时不闪现着诗人关于一展宏图的渴望。

不惑之年的陶渊明，曾有感于其年将老的残酷事实，叹惜自己的“总角闻道，白首无成”，写下了四章《荣木》。可贵的是，他在不胜叹惋之余，获得了自己对于人生哲理的独特思索，并在这思索的基础之上，再一次扬起了追求的风帆——他并不觉得"四十无闻"是一件可怕的事情，相反，他坚信"脂我名车，策我名骥，千里虽遥，孰敢不至"。诗人也曾借醉酒之言，倾诉了自己不得知音的痛苦，只好独自忍受漫漫长夜，希图也能有一个刘孟公那样的人来理解自己"竟抱固穷节，饥寒饱所更"的迫不得已的苦衷。他甚至通过对远古遗风的悼念，呼唤有如孔子那样关心治世的贤人在今天重新出现，从而昭示出了诗人并未远离尘嚣的拳拳心迹。他尤其对"怀正志道之士""洁己清操之人"的潜玉没世、尘封不遇多所不满，而终于发出慷慨激昂的感言。由此可见，陶渊明并不是一个甘于寂寞的人，他的淡漠自守、不与世争也不是绝对的。他希望自己能像所有的先贤那样，成就一番事业，并为社会和历史所承认；他决不会对自己无足轻重、可有可无的存在方式处之泰然。因此，我们说，陶渊明的辞官归隐，恰恰不是他所梦寐以求的真正的人生目的，否则，他那博大而又幽深的不满与愤懑，从何而来？！

于是，诗人果然较为直接地剖露自己的不屈意志了：他赞叹着夸父与日竞走的勇气与神力，他服誉精卫填海、刑天争帝的猛志常在，他歌颂壮士荆轲知难而进慷慨赴死的英雄气概，并为我们勾画了一位"君子死知己，提剑出燕京……登车何时顾，飞盖入秦庭。凌厉越万里，逶迤过千城"的义无反顾的英雄形象。陶渊明其实又岂止"并非浑身是'静穆'"，那所谓的"静穆"，简直就是诗人为了掩饰他那喧嚣不已、躁动不安的内心世界而为我们提供的一个假象！

陶渊明的知音实在太少了，非但伯牙与庄周早入丘土、孟公也已不在面前，而且，就是到了今天，我们不也还是坐在这里仗管而欲窥其全豹吗？

他的离家而仕、仕而恋归、归而又仕、仕而终归田园，他的始则寄情农乐、继而不满现状、一再述志，并且进而对这志向的无法实现寄予了莫大的悲哀，不但使他在负重累累的一生中形成了一个不可开释的困惑，甚至也使千载之下的我们陷入了另外一个困惑之中，那就是：陶渊明的真正志趣，到底是什么？

◆◇ 固穷与忧贫

正因为敛迹归隐使得陶渊明如释重负，因而他得以纵情诗酒，尽情地享受"偶有名酒，无夕不饮。顾影独尽，忽然复醉"的生活与快慰。正因为生活的磨难与辛酸并非如诗人所想象的那样无损于他"晨兴理荒秽，戴月荷锄归"的勤勉安逸的生活，相反却日甚一日地使他备尝了生计维艰的苦涩，因而倏起怀才不遇、生不逢时之慨，是故，本来便"性嗜酒"的陶渊明，值此更是沉溺迷醉之乡，借以排遣郁闷获得解脱，则是再自然也不过的事情了。作为收效显著的麻醉剂，酒之于陶渊明，正像它之对扪虱而谈的竹林诸贤所体现出的价值与意义一样，不但成了渐近帝乡的凭借物，而且也成了出离孤愤的导航船。难怪他在为彭泽令时，下令公田全部种植可以酿酒的秫稻，而当故友颜延之临去相赠一万钱时，他也将钱悉送酒家，"稍就取酒"了。

然而，陶渊明的家道并不殷实。他既无疏广、疏受叔侄得到汉宣帝的厚赐可以终日挥金宴饮的际遇，又无李白那样不必顾虑生活来源可以"千金散尽还复来"的条件，他的为官，来去匆匆，难以聚足他所预期的三径之资，何况他在归返田园之后又遭两次火灾的荡乏呢！在这种情况之下，岂止是酒，即便是吃饭都成了令人发愁的大问题。"躬亲未曾替，寒馁常糟糠。岂期过满腹，但愿饱粳粮；御冬足大布，粗䌷已应阳。正尔不能得，哀哉亦可伤！"这是诗人因自己最基本的生活条件也无法得到保障而宣泄的不平心声。从这样的诗句中，我们根本找不到"久在樊笼里，复得返自然"时那种其意得遂、轻松舒适之感；面对这样伤感的心绪，我们实在无法想象诗人在归隐之初艰辛的农事生活之中，尚能体尝过几多快乐。

大凡对陶渊明的生平与创作有所了解的人，可能谁都不会对陶氏初回乡里时的那种不加掩饰的兴奋感到陌生。那是陶渊明刚刚从彭泽令任中解印去职以后不久的事。

先看他高声吟诵的直抒胸臆的《归去来兮辞》：

归去来兮，田园将芜胡不归？既自以心为形役，奚惆怅而独悲？
悟已往之不谏，知来者之可追；实迷途其未远，觉今是而昨非。

在这篇辞赋的一开始，诗人便抒发了自己十几年仕途生活的无限感慨，使其渴望闲居自适的心情在对那急不可耐的归思与日夜兼程的行旅的描述中表现得淋漓尽致。一句话，诗人对于辞官归隐，的确是有如释重负之感的。正因如此，他开始转而由衷地赞美起他得以逃避现实的田园生活了。

首先，他有一种沉重的历史感：从小便没有适应世俗生活准则的气韵，而却天性喜爱自然山川里的僻静起居，但由于一念之差，自己误落尘网之中，一去便是十三年之久。正像笼中鸟、池中鱼一样，他曾经那样思恋自由自在的可以舒展心性的生活环境，现在终于如愿以偿了。于是，怀着自赏的心境，不厌其烦地炫耀起他那简朴又充满诗意的生活，方宅田绕，草屋迤逦，榆柳桃李，远村炊烟，狗吠鸡鸣。闲庭虚室，虽然不免寂寞，却实在安宁。这较之往来应酬、虚与委蛇的官场杂务来说，的确太静谧，太令人神往了。诗人笔下的这"自然"意趣，首先是被他置于繁乱太久的世俗奔波映衬之下，通过叹惜表达出来的，它于某种程度上，得力于参照系的反差。

陶渊明的《归园田居》正是在这样的并非冷静、也很难说十分真实的情况下创作出来的。心情的美好，无疑使诗人更多地注意并且发现了田农生活的别一种乐趣，那"相见无杂言，但道桑麻长"的单纯，那"晨兴理荒秽，戴月荷锄归"的剪影，以及那"盥濯息檐下，斗酒散襟颜"的舒适，盖莫出此。

诗人身处的时代，正是东晋末年、晋宋易代的动乱时期；诗人生活的浔阳地方，又历来是兵家交锋的战场。社会的动荡与战乱的频仍对于诗人来说，应该是扬于目前而震于耳畔的事情，是他无论如何也无法熟视无睹、充耳不闻的。然而，就在这样的情况下，诗人为什么能耽于田园、心如止水呢？诗人又为什么对那未必安适的农家生活极尽推崇、歌吟呢？是诗人迷于本性而对外界缺乏必要的接触和更多的了解，因此仅仅把视野局限在田园乐趣之上，从而对远离尘世的生活进行着纯真的美化？还是他虽对现实苦难明察秋毫，但鉴于政治斗争的险恶而只能缄口不言、百般回避，抑或是他竟然巧妙地从某个不引人注意的侧面，隐晦地对社会生活的真实面貌进行了某些微妙的艺术透示呢？必须明确一点，陶渊明不是浑浑噩噩的人，他决不会对外界的骤变与兵燹浑然不觉，更不会在那样的社会时代背景之下真能超然物外、彻底摆脱俗世纷扰，隐逸化外。事实证明，陶氏不但无一日遗忘了而且也终于回避不了尘网樊篱。对于世态，他曾多次无意间涉及，并任从自己的笔蜻蜓点水式地偶尔披露了其人间真情。他从来都没想过要抓着自己的头发离开地球。他只是愤恨与厌倦。

又是酒，使他泄露了他得以"结庐在人境，而无车马喧"的天机，那就是"心远地自偏"。

　　生活在人世，不可能所居太"偏"，但是陶渊明却能不像其他人那样羁于俗务。他悠然自得，潜心农乐，实在都是因为他能迥异常人，做到"心远"的缘故。在这一点上，他确乎不是一个文学家，倒更像一个哲人；因此，对于他所一再津津乐道的那些田园生活的美妙，我们最好的理解便是：那是他的主观认识，而绝不是事实本身。

　　明白了上述事实，因此，我们便可以断定诗人那"采菊东篱下，悠然见南山"，只不过是一种意境，一种幻觉，或者是一种哲思，现实生活里的陶渊明是无法如此"悠然"的。他不是看不到刀光剑影，听不见厮杀与哀嚎，只是不想看、不想听而已；"心远"绝不是无心。

　　于是，他发现（确切地说是开始承认）了他所一直向往的生活并不美好。他可以在精神上做一个飘然出世的云仙，但是他绝不能在现实里不食人间烟火。他开始抱怨命运，抱怨上苍与鬼神：

　　　　天道幽且远，鬼神茫昧然。
　　　　结发念善事，僶俛六九年。
　　　　弱冠逢世阻，始室丧其偏。
　　　　炎火屡焚如，螟蜮恣中田；
　　　　风雨纵横至，收敛不盈廛。
　　　　夏日长抱饥，寒夜无被眠；
　　　　造夕思鸡鸣，及晨愿乌迁。
　　　　在己何怨天，离忧凄目前。
　　　　吁嗟身后名，于我若浮烟。
　　　　慷慨独悲歌，钟期信为贤。

这篇写给友人的"怨诗楚调"，如泣如诉，歔欷不止，是对命运的诅咒，是对身世遭遇的不平，是对度日如年的生活窘况的倾诉，是对知音的理解与同情的含泪企盼。这中间，谁能说没有他对选择这条生活道路的悔恨呢？他直至这时才看透了身后的名节，对一个人来说不过是轻烟一缕，没有多大实际意义的。这种发泄和不满，虽与偶尔萌发的称赞舍粥者黔敖心地良善、却不以蒙袂者的不食嗟来之食为然的想法一起，最终被诗人自己所否定，但是，却也为我们提供了一条信息，那就是：诗人的固穷守愿、励志苦节，未必说明诗人已经认为这种生活是十全十美的了，也未必说明诗人已经满足了那样寒迫低下的生活状况与水平。他的初衷不改，一再表示安贫乐道、不慕荣利，一再强调"贫富常交战，道胜无戚颜"，的确，这既有他的难言之隐，又反映出了他内心的重重矛盾。

陶渊明一方面走回田园，赞美着那里日出而作日落而息的自由生活，一方面又并不安于、不满足务农生活的贫困，常有忧愤之思、不平之色溢于言表，这构成了他人生追求中的又一个无法释然的困惑。诗人最后在价值的天平上，虽然还是毅然地把砝码放在了"固穷"的一边，但是，我们还是可以隐约看到那时刻煎熬着他的巨大苦痛，而且越来越强烈，直到死。在这时，诗人的心目中，生活再不会奇异地幻化出那样扑朔迷离的色彩，飘逸出那样清幽淡雅的芳香了。生活就是生活，不是诗，不是梦，不是你想它怎样它就会怎样，现实也不是仙山琼阁，不是幻想……

难怪诗人在慷慨悲歌的时候，那样期待别人的理解！

◆◇ 生与死

生活之中难以消弭的一个个困惑，日甚一日地困扰着诗人；生活境况的窘迫和生活条件的恶劣，又使年事渐高的诗人丧失了健康。南朝宋文帝元嘉四年（427）九月，身体衰微的陶渊明想到了死。他为自己唱起了"挽歌"……

人生在世，生死自有天定，好比昨天傍晚还是人，而今天早晨便已变成鬼了。灵魂已经消散得不知去向，只留下这枯槁的肉体空壳有如一段朽空的木桩一样委弃在地；亲友固然要哀伤、哭悼，但于死者自己，则是非得失，均已隔世无法知觉，更不能对千秋万载之后的荣辱之分有所计较了，因此死者只能自恨在世之时饮酒寻乐的生活没有得到满足。诗人并没有把死看成是一件多么了不起的事情，而且他清楚地认识到人死便是生命的结束，并没有什么灵魂不灭的事，因此人世间的一切利弊得失、是非荣辱便不可能不成虚无，对死者来说变得毫无意义。由是，诗人变得异常的平静，甚至倏起及时行乐的念头。

这是真正的达观，还是无可奈何？

诗人的《自祭文》把他此时的心情表达得更明确。虽然此生蹭蹬，皓首无成，但是毕竟"识运知命，畴能罔眷，余今斯化，可以无恨。寿涉百龄，身慕肥遁，从老得终，奚所复恋！"因此，他才能"匪贵前誉，孰重后歌"，并发出"人生实难，死如之何"的感慨。陶渊明首先在"生"的问题上获得了解脱，然后，他才对"死"表现得那样潇洒。

但是，诗人的这"潇洒"毕竟还是有限度的，在放达之中他还不能不隐藏着一丝苦涩。"春醪生浮蚁，何时更能尝"，通过对美酒的恋念，流露出诗人对人世的眷留。"幽室一已闭，千年不复朝；千年不复朝，贤达无奈何！"则又从死者的角度，恐惧地道出了诗人面对生活的绝望。在此，我们仿佛在诗人那力求平静和缓的语调中，体验到了他心中的颤抖与深深的怨艾——他未必祈求着自己的死这样无声无息；他似乎在长叹，生都是那样的，死，也只能如此了。余冠英说陶渊明的诗"往往是冲淡中有勃郁，达观里有执着"，恐怕也包含着这层意思。

更加值得注意的是，作者赋予了死者以人的真正感受，并从自己所品尝到的"死"的滋味之中，咀嚼出了人世的悲酸，分辨出了世态的炎凉。设想自己已死，然后从死人的角度去体验人生，其得到的认识无疑还是人的。

这样，惜生与乐死，又构成了陶渊明坎坷一生的最后一个困惑。这困惑尽管未必是陶氏自己所独有，但仅就表现得这样直接充分这一点来说，陶渊明还是一定为此颇费一番踌躇，他的思索也一定是具有广泛的代表性的。

还有一个问题为历来评论家所争论不休而迄今也还尚无定论，那就是，陶渊明的思想究竟是重儒还是重道？

陈寅恪在《陶渊明之思想与清谈之关系》一文中，以为"中国自来号称儒释道三教，其实儒家非真正之宗教，决不能与释道二家并论。故外服儒风之士可以内宗佛理，或潜修道行，其间并无所冲突。"而陶渊明作为"其种姓出于世奉天师道之溪族"的士大夫，其对道家自然学说却别有进一步的创解。陈先生谓之为"新自然说"。正因为新自然说既非名教，又不似旧自然说之养此有形之生命，或别学神仙，所以陶氏才能既不佯狂任诞，又无旧自然说形骸物质之滞累，自不致与周孔入世之名教说有所触碍，"实外儒而内道，舍释迦而宗天师者也。"然而，更多的人则主张陶渊明的思想还是以儒学为基础的。

余冠英先生在《汉魏六朝诗选·前言》里曾举《饮酒·羲农去我久》一篇中的欲说又无言,因而只好借酒浇愁,而来强调陶诗"为讽刺而言酒"的特点。他尤其注意到了陶氏"日月掷人去,有志不获骋。念此怀悲凄,终晓不能静"似的感慨所对诗人"在隐居中才不甘寂寞"的原因的昭示。他是深以陶渊明感时用世的儒家思想为重的。

其实,看透了陶渊明无法置身世外做一个道地的大隐的人古已有之。杜甫有诗言:"陶翁避俗人,未必能达道。有子贤与愚,何其挂怀抱。"正是认清了陶渊明"凡心"太重,根本无法悠然自得的思想本质。陶渊明的安贫守贱,正像我们在前面所曾论述过的,是诗人大济苍生的夙愿无法得到实现之后所不得不采取的既愤激又绝望的选择,"是由于高傲,耻'为五斗米折腰';是为了自洁,不肯参加污浊的政治"。正是因为他清楚地认识到了他的政治理想根本无法实现,所以他才不得不回转头来以仕途为"尘网"或"樊笼",倾心自然;也正是因为他所处时代的政治环境充满了凶险,所以才使他这样一个无法掌握自己命运的"口腹自役"的下层小吏不得不远离变幻莫测、钩心斗角的官场,自归园田,既期僻祸保身,又以此寻觅那些仅有的可能的人生快慰,虽然"四体诚乃疲",但毕竟"庶无异患干"。何况,他的"辞世",又并未与儒家"穷则独善其身,达则兼善天下"的道义格格不入,相反,我们倒觉得诗人正是遵从了儒学思想的类似教化,才得以在"兼善天下"的操守已成泡影的前提下,转而"独善其身"去的。陶渊明的宗儒名教思想何其典型!

我们也不妨这样概括陶渊明的思想,那就是:外道而内儒。

陶渊明的死,至今已历一千五百多年。虽然他的尸骨已殁,棺冢已夷,虽然他的诗作在当时的确"罕所同",因而不为时人所重,但是,他毕竟有自己的作品,他的作品毕竟得以流传并进而为后人所喜爱、尊崇、陶醉了。人们在吟诵他那平淡写来、无着力处的诗的时候,谁能不在怡然抑或戚然之中透过字迹看到那位躬耕田垄、把酒自娱的农夫的身影,谁能不在玩味他那金刚怒目式的诗句的时候,感受到一位虽居乡壤但也不忘忧国的士人襟怀?尽管他那不得解脱的重重困惑未必得到后人的深刻理解,但是,他的操守,他的追求，却终于成了许多后代文人的楷模。从这个角度讲，他的死便不是简单的"托体同山阿"，而是"文章千古事"了。

杜甫诗云："宽心应是酒，遣兴莫过诗。此意陶潜解，吾生后汝期。"他景慕陶渊明纵情诗酒的狂放，但也深知诗酒之于陶氏的别一效用。王瑶在《文人与酒》那篇文章里，也特意说到陶渊明"把酒和诗直接联系起来了，从此酒和文学发生了更密切的关系"，可见，他也绝不轻视酒在陶氏诗文中的地位。我们说，是酒，暗示着陶渊明内心的痛苦和困惑；是酒，排遣但也加深着陶渊明的痛苦和困惑。

在众多的嗜酒者中间，陶渊明是烈士还是懦夫？

范
缜

迷狂世界的清醒

◎张晓虎

在帝王极权的时代，一个发疯的皇帝足以煽动和制造出一个发疯的时代，或将整个国家变成一架杀人和战争的机器，或驱使亿万苍生成为佛门的祭品。敢于在这种发疯狂潮中力排众议者，总是那些具有"悲"和"愤"的双重性格人物。

当南朝梁武帝萧衍三次舍身佛门、驱使全国向佛、人神颠倒的时候，举世万众全都昏了头。富者竭财以赴僧，贫者破产以趋佛，人民用血汗积累的财富和比财富更珍贵的虔诚，四处播撒菩提的种子，而收获的却是极度的贫困和比贫困更可怕的精神绝望。人们分明是在为自己挖掘越来越深的坟墓，却硬是臆造出一幅构筑天堂的幻影，整个国家在这个"皇帝菩萨"的鞭驱之下，像是一辆冲向深渊的失控马车。猛然间，一块巨石兀然而立，横亘在濒危之车的面前。这就是范缜和《神灭论》。

◆◇ 治乱频繁的煦风和骤雨中，躁动着一颗不安的灵魂

那是一个怎样乱又怎样疯的时代？也许，正是这个既乱且疯的时代，造

就了范缜的叛逆个性。

范缜生于南北朝大分裂割据的不幸时代，只赶上了南朝宋文帝"元嘉之治"的岁尾。元嘉二十七年（450），在北魏拓跋焘挥师渡淮南进的号角声中，"所过郡县，赤地无余"的残暴杀伐流血，成为范缜诞生的洗礼，也敲响了"元嘉之治"的丧钟。及其成年涉世，又逢"萧齐"乱政，而在与"菩萨皇帝"掀动的举国拜佛狂潮的对擂舌辩中，范缜走完了六十余年的人生之路。

如果一个人平生历经三个朝代和十四个皇帝换届统治的奇特而多难的历程，有谁能想象这一生会有多少苦累和烦恼？

人生的最大悲剧，也许就在于无法选择时代。然而，这不过是怯弱者的哀叹。万物之中人为贵，其贵之处就在于人具有改变时代和环境的能力，"不屈为至贵"！

当宋武帝刘裕以"金戈铁马，气吞万里如虎"的气概，再度搬演帝王英雄的旧剧之后，历史便逻辑地按程序演进，少帝刘义符用了十八年平复战争创伤，文帝刘义隆坐享安康，迎来了三十年的"元嘉之治"。此后，"元嘉草草，封狼居胥，赢得仓皇北顾"，后代诗人辛弃疾不得不以感叹来吊祭这似乎成为必然"气数"的治乱结局。

范缜不唯生不逢时，时当宋、魏为代表的南北朝生死大决战；而且生不逢地，他的出生地南乡舞阴（今河南沁阳西北）一带正处于战场中心。如果说炼丹求佛是帝王们的精神寄托，那么战争流血则是他们的经常性娱乐消遣。公元450年，北魏太武帝拓跋焘在统一黄河流域之后，欲壑难填，倾国家财力大举攻宋，直抵瓜步（今江苏六合东南）。宋文帝自恃元嘉盛世所积累的财富，亦不甘示弱，发大军沿水陆北征。战争从来不单纯是战场厮杀较量，总是有着某种深刻的文化背景。佛教自汉代传入中国后，菩提的种子似乎在文化发达的南方更容易扎根发芽，仅东晋诸帝，如明帝、简文帝、孝武帝等人，皆匍匐于莲台之下甘为僧徒。恭帝深信浮屠，铸货千万，造丈六金像于瓦官寺。宋高祖刘裕则假口僧徒谶语以篡弑登基，宋文帝时儒、佛、道三教兼弘，但佛教地位显赫，仅元嘉三十年建康都城内修筑寺庙就有十余处。相形之下，北魏统辖的诸多少数民族地区则大为逊色，更兼太武帝毁佛坑僧、焚经禁教，使佛教传播步履维艰。

佞佛还是斥佛，在当时的宋、魏引出的实际情况都是全面的社会倒退，然而南北地区对待佛教的态度，却反映出某种文化势差。这种势差反映在战争中，则使血腥的战场也显示出理性或非理性的两种模式。魏太武帝每届攻城或临阵，必驱赶汉、氐、羌、丁零或匈奴人冲锋，而本民族的鲜卑骑兵则驰突殿后。盱眙（江苏盱眙县）之战惨烈异常，魏兵尸堆几与城墙相平，太武帝却信告盱眙守将臧质，称战死者皆非鲜卑人，多杀异姓异族之人可防内乱，多杀为善。盱眙攻城失利，太武帝兽性大发，几乎杀尽南兖等六州丁壮以发泄尿罐之辱（臧质曾送他一罐尿），魏兵把婴孩儿挑在长矛上舞弄作乐，三军所过尽成赤地。宋文帝雅重文儒、本无韬略，但宋军兵将大多能御辱折冲，表现出先进民族的文化素养和理性特质。当然，这不是一场欧洲十字军式的宗教圣战，但宗教作为战争的深层因素，却在此后不久便显示出来。太武帝以后的继位君主，几乎全部背离乃祖禁佛初旨，无一例外地成为释迦牟尼的门生。

刀剑和文化，孰强孰弱？

北魏的强弓利弩未能屈服刘宋，但南地的菩提之花却遍开北朝。于是，梵宇钟声，响彻天籁，南北大决战之后的极度贫困，将嗷嗷待哺的万千百姓送上了寻找精神天堂的菩提之路。

此间，一颗不安的灵魂降临在中州腹地。

《梁书·范缜传》中记其家世仅寥寥数语，称："范缜字子真，南乡舞阴人也。晋安北将军汪六世孙。祖璩之，中书郎。父濛，早卒。"也许正是其父范濛不善仕进，导致家道中落，才将贫困与造成孤愤性格的条件一起留给了范缜。设若范璩之的中书郎之职恩荫后世，范缜或许只是玄谈队伍里的一名浮梁子弟。懵懂时的范缜，不仅目睹了兵连祸结后的遍地疮痍，更饱览了魏晋以来"立言借其虚无谓之'玄妙'，处官不亲所司谓之'雅远'，奉身散其廉操谓之'旷达'"的玄言空疏之风气。他事母孝谨，不屑与清谈无能之辈为伍，闻沛国刘瓛聚徒讲儒学，便欣然前往受业。当时学儒术以求用世者甚寡，而不切实际的玄谈之风弥漫一时，谈玄说妙的士子官吏们"唯在于新声艳色，轻体妙手，评歌讴之清浊，理管弦之长短，相狗马之剿弩，议遨游之处所，比错涂之好恶，方雕琢之精粗，校弹棋樗蒲之巧拙，计渔猎相揞之胜负，品藻妓妾之妍蚩，指摘衣服之鄙野，争骑乘之善否，论弓剑之疏密。招奇合异，至于无限，盈溢之过，日增月甚"。在这种清谈成为滥觞的世风之下，造就了人数众多的无用之才，入不能宰民，出不能用兵，治事则事废，衔命则命辱。而流弊所及，又以士子文人中为甚，这些峨冠博袖者"有机变清锐，巧言绮粲，揽引譬喻，渊涌风厉，然而口之所谈，身不能行，长于识古，短于理今，为政政乱，牧民民怨"。面对这种空虚无用的学风，范缜愤慨至极，常在大庭广众之下面折同学，"性质直，好危言高论，不为士友所安。"他在刘瓛门下从学多年，而刘瓛府门车马络绎，官宦贵人出入其间。他却是"去来归家，恒芒屩布衣，徒行于路，聊无耻愧"，"卓越不群而勤学"，使刘瓛甚感奇异，亲自为这位弟子行冠礼。

刘瓛当时任会稽府丞，以兴儒业为己任，其弟子范缜、贺玚、司马筠等人也同怀此志，又都因"礼乐沦丧"而注重对《三礼》的钻研。儒学大弘于两汉，而汉末战乱后"其道遂丧"。至范缜受学时，"乡里莫或开馆，公卿罕通经术，朝廷大儒，独学而弗肯养众；后生孤陋，拥经而无所讲习，三德六艺，其废久矣。"范缜抱孤愤之情，刻苦钻研儒术，企望以儒教阐扬的一整套理论和秩序来稳定混乱不堪的政局，将清谈和禅风扫除净尽。然而，南北朝之间的频繁战争，南朝历届帝王的昏暴，士子津津乐道于空谈，百姓痴迷癫狂地拜佛，凡此种种现实，又使他感到仅靠几个儒士的言谈或著述，实难挽冰山于既倒。

这是一个毫无秩序可言的混乱世界！

短命的刘宋王朝虽仅六十年阳寿，却走马灯似的换了八位帝王，其中竟有六人是昏淫暴虐的当权者。少帝刘义符只居位两年，便因荒淫无度、不亲政事而被大臣们废杀。孝武帝刘骏杀兄登极，而其兄刘劭竟弑父谋位。废帝刘子业更是祭起屠刀，从叔祖、兄弟、廷僚杀起，直闹得举朝遑遑，人人危怖，最终又死于明帝刘彧的刀下。刘宋的骨肉相残似乎成了传家之风，后废帝刘昱更是残杀成性，一日不杀人则惨惨不乐，终被继起的南齐王朝所取代。

君王如此，百姓何堪？

于是，忧国伤时的范缜，未及而立之年已是满头白发，望之如耄耋老者。就在刘宋王朝气运将终的宋顺帝昇明二年（478），范缜乃作伤暮诗《白发咏》以自嗟。但弱者的伤嗟之后是沉沦避世，而强者的伤叹之后是崛起自奋。翌年，小名称"斗将"的南兖州刺史并以中领军将军的萧道成，趁宋廷内乱不止之机入夺大政，演出了逼宫禅让的恶作剧。当时，年仅十一岁的刘宋末代皇帝刘準在位仅三年，被逼无奈，封萧道成为相国，总百揆，拜为齐公，加九锡，不久复改齐公为齐王。萧道成见时机成熟，反客为主，索性登基坐殿，美其名曰"禅让"。举行大典时，让禅之君刘準吓得钻到佛堂藏匿起来，然佛祖也未能阻止宦官找到他。刘準泣问："要杀我吗？"官将们说："不杀你，只请你让位搬家，你们刘姓皇帝当初取代司马姓氏，也是如此。"刘準哭着发誓："愿后身世世勿复生帝王家！"惹得宫中一片哭声。但萧道成深恐遗患，仍杀掉刘準，并处死刘氏一族的全部子孙，这实际上是刘宋的开国皇帝刘裕的初衷，即亡国失位之君必处死。他并未想到，南齐王朝的寿数尚不及刘宋统治的一半，仅二十三年即夭折。

范缜深感书斋里治学无济于事，便在萧齐王朝初立时辞别师友，开始了从政生涯。

◆◇ 刘宋改姓萧齐，只不过换了个姓氏。范缜在困顿中不得不沉思：难道历史运动就是帝王姓氏的变更么？

在中国历史上，每位换届初政的帝王都致力于前代衰败教训的总结，以期自己的家天下能够万世千秋。萧道成这位"常有四海之心"的南齐新帝亦不例外。他鉴于刘宋骨肉相残，清谈误国的前车之鉴，始重务实从俭，削减藩王势力，推行儒术等等，保证了南齐两代帝王统治十四年间相安无事。由于刘瓛的儒业冠于当时，甚至被尊为"关西孔子"，都下士子贵游，莫不下席受业于其门下，刘瓛的弟子一时身价陡增。萧道成曾召刘瓛入华林园请教为政之道，连当时颇负盛誉的佛学家王子良也登门受教。因此，范缜初入仕途可谓通达，官拜尚书殿中郎，使儒术左右言路。至齐武帝萧赜时，范缜等儒臣鉴于南北之间战乱不绝的状况，力主与北魏实行和亲政策，化干戈为玉帛，岁通聘好。武帝特意遴选才学之士通使南北，作为和平使者，范缜及从弟范云、萧琛、严幼明、裴昭明等儒学者皆在膺选之列，奔南走北，成为北魏王朝的知名人物。此时期，范缜尽施所学，颇受朝廷器重，使南朝显示出振兴儒业的一线曙光。

如果范缜此时成为南朝皇帝，南朝的历史也许会因此而改写，南北朝的战乱也许会中止若干年。然而，历史的发展毕竟是一种社会多种因素的复杂合力运动，在诸多以雄厚经济实力为倚托的势力集团角逐中，那些形单影只的进步思想家则显得多么微不足道。范缜先世并非豪门大族，他虽居尚书殿中郎，却又缺乏经济和政治集团为后盾，更兼儒学自身的君臣父子秩序观念，便注定他只能是一位贤臣和思想家，而无法成为叱咤风云、左右政局的历史主动者。

昏淫荒暴的帝王也是帝王，而贤明通达的大臣则永远屈居臣位，这是古中国的悲剧。封建专制政体根本不具备使范缜之类的人物成为统治国家的政治家的机制，而贤能之士又受到传统等级观念的禁锢，无意承担"篡位"之名，于是"文死谏，武死战"遂成为历代贤臣良将在昏君统治下的唯一选择之路，而古中国的昏淫暴戾之君又远远多于圣明君主，古中国便只能在治乱相因的周期律中打转转。

范缜从来也没有想过像项羽那样去奢望"取而代之"，他一生为之奋斗的目标，就是恢复儒教所鼓吹的社会秩序。在官居显职之后，他似乎感到实现这一目标已十分现实，于是竭力报效朝廷，一改入仕前那种"卓越不群"和"危言高论"的旧模样。刘宋和南齐的诸多皇帝似乎都未能找到一种治世有效的思想和理论，这使得佛、道、儒三教在当时互争雄长，都具有各自的势力范围，又以佛、儒二家影响为大。齐武帝时，文惠太子萧长懋笃信释老，以王子良居住的西邸为佛教圣地，扶植起一大批名僧教徒，终日讲说佛法微言大义。于是，佛教能否成为治理国家的理论问题，便历史地被提了出来。

从佛教初入中国的汉代迄于南北朝，是外域异质文化进入中国，并使中国传统文化在与佛教文化的全面碰撞之后显现新姿的重要时期。据梁释慧皎撰《高僧传》记载，从后汉明帝永平十年（67）至梁武帝天监十八年（519）的四百五十三年间，著名佛教徒就达二百五十七人。于是，皇帝倡导于上，僧徒鼓噪于下，更兼佛教本身体大思精的佛理教义、体系完备的禅门戒律、深邃美奂的哲思和仙境，日益征服了越来越多的中国人，大有取代儒、道而跃居国教之势。

在佛教咄咄逼人的攻势下，道教虽相形见绌，却也不甘居颓流。进入南北朝以后，嵩山道士寇谦之自诩奉太上老君意旨，"清整道教，除去三张（张陵、张衡、张鲁）伪法"，"专以礼度为首，而加之以服食闭练"，使道教廓清混乱，发展为北天师道。由于寇谦之宣称以"佐国扶命"为宗旨，因此得到魏太武帝和儒臣崔浩等人的支持。在南朝刘宋时代，庐山道士陆修静"总括三洞"，汇归一脉，改革五斗米道而发展为南天师道，亦称"意在王者遵奉"。这样，道教经过全面整顿之后，似也有了与佛教相抗衡的力量。

而一直作为封建统治理论的儒教，自东汉以后虽几度浮沉，至南朝"关西孔子"刘瓛的大力扶植鼓吹，也有重振雄风之势，加之其弟子门生遍及朝廷要枢，拥有范缜等一批坚定的拥护者，儒学便因政治实力也取得鼎足而立的地位。

佛门修来世，解决现实问题如隔靴搔痒。

道法重今生，丹鼎和符箓亦无济国事民生。

儒家讲秩序，国家也许会因此而获得稳定发展。

范缜在三教争弘的纷纭胶葛之中，十分现实地选择了儒术。他十分清楚地看出，对于泛滥成灾的佛经道藏和演成大势的求佛问道风气，仅靠一纸诏书或行政干预手段是无济于事的。对于精神的毒风雾瘴，只能用精神的武器去摧毁。他遍搜古代思想武库，继承了王充等唯物主义思想家的唯物思想，以"神灭"为论点，向弥漫时风的佛道学说发起冲击。

此时，竟陵王子良在西邸的佛事活动盛极一时，广招名公硕辅，其中萧衍（后来的梁武帝）、沈约、谢朓、王融、萧琛、范云、任昉、陆倕皆为西邸常客，号称"八友"。范缜也在应邀之列，却不愿加入这些由佛门精锐组成的显贵行列之中。竟陵王子良精信释教，本欲邀范缜以壮声势，却不料请进来一位佛门克星。

范缜在西邸"盛称无佛"，不啻在大婚喜筵内树起吊孝的幡幢，顿时激起汹汹非议，一场舌战在佛堂内掀起。竟陵王子良集合起名僧一齐上阵，首先发难，声势夺人地问道："君不信因果，世间何得有富贵，何得有贱贫？"

劈面而来的一句，道出佛家的理论支柱——因果报应。

这使我们不禁想到"生于西域林木之上"的唐代佛教诗人王梵志的名诗，其诗曰：

世间日月明，皎皎照众生。

> 贵者乘车马，贱者膊担行。
>
> 富者前生种，贱者悭贫生。
>
> 贫富有殊业，业报自相迎。
>
> 闻强造功德，吃着自身荣。
>
> 智者天上去，愚者入深坑。

说得何等浅显易懂，何等明白晓畅！为了死后"天上去"，来生"乘车马"，芸芸众生，都来拜佛吧！

不料，范缜成竹在胸，答词更妙，导因果之论于谬说，置逻辑力量于难驳，答曰："人之生譬如一树花，同发一枝，俱开一蒂，随风而堕。自有拂帘幌坠于茵席之上，自有关篱墙落于粪溷之侧。"机锋一转，不无揶揄地又说："坠茵席者，殿下是也；落粪溷者，下官是也。贵贱虽复殊途，因果竟在何处？"

反问既出，满堂钳口结舌，无人置辩，好不狼狈！

此处，官修正史《梁书·范缜传》有一显疵，称"子良不能屈，深怪之。缜退论其理，著《神灭论》曰"云云。《神灭论》著于梁武帝天监时代，而非与竟陵王子良论难之后，史家已有公论，此不赘议。

然而，王子良与众名僧"不能屈，深怪之"却属信史。在佛教盛行之时，又在佛教中心西邸驳倒佛界众僧，简直是石破天惊之事，范缜自此蜚声远近。

"悖论"既出，朝野喧哗，王子良大失体面。他竟然不顾佛教徒的道德名操，私派"西邸八友"之一的王融去见范缜，晓之以厉害，诱之以爵禄。王融不辱座主之命，以倨傲的态度奚落道："神灭既自非理，而卿坚执之，恐伤名教。以卿之大美，何患不至中书郎，而故乖剌为此，可便毁弃之。"好一派下作言论，却出自佛门弟子之口。"名教罪人"一直是悬在思想家头上的利剑，此时又祭起这法宝以胁迫范缜。而"以卿之大美"则又显露王融的拍马屁手法已臻化境，软硬兼施均告失败，则诱之官爵，可谓极尽说客之能事，却未料暴露出这伙"政治和尚"的本来面目。范缜闻言，仰天呵呵大笑，声裂帛石，道："使范缜卖论取官，已至令仆矣，何但中书郎邪？"

"神"既可疑，何事不可疑；"神"既可灭，何谬不可灭；"论"既不卖，官爵又值铜钱几许？

范缜不仅树起一面"神灭"的大纛，更树起一面"人"字的大纛！如果将视野扩展到当时的世界，我们不禁为之惊叹，为之倾倒，为范缜、为中国领先于世界的思维水平和文明程度而倍感骄傲！

此时，自释迦牟尼独坐菩提树下悟得因蒂之理而始创佛教，其历史也不过一个世纪。但在印度这个佛教发祥之地，与佛教相抗衡的唯物思想尚未达到范缜的《神灭论》水平。而伊斯兰教的创建人穆罕默德还未诞世，此后约一个世纪，穆罕默德才受灵知于"高贵的夜晚"，创立了伊斯兰教，而《古兰经》的出现则在其死后。耶稣基督在马槽内降生，也不过半个世纪，整个欧洲正迈进封建教会长达一千余年统治的"黑暗时代"。

这时的欧洲，身着重盔、手执长枪的骑士横行天下，科学被视为泼向上帝的污水，学校被说成犯罪的组织，江湖郎中成为圣人。而巴黎和伦敦等城市，茅舍遍地，雨巷泥泞，夜行持火把，耕耘用木犁，运输靠牛车，没有医院、学校。浓重的愚昧黑幕笼罩着整个欧洲大陆。而中国却陆续出现了引起后来欧洲进步的四大发明——火药炸碎了骑士阶层，罗盘针开辟了世界市场，印刷术虽一度变成新教的工具，又最终成为欧洲科学复兴的手段。遗憾的是，四大发明诞育在中国，却花开香溢于欧洲——一个令炎黄子孙万分痛心疾首却又不得不承认的事实。

然而，范缜却无愧于那个时代，甚至无愧于整个世界。他在人与神之间苦苦探索，在理性的世界里纵横驰骋，向佛经圣典一次次发起冲击，呼唤着、抗争着……。他不是堂吉诃德式的独行骑士，尽管也做着唐虞三代的复古之梦；也不是伽利略、哥白尼式的实证科学家，尽管也探索着人的本质问题。他以中国儒士特有的悟性思维方式，虽胜于堂吉诃德，却逊于伽利略和哥白尼，在中国思想史上刻下一块里程碑。这碑基深埋于中国传统文化的土壤之内，碑文只有赫然入目的两个大字——神灭！

当然，神并未灭，反而弥漫一时，中国苦难深重的现实太需要神灵了，就像太需要圣君加贤臣的统治一样。

◆◇ **神不灭，南朝必乱，范缜十分清楚。
而神灭之后，中国又将如何？范缜无
法回答，以后的思想家也无法回答。**

上述提问决无意苛责古人，更何况是范缜这样的杰出思想家。但"鉴往"

的目的既然是为了"知来"，这就迫使我们提出这些几近非理的问题。

范缜是伟大的，其伟大之处不仅在于具有孤愤之忧、独思之想，也有骇世之举。这时，南齐王朝历经了开国的两朝皇帝十四年安定阶段之后，又进入了"怪圈"危机。郁林王萧昭业忧容惨戚、言发泪下地送走了武帝萧赜，即位未朞年，将叔皇时"聚钱八万亿余"挥霍了近一半，甚至"与诸小取宝器以相击剖破碎之"以为笑乐，在位两年就被萧鸾废杀。萧鸾乃齐高帝萧道成侄儿，恐贸然登基引起非议，先立萧昭文为帝，仅三个月便将其废为海陵王而自己称帝。史称萧鸾"性猜忌，亟行诛戮，信道术用计数"，范缜等一班儒臣遂秋扇见捐，被先后遣出朝廷，派到宜都任太守。他既"性不信神（佛）鬼（道）"，便不顾当朝皇帝好恶，公然下令毁寺禁教。夷陵地区香火极盛，且教派芜杂，既有奉名人伍子胥为神的伍相庙，也有供释氏和尧舜为祖的唐汉三神庙，还有道教内容的胡里（狐狸）神庙等等，范缜则一概下令禁止。在杂教泛滥的当时，实则提出了一个信"人"还是信"神"的问题，他向整个神鬼世界发出宣战书。孰料，其母此时病故，范缜难违孝道，只得放弃了刚拉开战幕的人鬼大战，退居南州守孝。

于是，杂教香火依旧，王室内残杀愈演愈炽，南齐王朝的各种社会危机酿成一片苦海。就在范缜守孝的数年间，在位五年而专事杀戮的齐明帝萧鸾，将齐高帝十九子、武帝二十三子并皇室众多支脉子嗣几乎斩尽杀绝，唯高帝次子萧嶷一脉尚存后代。杀红了眼的萧鸾，已不识骨肉伦常为何物，视一切父祖子侄为寇仇，必欲净除而后快。

这一切，范缜闻之五内如焚。

继位的东昏侯（亦称废帝）萧宝卷，虽有"明贤"的本名，又取佛意"智藏"为字，却将"讷涩少言"、"凶狂急暴"和"奢侈荒淫"诸性格集于一身。除去秉承其父"作事不可在人后"的遗训而委任群奸、诛杀群臣、添增崇殿之外，这位东昏侯的最大"贡献"，也许就是创立了"三寸金莲"的陋习。他于宫苑中立市，令阉宦为商贩，以潘妃为市令而自为市吏录事，日游市中以荒唐取乐。又凿金为莲花以贴地，令潘妃行其上，曰："此步步生莲花也。"据说以后南唐李后主仿此例，又添缠足新内容，遂使"三寸金莲"成为千余年来中国妇女的一大浩劫，也成为令世界视为奇观的"国粹"。

这一切，范缜见之寝食难安。

这时，小名练儿的萧衍拥兵襄阳，羽翼已臻丰满，趁南齐王朝势力大衰之机，进据朝内大政，迫使年仅十二岁的新帝萧宝融为自己拜相封侯，并暗备九锡之礼准备称帝。范缜与萧衍曾为西邸旧相识，深知萧衍多才多艺，便将南朝中兴的希望寄托在他身上。

公元502年，萧衍起兵襄阳，攻入建康后杀萧宝卷，迫使萧宝融逊位于梁，不久杀之，建立南梁王朝。萧衍的父亲萧顺之是齐高帝的族弟，但萧衍并未因此而沿袭南齐国号，改齐为梁，在一姓王室中建立异号王朝，在中国历史上并不多见。早在萧衍起兵时，范缜激情难耐，乃至"墨经来迎"，戴孝请缨，以求用世。梁武帝萧衍也素知其才能，初登皇位便封他为晋安太守，四年后再升为尚书左丞。

封建帝王极权时代，世间风气往往以帝王的个人意志为转移。皇帝贤明则世风清，昏愚则世风浊，荒淫则世风嬉，凶暴则世风凄；皇帝幼则举国莫知所从，乃使奸佞拥权乱国；皇帝老则万民无可奈何，听凭其老迈偏执，胡乱调遣。而当"菩萨皇帝"萧衍手握权杖时，佛教便成了一股决堤泛滥的可怕祸水。

梁武帝早年是南天师道的信徒，又自述"少时学周孔，弱冠穷六经"，也曾是儒术的追步者。但他执政的第三年，公然宣称舍道入佛，而且亲制《舍道入佛文》，说："公卿百家，侯王宗族，宜反伪就真，舍邪入正。"他不仅宣布佛教为国教，而且以佛学为统治术，并为百姓描绘了一幅他所追求的盛世图景，"愿使未来世中，童男出家，广弘经教，化度含识，同共成佛。宁在正法之中，长沦恶道，不乐依老子教，暂得生灭"云云。

皇帝发愿，誓让全国"同共成佛"！壮哉？哀哉？

此后，一场由皇帝亲自发动和领导，并以皇帝身体力行、为人师表地三次舍身同泰寺为高潮，长达近半个世纪的趋佛狂潮，席卷了整个南中国，也裹挟进了北中国，从而形成中国历史上罕见的"举国发疯运动"。

梁武帝曾亲赴无碍殿受佛戒，取法名冠达，而且制定了"制断酒肉"的戒律，改变了汉以来僧徒可食三种"净肉"的旧法，成为后代佛界依止的规定。他大兴土木，建寺造像、举办斋会，"南朝四百八十寺，多少楼台烟雨中"的诗句实则远未达到当时实际的寺庙数量。他多次在同泰寺高升法座，讲说经文，而且组织僧徒翻译注释了大量佛经。不宁唯是，梁武帝创立了三教同源的说法，即儒、道同源于佛教，认为老子、周公和孔子亦属释迦牟尼的弟子。另外又提出"真神佛性论"，发展了中国传统的神不灭观念。结果，整个南梁王朝"普天信向，家家斋戒，人人忏礼，不务农桑，空谈彼岸"，朝中一些贤臣也上疏劝谏，痛陈时弊，指出"都下佛寺五百余所，穷极宏丽。僧尼十余万，资产丰沃。所在郡县，不可胜言。道人又有白徒，尼则皆畜养女，皆不贯人籍，天下户口几亡其半。而僧尼多非法，养女皆服罗纨，其蠹俗伤法，抑由于此。"

于忍无可忍之际，范缜终于拍案而起，矛头直指佛教及其理论支柱——神不灭论。他在朝指斥权臣，甚至责备皇帝，在野则游说乡曲，宣传神灭主张，并且为受诬诸臣抗言申诉，终于惹起一场朝内的舌战。

天监四年（505）夏间，梁武帝宴请群臣于光华殿，声称："朕日昃听政，思闻得失。卿等可谓多士，宜各尽献替。"范缜应声而起，奏道："司徒谢朏（原为西邸八友之一）本有虚名，陛下擢之如此；前尚书令王亮，颇有治实，陛下弃之如彼，是愚臣所不知。"武帝勃然色变，怒曰："卿可更余言。"范缜坚执己说，寸步不让，皇帝愠恼，满朝猖猖。御史中丞任昉（也是西邸八友）素恨范缜，趁机攻劾，将早已拟好的一堆罪名尽数搬出，"附下讪上""毁誉自口""横议沸腾""妄陈褒贬""言行舛驳""夸谐里落""喧诟周行""曲学谩闻""弄口鸣舌"……。总之，不惩治范缜，"宪准将颓"，国将不国！于是，范缜被谪徙广州，两年召还。

面对宵小们的雌黄之议，范缜不屑一顾，乃至答词"支离"。但在梁武帝与大僧正（约相当于教皇）释法云联合起王公朝贵六十余人的佛理论战中，范缜却口若悬河，孤身一人以压倒之势挫败群雄。

萧琛以朝廷和佛界的首席发言人资格，气势夺人地率先发难："子云神灭，何以知能灭也？"开宗明义，以尔之矛攻尔之盾。

范缜从容接战，对曰："神即形也，形即神也；是以形存则神存，形谢则神灭也。"意即灵魂和形体相互含蕴依存，永难分离。

接着，萧琛等多方问难，范缜应对自如，宾主往复诘辩，举凡四十一则，涵盖了神不灭与神灭问题的全部精蕴，彼方六十六条舌头、七十五篇文章，被范缜一舌一笔驳得体无完肤。萧琛的代言人曹思文以发难之题写上启，即《难范中书"神灭论"》，倍得梁武帝嘉许。而范缜针锋相对地写成《答曹录事"难神灭论"》。此论既出，举国震惊，訾议蜂起，甚至出现范缜"著《神灭论》自谓辩摧众口，日服千人"的浩大场面。

萧琛等既知论佛理难以驳倒范缜，索性使出看家解数，不无威胁地问道："你宣扬神灭，于世何补？用意何在？"岂料范缜气血上涌，尽数颓风弊政，抗声道："浮屠害政，桑门蠹俗，风惊雾起，驰荡不休，吾哀其弊，思拯其溺……"

我们看到，梁武帝在范缜死后三次舍身同泰寺，公卿士大夫们敲剥民财一亿万"奉赎"，以致民财罄尽，库府拮据。范缜此论，直指皇帝疯癫，却被以后事实验证。

> "……夫竭财以赴僧，破产以趋佛，而不邮亲戚，不怜穷匮者何？……"

我们看到，整个南梁统治下的士绅百姓，家家诵经、人人向佛，置亲友家人于不顾，视伦理道德如粪土。

> "……又惑以茫昧之言，惧以阿鼻（佛教中地狱）之苦，诱以虚诞之辞，欣以兜率（道教炼丹仙宫）之乐……"

我们看到，佛教流弊所及，举目尽是僧侣尼姑，废弃祖宗香火而供奉释老道仙，于是——

> 家家弃其亲爱，人人绝其嗣续。致使兵挫于行间，吏空于官府，粟罄于惰游，货殚于泥木（泥胎木像）。所以奸宄弗胜，颂声尚拥，惟此之故，其流莫已，其病无限……"

范缜认为，对于民间信佛求道之风，既然难以绝灭，不妨"来也不御，去也不追，乘夫天理，各安其性"，何必举国趋佛，弄得民穷财尽，国破政荒。他进而提出，若能以"神灭"之论力阻颓势弊政，那么"小人甘其垄亩，君子保其恬素，耕而食，食不可穷也；蚕而衣，衣不可尽也。下有余以奉其上，上无为而待其下，可以全生，可以匡国，可以霸君，用此道也。"

然而，范缜"此道"并未能挡住趋佛狂潮，他本人也在此后默默而逝。

这颗巨星的陨落，只在黑暗的夜空中划出一道理性的刺眼流萤。

而此后的千余年间，范缜的学说虽不乏嗣响者，却一直迟滞在悟性的思维水平上，而中国"三大发明"传至欧洲，却孕育出科学文化的黎明。波兰人哥白尼的《天体运行论》和比利时人维萨留斯的《人体构造》，揭开了以观察、实验为基础的近代科学之幕。

真正而且彻底的《神灭论》续篇，不是出现在范缜之后的中国，而是在迢迢万里之外的异域欧洲。

范缜留给今日国人的困惑，恐怕正在于此。

（李白）

脱去尘浊的飞扬

◎朱蓓蓓

　　诗人是俗世的困惑，俗世是诗人的困惑。但正因诗人脱去尘浊的飞扬，我们才有不致永远在卑俗中沉沦的希望。毕竟，人类古老的生命中，沉潜着诗的灵性。

　　人类古老的生命中，沉潜着诗的灵性。而卑琐的凡俗生活，将它层层掩埋。因之，真正的诗人，为俗世所不能理解，亦难以理解俗世。无需说，诗人也必须担任一定的社会角色，经历凡俗的生活，走过这流血流泪的大地。然而对于他，这一切终究只是激扬起诗的灵性所不可缺少的过程，是超越所不可缺少的被超越者。诗才是他唯一的完美自由，是他孤寂的天空里唯一的星，唯一的爱。

　　李白竟像是突然降临在人间。
　　二十五岁以前，他生活在偏远的巴山蜀水。三峡以外的人们，没有听说过他的名字。当他出现的时刻，人们惊讶得犹如见到一颗光彩奇异的新星。"子谪仙人也！"——名诗人兼名道士贺知章叹息道。从此，"诗仙"成了李白的美号；"仙语""非人力所能及"，成了对他的诗歌最常用的评语。人们自惭形秽，承认同他有天壤之隔。你仔细看，在盛唐璀璨的诗坛上，真是没有人同李白相似；同样，李白也不能归属于任何群体或流派。

当然，李白是有来历的。只是这来历也很奇异。

他出生在极其遥远的土地上——今日已不属中国版图的西域碎叶城。漫长的丝绸之路经过这里。在这犷野而荒莽的大地，欧亚各种民族混融杂居，不同的宗教文化竞放光彩；商人的欢嚣伴着胡女的娇歌艳舞，罪犯和将士共诉岁月的苍凉。

西域古道上的风尘不断掩埋历史。在传说中的一个奇特的时刻里，李白的母亲梦见太白金星——那天空中最明亮、长伴随月的温柔的精灵——化作一道光芒，投入她隆起的腹里。于是，一个天才诞生了。

这个家族是怎样来到遥远的西域的呢？据李白自己叙述，他的远祖是汉代飞将军李广，九世祖是西凉武昭王李暠。因此，他的家族同李唐皇室同出一宗，籍贯为陇西成纪。后来在金陵居住过。隋唐之际，其祖上因罪流放至西域，改易了姓名，因此未被登录在皇家的族谱上。大约在李白五六岁时，父亲带领一家人悄悄逃入巴蜀，才恢复旧姓。他的父亲给自己起了个假名，叫作"客"，那是寄寓异乡的意思。但是，既然因为从流放地潜逃而不能示人以真名，"李"这个姓究竟是复旧还是冒用，恐怕还是个问题。而且李白自己，从来也不耐烦弄清楚皇家那些繁衍得五花八门的支派，只是胡乱同他们称兄道弟。他自称具有事实上很可疑的高贵血统，被人讥为"庸俗"。我们不想否认诗人也有庸俗的一面，却也不妨给予另一种解释：他确确实实感受到的而又难以解释的强烈的尊严感，需要一种俗世形式的证明。

有人根据李白挥金如土的生活方式，猜测他的父亲该是在西域古道上从事国际贸易的巨商。——然而没有确切的证据。又有一些著名学者，怀疑李白根本是个胡人而非汉族。——同样没有确切的证据。我们只知道李白会说胡语，在他漂流江南江北的年月，喜欢光顾胡姬当垆的酒家：

细雨春风花落时，挥鞭直就胡姬饮。

（《白鼻騧》）

落花踏尽游何处？笑入胡姬酒肆中。

（《少年行》）

在山重水复、云幻月迷的蜀中，李白度过整整二十年。据说有几年他在深山中随一个隐士读书，足迹不入城市。还传说他在山中喂养了上千只珍禽，一声呼啸，鸟儿就飞来在他手掌中取食，了无惊猜。他读过大量中国传统的典籍。但是我们看到，他是在一种特殊的环境里，完全按自己的天性和喜好来对待这些典籍的。他剔除了一切拘板的成分，只留下些迷人的东西，用来构筑自己的精神世界。

而后他就离开了蜀中。像一只放飞后断了线的风筝，再也没有还乡。

倘用学术的语言，我们会说：一个传统的士大夫家庭，一张清楚而坚牢的社会关系网络，一种注重现实的文化氛围，会培养出循照常规的理智品格。李白却没有这一切。到他二十五岁以前，他同将要进入的社会几乎是隔绝的。他拥有渺远的西域，异民族别有情味的文化与生活习惯，祖、父辈冒险的漂泊流浪，蜀中美丽的山水和古老的风俗，以及经过他独特取舍的中国传统文化。这一切，培养了李白特殊的品性。

倘用诗的语言，我们会说：真正的诗人，原本是没有来历的。诗人真正拥有的，只是人类古老生命中潜流着的诗的灵性。出生和生长的过程，只是生命的外在形式，这形式常被诗人所轻忽。庄子说：得意忘形。诗人何尝不是常常"得诗忘生"呢！

我们——在日常的卑琐中生活的我们，怎么能够理解李白呢？想要说李白，只能仗着一种精神的迷离。我们必须失去世俗，失去日常，才能接近这位诗人中的诗人，倾听一切歌中最自由的歌。也只在我们沉醉的时刻，他才肯唤起在我们心里被卑琐淹没的人生的美意。

"渡远荆门外，来从楚国游。"这是李白出蜀时所唱的歌。在荆门山，这荆蜀咽喉，深远的内地通向中国历史大舞台的入口处，站着高傲而自信的李白。他又唱："山随平野尽，江入大荒流。"——被严峻的群山所夹峙的大江，如今脱去拘羁，自由地投入完一的平原，化为高吟的长歌。李白说，那就是他。

用更明白的语言，李白在《代寿山答孟少府移文书》中如此夸耀自己："尔其天为容，道为貌，不屈己，不干人，巢、由以来，一人而已！"

当然，李白也很明白，在现实的社会里，一个纯粹的诗人，并不拥有可以自慰的荣耀。诗人的荣耀，首先必须经过俗世荣耀的证明。而这一种荣耀，是由权力地位和世人所公认的德行事功决定的。他必须像常人一样，以一种特定的社会身份，去猎取世俗规范中的成功。于是他不可避免地常常陷入在两难的困境。

李白很容易认定自己的社会角色——士，以及士的正当职业——仕，和士的历史使命——求道与救世。这一系列答案，自孔孟以来就已确定，李白无需费力思索。但在他所面对的现实环境里，这些抽象的答案应具有怎样的具体内涵，却是李白从未仔细想过的。他是诗人，不是政治家或哲学家。他所理解的人生状态仅有两种：诗意的和非诗意的。他就在这两种状态中作艰难的挣扎。

这里存在诗人与常人的区别。常人沉沦在他的角色里，以为这角色所尝受的一切，便是人生的全部。而真正的诗人，却只是经历他的角色，或者说，经历生命的外在形式。他以诗的理想进入凡俗，尝受凡俗生活的悲欢离合，得失成败，而最终将以诗的飞扬超越凡俗。他将告知俗世的人们，人生应该有如何美好的境界。如同圣徒的殉难，诗人也是一种殉难者。

合于诗意的出仕，在李白看来，是摆脱卑躬屈膝、苦心钻营，一步步爬上高位的过程，实现"布衣卿相，功成身退"的理想。所谓"布衣卿相"，即是由布衣（平民）之身，一步直取卿相——最高的政治地位。并且，不是一般的卿相，还是"帝王之师"，如汉初指点刘邦得天下的张良，或传说中兴周灭商的吕尚即姜太公。这才能保证虽为臣子却不屈伏于帝王。到那时，他可以"申管、晏之谈，谋帝王之术，奋其智能，愿为辅弼，使寰区大定，海县清一。"一旦完成了绝世的功业，他也不耐烦长居无聊的朝廷，要马上回到大自然的怀抱。"功成拂衣去，摇曳苍洲旁。"——当世人被他感动，对他景仰，为他欢跃的时刻，他已挥长袖而去，在青青水洲边自得地摇晃着身躯。

不妨从二首诗歌，看李白如何借古人描绘他所向往的诗意的人生：

> 齐有倜傥生，鲁连特高妙。明月出海底，一朝开光曜。却秦振英声，后世仰末照。意轻千金赠，顾向平原笑。吾亦澹荡人，拂衣可同调。

（《古风》之十）

尝高谢太傅，携妓东山门。楚舞醉碧云，吴歌断清猿。暂因苍生起，谈笑安黎元。余亦爱此人，丹霄冀飞翻。遭逢圣明主，敢进兴亡言。

(《书情赠蔡舍人雄》)

学者们据此得出结论：李白赞扬鲁仲连、谢安等人，表明他对战国游士和魏晋名士的肯定。这也没有说错。但我们更想说：历史对于李白，只是一种材料。他所要肯定的，不是历史，也不是"士"这一特定的角色，而是由此肯定人本身。——人天然应该拥有自由、尊严、洒脱无羁的生活。如果在俗世中，人表现为委琐苟且，因权势的压迫而扭曲变形，他们就必须设法寻回自己。这就是诗对人间的照耀。

然而另一方面，即使是李白，俗世的法则也是不容违背的，只要他企图进入俗世。李白自称："三十成文章，历抵卿相。"这其实就是奔走权要之门，希冀引荐的经历。在现存的一些书信里，我们看到李白在吹嘘自己的同时，不能不用更夸张的语言颂扬对方。一位平平无奇的荆州长史韩朝宗，李白夸说成"岂不有周公之风，躬吐握之事，使海内豪俊，奔走归之，一登龙门，则身价百倍。""生不用封万户侯，但愿一识韩荆州"，更成了吹捧人的漂亮成语。另一位名不见经传的裴长史，李白不但称赞他"高义重诺，名飞天京"，连牙齿、皮肤莫不加以赞美。对照李白诗文中对理想人生境界的描绘，这是令人惊讶的。但诗意与凡俗的相隔就是如此遥远，也可以说无需惊讶。其实在李白任意夸大的语言中，仍可以感受到某种戏谑的或至少是很不认真的态度。

大约在四十二岁时，李白被唐玄宗征召入朝，为翰林学士——皇帝的文学侍从兼秘书。不足三年，又被"赐金还山"，——体面地放逐。这个过程，非常有趣地表现出真正的诗人同俗世规范相互间如何难以容忍。

倘以李白所担当的社会角色来说，他的遭遇已足够荣耀。这是俗世对一个平民的才华的承认，而且他因此有了一个以不朽诗篇震慑王公大臣乃至皇帝和贵妃的机会。他是以此自豪的，并且常常为此而感激皇帝的"知遇之恩"。但作为真正的诗人，他又无法在朝廷中"安居乐业"。不仅是翰林学士的地位离卿相太远，种种无聊的礼节，令人窒息的等级秩序，权势者空洞而嚣张的气焰，在于他全是不可理解的滑稽与恶作剧。有很多故事流传千古：草诏吓蛮、御手调羹、贵妃捧盏、权监脱靴，等等，真伪难辨，不必一一细说。总之，他已把那个森严的朝廷搅得足够混乱。在杜甫的《饮中八仙歌》里，我们仿佛可以看到他的神采："李白一斗诗百篇，长安市上酒家眠，天子呼来不上船，自称臣是酒中仙。"如此放浪轻肆，又得罪朝中大臣、宫内宠阉，自然只有放归了。

你不能指责玄宗对李白的处置。在中国的皇帝里，他已是少有的浪漫和宽容大度。叹息李白"怀才不遇"吗？如果这是指政治才能，事实是没有任何根据能证明这位不耐烦一切俗世法则的诗人具有实际管理国家的能力，更不消说"救世"。玄宗说他"非廊庙材"，并没有错。应当格外尊重和容忍一位天才诗人吗？在政治生活里，谁能懂得天才比权势更高贵？即使懂得，政治中枢也不是诗人的合适位置。俗世必须有它的秩序与法则；而诗人的存在，恰恰只是为了证明这种秩序与法则的可笑。有什么理由，要求皇帝不顾一切留住这位狂人呢？

然而绝不是说这就有了指责李白的理由。在常人以为理所当然的事情，如请求大僚的引荐，在李白则是耻辱的刺激；在常人以为荣耀的事情，如被皇帝征召为文学侍从，在李白至少是轻慢；在常人以为荒诞不可理解的事情，如要求皇帝平等相待乃至尊之为"师"，在李白是平常自然。诗人要求于人生的，远比现实中可能存在的为高，难道这是不应该的吗？

其后在五十六岁时，李白还有过一次结局更为可悲的从政经历：安史之乱中，他被借口平叛而心怀异谋的永王李璘召为幕僚。永王遭到唐肃宗的大军镇压，李白以附逆论罪，流放夜郎。幸亏遇上全国大赦，才得以中途归来。总之，李白的出仕注定要失败。但作为诗人，他的人生价值并不需要表现为政治上的成功。他只是需要有这样的经历来完成他的辉煌诗篇。

李白对于他在政治上的遭遇，确实是大惑不解，而且愤怒万分。这不仅因为他被放逐，而且因为他在进入凡俗的过程中，不得不自己屈辱了自己。他需要从羞辱中升腾。

骅骝拳跼不能食，蹇驴得志鸣春风。……孔圣犹闻伤凤麟，董龙更是何鸡狗？一生傲岸苦不谐，恩疏媒劳志多乖。严陵高揖汉天子，何必长剑拄颐事玉阶。

（《答王十二寒夜独酌有怀》）

欲渡黄河冰塞川，将登太行雪满山。行路难，行路难！多歧路，今安在？

（《行路难》）

安能摧眉折腰事权贵，使我不得开心颜！

（《梦游天姥吟留别》）

这样的作品数量很多，限于篇幅，无法一一列举。应该着重指出的是，这些诗的意义，并不在于对现实政治问题的批判。很难说李白的批判具有多少深刻的内涵。它的价值在另一方面：揭示出诗意的人生在实际政治结构中的困难乃至不可能性；"士"应有的尊严与其现实地位的矛盾；维持个人尊严与追求荣名事功之间的选择困难；等等。连同前面提及的描述士之"求仕"理想境界的诗篇，我们看到李白最终仍旧要维护诗意人生的权利。即使它在现实中是不可能的，依然不可放弃。

李白的日常生活，其热烈多彩也是常人所难以想象的。他挥金如土，轻财好施；任侠多气，自诩"托身白刃上，杀人红尘中"；贪图享乐，好酒好色；纵情放浪，或仰天大笑，或长歌当哭，时而呼啸酒市，醉卧街头；留恋人情，结交四海，每常聚朋呼友；爱慕风光，一生好入名山游……如此丰富的人生，该是可以满足的了？然而事实上，人生的意义对于他却是充满疑惑和不可确定的。他用佛家的语言如此说："腾转风火来，假合作容貌。"意思就是具体的生命形式没有真实性。他的《春日醉起言志》又说：

处世若大梦，胡为劳其生？所以终日醉，颓然卧前楹。觉来盼庭前，一鸟花间鸣。借问此何时，春风语流莺。感之欲叹息，对酒

· 142 ·

还自倾。浩歌待明月，曲尽已忘情。

这也是说人生虚幻的感受。当然，对于李白这样的诗人，我们并不指望他在哲理上给予我们多少深刻的启迪。浮生若梦的话头，已经有人说了多少遍。令我们感兴趣的是：由于对人生根本意义的怀疑，使得李白不愿以固执的态度看待人生中各种现实的关系，而是热情地追逐生命中流动的、变幻不定的美意。正像上面这首诗所表示的，"处世若大梦"，不值得为生命以外的目的而"劳其生"。但"一鸟花间鸣"，"春风语流莺"，此时此刻，生命却是无比美丽的。归根结底，生命的形式，生命的经历，最终都转化为美丽的诗篇。

差不多识字的中国人都能背诵李白的《静夜思》：

床前明月光，疑是地上霜。举头望明月，低头思故乡。

大概也有不少人能背诵他的另一名篇《客中作》：

兰陵美酒郁金香，玉碗盛来琥珀光。但使主人能醉客，不知何处是他乡。

也许你要说，这是不同场合下的不同心境。但其实有更复杂的背景。对李白来说，"故乡"在哪里？通常他是把蜀中视为故乡。出蜀时所作《渡荆门》，有"仍怜故乡水，万里送行舟"之句，从反面写出他对蜀中的留恋。但有时他也说："乡关渺安西。"那是指他的出生地，西域碎叶城（属安西都护府）。再往前说，他的祖先居住过的陇西、金陵；往后说，他自己的小家庭长期寄寓的今湖北境内的安陆和今山东境内的任城，何尝又不可指为家乡？他是漂流家族的子弟，又复漂流一生，"故乡"的概念，多少有些虚幻。因而，在他的晚年，并没有强烈的"叶落归根"的愿望，最后葬身于安徽当涂。

进一步说，人对故乡的怀念，心灵深处常暗藏着对生命所来之处的眷怀。但生命所来之处以及所去之处，实是幽渺难知的。故乡只不过是我们所知的人生第一站，并非真正的生命所来之处。既然"腾转风火来，假合作容貌"，那么，作为生命所来之处的"故乡"，是否有，在哪里，谁又知道呢？

李白确然常常思乡。如《静夜思》那样美丽的思乡之曲，他一生写过不少。但他并没有偏执的乡土观念，所思之乡也并不专指一地。思乡只是一种悠悠诗情，而不是要把自己牢系在某一片土地上。所以在另一方面，我们看到极少有人像李白那样，描绘出四海漂泊中种种美好光景。漂泊又是一种诗意。"但使主人能醉客，不知何处是他乡"，那是多么耐人寻味的啊。

喜好游历的李白，一生结交过无数朋友。友情是他诗歌中重要的主题。"岑夫子，丹丘生，将进酒，杯莫停。……主人何为言少钱，径须沽取对君酌。五花马，千金裘，呼儿将出换美酒，与尔同销万古愁。"这是聚饮的狂欢。"桃花潭水深千尺，不及汪伦送我情。"这是与朋友告别的依恋。还有那送行的名篇《送孟浩然之广陵》：

故人西辞黄鹤楼，烟花三月下扬州。孤帆远影碧空尽，唯见长江天际流。

但仔细体味，你同样可以分辨出：令李白感动的，主要不是朋友关系而是朋友间的情谊。朋友关系是相对稳定的，具有理智和利害的基础。指望朋友相济相助，急难中可以依托，乃是公认的交友之道。这种关系令我们在人世间获得必要的安全感。而朋友间的情谊，却是活生生流动着的东西，只在气息相投、心心相印的时刻产生，并不完全建立在理智性的朋友关系上。一个很好的老朋友，你有时也会对他厌烦；一个萍水相逢的新交，也可能令你产生极高的热情。说到底，朋友情谊只是人生的一种美意。

很少有人注意到：李白固然爱交朋友，却也很容易淡忘朋友。他并不肯把自己牢系在朋友关系上，也很少固执地想念某一个朋友。他的情感，总是如风过水面，自然成纹，而来去无踪。唯其如此，我们读李白歌咏友情的诗，会以只感受美丽而不感受黏滞和沉重。前面所提到的几首，不正是如此？或者你还有兴趣读他的《白云歌送刘十六归山》：

楚山秦山皆白云，白云处处长随君。长随君，君入楚山里，云亦随君渡湘水。湘水上，女萝衣，白云堪卧君早归。

　　大概可以说，李白一生也没有断绝同各种女性的交往。用日常的观念来衡量，他的行为似乎有些奇怪：在漫游的岁月里，李白也非常怀念家中的妻子。现存以"寄内"之类为题，写给妻子的诗，不下十首，都流露着真切而温绵的感情。只是无论从哪一方面，家庭都不能够羁绊住他。在写那些温绵诗篇的同时，他又在兴高采烈地追逐风流。但是，那种萍水相逢的两性交往，又何尝能使李白沉溺忘返呢？他总是要在新的相逢中追寻人生的美感。李白关于女性的诗，最好的就是那一种邂逅、在有情无情之间的境界。

　　　胡姬貌如花，当垆笑春风。笑春风，舞罗衣，君今不醉将安归？
　　　　　　　　　　　　　　　　　　　　　　　　（《前有樽酒行》）

并不需要发生什么风流故事，一个艳如春花的胡家女，就可以令他心醉的。

　　　罗袜凌波生网尘，那能得计访情亲。千杯绿酒何辞醉，一面红
妆恼杀人。

　　　　　　　　　　　　　　　　　　　　　　　　（《赠段七娘》）

这是爱慕上一个女子，而未能同她亲近上那一刻的苦恼。

　　　骏马骄行踏落花，垂鞭直拂五云车。美人一笑褰珠箔，遥指红
楼是妾家。

　　　　　　　　　　　　　　　　　　　　　　　　（《陌上赠美人》）

好像是一个艳情故事的序幕，但又不很切实。这些诗，都是几分虚幻，而显得更为迷人。

　　摆脱凡俗的生活程序，于热烈多彩的、流动变幻的情景中追寻诗意，于是在沉静的时刻，又分外感受到人生之孤寂。李白因此常在深邃的大自然中求得某种契合。"花间一壶酒，独酌无相亲。举杯邀明月，对影成三人。"

或者如：

> 众鸟高飞尽，孤云独去闲。相看两不厌，只有敬亭山。
>
> （《独坐敬亭山》）

宇宙间好像有一种幽渺无形的东西拂过诗人的心，诗是它的痕迹。

李白的外貌神情、言谈风采，必有很特别的地方，以至当代的几位名道士都对他极表赞赏。司马承祯夸他"仙风道骨，可与神游八极之表"，贺知章称他为"谪仙人"，吴筠和持盈法师（即唐玄宗之妹玉真公主）把他推荐给唐玄宗。以后李白的行为，更向"仙"的方向接近，甚至正式受道箓当了道士。他还学得了炼制仙丹的方法，因服丹药损害身体，所以未能长寿。自然，李白同时对仙界确实存在与否，自己是否真是一个可能重返天界的"谪仙"，也常常感到怀疑。他的诗歌里，曾经明白地讥讽古代帝王求仙行为的荒谬愚蠢，多次说到自己从仙梦中醒来的迷惘，有时甚至把仙界描绘得如凡间一样昏暗而无情。

但是不管仙界存在与否，作为诗人，李白也需要保持对仙界的幻觉或虚构，借此表述他所期望的人生的最终解脱和生命应该达到的完美性。他的众多游仙诗，并不需要从宗教迷狂的角度来理解。透过那些光怪陆离、恍惚缥缈的景象，我们看到的是心灵的渴望。被渴望的虚空因那渴望而呈现绚烂的光泽，复照耀渴望者脚下的大地。

> 登高望蓬瀛，想象金银台。天门一长啸，万里清风来。玉女四五人，飘飘下九垓。含笑引素手，遗我流霞杯。稽首再拜之，自愧非仙才。旷然小宇宙，弃世何悠哉！

这是《游泰山》诗的后半部分。诗人东望大海，想象海中的蓬莱仙山，仰天长啸。于是在他的幻觉里，出现了美丽多情的"玉女"，饮以流霞，引之飘举，悠然弃世而去。

"弃世"是李白游仙诗的基本动机。在他所经历的现实世界里，充斥着名利的争夺，种种肮脏和虚伪，令他深感窒息而无法忍受。"名利徒煎熬，安得闲余步。终留赤玉舄，东上蓬莱路。""余将振衣去，羽化出嚣烦。"生命在这个世界达不到应有的完美，他只能为之幻想一种仙境了。而他所描绘的仙境的最大特点，就是拥有完全的自由。在这里，可以"闲与仙人扫落花"，悠然自在；可以"天外恣飘扬"或"濯足弄沧海"，任意遨游；却没有礼俗的束缚，没有蠢人的聒噪，没有王公权贵的威势，更不必违心屈己。剔除神话的成分，仙境只是人世的净化。他所提出的问题，也只是一个古老的、简单的，却永远无法解决的问题：既然人生理应是完美的，又何以根本不可能是完美的？

关于李白的死，有一个众所周知的传说：他在酒醉之后，投入长江，捕捉水中月影，因而溺死。正如李白不能接受自己有一种平庸的出生，世人也不能接受他有一种平庸的死亡。人们希望保持他的"谪仙"面貌，相信他只是经历了一次人间的生命形式。

在卑俗中沉沦的人们，常常是那样兴奋而又茫然地遥望着李白，他们的心里，为此而出现莫名的蠢动。那就是人类古老的诗的灵性的骚扰。

杜
甫

百年歌自苦

◎刘明华

他生前历经种种困惑，尝尽人间酸辛，"百年歌自苦，未见有知音"，何等不幸！而最终被确认为文学史上的"诗圣"，其人其诗，成为千古楷模，又是何等公正。

杜甫，字子美，也称"诗圣"。他生活在一个变动的时代，既赶上了开元全盛期，又亲历了由盛而衰的转折。青年时代的他，读万卷书，行万里路，浪漫高歌，不识愁为何物。步入长安后，困惑产生，忧患感日重，直至终老。他的困惑是与其经历相关的。早年登泰山，何等壮怀激烈，而十年之后，在京城登慈恩寺塔时，心境渐至沉潜。从"会当凌绝顶，一览众山小"的乐观豪迈，到"自非旷士怀，登兹翻百忧"的临眺惆怅，这中间的变化发人深省。前者写于阅世浅之青年，后者写于历世深之中年。一流连于自然，一奔波于都市。登岳时，乃开元盛世，登楼时，已天宝末期，其间思想情怀的变化与时代的关合不言而喻。

◆◇ 仕进之惑：独耻事干谒

中国传统士道是积极入仕，从政是知识分子的责任和义务。中国历史上的伟大人物，大多是抱着"人溺己溺，人饥己饥"的态度来从政的。杜甫认为"文章一小技，于道未为尊"，始终把从政佐君视为自己的主要任务，吟诗作文不过是副业。为了实现自己的政治理想，首先得做官。在当时，普通士人做官的途径有两条，一是参加各种名目的考试，正正当当地做一个小官，一步步升迁；二是投诗干谒。所谓"干谒"，是"以诗文求有权位者荐举"。当时的士子为了谋取一官半职，也为了考试及第，以自己的诗文开道，求见达官贵人，希望得到赏识，并被宣传推荐。在现代人看来，这倒是一种"推销自己"的方式，当时人也不以为过。风尚如此，杜甫也未能免俗。

杜甫二十多岁便参加过科举考试，首战失利，并不在意，反倒去齐鲁裘马清狂一阵。三十岁以后去长安谋官，一待就是十年。其间参加过不少考试，最著名的是三十六岁那年参加的特科考试。这次考试被奸相李林甫搞成了一个政治阴谋。玄宗本意是要广求天下之士，让凡有一技之长者，都上京赶考。但李林甫欺上压下，一个不取，反倒上表祝贺"野无遗贤"，似乎天下的能人都做了官，剩下的都是些废物。这是杜甫受到的第一次愚弄。仕进无路，自然就谈不上一展宏图，更重要的是生活没有着落。"百无一用是书生"这句古话，真实地写出了旧时代知识分子的辛酸，他们别无所长，要解决生计，除了升帐授业，就是从政做官。教书清苦，做官不易。而做官也并非为了富贵，孔子说："富与贵，是人之所欲也；不以其道得之，不处也。"（《里仁》）《礼记·儒行篇》也说："苟利国家，不求富贵"。儒生从政，更大的目标是兼善天下，从政不过是借此完成"内圣外王"理想的最佳途径。但自我实现的需要首先还得让位于生存需要，这对一个雄心勃勃、理想远大的青年实在是一种嘲讽。他不得不四处献诗，以求提携。诸如大臣韦济、张洎、鲜于仲通、韦见素等，直至武将田梁丘、哥舒翰。此时是"骑驴三十载，旅食京华春。朝扣富儿门，暮随肥马尘，残杯与冷炙，到处潜悲辛。"（《奉赠韦左丞丈二十二韵》）当诗人醒悟之后，终于认识到这是一件可耻的事。因为带着强烈的功利性去歌功颂德，说违心话，实在有违诗人初衷。

杜甫为人朴讷，拙外而慧中，且心灵极为敏感，自尊心极强。他对干谒的困惑及反省，正是表现出不愿摧眉折腰的人格尊严和崇尚自然反对造作的真性情。"疏懒为名误，驰驱丧我真"（《寄张十二山人彪》），说得十分明白。或许，杜甫少了些（并非无）青春勃发，特别是身处盛唐，不能深切地像以李白为代表的同代人那样浪漫高歌，享受生活，而多了些宋人的老气横秋。但反过来看，他又是纯之又纯，决无圆滑世故，活得清白，也很累。比起李白的"生不用封万户侯，但愿一识韩荆州"来，杜甫的干谒实在算不了什么，但他却自疚自责，深感屈辱。这正表明了杜甫认真的生活态度，也反映了道德与历史，理想与现实的矛盾冲突。当诗人终于作出"独耻事干谒"的反思时，他就战胜了困惑，也超越了时辈。

做官真的那么重要吗？回答是肯定的。中国传统知识分子不是为自己而活着，修身齐家治国平天下才是生活的目的。只有通过从政，凭借皇帝的支持，才能实现人生理想，尽到自己的社会责任。达则兼济天下，"达"是前提，除非跻身统治阶层，否则一切免谈。封建社会官本位的价值观，决定了人们把做官从政作为人生的最高理想，作为"自我实现"的唯一内容和民族心理。但是，做了官是否就如愿了呢？显然不是。相反，困惑更多。首先，官职不一定合适。杜甫历尽艰辛第一次得到的职位是河西县尉。诗人年岁已大，怕东奔西走，不愿去边地就任，后改授右卫率府胄曹参军，一个兵库管理员而已。他接受了，为了糊口谋生，而非参政治国，"耽酒须微禄"罢了。安史乱起，杜甫因其卓识，做了肃宗的左拾遗，品位不高，却可面谏皇帝。他是个认真的人，要做个称职的谏官，实践儒家"武战死、文谏死"的训导。皇帝却不容他太认真。房琯一案，他具陈己见，惹恼了肃宗，险些丢了性命。这困惑就大了，职责是谏净，不说是失职，说了又差点失（丢）职，最后贬为华州司功参军。杜甫遭此打击，开始清醒，与其做个碌碌无为的小吏，不如放弃这乌纱帽而赢得人格的尊严。所以，有了后来的弃官入蜀之举。这是杜甫战胜困惑的一次重要行动。《去矣行》写出了这种不羁的情怀："君不见鞲上鹰，一饱即飞掣；焉能作堂上燕，衔泥附炎热。野人旷荡无靦颜，岂可久在王侯间？未试囊中餐玉法，明朝且入兰田山。"在《立秋后题》又说："罢官亦由人，何事拘形役？"千辛万苦得来的官职却与诗人的理想相去甚远，他便毅然挂冠西去。自称是"恨无匡复姿"，或"致君时已晚"，实际是道不同，不相与谋，这也是儒家"邦有道则仕，邦无道则隐"的原则。杜甫弃官入蜀，原因多种，对政治的失望显然是一个重要原因。弃官，在仕途上是失败了，却维护了个人尊严和心理平衡。

此后，杜甫曾短暂入严武幕府做过几天幕僚，还接受了"检校工部员外郎"

一职，但没有机会赴任。合起来，他只做过两年多小官。

杜甫的真正可贵之处在于，当他认识到做官并不一定能实现理想时，就毅然辞官，但辞官之后又非心如死灰事事不问，反而更加关心国计民生了。"穷年忧黎元，叹息肠内热。……葵藿倾太阳，物性固莫夺。"知其不可为而为之，正是杜甫显得深厚崇高的一个重要原因。

贫士失职而志不平。他们在对现实的批判中肯定了自我的人格价值。杜甫肯定会因为摆脱了仕途困惑保持了人格的完整而深感安慰，但同时也难免产生一种深切的挫败感。人格与仕宦，竟是如此地不可兼得！刘鹗在《老残游记·序》中说："离骚为屈大夫之哭泣，庄子为蒙叟之哭泣，史记为太史公之哭泣，草堂诗集为杜工部之哭泣；李后主以词哭，八大山人以画哭；王实甫寄哭泣于西厢，曹雪芹寄哭泣于红楼。"说的正是伟大的作家们写出的都是饱含血泪辛酸的壮志难酬的悲歌。

◆◇ 治世之惑：乾坤含疮痍，忧虞何时毕

政治困惑与诗人的政治理想和政治敏感密切相关。玄宗后期，昏庸无为，政治弊端丛生，诸如开边扩张、军阀擅权、外戚专横、纲常不振、民族矛盾、降虏和亲等等，危机四伏。面对这样的局面，一个"穷年忧黎元"的诗人怎能不"叹息肠内热"。而杜甫的困惑忧患之中，常常因其政治敏感有一种天才的预见性，这是他比同代人显得深刻的一个重要原因。当他为"边庭流血成海水，武皇开边意未已"的扩张形势感到困惑时，当他为"献凯日继踵，两蕃静无虞"（边境并没有发生战争，捷报却不断送进京城）的虚假现象而忧虑时，他已敏锐地感到国力的衰竭和边将的图谋不轨。当他"临晨过骊山"看到玄宗和杨贵妃及一班文武官员正花天酒地、寻欢作乐而总结出"朱门酒肉臭，路有冻死骨"的严重对立时，未尝不是对一个极不合理而行将倾覆的政权的严重警告。对"炙手可热势绝伦"的权贵们的讽刺，对借外力平乱的决策所保持的警觉等等，无不表现出诗人的政治敏感。而这些警觉与困惑都围绕着大厦将倾这一重大变故上。可以说，杜甫的政治困惑，主要是对唐王朝命运的忧患。

种种现实政治问题，缠扰着杜甫，他为之苦恼、激愤，也为之思索、对策。

对于战争，杜甫常常因为道德和历史的冲突而产生巨大的困惑，这成为后世学者争论的一个焦点。对杜甫的这一困惑，论者都从战争的正义与否上进行探讨，主要区分他对哪些战争是反对的（如开边战争），对哪些战争又是支持的（如平定叛乱）。这样的区分固然必要，但不应忽视杜甫从人道主义精神出发对所有战争给人民带来的巨大痛苦的认识，以及由此而产生的深深的困惑和否定态度。比如"三吏""三别"所反映的本是救国战争，诗中尽管有"仆射如父兄"的安慰，有"勿为新婚念，努力事戎行"的劝勉，但更多的是"积尸草木腥，流血川原丹"，"百万化为鱼"的血腥，是三男战死、老妇应征的悲剧，是"暮婚晨告别"的惨景，是"人生无家别，何以为蒸黎""沉痛迫中肠"的控诉！诗人出于理性，对武定平乱表示肯定，认为应该支持中央军队对叛军的战斗，但面对士兵的鲜血和生命，诗人的良心就无法自欺。杜甫对征兵过程中的一些非人道行为进行了强烈的谴责，事实上就形成了抽象的肯定（支持平乱）和具体的否定（反对强迫征兵）的矛盾和困惑。加上反对开边战争，他的非战思想十分明显。从中表现的是诗人赤子般的真诚，哪怕有时显得书生气十足。

在反奢侈、反诛求方面，杜甫表现出极大的勇气。人民群众不可能奢侈，所以，反奢侈的矛头是直指统治阶层的。在《自京赴奉先县咏怀五百字》中，尖锐地批判了统治集团的奢侈行为，《丽人行》更是集中笔墨，对杨氏家族的腐化奢华作了形象的描绘和深刻的揭露。在诗人看来，奢侈是亡国的祸根。反奢侈是破，倡节俭是立，这在诗句中是连带地表述的。"不过行俭德，盗贼本王臣"（《有感五首》），就是对统治者提出的严重警告。上层社会厉行节俭，反对奢侈铺张，自然就会减少赋税。反之，就会加重人民负担，引起一连串的社会问题。杜甫对此十分敏感，呼声之强烈在唐代诗人，甚至在古代诗人中也是少有的。

贫富不均是当时严重的社会问题，诗人为之心忧。杜甫对富有者多持批判态度，并着眼其掠夺性质："彤庭所分帛，本自寒女出，鞭挞其夫家，聚敛贡城阙……"（《咏怀五百字》）从中亦见对百姓的深切同情。作为正面主张，"无贵贱不悲，无富贫亦足"（《写怀二首》）颇为著名，这种等贵贱均贫富的主张，既带有浓厚的儒家理想主义的色彩，也饱含着诗人的激愤之情。

　　杜甫的政治困惑还通过对理想政治模式的期待表现出来。他希望"致君尧舜上，再使风俗淳"，是说希望辅佐当今皇上，重现风俗淳厚的远古治世，实现儒家天下为公世界大同的最高境界。从反面看，正是对现实政治的不满。如果说远古治世毕竟太遥远，那么，在唐朝历史上，确实有过辉煌灿烂的时代，这就是贞观之治和开元之治。杜甫对这两个时代的歌颂和怀念，表现的是对当代政治的不满。他对贞观的民富国强固然向往，对当时的政治清明更有着浓厚的兴趣。杜甫特别崇拜唐太宗这位圣主，原因正在于太宗确是以尧舜之道治国。太宗深知"水可以载舟，亦可以覆舟，民犹水也，君犹舟也"的辩证关系，因而励精图治，成为历史上最有作为的帝王，贞观之治也就成了唐代的"尧舜之治"。对此杜甫多有赞颂。玄宗前期的开元之治，杜甫亲历，《忆昔》描绘了这个太平盛世："忆昔开元全盛日，小邑犹藏万家室。稻米流脂粟米白，公私仓廪俱丰实……"但好景不长，渔阳鼙鼓动地来，唐王朝开始走下坡路。

　　政治模式着眼于社会结构，而一个理想的社会必然要以某种理想的纲常伦理为核心方能正常运转。对当时的世风日下，杜甫表现出极大的忧虑。

　　首先是朝纲紊乱问题。军阀擅权，外戚专横，君不君，臣不臣，直接关系着国家的兴衰存亡。杜甫理想的"风俗淳"，一个重要的方面是政风淳不淳。上古之治、太宗时代的政风是优良的，因而成为治世，开元前期是"淳朴"的，因而兴旺发达。此后，因不淳而导致动乱，因动乱而朝纲紊乱，几乎不可收拾。《忆昔二首》之一写道："关中小儿坏纪纲，张后不乐上为忙。至令今上犹拨乱，劳身焦思补四方。"对皇帝的"惧内"，是从坏纪纲的角度加以评论的，这就不同于一般的对怕老婆的讽刺。并不是诗人喜欢"上纲上线"，而确确实实表现的是他对政风的关切和敏感。《草堂》诗云："义士皆痛愤，纪纲乱相踰。一国实三公，万人实为鱼。唱和作威福，孰肯辨无辜。……国家法令在，此又足惊呼。"表示对纪纲混乱的困惑和忧虑。它如对官场风气的批判："烈士恶多门，小人自同调。名利苟可取，杀身傍权要，何当官曹清，尔辈堪一笑。"（《三韵三篇》）对"自古圣贤多薄命，奸雄恶少皆封侯……五陵富贵反颠倒，乡里小儿狐白裘"（《锦树行》），对"王侯帝宅皆新主，文武衣冠异昔日"（《秋兴八首》）等反常现象的困惑及批判，无一不着眼于纲常伦理。

　　朝纲不振必然影响全社会的风气。当时社会正常秩序被破坏，道德沦丧，价值观念颠倒。作为具有儒家理想的诗人，杜甫深感困惑。《贫交行》短短四句，写尽了人情冷暖，世态炎凉："翻手作云覆手雨，纷纷轻薄何须数。君不见管鲍贫时交，此道今人弃如土。"《白丝行》则以寓言的形式慨叹某些士人有才无德。这种不良风气的后果就是全社会不公正现象的滋生。重整朝纲的愿望，着重于对统治集团的正统的要求，而儒生地位的日趋低下，在诗人看来，更是社会衰退的象征。所以，杜甫关于儒士的一系列困惑和牢骚都是对恢复正常秩序的思考和期待。比如"纨绔不饿死，儒冠多误身"的悲怆控诉，正是对现世的抗议。"儒术于我何有哉，孔丘盗跖俱尘埃"的激愤，也同样是感士不遇的苦闷。

杜甫生活在一个大变动的时代，他似乎不太适应这种剧变，理想和现实相去何远！诗人为现实社会忧患重重，为理想破灭痛心疾首，为无力回天而悲愤填膺。这是仁者的恻恻，诗人的悲哀。是现实越来越丑陋，还是理想高不可及？杜甫似乎没有想到这一层。而杜甫的可贵之处，正在于执着一个完美的理想，并以此为参照系，作为立身行事、议政参政的准则。无论现实怎样变化，他执着于理想永无变化。这就构成了他不可能实现的政治理想与无法接受的现实的尖锐冲突。这深重的困惑谁能消解？！

◆◇ 性灵之惑：独立苍茫自咏诗

杜甫的种种困惑，都是通过如椽之笔表现出来的。尽管杜甫有瑚琏之资质，但阴差阳错，最终成为的是一位有深刻思想的伟大诗人而不是会写诗的伟大思想家。这是因为他情感思维多于理性思辨。他为性灵而歌唱。这性灵，不是所谓面向自我的主观意志，而表现为用自己的整个身心拥抱生活，感受人生，用自己的心去体味他人的心，去亲近万事万物。这种真性情使诗人达到了民胞物与的崇高境界，也使他以此来作出一系列判断，确定自己的追求。这样的人肯定很执着，有时也很执拗，甚而至于有些迂，有些腐，不合时宜。而他的人格的华彩乐章也正从此奏出。诗人之所以为诗人，决不能有一丝半分圆滑，有一时半会儿的随波逐流。这是区别艺术家和匠人的重要分野。诗人是发明家、创造者、理想主义的代名词。杜甫对生活的认真态度，也非常鲜明地体现在他对诗艺的追求上。干什么都应该是最好的，或许是诗人的神圣原则吧。否则，很难解释他为什么活得比旁人累。诗人对自己的创作境界曾有一个庄严誓言，似乎是对着皇天后土、列祖列宗发出的誓言："语不惊人死不休！"而当诗人其发苍苍，其视茫茫时，却深深地叹息："百年歌自苦，未见有知音！"难道是诗人志大才疏，眼高手低，写不出漂亮的对句，用不上精巧的典故，驾驭不了大或千言，次犹数百的鸿篇巨制吗？显然不是。那么，诗人在乐游原上"独立苍茫自咏诗"的孤独形象以及震撼着千载以下的我们的心灵那种深刻的孤寂感，是历史的误会还是历史的必然？

在杜甫生活的时代，整个诗坛倾向于表现高昂明朗的感情基调和雄浑壮大的气势力量。尽管安史之乱让大唐帝国经历了一场暴风骤雨般的劫难，但最终叛乱平息，雨过天晴。百足之虫，尚且死而不僵，何况唐朝数百年的历史辉煌灿烂，它的文明还处在世界领先地位。生活在这个颇有魅力的时代的人们，极少有人不为这先进的文明所陶醉、为这强大的国力所自豪。建功立业、画阁麒麟是大多数士人的理想。而杜甫，以其敏感的心灵和深邃的目光，从纷乱的世象中感受到了变故的征兆，从今日的鼎盛看到了明天的衰微。其实，他比其他人更热爱这黄色文明，热爱黄土地上的人民，热爱这悠久厚重的历史，他希望国家长治久安，人民安居乐业。因而，他也就比他人多了许多忧患和痛苦，少了许多轻松和洒脱。一千年后的一位诗人的自述也可以用来解释杜甫的情怀：

为什么我的眼里常含泪水？因为我对这片土地爱得深沉……

诗言情，诗言志。杜甫的情志就是对国家命运、人民幸福的深深关切。所以，当他告别"裘马清狂"的青年时代，步入长安，面对复杂的社会人生时，他就由"会当凌绝顶，一览众山小"的浪漫高歌转为"自非旷士怀，登兹翻百忧"的低回沉吟。他那阵阵低沉的叹息，显然是盛唐欢乐交响曲中的不谐和音。在轻快热烈的大合唱中，这孤独的叹息声格格不入，而且势单力薄，尚难形成主流。但执着的诗人不会为了趋时而改唱"流行曲"的。他的心永远为苦难的土地和人民而颤动，为弱小的、卑贱的、受侮辱与迫害的不幸事物留有一席之地。于是，在他的笔下出现了一系列在中国诗坛上前所未有或少有的形象：枯棕、病柏、病橘、病马、瘦马、枯麦、饥鹰、穷猿、饥鸥、被鸡虫啄食的无辜虫蚁；更有那"出入无完裙"的少妇、被官军强暴的民女、"无食无儿"的老妇、躲避抓丁踰墙逃走的老翁、子孙阵亡尽的老人，无家可归的军士、瘦小伶俜的壮丁、惨死沙场的良家子弟、"百万化为鱼"的士卒，还有乞食路旁的王孙。甚至对血染马嵬坡的杨贵妃，诗人也为她洒下一掬同情之泪。

苦难的世象大量涌现在诗人的笔端，反映和同情苦难的诗篇大量出现在诗坛，这对当时的诗坛无疑是一个挑战。因为盛唐诗坛上，人们表现的是"兴象"、向往的是兴象玲珑完美的诗歌境界，追求自然之美。杜诗中并不是没有或少有这些内容，但他除此之外，还多了以上的内容。本来，衡量一位诗人或一位哲人对历史的贡献，是看他为历史提供了什么新的内容。而往往也因为这"新"，可能不会立即被时人——生活在传统、习俗中又以惯有方式思维的人们——所理解和接受。

孤独是先行者的命运。在内容和形式上都预示着新的文学思潮产生的杜诗，并没有引起当代人应有的重视。杜诗因超前性而不合时尚，诗人的寂寞便成为历史必然。从唐人选编的一些诗集可知，当时流行的是山水闺情一类作品。杜甫那些反映重大社会问题、批判现实的忧患之作，自然没有吸引住人们的注意力。在诗歌的表现领域，杜甫由审美到审丑（反映苦难），给诗界也带来革命。在此之前，像《兵车行》、"三吏""三别"等诗所反映的内容，主要是由文或赋来表现的。在诗歌作法上，杜甫也大胆探索，采用了以赋为主，间用比兴的表现手法。尤其是句法的突破传统，意象的超越现实，更是走在盛唐诗人的前面。杜诗句法、变化莫测，新招迭出，或一句几折，或一句数意，因果倒置，互文为义，以文为诗……均发人所未发，加上深厚的思想内容，从而形成沉郁顿挫的美学风格。可惜这种风格，与空灵飘逸的盛唐之音相比，不太受青春浪漫的盛唐人青睐。后人评杜诗"十首以前难入"，是说初读他的诗，很难一下子进入情景，但慢慢品味，其味无穷。人们在接受心理上，毕竟更容易接受轻松愉快的作品，尽管这类作品又可能让读者"百首以后易厌"。生前没有在诗坛得到应有的理解和荣誉，一代大诗人怎能不为之困惑！

这种困惑，从《戏为六绝句》可知一二。这组诗看起来是为初唐四杰辩护，实质是为诗歌创作中的革新派辩护，是"借他人酒杯浇自己块垒"。韩愈《调张籍》则明白告诉我们，确实有人妄论李杜。反过来看，也说明杜诗曾经受冷落。

诗人说"文章千古事，得失寸心知"，又悲叹"百年歌自苦，未见有知音"，流露出了知音难觅的深深的寂寞感。

然而，杜甫坚信自己探索的价值，坚定地走自己认定的道路，决不迎合时尚放弃自己的追求，忍受了冷落，耐住了寂寞，从而形成了自己独特的风格。一位学者说过："趋时的代价就是过时。"纵览古今中外，古往今来，多少人为了多少梦想在文学的小道上跋涉，又有几人达到过那辉煌的顶点？滔滔者天下皆是，却大多风流云散尽。原因就在于无法抗拒现实名利的诱惑，而放弃了对最富永恒性价值的事物（或真理）的探求，因而最终无所作为。默默无闻与功成名就有着深刻的辩证关系。这种两难境地的考验永远横亘在一切有志者面前。当杜诗的价值终于在后世被人重视，并被确立其"诗圣"的地位之后，杜诗就永远地成为中国诗史的丰碑，让后人高山仰止。

◆◇ 诗圣的启示

杜甫经历了多种困惑，却最终没有被困惑压倒，颓唐消沉，而是战胜了困惑，走自己的路，最终成为中国伟大诗人和世界文化名人，个中原因发人深思。

杜甫的种种困惑，皆源于理想与现实（政治、人生、艺术）的尖锐冲突。他的政治蓝图，主要表现为以三代治世为典型的几种模式。而三代圣王，本是儒家先师孔、孟等对其人格理想化的产物，这段历史也带有浓厚的理想色彩。由于过分理想化，以致后世具有怀疑精神的学者不大相信这段历史的真实性。但"存在的就是合理的"。杜甫的理想并不因其"祖述尧舜，宪章文武"，带有崇古的特征而毫无价值。究其儒学思想，他吸取的主要是先秦儒学的精华，如仁民爱物、民贵君轻、举贤尚能等思想。而这些思想并不为后世大多数统治者欢迎。后世统治者也讲儒学，但喜欢的、提倡的是经董仲舒改造过的儒学，它已丧失了早期儒学中"人学"思想特色及德治主义的理想色彩，变成了一种统治哲学，成为精神压迫的工具。杜甫一生奔走呼号，兀兀穷年，却总是得不到回应，这是一个重要的原因。另一方面，他性情真，只知"吾日三省吾身"，尽职尽责，却不谙官场之水深火热，以诗人的真诚和执着去作谏官，无异方枘圆凿，因而难以在激烈的政治斗争中安然无恙。君不见古来官场上，有几个理想主义者不栽跟斗？

　　然而，杜甫的理想，并不因其超现实而毫无价值。理想是改造现实的动力，是抵抗恶势力的防线，是儒生以道抗势的精神支柱，是诗人童心未泯的象征。对于一个不能苟且偷生的诗人来说，没有理想，就没有诗，没有性灵，没有生存的勇气。一个彻头彻尾的"现实主义者"，如果不是一个目光短浅随遇而安的庸人，就可能是一个为了目的不择手段的帮凶。杜甫的理想虽渺不可及，他对理想的执着追求却令人感动，他坚守自重，人格永放光辉。正是在这一点上，他成为中国传统知识分子的楷模，他代表着知识分子的理想，他是儒家文化理想人格的化身。诗人以其谋道不谋食、忧道不忧贫，以天下风教是非为己任的仁人志士形象，对中国传统文化及士人产生了深刻的影响。

　　杜甫在历史上还是一个"忠君"的典型，这中间有许多曲解和误会。杜甫对君王的态度表现出深刻的矛盾。君权神授本是旧时代最具"历史合法性"的观念，诗人不能超越历史，所以他要拥护"好皇帝"。"生逢尧舜君，不忍便永诀"，说得多么诚恳、坦荡。如果说他有"忠君"的观念，那么，他忠的只是尧舜之君，忠的是爱民之君。这不是诗人的过错。重要的是，杜甫在君臣关系上，非常赞成先秦儒家提出的"相对关系论"，即孟子那著名的主张："君之视臣如手足，则臣视君如腹心……"所以，当玄宗后期弊政出现，他就半是惋惜半是痛恨地"忆昔"，大谈今不如昔。肃宗、代宗每况愈下，杜甫的批判就日见增多。忠也罢，恨也罢，标准是君于国于民的态度。当然，杜甫尽管困惑一生，始终没有产生叛逆思想，因为他不是现存秩序的破坏者，而恰恰相反，他是最忠诚的支持者、拥护者。他的理想只有通过现政权的努力才可能实现。所以，他虽有弃官之举，却从不弃世，随时等待机会出山。他可以临危不爱身，甚至济时肯杀身。在根本利益上，他与统治阶级的思想并不矛盾，正因为如此，他可能受到统治者的欢迎。

　　但诗人不是卫道士。他的伟大之处，在于他还突破了某些正统思想。他扬弃了仁政学说中以君为核心的思想，而以民（人）为出发点。杜甫巨大的困惑、深深的忧患和对社会深刻的批判，无一不是建立在对人类苦难的关切和博爱的基础上的。诗人把他人的痛苦和欢乐视为自己的痛苦和欢乐，这是杜诗显得崇高的一个重要因素。而恰恰就在这方面，历代统治者都在有意无意地忽视或抹杀它，试图把杜甫出于对人的生存和安全等人类基本需要的关切，阐释成对君王的关切，把杜甫为民代言的种种批判抗议，淡化为对统治者的劝谏，进而引申为忠君，其困惑与忧患也成了为君解忧的标志。这就巧妙地抹平了杜诗批判的锋芒，将他纳入了儒学的正统轨道，塑造出一个"忠君"的杜甫。其实这并不是诗圣的本来面目，从他生前的不受统治者欢迎就可知晓。

杜甫为人民理解和热爱，则是必然的。因为他代表着民心。在中国文学史上，像杜甫那样颠沛一生，忧患一生，又一生为民请命，与民同欢乐共患难，像他那样推己及人、仁民爱物，先天下之忧而忧，后天下之乐而乐的诗人又有几人？杜甫胸怀的博大坦荡、爱心的真挚深厚令人感动。杜甫的爱，代表着中国式的人道主义，其主要特点是在仁学思想指导下的爱。与西方以个人为基点的人道主义不同，它不高扬个体的自由精神，而是生出一种整合力、凝聚力，"大庇天下寒士俱欢颜"的大厦，就是一个理想模式：让千万人平等友爱地生活在一个屋顶之下！

诗圣一生，历经磨难，困惑终老，尤其是晚年，贫病交加，尝尽人间愁滋味。但这些并未使他变得偏激、冷酷、玩世不恭。他始终保持着对理想的执着追求，对正义的热切呼唤，对世界和人类的深切关注，对腐败黑暗的嫉恶如仇……他那忍辱负重、上下求索、我不弃世、知其不可为而为之的悲壮情怀，永远感动着、激励着后世一切富有良知的人们。

苏轼

时代的"幽人"

◎成复旺

有人说他"豪放"，似乎他是个满不在乎的乐天派。有人称他"杂家"，似乎他是个没有头脑的老学究。其实，他只是带着他那个时代的问题，肩负着他那个时代的命运，苦苦地思索着，寻找着；虽然并没有找到答案，依然苦苦地思索着，寻找着。

苏轼生活的宋代，于汉、唐之后，绵延三百余年，似乎也颇有建树，故元代道学家郝经举以同汉、唐并列，称作"后三代"，与夏、商、周的"前三代"相应。但郝经完全弄错了，还是宋人自己的感觉较为可靠，他们说："本朝百事不及唐。"的确，终宋之世，可以说从来没有真正强盛过。它在接连不断的内忧外患之中窝窝囊囊地苟存了三百余年，只逼出了一批又一批以失败告终的爱国英雄。城市工商业及相应的市民文化倒是繁荣过的，但那正是瓦解正统封建制度的社会成分。中国的正统封建制度，从唐代中叶起，就已经越过了它的向上发展的顶峰，无可挽回地走入了下坡路。这一点，离得稍远一些的人看得更清楚。清人叶燮论"中唐"之"中"云："此中也者，乃古今百代之中，而非有唐之所独得而称中者也"，此"为古今一大关键"（《百家唐诗序》）。当然，郝经之说亦似不为无据。宋代道学盛行，繁衍了一大批赫赫有名的道学家，如二程、朱熹之类；以道学家的眼光视之，自足傲睨汉、唐。但道学之盛行，又恰是正统封建制度走向没落的标志。故明人李贽挖苦道学家们说：若谓圣贤之道至宋始得其传，"何宋室愈以不竞，奄奄如垂死之人，而反不如彼之失传者哉？"（《藏书》卷三十二《德业儒臣前论》）"奄奄如垂死之人"的说法，似过重了些，但中国古代社会至宋代已经江河日下、气数衰微，则是确凿无疑的。

这是一个特定的历史阶段。

曾经十分灵验的治国方略失效了，怎样抵挡都无法阻止历史的滑坡。似乎天经地义的圣贤古训破旧了，人们的精神家园正在塌陷。本以为会走向一个新的高峰，却无可奈何地走向了幽暗的深谷。这究竟是为什么？是暂时的迷误还是永久的悲剧？路该怎样走？前途在哪里？人生究竟是什么？世界究竟是什么？原来似乎到处都明摆着现成的答案，如今却到处都裸露着触目惊心的问题。一个怀疑与思考的时代来临了。

◆◇ 他要重新认识世界

处在这样一个特定的历史阶段，苏轼在想什么？

> 轼不佞，自为学至今十有五年，以为凡学之难者，难于无私；无私之难者，难于通万物之理。……是故幽居默处而观万物之变，尽其自然之理，而断之于中。其所不然者，虽古之所谓贤人之说，亦有所不取。虽以此自信，而亦以此自知其不悦于世也。（《上曾丞相书》）

这里的"私"显然不是道德论概念，而是认识论概念，是指不符合客观实际的偏见；而实质上，又是指各种人云亦云的传统观念。苏轼显然是感觉到，各种前人之说其实都不过是一家之私说，一切传统观念都需要重新检验了。所以他要"幽居默处而观万物之变，尽其自然之理，而断之于中"。"幽居默处"就是要排除一切干扰，进行独立的观察与思考。"断之于中"就是要断之于一己之心，作出独立的分析与判断。这绝不是一般的求知，而是向传统权威的挑战："其所不然者，虽古之所谓贤人之说，亦有所不取"，因而同时也是向世俗观念的挑战："虽以此自信，而亦以此自知其不悦于世也"。这是一个严肃、郑重而坚决的宣言：他要重新认识世界！

在中国古代，认识世界就是认识道。道是什么？人们说道就是客观规律。那么道在哪里？人们则说道在圣贤的《六经》之中。这样，学道就落实为学经。这种逻辑无论古今，在中国都很盛行，都很容易被人接受。但是，这种逻辑不荒谬吗？道既然是客观规律，就应当在客观世界之中，什么时候搬到了《六经》之中呢？道既然是客观规律，就应当众人都可以探寻，怎么会被圣贤所垄断呢？明确否定了这种逻辑的，就是苏轼。他有一篇杂文，说"南方多没（按：潜水）人，日与水居也。七岁而能涉，十岁而能浮，十五而能没矣。夫没者岂苟然哉？必将有得于水之道者"。北方人"生不认水"，年虽壮，"见舟而畏之"；问于南方之"没人"，"以其言试之河，未有不溺者也。"然后笔锋一转，写道："凡不学而务求道，皆北方之学没者也。""今也以经术取士，士知求道而不务学。"（《日喻》）这里把到"经术"中去求道比喻为问人而学游泳，就是说道本不在于经术，学道于经术是永远不可能得道的。自然规律如此，社会规律亦然。"天文地理，音乐律历，宫庙服器，冠昏丧纪之法，《春秋》之所去取，礼之所可，刑之所禁，历代之所以兴废，与其人之贤不肖，此学者所宜尽力也。"苏轼认为，社会规律就在这些古往今来的社会现象之中，"曰是皆不足学，学其不可传于学而载于口者"，那是"废学而徒思"，"弃迹而逐妙"（《大悲阁记》）。他就是要放下《六经》，到自然与社会之中去"观万物之变，尽其自然之理。"朱熹评宋代古文说，"李泰伯（按：即李觏）文实得之经术，虽浅，然皆大处起议论"，而"老苏父子自史中、《战国策》中得之，故皆自小处起议论"（《朱子语类》卷二三九），反映的正是这种情况。《六经》的当然真理的资格被否定了，苏轼越过这个障碍，直接走向了客观世界。

走向客观世界的苏轼，还带去了自己的头脑。他被贬海南儋耳的时候，有人问他如何作文，他回答：

儋耳虽数百家之聚，州人之所须，取之市而足。然不可徒得也，必有一物以摄之，然后为己用。所谓一物者，钱是也。作文亦然。天下之事，散在经、子、史中；不可徒得，必有一物以摄之，然后为己用。所谓一物者，意是也。

（据葛立方《韵语阳秋》）

这是谈作文，也是谈认识。"意"就是自己的思想，自己的头脑。"自然之理"在万物之中，但必须用人的思想、头脑才能提取出来。那么这个"意"应该是谁的"意"？按传统观念，当然是圣贤之"意"，那是寻找真理的指南。而苏轼所说的"意"，则显然是自己之"意"。他就是要用自己的思想统摄经、子、史中的各种材料，用自己的头脑分析天下的万事、万物。因此，他大力提倡"有目而自行"，坚决反对"无目而随人。"《送钱塘僧思聪归孤山序》写道：

佛者曰："戒生定，定生慧。"慧独不生定乎？伶玄有言："慧则通，通则流。"是焉知真慧哉？醉而狂，醒而止，慧之生定、通而不流也审矣！故夫有目而自行，则褰裳疾走，常得大道，无目而随人，则车轮曳踵，常扑坑阱。慧之生定速于定，之生慧也。

"定生慧"，还是"慧生定"，这是两条截然相反的学习路线。"定生慧"就是死死抱定一家之说，以此为放之四海而皆准的绝对真理；其余一切皆视而不见，拒之于千里之外。由此而达到的所谓"慧"，不过是将此一家之说勉强生硬地放之四海罢了。可以想见，佛学，以及各种自我独尊、排斥异端的学派，无不奉此为治学圭臬。但是，一家之说，即使再正确，也不过是一时一地的一孔之见；局限于此，一叶障目，不见舆薪，何以能通达众理、择善而从？有比较才能鉴别，有博览才能选择。这种封闭式的学习方法，不是对人的启悟，而是对人的蒙蔽；不是使人聪明，而是使人愚顽。所以苏轼指责为"无目而随人"；而"无目而随人，则车轮曳踵，常扑坑阱。"他针锋相对地提出了一条开放式的学习道路："慧生定"。即广采诸家，独立分析，得出自己的主张。这才是"有目而自行"；而"有目而自行，则褰裳疾走，常得大道"。基于这样的主张，苏轼抨击了当时、其实也是整个中国古代的教育制度。他说：

> 士之不能自成，其患在于俗学。俗学之患，枉人之材，窒人之耳目。诵其师传造字之语、从俗之文，才数万言，其为士之业尽此矣。夫学以明理，文以述志，思以通其学，气以达其文。古之人，道其聪明，广其闻见，所以学也；正志完气，所以言也。王氏之学，正如脱猰，案其形模而出之，不待修饰而成器耳，求为桓璧彝器其可得乎？（《送人序》）

在表层含义上，这是反对王安石，王安石以他的《三经新义》颁学馆，定为教学取士的唯一根据。但实际上，以《六经》取士何尝不是如此？中国古代教育制度的本质何尝不是如此？"枉人之材，窒人之耳目"，这是对整个中国古代教育制度的抨击。时至今日，一谈到中国古代的教育思想，人们就搬出了韩愈的"传道、授业、解惑"。似乎这也是放之四海而皆准的绝对真理，似乎中国古代除此一家之外就再也没有别的声音了。苏轼这里就提出了一种与此迥然不同的教育思想，即"道其聪明，广其闻见。"传什么道？圣贤之道？老师自己之道？这不是一家之言吗？硬把这样的道塞给学生，不准他顾，这不是精神奴役吗？"授业""解惑"不过是"传道"的辅助手段，整个这套教育思想就是以统治者的道向学生强行灌输。从根本上说，教育就应该是"道其聪明，广其闻见"；至于道，让人们自己去寻找。所有上述言论，都表明苏轼要以一种主体的精神、开放的心态去重新认识世界。只有这样才是重新认识世界，只有这样才能重新认识世界。

对一切传统观念的怀疑，也可能走向对现实人生的远离。传统的价值观念破碎了，那么人生还有价值吗？现实是否不过是虚幻？涉猎百家的苏轼，特别是屡遭磨难的苏轼，不能不接触佛教，不能不亲近佛教。在他的诗文中，送僧人、题寺庙、谈佛理者甚多。于是人们说他"佞佛"。好吧，让我们看看他对佛教是怎样"佞"的吧。《中和胜相院记》谈到他对佛教的认识："佛之道难成"，"非侥幸小民之所乐。"但"今何其弃家毁服坏毛发者之多也？意亦有所便欤？寒耕暑耘，官又召而役使之，凡民之所患苦者，我皆免焉。吾师之所谓戒者，为愚夫未达者设也。若我何用是为？剟其患，专取其利，不如是而已？又爱其名，治其荒唐之说，摄衣升座，问答自若，谓之长老。"

这是对黎民百姓何以遁入佛门的说明。居家生活的艰难迫使他们出家，而佛家之戒律则可设法避免。仅为"取其利"，并非信什么佛教也。那么苏轼自己呢？文章接下来说："吾尝究其语矣，大抵务为不可知。设械以应敌，匿形以备败，窘则推堕滉漾中不可捕捉，如是而已矣。吾游四方，见辄反复折困之，度其所从遁而逆闭其途，往往面颊发赤。然业已为是道，势不得以恶声相反，则笑曰：'是外道魔人也。'吾之于僧，慢侮不信如此。"如此"慢侮不信"，何以谓之佞佛？那么，他又何以要染指？他自己说得很清楚，见《答毕仲举书》：

> "佛书旧亦尝看，但阘塞不能通其妙，独时取其粗浅假说以自洗濯。若农夫之去草，旋去旋生。虽若无益，然能愈于不去也。若世之君子，所谓超然玄悟者，仆不识也。"

看看佛书，不过是为了排遣愁肠，缓解心头的痛苦。这纯粹是实用主义。故文章后面嘲笑笃信佛教的陈述古曰：

> 往时陈述古好论禅，自以为至矣，而鄙仆所言为浅陋。仆尝语述古曰：公之所谈，譬之饮食龙肉也；而仆之所食，猪肉也。猪之与龙则有间矣。然公终日说龙肉，不如仆之食猪肉，实美而真饱也。不知君所得于佛书者果何耶？为出生死、超三乘、遂作佛乎？抑尚与仆辈俯仰也？

这里，对佛学超生出世的荒唐之说认识得何等透彻。不仅如此。苏轼非但以佛学排遣愁肠，还要以佛学坚持自己。乌台诗案后，苏轼被贬黄州。其心情之抑郁可想而知，但他并未屈服。这时，又是佛教帮了他的忙。《黄州安国寺记》云："元丰二年十二月，余自吴兴守得罪，上不忍诛，以为黄州团练副使，使思过而自新焉。"他真的悔过了吗？"退伏思念，求所以自新之方。反观从来举意动作皆不中道，非独今之所以得罪者也。欲新其一，恐失其二。触类而求之，有不可胜悔者。"要说错，那么一生下来就从未对过，从何悔起？

　　于是喟然叹曰："道不足以御气，性不足以性习，不锄其本而耘其末，今虽改之，后必复作。盍归诚佛僧，求一洗之？"得城南精舍，曰安国寺，有茂林修竹，陂池亭榭。间一二日辄往焚香默坐，深自省察。则物我相忘，身心皆空，求罪始所从生而不可得。一念清净，染汙自落，表里翛然，无所附丽。私窃乐之，旦往而暮还者，五年于此矣。

有这么个清净优美的地方，以"焚香默坐"而至"物我相忘，身心皆空"。悔了什么呢？似乎什么都悔了，其实什么都没有悔。反而借此拒绝了悔过，平静了下来，也坚持了下去。不读这段文字，如何得知佛教之于苏轼还有这等妙用！苏轼的头脑是何等清醒啊！他对于现实人生是何等执着啊！传统观念的破碎并没有使他失望，人生道路的挫折也没有使他消沉。他的怀疑不是退避，而是进取。他的思考不是解脱，而是追求。传统观念的破碎和人生道路的挫折都是痛苦的，但他就是要带着时代和自身的痛苦走上艰难的追求之路，去重新认识世界。

　　苏轼有几句著名的论诗诗："欲令诗语妙，无厌空且静。静故了群动，空故纳万境。阅世走人间，观身卧云岭。"（《答参廖师》）这仅仅是谈诗吗？这难道不是苏轼要重新认识世界、思考人生的深沉的情怀吗？"阅世走人间，观身卧云岭。"苏轼踏上了他的艰难的认识旅途。

◆◇ 处在两次人的觉醒的中间

　　苏轼对传统观念的怀疑，从人自身开始。

　　人是什么？人性是什么？孔子说："弟子入则孝，出则悌"，"孝悌也者，其为人之本与？"（《论语·学而》）孟子说："口之于味也，目之于色也，耳之于声也，鼻之于臭也，四肢之于安佚也，性也，有命焉，君子不谓之性也。仁之于父子也，义之于君臣也，礼之于宾主也，知之于贤者也，圣人之于道也，命也，有性焉，君子不谓之命也。"（《尽心下》）意思都是：饮食男女之类的情欲不是人的本性，人的本性只能是孝悌仁义之类的伦理道德，这是中国古代尤其是儒家的最主要的传统观念。但苏轼不以为然。他提出："人生而莫不有饥寒之患、牝牡之欲。今告乎人曰：饥而食、渴而饮、男女之欲，不出于人之性，可乎？是天下知其不可也。圣人无是，无由以为圣；而小人无是，无由以为恶。……由此观之，则夫善恶者，性之所能之，而非性之所能有也。"（《扬雄论》）那么，孰是孰非？事情是显而易见的：就个体而言，初生的婴儿就知道吃喝，尊亲敬长之类是后来习得的；就群体而言，人类就是从改造自然以满足吃喝的需要起步的，生存与繁衍是推动人类文明发展的两大杠杆，伦理道德则是在此基础上形成的。就算这是动物性吧，总不能说这不是人的本性的组成部分。亚里士多德为人下定义，第一条就是"人是两足无毛的动物"。而孔孟非要把饥寒之患、男女之欲从人性中排除出去不可，否则就睡不着觉。苏轼颠倒了孔孟的传统观念。他并不抹杀伦理道德的善恶，只是反对抹杀饮食男女的情欲，只是要把伦理道德的善恶安放在饮食男女的情欲的基础之上。即所谓"夫善恶者，性之所能之，而非性之所能有也"。把饥食渴饮、男女之欲肯定为人的本性，至少是人的最基本的本性，也就是在人的观念上落脚到人的生存、人的生理需要上来。或者简单地说，回到人的自然。

肯定了人的情欲，也就引出了情与礼的关系问题。礼是什么？一般而言，礼是人的言行的社会规范；具体到中国古代，礼就是孝悌仁义等一套纲常名教，总之是人的情欲的对待物。按照儒家传统观念，礼是圣人制定出来管束人的情欲的；礼之于情，具有绝对至上的地位。故云"克己复礼"（《论语·颜渊》），故云"夫礼，先王以承天之道，以治人之情。"（《礼记·礼运》）苏轼的观点正好相反。他著有《礼以养人为本论》，文云："夫礼之初，始诸人情；因其所安者而为之节文。凡人情之所安而有节者，举皆礼也，则是礼未始有定论也。然而不可出于人情之所不安，则亦未始无定论也。"礼既非来源于天道，亦非出之于圣贤，而是产生于人情；礼的目的只是为了使人情以一定的方式得到适当的表现，即"因其所安者而为之节文"。因此，从根本上说，不是情必须合于礼，而是礼必须合于情，"不可出于人情之所不安"。这样，礼就失去了它的高踞于情之上的统治地位，被安在了情之下。在纠正了礼与情的关系之后，文章接着就是对儒者的批判："今儒者之论则不然，以为礼者，圣人之所独尊，而天下之事最难成者也。牵于繁文而拘于小说，有毫毛之差

· 167 ·

则终身以为不可。"这是情对礼的抗议，是个体的人要夺回他的被社会所剥夺的权利。

万物之情各有其志。每个人有每个人的情性，每个人也就有每个人的意志。对情欲的肯定必然会导出对个人意志的肯定。尊重个人意志，反对强求一律，这是苏轼的人论的又一个重要内容。他认为每个人都有坚持自己的志趣的权利，别人无权干涉。他赞赏那种为实现自己的志趣而百折不挠、一往无前的精神，以这样的人为有志之士。即《张君宝墨堂记》所述：

> 世之所共嗜者，美饮食、华衣服、好声色而已。有人焉，自以为高而笑之。弹琴弈棋，蓄古书法、图画，客至，出而夸观之，自以为至矣。则又有笑之者曰："古之人所以表见于后世者，以有言语文章也，是恶（何）足好！"而豪杰之士又相与笑之，以谓士当以功名闻于世，若乃施之空言而不见于行事，此不得己者之所为也。……由此而言之，世之相笑，岂有既乎？士方志于其所欲得，虽小物，有捐躯忘亲而驰之者。故有好书而不得其法，则椎心呕血，几死而仅存，至于剖冢斫棺而求之。是岂有声色臭味足以移人哉？方其乐之也，虽其口不能自言，而况他人乎？人特以己之不好笑人之好，则过矣。

好华衣美食，好弹琴弈棋，好吟诗作赋，好文治武功，种种皆人之志。志或有高低大小，但人与人殊，不能划一，亦不必相笑。只当各行其是，各不相妨。这是一种个性自由、意志自由的思想。后面所说的"士方志于其所欲得，虽小物，有捐躯忘亲而驰之者"，是指汉末书法家钟繇。钟繇倾慕蔡邕的书法，在一位朋友家见到蔡邕的真迹，全力求之而不得，乃至"椎心呕血，几死而仅存。"后闻这位朋友亡故，再往求之，不料蔡邕真迹已被陪葬。万般无奈，"至于剖冢斫棺而求之。"志源于情欲，却又超越了情欲。一位书法家的真迹，"岂有声色臭味足以移人哉？"但有志于此者，却视为珍宝，高于生命。这就是志，不知所由，"方其乐之也，虽其口不能自言"；又一往而深，不惜"捐躯忘亲而驰之"。苏轼显然赞赏这样的志，赞赏这样的志士。在他看来，个人的意志具有崇高的地位。

志不可轻，亦不可移。人应当在无论什么样的情况下，都毫不妥协地坚持自己的意志，宁为狂狷，勿为乡愿。苏轼《策略四》说："古之所谓中庸者，尽万物之理而不过"；"后之所谓中庸者，循循焉为众人之所能为"，这不是中庸，而是乡愿。"孔子、孟子恶乡愿之贼夫德也，欲得狂者而见之；狂者又不可得，欲得狷者而见之，曰'狂者进取，狷者有所不为。'"这里似乎重申孔、孟之意，其实不然。首先，孔、孟虽然反对浑浑噩噩的乡愿，但他们所提倡的德性是中庸，而不是狂狷。"中庸之为德也，其至矣乎！民鲜久矣！"（《论语·雍也》）只有在"不得中行而与之"，即找不到中庸之人的前提下，才有取于狂狷（同上）。其次，孔、孟所提倡的中庸，虽然也有守理而不过的意思，但同时也有甚至主要是折中调和的意思，即所谓"和为贵"（《论语·学而》）。以"和"为善，这是尽人皆知的儒家道德原则。而苏轼不仅完全排除了"中庸"里的折中调和之意，而且根本就不提倡中庸，只提倡狂狷。故下文云："今日之患惟不取于狂者、狷者，而皆取于乡愿，是以若此靡靡不立。""然则淬励天下而作其怠惰，莫如狂者、狷者之贤也。"另一篇文章《送水丘秀才序》更明确地说："今之读书取官者，皆屈折拳曲以合规绳，曾不得自伸其喙。""屈折拳曲以合规绳"其实正是中庸，唯"合规绳"才是中庸。而苏轼对此却极为鄙视。他强调的是"自伸其喙"，即说自己的话、坚持自己的意志，不管什么"规绳"。这正是狂狷。

从肯定欲到肯定情、到肯定志、到提倡狂狷，至此便成了追求一种人格，一种独立不羁、我行我素的人格。苏轼《乐全先生文集序》称赞这位乐全先生说：

> 自少出世，至老而归，未尝以言徇物、以色假人。虽对入主，必同而后言。毁誉不动，得丧若一。……上不求合于人主，故虽贵而不用，用而不尽。下不求合于士大夫，故悦公者寡、不悦公者众。然至言天下伟人，则必以公为首。

这是对乐全先生的称赞，也是他自己的人格理想的表白。"毁誉不动，得丧若一"之类，正直的儒者或许也可以做到。但"上不求合于人主"，"虽对人主，必同而后言"，这是传统的正直儒者所能做得到的吗？是他们所能想得到的吗？

在他们的心目中，"人主"永远是至高无上的，他人在人主面前永远是卑微低贱的；"人主"之言，错亦对，他人只能无条件地迎合"人主"，哪里能够要求"人主"合于自己？但在苏轼的心目中，个体的人格被提到了与"人主"平等的地位，亦即至高无上的地位。这种人格顶天立地，独往独来，不徇世俗之见，不惧权势之威，即在人主面前亦不肯稍屈。这是个体人格的解放。

苏轼的上述言论，从欲讲到情，从情讲到志，从志讲到人格，而所有这些都是围绕一个中心发展的。这个中心，就是个体的人。在人的问题上，苏轼所思考的，是个体人的权力、个体人的地位、个体人的尊严。他的这条思路，是一条个体人的独立的路，个体人的觉醒的路。正是这一点，触动了中国传统意识形态的根基。中国古代各种主要学说实际上都是人学。而这种人学的要旨，就是磨灭个体人的独立意识。或者扭曲为谐世的奴才，或者蜕变为出世的"高人"。前者有用，后者无害、抑或有补。而苏轼既不谐世，也不出世，就是要在现实社会中站起来。如果每个人都具有了傲视传统的独立意识，都从等级森严的社会中站立起来，"君君、臣臣、父父、子子"的社会秩序也就土崩瓦解了。这就是为什么最忠实又最深刻的封建卫道者——朱熹一类道学家，要把苏轼当作他们的头号敌人了。朱熹说：苏轼"首为无稽"，"从其游者皆一时轻薄，无少行检"，"当时若使尽聚朝廷之上，则天下何由得平？"（《朱子语类》卷一三〇）有人总喜欢夸大道学家与王安石的矛盾，以为这是宋代思想论坛上的两大营垒。其实朱熹说得非常清楚，他指斥苏轼说：

> 语道学则迷大本，论事实则尚权谋，衒浮华，忘本实，贵通达，贱名检。此其害无理、乱人心、妨道术、败风教，亦岂尽出于王氏之下也哉？……使其行于当世，亦如王氏之盛，则其为祸，不但王氏而已。
>
> （《答汪尚书》）

苏轼的人学，具有显而易见的离经叛道的倾向，是中国古代社会从过去走向未来的思想之光。

但苏轼还只走在中国古代人觉醒的漫漫征途的中段。

我们这里所说的人的觉醒，是指人的个体意识的觉醒，即个体的人从社会中的觉醒。至于群体的人从自然中的觉醒，即人类的意识的觉醒，那是人类文明早期的事情，与这里涉及的问题无关。个体意识的觉醒，作为一种社会思潮，在中国古代兴起过两次。一次是魏晋时期，一次是明代后期。

魏晋时期，人们似乎在一直按惯性进行的、纷纷扰扰的社会生活中，突然发现了个体人的价值。"年寿有时而尽，荣乐止乎其身……日月逝于上，体貌衰于下，忽然与万物迁化，斯志士之大痛也。"（曹丕《典论·论文》）原来个人的生命是短暂的，而且只有一次，这是何等可惜啊！因而属于个人的一切，诸如才智、仪表等等，都变得更为珍贵了。人们说：如果都厚重有德，"质鲁淳悫，则天下无奸民，可结绳致治"；但是"才智无闻，功迹俱灭，无擅世之名也。"（《世说新语·品藻》）把个人的才智、声名看得比"结绳致治"、天下太平还重要。当时有个叫王仲祖的，生有一副好仪容，常常览镜自照,叫着他的父亲的名字说:"王文开哪生如馨儿！"（《世说新语·容止》）对自己仪容的珍爱、欣赏一至于此。于是，人们想到：人的一生，不应该看别人怎样过自己就怎样过，而应该按照自己的志愿去过自己的生活。即所谓"恣情任性""放达不羁"。阮籍的嫂子要回娘家，阮籍前往送别。按世俗之礼，"嫂叔不通问"，故受到一些人的讥讽。籍曰："礼岂为我辈设也！"（《世说新语·任诞》）"毕茂世云：'一手持蟹螯，一手持酒杯，拍浮酒池中，便足了一生。'"（《世说新语·任诞》）其余一切不管，物议一概不闻。"王子猷尝暂寄人空宅住，便令种竹。或问：'暂住何烦尔？'王啸咏良久，直指竹曰：'何可一日无此君！'"（《世说新语·任诞》）爱竹如此，几近怪诞。总之，此时的人们开始意识到了自己，明白了做人就应该"做我"（《世说新语·品藻》）。正是这种个体意识的觉醒，带来了"文的自觉"，开辟了中国思想史的新阶段。但此时的"做我"还只是做一个游离于社会规范之外的"我"，而不是做一个同社会规范抗争的"我"。就是说这个时期的人只是意识到了在公共的社会生活之外还应当有自己独特的日常生活，在社会角色义务之外还应当有个人的情趣爱好；而没有意识到个体的人才是社会的主体、社会的目的，违背大多数个体人的意愿的社会规范是应该否定的。所以阮籍、嵇康等人虽然在行为方式上不受传统礼仪的束缚，但是并没有从根本上否定传统礼教的内容；更没有提出什么同传统社会规范对立的新的社会理想，而且最终是走向了老庄的超尘出世、逍遥无为的生活道路。即所谓"与造物同体，天地并生，逍遥浮世，与道俱成"（阮籍：《大人先生传》），"外荣华，去滋味，游心于寂寞，以无为为贵"（嵇康：《与山巨源绝交书》）。这可以说是个体意识的觉醒，但还不是个体的主体意识的觉醒。

　　明代后期，情况便大不同了。这个时期的先进思想家们，不是反对礼教的仪式，而是根本否定礼教的内容。李贽认为，人心中本无忠孝，凡忠孝节义之人都是装出来的。他说："君犹龙也，下有逆鳞，犯者必死。然而以死谏者相踵也，何也？死而搏死谏之名，则志士亦愿为之；况未必死而遂有巨福耶？避害之心不足以胜其名利之心，以故犯害而不顾；况无其害而且有大利乎？"（《答耿司寇》）他又说："子之贤不肖虽各不同，然为父者未尝不亲之也，未尝有恶之之心也。何也？父既有子，则田宅财帛欲将有托，功名事业欲将有寄，种种自大父来者今皆于子乎授之，安能不以子为念也？"（《答李如真》）臣之事君，本为名利，何以谓忠？父之亲子，本为寄托，何以谓慈？因而，这个时期的先进思想家们，打破各种传统观念，提出了自己的新的社会理想。李贽的观点是："人必有私"，"私者，人之心也；无私，则无心矣。"（《藏书·德业儒臣后论》）人性如此，则"穿衣吃饭，即是人伦物理"，"举衣与饭，而世间种种自然在其中；非衣饭之外，更有所谓种种绝与百姓不相同者也。"（《答邓石阳》）世间如此，则国家就应"好恶从民之欲"，"千万其人者各得其千万人之心，千万其心者各遂其千万人之欲"，使"天下之民各遂其生，各获其所愿有"（《明灯道古录》）。同时，这个时期的先进思想家们，已绝非老、庄那样的超尘出世、逍遥无为之辈，而是积极反抗、锐意进取、以改造社会为己任的斗士。汤显祖执着于现实人生，自称："吾辈不能不为世思也，高卧北窗，亦何可便得"（《答丁右武》）。袁宏道以满腔救世的热情呼吁："如此世界，虽无甚决裂，然阁郁已久，必须有大担当者出来整顿一番。"（《与刘雪峤祭酒书》）李贽怀着"昭回云汉、为章于天"（《杂说》）、"宁屈而死，不肯悖生"（《马城志》）的决心，为自己的理想奋斗了一生，最终献出了生命。明后期的这些先进思想家们，显然也是站在个体人的立场上说话的。但他们已不是仅仅要在公共的社会生活之外保持个体的独特的日常生活，而是要把个体的人当作社会的主体、社会的目的，按照大多数个体人的愿望改造社会。这才是个体的主体意识的觉醒。

　　而苏轼呢？显然可以看到，同魏晋时期的思想家相比，他前进了不小的一步。他已经不是反对传统礼教的繁文缛节，而是对一系列传统观念产生了深刻的怀疑。他也没有到社会现实之外去寻找虚幻的出路，而是以清醒的头脑坚持在苦难的社会现实之中。但同明代后期的思想家相比，他又还相差不小的一步。他虽然对一系列传统观念产生了深刻的怀疑，却没有提出一套自己的社会理想。他虽然坚持在苦难的社会现实之中，却还没有进行改造社会现实的斗争。就一个人而言，他从传统观念统治的社会中站立了起来，但既没有向外走，也没有向前走。就人学而言，他的个体意识的觉醒已经超出了魏晋时期那种游离于社会之外的个体意识，但还没有提升到明代后期那种作为社会主体的个体意识。

◆◇ 一只找不到归宿的孤鸿

苏轼要重新认识世界，这是可能的吗？

重新认识世界，就是为现实寻找出路。而现实的出路，只能存在于现实之中。而宋代，可以说是一个没有出路的时代。中国传统的社会形态，经过长时间的生长、发育，终于在唐代高歌猛进，跃上了它的顶峰。那是一个辉煌壮丽的鼎盛时代。顶峰已经过去，下坡路自然开始。我们的民族当然还要前进，但一种社会形态却不会万古长青。发展着的社会生活终将孕育出一种新的社会形态，以取代已经脱离了现实生活的、旧的社会形态。但是，这要有一个过程。当旧事物虽然已经衰老，而新事物还十分微弱的时候，这种变革是不会发生的。在实际的历史上，这是明中叶后才开始的事情。人类只能沿着曲折的道路前进。历史并不是一路上升的，也不是一直轰轰烈烈的。当一次登顶的上升已经结束，而一次新的登山的上升还没有开始的时候，当一番胜利的轰轰烈烈已经过去，而一番革新的轰轰烈烈还没有到来的时候，历史就只能在原来的社会形态上缓缓下滑。先进的思想家们尽管苦苦地寻找，所得到的大概也只是寻找的痛苦而已。更何况，当一种社会形态走入下坡路的时候，先进的思想家们所思考和寻找的，往往不限于当时社会的具体出路，还有世界与人生的根本出路。而这是永远也找不到最终的答案的。"不识庐山真面目，只缘身在此山中"，这是苏轼的两句名诗。如果仅仅是要认识庐山，问题倒似乎比较简单，只要飞到庐山之上就行了。但苏轼是要认识世界、认识人生。人能够飞到世界之上去认识世界、飞到人生之外去认识人生吗？世界无边无际、无始无终，无往而不在其内，哪里有什么世界之上？人生就是人之生，只有在人生之中才成其为人。飞到人生之外，自己就先已成为非人、死人，还谈得到什么认识？前一点是宋代的时代的悲剧，后一点是人类的永恒的悲剧。而苏轼正是这双重悲剧的承担者。

处在两次人的觉醒的中间，这意味着什么？

这意味着加倍的痛苦。魏晋时期的思想家们，虽然生逢苦难的现实，厌恶礼教的桎梏，但尚能逍遥浮世，寄情于山水田园。山水田园虽然并不是可靠的归宿，但那毕竟是一种归宿。他们总算在尘世之外找到了自己的精神家园。明代后期的思想家们，虽然站在苦难的现实社会之中，经受着强大的传统势力的迫害，但他们毕竟找到了自己的理想，这理想就是他们的精神家园。为理想而抗争的痛苦，毋宁说是一种幸福。而苏轼，却没有一个可以安放自己的心灵的精神家园。魏晋思想家们的精神家园，在他看来已经太虚幻了。明后期思想家们的精神家园，在他的时代又还不可能找到。既不能谐世，又不愿出世；既告别了过去，又看不到未来。这就是苏轼的思想处境。现实生活的痛苦是痛苦，但还不是最大的痛苦。对于一个思想家来说，最大的痛苦莫过于失去精神家园了。

但是，重新认识世界而不得的悲剧，丧失了精神家园的痛苦，却是哭不出来的。比不得人生遭际的具体不幸，那是具体的痛苦。虽似极其强烈，却是说得出来、哭得出来的。而苏轼的痛苦，却说不清缘由，哭不出所以，具有某种形而上的性质。唯其如此，它才更为深沉，深埋在泪泉之下。

现在就让我们进入这个泪泉之下的痛苦的精神世界。

自南宋起，苏轼就被戴上了"豪放派"的桂冠，至今已近千年。而人们经常举出的代表作，却往往是那首脍炙人口的《水调歌头·明月几时有》。这首词随着月光从人间追到天上。天上是幸福的乐园吗？不，"又恐琼楼玉宇，高处不胜寒。起舞弄清影，何似在人间！"于是又随着月光从天上回到地下，见到的却依然是："转朱阁，低绮户，照无眠。不应有恨，何事长向别时圆！"天上是一片清冷寂寞，人间又到处是忧愁哀怨，哪里才有美好的乐土？没有，哪里也没有，从来就没有。"人有悲欢离合，月有阴晴圆缺，此事古难全！"世界是不完善的，人生是不圆满的，就是如此，也只能如此。放弃那种追求无痛苦的生活的幻想吧，承认这个不完善、不圆满的现实吧。这就是苏轼的结论。这是豪放吗？难道有比看透了人生悲剧性的本质、因而放弃了追求完全的幸福的幻想更痛苦的吗？具体的不幸再大也是暂时的，人们会哭，哭就表明心中还有希望。而人生希望的破灭却是永远的；不需要哭，哭已经毫无意义。于是，"但愿人长久，千里共婵娟。"这是希望破灭之后的聊以自慰，是看清了哭亦无益之后的无可奈何的平静。就最后这一点虽已无望仍要平静地生活下去、不甘被痛苦所压倒的精神而言，大概可以说是旷达吧。但没有痛苦就不需要旷达，没有极深的痛苦也想不到旷达。可知在这种旷达的表象背后，埋藏着多么深重的悲哀！

这就是没有家园的悲哀。苏轼喜欢写"飞鸿""秋鸿""孤鸿"。这可以说是他创造的最突出又最成功的审美意象之一。苏轼笔下的鸿是什么？是世界的漂泊者，是始终在寻找家园又始终没有找到家园的孤独的漂泊者。

如《渑池怀旧寄子由》。一上来就是这样四句：

> 人生到处知何似？应似飞鸿踏雪泥。
> 泥上偶然留指爪，鸿飞那复计东西。

人生就像飞鸿，被命运推挽着到处漂泊。偶然在某个地方留下了足迹，此后又不知漂向何方。也许终生不会再来，那留下的足迹就成了绝迹；也许又偶然回到了这个地方，但往事已如逝去的烟云。目的何在？归宿何在？那失落了的足迹恰似失落了的生命，它以虚无缥缈的有，触目惊心地显示了有的缥缈虚无。在这四句对人生哲理的沉思之后，是对逝去了的往事的回忆：

> 老僧已死成新塔，坏壁无由见旧题。
> 往日崎岖还记否？路长人困蹇驴嘶。

当年苏轼兄弟一起经过这里，还曾受到寺院里的老僧的接待，还曾在寺院的墙壁上题诗。如今苏轼一个人重游故地，老僧已经作古，化为无言的墓塔；墙壁也已剥落，题诗杳然无存。一切都在逝去，只有往日旅途的艰辛作为人生的意蕴积淀在心里。"路长人困蹇驴嘶，"往日，今日，来日……

这就是人生。

如《正月二十日出郊寻春》。这首诗写于被贬之地黄州。"东风未肯入东门，走马还寻去岁村。"季节已入春天，而春天迟迟不来。屡遭不幸的苏轼依然是个不懈的追求者。不来，就到应该来的方向去找。于是到了东郊的乡村。去年今日，他曾与几位朋友到这里春游，饮酒赋诗，稍得慰藉。诗云："十日春寒不出门，不知江柳已摇村。稍闻决决流冰谷，尽放青青没烧痕。数亩荒园留我住，半瓶浊酒待君温。去年今日关山路，细雨梅花正断魂。"事过一年，记忆犹新，而当时情景已经荡然无存："人似秋鸿来有信，事无春梦了无痕。"寻找，寻找到的却是冷彻骨髓的失落。"人似秋鸿"，怀着得到一点心灵安慰的希望重返故地，不料往事已经消失得无影无踪了。到哪里去寻得一点温暖？寻得一个落脚之处？没有。"江城白酒三杯酽，野老苍颜一笑温。已约年年为此会，故人不用赋《招魂》。"旧迹已经全无，那就随便同乡村里素不相识的老人饮上几杯土酒，聊上几句闲天。此即"处处无家处处家"了。大约今后还是如此，人生就是如此，不如平静下来，安于如此。但这是真的平静吗？是真的消解了内心深处的痛苦吗？完全不是。"故人不用赋《招魂》"。苏轼要告诉自己的朋友们，自己不会被忧愤和寂寞所压倒，还是可以活下去的，不用担心他会像屈原那样投江而死，不必为他赋诗招魂。这里深藏着何等沉重的悲哀。说"豪放"太不沾边，说"旷达"仅得表面，唯有沉重的悲哀打在人们的心头。

如《卜算子·缺月挂疏桐》。此词，作者自注："黄州定慧院寓居作。"关于这首词，学界有个争论的问题，就是究竟是写"幽人"、写"孤鸿"，还是写自己。其实这完全是个多余的问题。作者自己就是"幽人"，最终也就是"孤鸿"。如词：

> 缺月挂疏桐，漏断人初静。谁见幽人独往来，缥缈孤鸿影。
> 惊起却回头，有恨无人省。拣尽寒枝不肯栖，寂寞沙洲冷。

夜深人静，一切都已睡去。唯有"幽居默处"的苏轼还以不平静的心情，孤独地徘徊于月色朦胧的世界之上。此时此际，有谁与他为伴？有谁同样孤独地徊徘于月色朦胧的世界之上？唯有"孤鸿"。天地之大，万类之众，只有孤鸿与他可以相互理解，心灵相通。孤鸿是徘徊于天空的苏轼，苏轼是徘徊于地面的孤鸿。孤鸿亦是苏轼，苏轼亦是孤鸿。苏轼与孤鸿，一亦二，二亦一。何以区分？何必区分？正因为如此，下片便略去"幽人"，仅写"孤鸿"了。实际上"幽人"已化作了"孤鸿"，"孤鸿"也化作了"幽人"，"孤鸿"之体负载着"幽人"之心。"惊"未必是惊吓，也可以指因深沉的忧患而打破了心灵的平静。"恨"未必是仇恨，也可以指忧愁哀怨等痛苦的心情。苏轼心中那关于世界与人生的深沉的忧患和痛苦，无法表述，亦无人理解；只有被这种忧患和痛苦驱使着，孤独而又焦虑地到处徘徊。而对于他来说，到处都是冰冷的，没有一个温暖的归宿；寻遍了世界，最后也只有那冰冷而寂寞的沙洲。下片这四句，浓缩而象征性地写尽了执着地寻求着自己的精神家园、却始终找不到自己的精神家园的痛苦。"拣尽寒枝不肯栖，寂寞沙洲冷。"

苏轼正是这样一只找不到归宿的孤鸿。

重要的不在于是否找到，而在于是否在找。

在一个没有出路的时代没有找到出路，对那些没有终极答案的问题没有找到答案，因此这种寻找就是徒劳的吗？不！苏轼虽然没有为宋代人找到出路，但是他对一系列传统观念的怀疑与思考，毕竟启发了后人，推动了中国古代的思想进程。这就是为什么明代后期那些眼空千古的启蒙思想家们，都对苏轼抱着由衷的钦敬，把他看作自己的先驱。李贽酷喜苏轼的著作，尝称："心实爱此公，是以开卷便如与之面叙也。"（《马焦弱侯》）并自认别有会心，新编《坡仙集》四卷，"俱世人所未取"（《复焦弱侯》）。云："世之所取者，世人所知耳，亦长公俯就世人而作也。至其真洪钟大吕，大扣大鸣，小扣小应，俱系精神髓骨所在，弟今尽数录出。时一披阅，心事宛然，如对长公披襟而语。"（《复焦弱侯》）因而可以说，如果没有宋代苏轼的没有找到，就不会有明代李贽等人的找到。人就是人。作为宇宙自然进程的转瞬即逝的偶然产物，人固然不可能彻底认识人生、认识世界；但作为宇宙之中唯一有意识的、自觉的存在物，人又必然要去寻找自身与世界的答案。满足于浑浑噩噩、无知无识的，是动物。在这种意义上，人类自诞生之日起，就注定了要成为永无归宿的精神漂泊者。而且正是这种超越有限以认识无限的似乎无望的努力，推动着人类不断前进。无限没有达到，原来水平上的有限却被超越了。终极没有找到，近期的具体目标却实现了。这就是人类的历史。因而可以说，如果没有这种寻根究底的追求，就不会有人类的进步。总之，在一个民族或整个人类的历史长河中，找到是暂时的，找是永恒的。苏轼的精神，就在于虽然没有找到却始终在找。

苏轼已经走远了。

他的身影已从地平线上消失了。

而在我们的心里，却印下了这只找不到归宿的孤鸿的深深足迹……

徐渭

眼空千古的独行者

◎陆玉林

　　带着孤傲的心、分裂的魂，想担当起重振乾坤的使命。但，牢狱是最好的回报。他只能将自己交付给艺术，让已死未死的人顶礼膜拜。只有苦痛是他的，分裂的灵魂是他的。

　　几百年坟墓凄凉。斗转星移中，历史已经将他推向遥远的角落。人们似乎忘记了这位画坛奇才、词场飞将。他那悲愤激越的呐喊只有几缕短促的回响，旋归沉寂。我无以告慰他的英魂，愿以此文为祭。

◆◇ 一颗分裂的心

　　明代中叶，历时百余年的朱明王朝由盛而衰，社会政治危机日益严重。虽然孝宗皇帝疏远宦官外戚，罢斥奸邪，任用贤能，但所谓"弘治中兴"也只是落日残照而已。武宗皇帝驾崩前的忏悔无论由不由衷吧，也无法将四处弥漫的烽火硝烟平定下来。嘉靖时期的财政危机几乎荡尽了国库的所有存余。当时户部每年岁入只有白银二百万两，而军费开支一项每年就有六百余万。盐徒、矿工和农民的起义此起彼伏，兵变也是司空见惯。颓废的国运已如黑夜将临。生逢衰世，又无明主，对所谓的知识分子来说是可悲可叹的；国家大难用贤人，可悲可叹中知识分子又可一展宏图大略。历史和命运的公平与不公平就是这样。

公元1521年春，在山阴（今浙江绍兴）观桥大乘庵东的一个小官僚家庭里，一男婴呱呱坠地。家人为之取名徐渭，字文长（后其自号天池，别号青藤，又署田水月等）。出世后不久，其父死，十三年之后，其母病殁。这位"徐家之光"的不幸童年在他心灵上产生的影响，对今人来说还是一个谜。也许，他的孤傲就是在这样的童年中形成的。国门不幸，家门不幸，仕途也同样不幸：他八岁即以八股文和少年才志名动乡里的"谢家之宝树"，只在二十岁时进山阴县学得了个秀才。自此以还，屡试不第。

明代中叶，东南沿海出现商品生产的萌芽。苏州的丝织业、松江的棉布袜制造业、浙江崇德的榨油业都逐渐发展起来。随着商品生产的萌生，国内贸易开始发展。太平府、安庆府、徽州府的商人遍地皆是。海关大门的敞开，也为对外贸易创造了条件。这对重义轻利、经济观念淡薄的古老国人无疑冲击巨大。对外贸易的进行，预示着蔚蓝色的大海并不仅再是寻求长生的所在，而且也是灌输给古老华夏国土以新鲜血液的所在。

从诞生之日起，徐渭就生活在这样亡国忧患与新生欢悦交织的环境中。明王朝在走向没落，皇帝一个比一个无能，危机一天比一天严重；东南沿海——徐渭生活的地方又给人以希望，一种新型的文明正透露着曙光。

明代中叶，日本人和中国做生意不成，只有用抢掠来进行争夺，于是就有了倭患。倭寇和海盗相互勾结在东南地区大肆烧杀抢掠。1554年，东洋倭寇在昆山地区一次就烧毁房屋两千余间，杀人万余。中国人的生命财产受到巨大破坏。为对付东洋人，总管东南抗倭事宜的浙闽总督胡宗宪不得不招贤纳良。

公元1558年，三十七岁的徐渭以才艺为胡宗宪所知，应召入幕。但是，给徐渭施展才能的机会和时间毕竟有限。1563年，胡即因罪被捕，徐渭也受到政治上的打击，忧患成疾。在精神恍惚中，徐渭因疑杀续妻，坐法系狱。七年后，故友张元忭救之出狱，时年五十三岁。此后，徐渭走齐鲁燕赵之地，又饱览朔漠。壮游山河中，徐渭的艺术创作也达到了极盛。晚年，寓居故里的徐渭靠卖字、画为生，又以卖字画为耻，穷愁潦倒，衣食难继，唯有一犬相伴。公元 1593 年，七十三岁的徐渭悄然离开了人世。

坎坷多难的命运，造就了旷代奇才。他的诗文识见超群，被后世誉为明代"第一诗人"；他的书法精奇伟杰，拓万古之心胸；他的画，恣肆放纵，泽被后世一系列杰出的画家，如朱耷、石涛、郑燮、吴昌硕、齐白石等；他的杂剧，高华爽俊，如屈子之《离骚》、司马氏之《史记》。然而，如果人们只膜拜他的艺术，或者说徐渭留给后人的只是一系列艺术精品，人们就还没有了解徐渭，也无法说明富不世奇才的他为什么遭受旷古之厄运。

五四时期，现代新文学运动家如周作人、俞平伯等人大力提倡晚明文学，其自由解放反抗传统思想的精神，使得新文学运动倡导者们倾慕赞叹，引为同调。徐渭是明中叶人，但人们常常将其归为晚明，关键在于他是明中叶以后反抗传统思想潮流的先驱者之一。正因为他是叛逆者们的先驱，他才富奇才而遭厄运。

明代中叶，王学风靡海内，王学左派——泰州学派在民间掀起强烈的反传统思潮。左派王学以"无善无恶"为宗旨，猖狂无忌，破坏名教。在他们看来，只有从自己的一点真性情，一点良知上，扩充长养将去，才是入圣真脉络。王阳明所谓"致良知"，在此变成了发展人的自然情欲，换言之，就是追求个性解放，使主体的自觉朝着冲击名教网络的方向发展。

公元 1549 年，二十八岁的徐渭以王阳明嫡传弟子季本为师。后又师事王学左派的代表人物之一的王畿。深为徐渭所钦佩的王畿提出"以自然为宗"，淘空先验的道德意识，强调人的自然本质。徐渭继承师说，同时提出他自己的、也是当时王学左派诸人共同倾向的圣人观。所谓圣人观，说到底就是如何评价人的问题。在这一点上，徐渭比他的老师走得更远。王畿说每一个人都可以成为圣人，徐渭却认为遍地都是圣人。马医、酱师等默默无闻的平民百姓从存在价值上说，与历代供奉的圣人是等同的，在他们之间并无必然的鸿沟，只有人为的等级界限（参见《徐文长集》卷一七）。封建等级观念，伦理道德的律令在徐渭眼底已经不是那么神圣不可动摇。这确实是在提倡人人平等，是走向近代的新消息。徐渭这样想，这样说，也这样做。胡宗宪当时统督浙闽之兵，威震东南，平常人见之膝语蛇行，不敢举头；徐渭则让他一再折节等待，赠金数百方往。入幕之后，也要与这位统领东南六省的显赫人物平起平坐，恣意谐谑。至于一般趾高气扬的权贵，他更不放在眼底。权势者前来求字索画，徐渭皆拒之门外。有一不知趣者突然推门而入，徐渭以手抵门，连呼："我不在，我不在。"这很难说是文人的倨傲。在无视达官贵人、骚人墨客的同时，徐渭却与市井小民、屠夫贼子相得甚欢。这恐怕只能说是平等意识在行动中的体现。

圣人的高高在上，在于天理的泱泱流行。天理的流行，不但巩固了圣人的地位，而且压制人的自然的情感欲求。徐渭既然提倡人人平等，并肯定人的欲求的合理性，天理自然就在排斥之列。他认为"中庸"之所谓"中"，就是要如量体裁衣一般顺应每个人的自然性情，而不是此外别有准绳。外加于人的、凌驾于个人之上的所谓天理并不存在，每个人的自然性情就是天生的永恒的法则。但是，徐渭毕竟是生活在明代中叶的人，让他感到为难的是，如果否认天理的至高无上，否认那一套陈腐的伦常道德观念，那么人与动物的区别还存在吗？世代相传的是将人定为伦理的动物，如果没有了伦理，也就是儒家的伦常道德观念是否也就无法划清人与动物的界限？可以说，几乎所有明末启蒙思想家们都面临这个问题，而对徐渭来说，这个问题无疑是致命的。

作为一个先行者，陈腐的规则，不散的阴魂还在缠绕着他。徐渭反对礼法和圣人，不知不觉中他又在维护着礼法和等级制。他视礼法为"碎磔吾肉"的东西，却又说一旦稍涉礼义，"虽断头不可夺"；他提倡人人平等，维护人的自然情欲，却又认为天下之道的根本在于孝悌；他向往一种新的独立的人格，却又渴望能在懒与病中沉溺，做一个"玉楼天上任高飞"的逸人高士。诚然，面对这些矛盾，我们可以用历史局限性来解释，也可以证实一个思想家不能超越他的时代的论断。但是，所谓历史局限性只是后人在解释这些先驱者学说和人格矛盾的开罪符，而对先驱者来说，谈什么历史的局限性是毫无意义的。一个有资格被称为思想家特别是一个启蒙思想家的人，从本质上说是要超越他所处的时代的，他应该是时代之父而不是时代之子或继子。这些矛盾之所以给徐渭带来灾难性打击并使其灵魂处于一种分裂境地的关键原因在于，他没有也不可能看到儒家伦理并不是唯一的，取消儒家的伦常道德观念并不意味着人会堕落为动物。

徐渭以斧砍头、以锥刺耳的自杀行为，乃至见富贵人则厌，闻礼法之谈则怒，都为当世人所惊骇。世人或以为佯狂，或以为真癫。究竟是佯狂还是真癫，确难分辨，也无须分辨。徐渭确实有病，现已无法察知是什么病，但这些对我们来说并不重要。在我们看来，徐渭这种惊世骇俗的几乎是自我毁灭性的行为，并非是由生理——心理上的疾病造成的，而是灵魂分裂的外在表现。所谓灵魂分裂，不是指心理——生理上的疾病，而是指精神的内在矛盾和冲突。灵魂分裂突出地表现为现有道德律令要求他必须维护的东西如礼法、孝悌、等级观念等，是他情感和理智上都不愿维护甚至厌恶愤恨的东西；他感情和理智上都意欲维护和提倡的东西如人人平等、个性解放、思想解放，又是道德律令要求他放弃的，而且他自己也意识到会给他带来灾难的东西。从表面上看，灵魂分裂表现为个体无所依凭的新的价值观念和现存社会伦理观念的冲突；从本质上说，这种冲突是个体灵魂自身的内在冲突，是感性和理性的双重困惑，又是感性和理性的矛盾对立。徐渭意欲提倡一种独立于儒道之外的人格理想和价值观念，但他对这种新的人格理想和价值观念又心存疑虑。确切地说，徐渭无法为自己所提倡的人格理想和价值观念找到坚实的理论支柱和必要的社会氛围。这不仅因为徐渭不是一个有系统理论的哲学家，而且因为在他所处的环境中要提倡一种新的人格理想和价值观念所遇到的困难是今人无法设想的。作为一个敏感的艺术家、一个时代的先行者所承受的这种灵魂分裂的痛苦，在其内心深处激起了灾难性的矛盾和痛苦。逃入庄禅中寻求逃避和超越，非其所能，因为他无法放弃对现实的关怀。徐渭只能如巡行泽畔的屈原，以死来安慰自己，但自杀又未能成功，这更是悲剧中的悲剧。

徐渭在《风竹图》的题画诗中吟道："画里濡毫不敢浓，窗前欲消碧玲珑。两竿梢上无多叶，何事风波满太空。"即使他想放弃对世间一切的关注，世间无休无止的风波也会向他袭来。面对这世间袭来的风波，他只有满怀一腔悲愤与现实的苦难抗争。"画成雪竹太萧骚，掩节埋清折好梢。独有一般差似我，积高千丈恨难消。"这"恨"是对整个社会现实的恨，也是他的生命和灵魂的表征。作为一个历史的先觉者，在向人们习以为常的社会现实挑战时，他只能有恨。他不但恨那令人窒息的社会传统，而且恨那未知未觉的人们。这恨中有多少凄凉，多少无奈："久知世事只如此，且借清樽一洗尘。"但酒也无法使他得到片刻的超脱："遗世作生两无己，一睡一醒都茫然。"他只有带着裂为碎片的灵魂，满怀一腔悲愤，与苦难的现实抗争，去寻求新的曙光。毕竟，他的故园，还有那蔚蓝色的海洋，已经昭示着一种新的文明，虽然，这一新文明的曙光之于当年的徐渭，几近浑然无觉。

◆◇ 面向大地众生

明代中叶，特别是嘉靖、万历以后，文学创作开始发生变化，小说、戏曲等和现实联系比较密切的通俗文学逐渐在文坛上取得了一定的地位。前有《水浒传》，后有千古奇书《金瓶梅》；戏曲和村坊小曲也以其对男欢女爱的真诚讴歌吸引了文人的注意力。无怪有人说，这一时代是个自由的时代，但也是一个庸俗的土气的时代，是一个为追求自由而失去了品格的时代（日本学者吉川幸次郎语，参见《中国文学史》，四川人民出版社 1987 年版）。但是，我们也可以说，在学者眼中的庸俗与土气，正是市民们在自觉地表达他们的生活和思想。

徐渭没有停留在艺术的象牙之塔中，更没有像一般所谓的骚人墨客在自己的小天地中品味寂寞与无聊，而是将目光转向真实的世俗的世界，面向大地众生。但是，作为一个艺术家、思想家，徐渭所能做的，也是他的最大功绩之一，就是为世俗文艺辩护。

明代中叶，在戏曲舞台上，由宋元而来，诞生于北方民间的杂剧已经雅化，被文人墨客奉为戏曲正宗。与杂剧几乎同时起于南宋末年的南戏，此时却仍带有村坊小曲特点，不入一般封建文人之眼，被斥为鄙俚浅俗，就连妓女唱南曲也是犯禁之事。

嘉靖三十八年（1559），徐渭写出我国第一部也是唯一的一部专论南戏的著作——《南词叙录》，为世俗文艺辩护。徐渭作此书的基本宗旨就是要维护南戏"即村坊小曲而为之"的世俗自然的特色。徐渭指出，北曲并非如一般无知文人所认为的是"唐宋名家之大遗"，而只不过是"边鄙裔夷之伪造"。不过徐渭并非以华夷之辩来抬高南戏，贬低北曲，一如今人以中西之争贬低西乐和现代流行音乐，以高扬中国传统戏曲。徐渭只是指出北曲也不过是边鄙夷狄之音，由此揭示标举风雅的文人墨客的荒谬无知。对一些好事之徒或参照宫调为南戏制定声律；或以八股文为南戏，徐渭通通予以驳斥。其目的在于扼制此时已萌起、而后大盛的沈璟之流想让南戏雅化，实即蜕化为封建正统文学的举动，以期保持南戏通俗自然、真切地表现下层人民生活的民间文艺的特色。

中国古代文学，从宋代开始，逐渐开始了由雅向俗的转化。从宋词到元明戏曲，从小说到市井民歌，俗文学的吸引力已远远超过封建正统文学诗文，逐渐发展成为文学的主流。但是，像戏曲、小说和市井民歌等代表着下层劳动人民和市民阶层的思想感情和审美趣味的通俗文学，在徐渭之前，一直不被一般的文艺理论和美学理论所承认。徐渭以其艺术家的真诚，使文艺面向大地众生，正是时代潮流的必然。但是，必须解决的问题是，俗还有美吗？徐渭的答案是肯定的。但是，俗之所以美并不是因为它俗，而是因为真。世俗的常言俗语，还没有经过文人的刻意雕琢，是从人心中真诚地流出，因而才有真正的美，方能感人至深。可以说，徐渭让文艺面向大地众生，目的并不仅仅在于俗，而是在于真。必须说明的是，徐渭所谓真，并不是逻辑推理的真实性或客观性，而是情感及其表现的真实性；它的对立面也不是逻辑的假，而是虚伪的文饰。徐渭求俗求真，从最根本上说，实是起自于对他面前的虚伪的世界的厌恶；面向大地众生的确切含义也就是指将人从虚伪的世界中唤醒。所谓浑雅正大的诗统，所谓礼仪法度，都是对人真情实感的压抑，使人忘记此世还有真情实感的存在，这都是徐渭所不能容忍的。

明代中叶，在绘画领域，以仇英为代表的"院体"青绿山水和吴门派首领沈周、文徵明、唐寅等人的花鸟人物逐渐合流。他们采用日常题材，更加接近世俗生活。但是，仇、沈诸人的成就根本无法与元代倪瓒、黄公望、夏珪等人相比。

在明代画坛上，最富革新精神的艺术家首推徐渭，成就也最高。与仇英诸人相比，徐渭画的世俗味要淡得多，可以说远离尘嚣。那么，这与徐渭为世俗文艺辩护，让文艺面向大地众生是否矛盾呢？答案是否定的。徐渭为世俗文艺辩护的目的在于求真实，追求情感及其表现的真实，因此徐渭并不认为越俗越好，他是竭力反对粗俗的。这就与常画仕女春宫的仇英、唐寅等人，也与以画谋生的文徵明等人之所谓俗画开了界限。

有人说徐渭的花卉写意受明初花卉大家陈白阳的影响，但是，在徐渭的画中，实在看不到任何陈规陋法的束缚，只有流血的心、孤傲的魂、悲愤激越的感情在流淌。徐渭是在画花卉枯竹，更是在写他自己。他的画，如其所言是"师心"，也是在写心。为此，他常常改变所画事物的自然面目，以变形的"杜撰之画"彰显自己的精神。徐渭的这种做法，正是对前此百余年间画法束缚的突破，也是神对形的突破。徐渭的画之所以被人奉为旷古杰作，正因为这些画最不符合事物的自然面目，但又最符合他自己的性情。

同样，徐渭的书法也如"孤蓬自振，惊沙坐飞，飞鸟出林，惊蛇入草"，激荡着惊世骇俗的奇异之气。

徐渭为世俗文艺辩护，在其书画中又一反世俗偏见，取其越出常轨、骇人听闻之处，正是一个真正面向大地众生的艺术家的所作所为；正是那英特不群、愤世疾俗的历史叛逆精神面目的真实表现；是对人们习以为常的社会传统的大胆挑战；更是徐渭不惜一切代价唤醒沉睡众生的真诚努力。这一切，又预示着文艺领域乃至整个社会思想领域一场轩然大波的即将来临。

◆◇ 呼唤人的觉醒

明代中叶，文坛萧条，有甘肃人李梦阳起，"卓然以复古自命"，一场大规模的文艺复古运动正式揭开大幕。这场复古运动从以李梦阳为首的前七子到以王世贞为首的后七子；自弘治、正德到嘉靖、隆庆，历时百余年。其间虽有以唐顺之、王慎中代表的唐宋派和李开先等人的冲击，但因他们的目的也只在重申文道合一，再续古文正统，故也没有跳出正统封建文学的窠臼。文坛依然在复古思潮笼罩之下。

嘉靖、隆庆之际，徐渭以一介布衣，单枪匹马地展开了同文艺复古思潮的斗争。中国古代思想史上一场悲壮而又短暂的文艺启蒙运动的大幕徐徐拉开。

明代的所谓复古，不仅是要在形式上模仿古人；所谓反复古，也不仅是在形式上反对模仿古人；所谓复古，就是要坚持正统封建文学观念，复兴正统封建文学；所谓反复古，就是要打破封建文学的诸种观念，以先进的市民文艺取代封建正统文学；所谓复古，就是要求文坛一律，以典雅平和为上；所谓反复古，就是要求创作自由，以冲突代替和谐，就是倡导文艺启蒙。

如果说哲学是更远离经济基础的意识形态，那么，同样属于意识形态的艺术要比哲学所受的经济基础的制约更切近一些。正因为如此，明末的这场文艺启蒙运动才诞生在商品经济的萌生之地东南沿海而不是内陆。

15—16世纪，东南沿海成为中国当时最主要的商业区。财富的积累和生产关系的变化改变着传统的道德观念和人们的生活方式，改变着艺术的风格和目的。随着工场手工业的发展，城市平民开始登上历史舞台，并以其道德观念、人生态度、情感倾向和审美趣味在意识形态领域发生影响。徐渭从其诞生之日起就深受这些观念的影响，而作为一个敏感的艺术家，他开始意识到旧有的伦常道德的规范已无法适应人的生存发展的需要。也正是因为诞生了16世纪中国的这场文艺启蒙运动是由艺术家在艺术领域发起的，所以从一开始就具有不同于18世纪法国启蒙思想运动的鲜明特色。简言之，明末的文艺启蒙运动不是高扬理性并以理性之光来照亮人们的头脑，而是高扬感性，以感性来冲决封建的网罩，将人从封建的高压下解放出来，把本属于人的自由还给人。

正如法国的思想启蒙运动十分关注真理的标准问题，明末文艺启蒙运动首先关注的是文艺的标准问题。对于复古者来说，为文必准于古——圣贤教化的遗训，这是一条不可动摇的准则。徐渭首先就要打破这条貌似不可动摇的准则。既然往古至今的圣贤遗训不能作为文艺的准则，那么其将立足于何处？当然，可以说是立于当今。徐渭也曾一再指出只有以今日之词，写今日之作，才能使今日之人感发兴起。但今是在变化着的时间概念，它是古的延续，对未来而言，今天也是古。故在今之外，尚有其不易之准则。法国启蒙运动者将一切都放在理性的审判台上，徐渭则将文艺放在情感的审判台上。发"一己之情"成为文艺创作的基础和准则。

徐渭认为，人的诞生是父母情欲的结果，而一诞生便受情感的驱使。以有情之人为中心的文学艺术，自然应该是为"摹情"而作。文艺创作只能从自己的真情实感出发，而不是从古人的作品和所规定的法则出发。无情之诗，不可谓诗，无情而为诗，则诗亡。诗即以各人的真实感情为主，人各有其情，故各有其诗，诗各有其格调，一如物各有其性，鸟各有其音。这是对文艺风格多样化的肯定，以情役诗也是要求破除礼仪法规之束缚，因而就是呼唤创作自由。所谓创作自由就是要排除外加于艺术之上的伦理的、道德的、法律的束缚，将艺术还给艺术，也将人的权利还给人。创作自由和人的自由从广义上说是一致的，在一个没有言论自由和创作自由的社会，无论其如何为自己辩护，人还是没有自由可言。反之亦然。在徐渭所处的以八股取士的时代，创作自由和人的自由都是缥缈的海市蜃楼，唯其如此，他才痛切地感到自由的可贵，才悲愤激越地呼唤人们起来争取自由。

徐渭的呐喊在当时了无回声，他不得不求助于艺术来唤醒沉睡的人们。人们睡得太沉，已经麻木，艺术要唤醒沉睡的他们，就必须如冷水浇背，如振聋发聩，惊世骇俗。否则，艺术则只能是沉睡者的安魂曲，让睡者愈沉，醒者亦昏。这，便是徐渭对艺术的社会功能的看法。那么，文艺怎样才能使昏睡麻木的人从沉睡中醒来？徐渭说，奇僻荒诞，可惊可愕是不可少的。最好的说明是他那部被誉为"明奇绝文字第一"的剧作《四声猿》。在《四声猿》中，鬼判、僧妓、雌丈夫、女文士皆非人间所有，而其情则又皆人间所尽有。冢土荒坟，脱巾啸傲；地狱变相，登楼幽叹；爽气谑音，幽异之致。其词横翔逸出，如秋猿啼鸣巫峡，使人骨悚神凄。直使得西子湖滨颠头陀槃谭大呼，《四声猿》是如来变现，激励群生。文长在使那迷途者觉醒。

《四声猿》只换来一两声慨叹，几滴同情之泪，徐渭的一应呐喊几无回声。人们在"铁屋"中已经沉睡了几千年，似乎不愿醒来。带着凄凉感伤，带着分裂的心魂，带着满身创痛，徐渭在世间艰辛地跋涉。然而，历史毕竟还要向前迈进，沉睡的人们毕竟会醒来。

公元1527年，徐渭出生六年后，明代又一奇人李贽诞生于福建泉州。及长，他翻孔孟之定案，斥儒学之无用，揭道学之虚伪，颠倒千万年之是非。1602年，"名教之罪人"李贽在狱中自刎，结束了他以大地为墨都难以写尽的饱受磨难的一生。

公元1550年，徐渭诞生二十九年后，自命"一世不可余，余亦不可一世"的汤显祖诞生于江西临川。汤显祖断然以人情否定天理，对封建正统的政治伦理发起猛烈抨击。

公元1568年，袁宏道诞生于湖北公安。他鼓吹性灵，大力阐扬李贽、徐渭等人的学说思想。

这群"多能以赤手搏龙蛇"的人虽然各自成家，互不依附，却又互相呼应，彼此衔接，构成了一个旗帜鲜明的整体。文艺启蒙运动终于在古老的黄土地上诞生了。他们将批判的锋芒直指整个腐烂的社会，而不仅仅是正统的封建文艺。他们再也不愿修补已经过时的整个传统观念，以挽救必然的衰亡，而是要摧毁传统的伦常道德观念，让昏睡的人们醒来。这确实是新的消息，是走向近代的先声，是一道灿烂的思想启蒙的曙光。

徐渭，正是 16 世纪中国启蒙运动的先驱。虽然他生前名不出于越，身不显于时，直到袁宏道将他从"乱文集中识出"，树为"我朝第一诗人"时，人们才重新发现他。但是，这一切都无损于他作为先驱者的地位，而他的命运也正是这场运动的命运。

明末文艺启蒙运动的开始，就是他的终结。轰轰烈烈的五十年，对漫长的历史来说太短暂了，短暂得让人怀疑它是否存在过。然而，它毕竟有过痛苦而又辉煌的岁月，这是无法抹杀的事实。

一场恢宏壮阔的农民起义使明王朝成为永久的记忆。随后，清人入关，救亡代替了启蒙。直到新文化运动，历史再次呼唤启蒙的时候，人们才带着痛苦而又惊叹之情重新审视这场生命短促的启蒙运动，回答他们早已提出的历史问题，也是当时迫切需要解答的现实问题。历史往往就是这样惊人地相似。

不知道是历史创造了人，还是人创造了历史；也不知道是时代抛弃了徐渭，还是徐渭抛弃了时代。我们只知道，在不幸的时代里有一个不幸的徐渭。时间还在流逝，时代的舞台上还在上演一幕幕闹剧。不幸的徐渭不能再生，再生的徐渭也只有不幸。"世事模糊多少在"，也只有"付之一笑向青天"而已。是为祭。

李贽

"询问者"与"道德英雄"

◎李向平

　　中国人素来崇拜圣人，对于道德英雄则不表敬意。那些诞生于末代衰世的道德英雄，本来都应是新型文化思想的询问人和创造者；但是，如欲升拔为受人崇拜的圣人，其间还有很多很多的痛苦、折磨及误解。

　　公元1527—1602年，是明末思想家李贽（号卓吾）的生卒年代。1527年，他生于福建泉州；1602年，他以剃刀自刎于朝廷狱中，其间，李贽曾任朝廷命官：在河南共城任儒学教谕三年；在南京、北京国子监任教官各数月；在礼部任司务五年；在南京刑部任员外郎又近五年，然后任云南姚安府知府；最后出家削发为僧。临死之前，李贽手书王维的一句诗以明其意绪："七十老翁何所求！"东厂锦衣卫则上奏皇帝，声称李贽不食而死。

　　所以，正是这样一个距今四百多年的时代，李贽的悲观绝望慷慨自尽，其意义不仅是属于他一个人的，更是属于他所生活所曾希望过的时代。大明帝国已经走到了它发展的尽头。传统的道德政治已经凝固僵化，四书五经的儒学教条也难以给专制统治以妙手回春，统治者或被统治者都难以在外王事功上获取有价值的进展，类似文艺复兴或宗教改革的新生命无法孕育。

　　然而，绝不是没有任何新生命的含蕴和萌动。李贽死为七十老翁已无所求，但在这古稀之年以前，他却有过追寻与渴望。他追询得太多太多，似乎对一切均有疑虑；渴望得很少很少，仅求一个好死，死在知心朋友手里。他有豪杰之才，有圣贤之学；生前死后的评论与非议迄今未能消歇，不能遂愿受人崇拜却自杀于狱中。

　　这是历史与时代的局限所导致的文化现象，同时也表明个人与时代的巨大矛盾以及个人在认识时代过程中的无穷困惑。李贽虽有豪杰之才和圣贤之学，但他得到的评价却是狂悖乖谬，非圣无法；所著之书抨击孔子，别立褒贬，凡千古相传之善恶，无不颠倒易位；其书可毁，罪不容诛。或者，恰好与此相反，认为李贽非圣斥孔，不以孔子之是非为是非，实为中国历史上著名的儒家叛徒。或者，将李贽评论为明代中国启蒙思想家，提倡童心，力主个性，追求思想解放。

　　由此观之，公元1527—1602年，则不仅仅是李贽的生卒年月，而且是一代思潮、一世追寻和一辈中国人矛盾困惑的历史记载了。

　　可以肯定的是，李贽本质上是一儒家信徒而非儒家叛徒。用李贽自己的话来说，他自以学入仕为官以来，未尝一日触犯法禁，也未尝一日得罪上司官员。虽然李贽常感在任职为官时与其上司意愿相悖，但身为李贽上司者却无迕己之感。这曾使李贽感到自慰。

　　李贽出任地方官吏时，思想指导无疑是孔孟儒学。他以为知州为亲民之官，既然居位临民，当自有真正功德日积月累，可以施行菩萨发慈悲布宏愿的善举，俨然一副父母官大模样。他推崇有德必报的君子，以为唯君子有必报之德，所以可作为国家的依托，维系人伦纲常不坠不灭。虽然，李贽后来绝仕出家为僧，但在其身处以儒学作为统治思想政治方略的明皇朝官僚队伍中时，他是一个地地道道的儒生官僚，走着历史传统所规定的读书做官的老路。李贽削发为僧，被世人视为儒学异端；他自己间或也对孔孟儒学大发议论，直抒己见，被保守儒生贬为非圣斥孔，不可与之为伍。

　　可是，削发为僧并非李贽的本意，更无要背叛儒学教旨的初衷。李贽烦恼于家中俗事的纠缠，为了坚定其不与世俗（并非儒学）妥协的决心，才是落发归于沙门的。李贽出家后还担心旁人不明其心迹，特在给友人信中加以说明，把视出家为异端的人称为此间无见识人。只是李贽性格刚直不阿，说我异端，我就是异端，岂奈我何！但陡然去发，非其心也。

另一方面，李贽确乎是有不以孔子是非为是非的思想与言行。天生一人，自必有一人之用，没必要依据于孔子而后才觉得自己存在的价值。倘若人人事事都要取足于孔子，那么，千年之前孔子不生，人就不能成乎其人！？类似这样的思想言论，李贽常有常发。至少在表面上看来，李贽敢于直陈圣人孔夫子，已是大逆不道而为儒门叛子了。

实际上，这并非是李贽与儒学背道而行，而是孔孟学说延续了千百年后必有李贽其人。李贽所生存的年代，正值明皇朝末世，也是中国封建社会发展的晚期。依据于《论语》《孟子》而治平天下的外王理想不仅仅是力拙难支，精枯神竭，而且也与内圣成德修身齐家的道德设定距离日远。

李贽不但目睹而且熟知儒学德治理想中已出现的弊端。他痛心于末世之人为儒为仕，义理虚设，蝇营狗苟俱逐耳目声色之欲；他疾首于孔门弟子中自从颜渊死去，便是微言绝，圣学亡，儒理不得真传；人心不古世风日下，流弊至于当代，已是积重难返，阳为道学，阴为富贵，衣冠楚楚却行若猪狗。所以，自称为道德圣人先生的，心同商贾，口说道德而志在高官，心存巨富。所以，李贽据此而怀疑那已垂训千年的孔门教义，更怀疑那些满嘴仁义道德而实际男盗女娼者的道德说教。

面对着儒学的衰症，身临明帝国的全面困境，李贽痛心疾首，无法萌生叛逆之念。他期望的依然是明初盛世，先王教化。他一再提醒世人，口言道德者志在自欺欺世，所以先王教化已难行于冠服儒雅的上流社会，难行于书香门第统治民众的道德君子，而可以通行于穷乡下邑及山乡村庄里只字不识的芸芸众生；长此以往，则先王教化亦当形同虚设，无济于事。即便如此，李贽也再次表达了对孔子的敬意。他把孔子、老子及释迦牟尼，看作是能够超然于名利之外，不斤斤于名利的三大圣人。

这时，李贽应该感受到明王朝压在每一位儒生头上的重担，那就是重振纲常，扶颠持危，目的就是扶世立教，延长皇祚。伦理道德上的些微失误，导致的不仅仅是个人的身败名裂，而是帝国的安危，天下的平治。

综观李贽的整个思想历程，平心而论，他曾有过关于扶世立教、厉俗化世的考虑。他看出了修身齐家与国家政治的矛盾关系，看出了国家政治的衰败会导致种种假道学、伪君子的频频出现。而且，与其身心交接的也大都是一些假道学伪君子的虚言虚行，他无法也不可能产生超越于孔孟儒学的政治思维和政治智慧，他只能是这样认为：道德沦没乃皇朝统治衰败的原因；如欲大明帝国重振乾纲，个人事业有成绩，安身立命有根基，必定要以道德修养教化众生作为前提。

在这些零碎而非系统的思想中，可以发现李贽的貌似叛逆实则儒子的深层内涵。李贽认为：明德为本，亲民为末。所以，《中庸》上说的"自天子以至于庶人，壹是以修身为本"。这是孔学正脉，也是守约施博之道和至易至简之学，若不明德以修其身，不能自敬而能敬人，也就是本乱而求末之治。舍明德而直言亲民，也是如此。因此，君子能守德自修，天下能治；人人各爱其亲尊其长，国家能安。个人的道德能明，然后推其所有以光明天下，其民可亲，其国能治，大人能够成己成物。孔门教义，如此而已；根本不说如何去平天下，说只说修身二字而已。

鉴于以上思想，李贽觉得君子之治，以身为本，至人之治，以人为本。政治修明必定要惜才爱人。他认为，孔子惜才也知人才，可惜的是不当其位。孔子感叹人才困难，不是喟叹人才难用，而是感慨于惜才之难。因此，李贽又有知人则不失人，不失人则天下安的政治思想。毋庸置疑，这是贤人政治伦理的思想，源头则是孔门儒学。

值得指出的是，李贽还直接肯定了儒学的纲常之说。他在《夫妇论》中沿袭了夫妇关系为人伦之始的教义，同样认为有夫妇然后有父子，有父子然后有兄弟，有兄弟然后有上下；夫妇正，然后万事无不出于正。这就仍然把人伦纲常视为王朝政治专制的基础条件了。

李贽曾到过山东曲阜。如身为叛子，李贽就用不着拜谒孔夫子庙了。李贽不仅叩拜，而且深为孔庙的肃穆气象所感触。古柏参天，花木繁茂，但刺草不生，棘木不长。真如天人感应，圣人之圣能使草木香洁，乌鹊不敢入林戏噪。真是至德在躬，山川效灵，鬼神护佑！这体验这感受不正是李贽对于孔圣人的由衷崇敬吗？难怪李贽并不甘心认为自己就是儒学异端；难怪他被捕入狱后也坚信自己著书甚多，却于圣教有益无损。

诚然，李贽又不同于传统、保守、迂腐的白面儒生。他感到了外王理想的衰颓，认识到了内圣成德过程的扭曲。大明王朝亦无能力将外王与内圣重新愈合。尽管中国远古时代有受命治水的大禹，有承命教民稼穑的后稷，他们能够解民之倒悬，心生救焚拯溺的忧虑，可是，在李贽看来，时代不同了，我辈安能如此。所能为之的，唯是各亲其亲，各友其友，各个尽心量力互相救助。这也没有出离了明德亲民的伦理政治规定。痛苦不安的却是，不能将一己明德扩展教化至整个天下国家及芸芸众生。

内圣与外王，其间呈现了不可弥补的痛苦裂痕。君子不达独善其身，外王尚且不能如意，内圣成德修身养性总为必须（一旦外王内圣彼此沟通，不又是天生我才必有用的英雄）。而且，李贽所要求所修炼的内圣之学，不容半点虚假伪造，全要来真格的。所以他疾恶如仇，尤加痛恨那些名为孔门徒子徒孙实为儒家败类的假道学伪君子。加之他喜好面折人过而不悦其所长，在攻击孔门弟子时，常常是打破一切，甚至说出不以孔子是非为是非的豪言壮语。然而，也正是在他痛贬孔门弟子，指出这些孔门弟子的思想言行大都背离孔子圣贤的谆谆教诲时，李贽正好是在重申并强调孔子的学说与教义。

李贽确曾说过天生一人必有用，不待孔子而后足，讲过修身由己，不必问仁于孔子。他之所以这样讲，正因为他认为孔子本人从来没有教人学孔子，孔子自己也无学术以授门人。孔子回答颜渊问仁时说，为仁由己，是个人的事情，没必要去由着别人。也正因为如此，李贽才认为颜渊得之为千古绝学，不迁不二；颜渊死后其学也随之消亡，甚至是曾子、孟子及理学诸君皆不能得其真谛！那么，除颜渊而外，能得孔学真谛的也就是李贽他本人了。

李贽对儒学真谛及演变过程的观点未必正确，但他确乎有一种如欲延续孔儒正脉舍我其谁的气概。而且，在豪士不多而好学者乏人的明末，李贽这种舍我其谁的气概又与为仁由己不随他人的思想结合，便形成他眼高一世、好折人过的风骨神气。所以，他极讨厌老好人（乡愿），也不愿意与老好人结为伴侣。或者，他宁可失之于狂狷，不可得之于乡愿。他以为，若论载道，继承千圣绝学，不是狂狷者又怎么能够胜其大任呢？不论是学道，还是讲道和传道，意志不坚决、言行不进取、气质不豪放者是绝难承受这一使命的。仿佛是儒门弟子中非李贽不能理解孔子，非李贽不能承继孔子圣学正脉了。

有了这等气概，李贽尽可去嘲笑贬斥那些一生学孔子而不知孔子圣学真谛的腐儒。遥想当年孔子，饿于陈、蔡，被围于匡，至不得已时又欲乘槎浮海，其弟子依然相随不舍，何尝为求富贵以博名高官大而聚徒讲学？而今这么些道德君子，一日无官无财则弟子尽散，又能使谁心悦诚服呢？当今之世，不是没有心悦诚服的人，而是没有使人五体投地悉心依赖的圣人。李贽对天大发喟叹，若果有之，我愿意为他去死，用生命来表达我的诚服敬拜之心。可惜，孔子不能复活人间了！

面对如此淡泊凄清的儒门圣殿，李贽又该如何来完成载道续圣的使命呢？这是极为苦恼的事情。外王可以取消，单取内圣成德一路。传统的修身养德之路似乎已行走困难，另辟蹊径又非易事。大人之学，其道安在？李贽产生了疑虑，紧接着又给自己设定了一条新的内圣成德的道路。

按照孔子所教导的那样，我欲仁，就可以做到仁所规定的一切；并且，为仁由己，德性自足。因此，李贽的内圣成德之路也就是一条为仁由己的所谓独立的过程。儒学经典所说的"在明明德"，乃是外不加我内无自损的道德自足。修习磨砺，不过是明白明德在我的道理，以免自陷于愚昧而不自知。即使是没有成圣为贤的宏愿大志，也因为明德在我的缘故不可推辞谦让。这是儒学最初最切的教义与要求。所以，作为我自家固有之物的明德，上与天同、下与地同、中与千圣万贤同，借此可以安身立命，也可以顶天立地自比乎圣人贤子，更可以德高一切气压乾坤。

凡夫俗子尽可咒骂李贽为异端为逆子，但李贽却因为他这强调为仁由己、明德在我的内圣成德路径，道德自我不仅获得了支柱，而且得到了极度的膨胀，从而变得满不在乎，睥睨一切。毕竟是仁义明德在我心中，口说我异端又可奈我何！我卓吾老夫就是如此这般，颜渊死后唯我能得孔学真谛。千古英杰，其可欺乎！

李贽被视为儒学异端，主要原因在于他曾为儒生、曾为朝廷命官，而又落发出家做和尚。

李贽的个性褊急，好强喜辩，绝不乐意在言辞上为人所屈。在地方做官时，常与上司意见不合；与朋友相处，也往往吵得脸红耳赤，不欢而散，甚至从此断绝交谊。他追求个人性格上的独立不羁，厌恶家族人情俗事的纠缠，排除精神上的任何压力与不快，希望飘然一身，独来独往。

加之，李贽于佛、道本来就有浓厚的兴趣，又不满意官僚政治而绝意仕进，企求息机忘世而与友交谊以文墨自娱。呆板、拘泥的生活环境，极不利于他性格的发展，他感到内心倾斜、痛苦。正是基于这种精神欲求，李贽于公元1580年姚安府任满之后，即决意退出仕途。当时他年方五十二岁，虽在言辞上与上司有相左之处，但总的说来是一帆风顺，官运亨通。

李贽落发为僧是出自无可奈何。他在信中曾经劝慰朋友不要轻易出家为僧，妻妾田宅儿子是难以割爱的；倘是必欲了却生死困惑，在家更是方便，尤胜出家千倍万倍。接着，李贽剖析了自己之所以出家的真实缘由。他在信中写道：我当初学道，不但有妻室，而且身为朝廷命官，奔走四方忙于事务也无甚拘碍，但觉学问日日进展得力。后自退任姚安府后居住楚地，欲与良朋师友多多往来嬉游。无奈家中闲杂人等时时望我归家，又常常不远千里来纠缠强迫。在这样的情境之下，我才剃发为僧，以绝俗人俗事。可是，我也不是说对世间俗事全都不理不睬。千万记取，我并不是出家落发后才开始学道的。为此，他劝其朋友，虽田地不多家业不大，不似大富大贵之人，却也正好过过日子安享天伦之乐，何必一定要落发出家然后学道！

在给另一朋友的信中，李贽又援引佛教禅宗顿悟成佛不究教仪的说法，从而认为即便是做官也不与做佛相异，不是二事，得道则顿同诸佛，不理不会则会当面错过。

因此，李贽对世人视他为异端而感到苦恼。但是，他独立不羁、眼高一世的风骨，又绝不允许自己对此多加解释以求得世人的谅解。故而，李贽虽然是身入空门却没有受戒，也不参加庙中僧众的诵经祈祷，在许多方面还保持着官僚学者的生活方式，如短距离的外出依然乘轿代步，读书时让侍者立旁为之朗诵以省目力。据说，李贽落发也不是为了表现自己皈依佛门之后的虔诚与安顺。他素有洁癖，衣服一尘不染。一日厌烦头皮搔痒，却又懒得梳栉理会，一气之下遂剃去满头黑发而变为秃头和尚，然又留得胡须鬓髯不剪，因其不碍事不生痒。

这份心迹意绪，有谁能体味呢？好在卓吾老开朗潇洒，有些留意但总无所谓。他有诗自嘲："空潭一老丑，薙发便为僧。愿度恒沙众，长明日月灯。""有家真是累，混迹亦招尤。去去山中卧，晨兴粥一瓯。"这就在潇洒之中有些许认真了。混迹不乐意，为儒又已半世，贪禄也多年；有家成为累赘，但又怀恋"慈心能割有，约己善治家"的贤淑妻子。其中大有辛酸之味和自相冲突的心灵忏悔。

毕竟，他是在传统文化熏陶下成长起来的儒生门人。王阳明的心学、良知和佛教禅宗的无我、顿悟之学，给了他为仁由己、依自不依他和明德在我不待他求的道德豪气。但是，李贽总是摆脱不了孔孟儒学所设定下来的文化心理框架。即使是他深感有身是苦、万事皆累、世间为假的虚无和超脱，他也是在自己安身立命的根基上一再执着，自己为自己寻求新的立足、新的理解。他要把经世与出世视为同道一心，他要把精进佛道与孝敬父母彼此结合，他还要把自己与那些不忠不孝削发异服的逆子严格区分开来。这就对了，李贽本来就不是不忠不孝削发异服之流！

在李贽所居住的寺庙"芝佛院"中，李贽也随从众人而事孔子，寺庙里挂起了孔子像。在李贽的心目中，他虽为抨击其他儒生的假道学而对孔子有些失敬，但总体说来，他仍认为孔子是一大圣人。身为儒生，李贽要说颜渊死而圣学断绝，唯他能获真谛；既已为僧，李贽又以为孔子也曾是出家者。他以为：孔子未尝被妻室儿子所牵系，视富贵如浮云，游行四方，劝说诸侯。并不是诸侯不用孔子，而是孔子自己不愿进仕为用。孔子日夜惶惶以求出世知己，虽然是名为在家，实则为终身出家者。所以，释迦牟尼是辞家出家者，孔子则是在家出家者。

这些看法并非完全的荒诞无稽。孔子不仕而奔走四方，也就是李贽的出家本质；孔子孜孜以求出世知己，有弟子贤人七十二，也就是李贽遍游天下以求胜己之友的出家目的。不论李贽的说法能否成立，李贽可算是为自己找寻到一点根据：孔子能飘游出家，我李贽就不能，这是什么道理？什么道学？

孔圣人之所以要出家，李贽很是理解。因为颜渊死亡其学不存，孔子为此感叹"今也则亡""今也则亡"。孔学成为绝学。为此，孔子不做在家出家者又能有何作为？孔子一再嘱咐颜渊要坚守克己一义。李贽的理解是，"克己"就是"无己"；无己可克，才是克己。达不到这个境界的，就只能坐在生死窟中不能了却业缘，只好随时着衣吃饭度日。倘若能够真正克己，也就能够实现儒学所规定的正其心而诚其意，也就是儒学经典《中庸》上说的但明明德了。

李贽信佛学道，也不过是自信这克己、正心、为仁由己等孔学的真实底蕴，从而与佛沟通以承先圣罢了。作为一名学人，最最忧心的是不能正心，不能止于至善，不能诚意。即便按佛经所说，所谓诚意正心，也就是不要自欺，更不要无所住心。

因为，心之不正，始于有所。有所则有住，有所住则不得其正，心也不得自在。再有，《大学》为使人们止于至善，也指出欲明明德，必须知止，要常寂而常定，至静而无欲，安定而不迁，百虑则为一致。这些儒学及其经典所强调的主张、宗旨和境界，在李贽看来，皆与佛学禅宗的无心无住无所彼此相通，可以相得益彰。不知至善，明德并不在我，便嚣嚣然以为自己能够等同于大人亲民治世之学，这无异于缘木求鱼，舍本逐末。不然，颜子和曾子作为孔圣人的高足，终身以好学、守约称誉于世，怎么也不敢妄言亲民治世的作为？信佛近道不是正可在明德、克己、正心方面狠下功夫吗？

具有了这样的思想和心情，李贽才算是获得灵魂上的安静与自在。他可以德性自足自悦地将学道出世之事作为天下最认真的事情。日用饮食可精可粗、可饥可饱，不必太认真，唯有学佛做人马虎不得。

正因如此，李贽即使是信佛出家，也油然而生出一种道德使命感和伦理自律感，觉得孔圣人、孟圣人曾经汲汲遑遑，达摩东渡祖师棒喝，他个人也必有不容自己难以做主以承先圣先贤的责任。即使学佛而被称为异端为圣门所深斥，李贽也在所不惜，不必处处独申明之了。

佛教教义中的西方世界正好等同儒学理想中的大同世界。禅宗悟道的无住真心与即心为佛，更可以使李贽明其德性，成己、立己、尽己之性。德性不明，又怎么能谈得上去亲民治世？所以，凡能明其德者，李贽便悉心从之。李贽相信，他的努力与其著作一样，皆对孔学圣教无损无害；唯有勤精进成佛道，可以救心成德拔天下父母于苦海而成就孔学孝道；同时，还可在有志者少、好学者少的社会末代，劝促众生真实向道，以度一世世人，欣收救心亦救世的双重社会效应。

显然，救心亦救世的社会效应，李贽做不到，其他思想家政治家也难做到。凭借伦理道德来治理国家天下的儒学外王方法，此时已山穷水尽，内圣之学也日趋式微。力倡成德成圣的结果，就是心性空谈假道学伪君子辈出。所以，李贽在这样一个时代里，外王路径难以涉足走通，内圣之学又徒有个人实践的努力与自由，不可能在社会普遍范围内另外提倡一个什么主义或主张，从而振兴伦理臻至治世。他既不满儒学理学，却又信服孔老夫子；他既看破儒学发展已到尽头，却又只能迹存佛院，心恋孔孟。他学会了禅宗当头棒喝打破一切的思想方法，但克己为仁与无心无己之学的佛儒相合，又使他在心灵中重筑一道伦理道德的樊篱，自信自足自满自悦地生存在其中，并回首俯视芸芸众生，颇觉自己是德高一世，心越千古。

既然李贽不是儒家叛徒，顺理而言，他自然也不是什么启蒙思想家。李贽的思想和言行，破坏的作用大于建设的理想，更难以谈及个性解放、启迪社会的作用。

当时是整个时代喜好禅悦之风。这也是形成李贽思想的温良土壤。李贽议论放诞自恣，行为不羁不检，提倡成佛证圣唯在明心，本心若明，无善无恶，虽一日受千金不为贪，一夜御十女不为淫。文人士大夫乐其简便，好禅者往往跟随李贽四处交游；并聚人讲学，杂以妇女，相率吸引，一时间喜谈禅学的人都以李贽为楷模，世风为之一动。李贽后被官方弹劾，以致入狱，其主要罪名就是惑世诬民，倡异端以坏人心，肆淫行以兆国乱。

诚然，这与思想启蒙尚有一段很大的距离。独立不羁；议论豪放，因崇尚佛学而主张无己无心无善无恶，提倡明德真心，这也不是思想启蒙鼓吹自由的精神风骨。李贽思想中最富有浪漫气息、反叛色彩和具有近代自然主义人性论特征的"童心说"，也因为他难以超越的道德樊篱，而将纯真如赤子的童心作为了伦理政治的基础。在某种程度上说，李贽的思想言行，与其说是个性解放独立的追求，倒不如说是内圣成德新路径的询问。

李贽尽管离家出走为僧，飘然四游，但他依然要仰仗许多身为官僚地主士人的朋友的经济资助才能生活。他本想效法孔子四处寻觅胜我之友，到头来还是形影相吊孤苦伶仃。他的思想不可谓不奇特不诱人，但他却是苦口婆心地与朋友兄弟反复申明自己的初衷。他孤心苦诣地欲以历代圣贤为人生楷模，以为古之圣贤生也不易死也不易，常以孔子朝闻道夕死可矣的教导勉励鞭策自我，可是他总是做不了圣贤，端正不了他在朝廷、地方、社会民众中的道德君子形象。李贽真正地全身心地绝望了。他自谓不能成佛，也不能成圣，又如何自立于天地之间？如何度日？如何见人？他那一个痛苦冲突无法安歇的心，无以自安；在家无以安家，在乡无以安乡，在朝廷无以安朝廷。内心深处灵魂内核，正想在修身齐家治国平天下的传统文化天地寻觅一个漂亮的坟墓。他承继了古中国知识分子"士为知己者死"的最后顾虑，虽然想在修齐治平的儒学理想中埋葬自己，却又企望死在朋友手里，即使是见一知己而死，死也瞑目，不恨于九泉了。多么可怜又多么伟大的心灵寄托！偌大一个时代与社会，无处容纳一个自相矛盾、无法静息的孤苦灵魂！

与他的同时代人相比较，李贽自有他的过人之处，但还谈不上思想启蒙与个性解放。他追求的独立与自由，不是文化创造与思想表现的自由，不是寻觅时代病症越过现实世界另思出路的独立。他的代表著作《焚书》《续焚书》，虽然刊出遭焚，但思想实质恰与清代文学家袁中道说的：细心读来，其一语破的之处，实乃大有补于世道人心。庸人以为得罪于名教视之为毁圣叛道，则已过矣！

这是时代的狭隘与错误，正犹如今以为李贽为启蒙思想家一样，同样是时代的误解。

李贽的才太高气太豪，不能与世俗同流合污。所以，他的才华他的豪气，必须有独特的体现形式与宣泄方法。放弃外王（心神往之）单取内圣成德（欲做圣贤），信佛学道主张无心无我即心为佛（膨胀自信），这就是他选取的形式与方法，铸就了他异于他人与时代（不是超越）的心灵精神。圣贤没有做到，但过高的才学与豪气，却使他出乎意料地成了中国历史上赫赫有名的道德英雄。

本来，自孟子开始，心性修养之学就成为儒家道德思想中最重要的观念。按孟子的说法，尽心知性，知性知天是同一过程。天犹无限，尽心能够知天，那么，心也必无限之大。万物皆备于我（孟子）；宇宙即我心，我心即宇宙（陆象山）；充塞天地的只有心这个灵明（王阳明）。儒家的这个道德理想，很是迷人，很有一番自我的庄严与崇高，很容易使个别道德君子高踞云霄，俯瞰世间，小视社会。宋明儒者受佛教影响之后，出世倾向与道德玄思结合，口上常是"宇宙在乎手""万化自我出"，伦理自足而大言不惭。这种道德感觉，往往会使人在现实生活中，超越、批判不了这个世界，但可以睥睨一切，蔑视俗世，流于狂傲和玄虚。圣人难为，道德英雄或道德超人却可以在自己道德感觉幻构的世界中创造出来，忘乎所以，自以为是。

李贽就是如此。传统的儒学修养使他深感心性、成圣的重要，他也颇有万物一世皆备于我的气度，所以好面折人过或强辞分辩。他追求的是个人自我的道德主宰，以及在主宰自我过程中道德修养的自主化（即自由），免除假道学和家中俗事的干扰。故而，他不想在现实的伦常和礼教支配的生活中无可奈何，于是就落发为僧以示绝俗，表示在道德修养方面的自我主宰。

李贽觉得，学佛出世非一般人所能为，只有出格大丈夫才能如此。出格大丈夫，可以看破一切放下一切，而看破放下也就是自信自足。换言之，信与不信、放下与放不下，总是个人的事情，所以能够放下自信的人才能够自为主宰，成为出格丈夫。学佛不为别的，就是证得自心即佛。若以自家智慧观照，人人都是菩萨，不分圣愚。再者，禅宗也倡导顿悟成佛以及天上天下唯我独尊的思想。这就是儒释沟通合流的最深刻之处，共同培养、孕育了道德上的英雄或超人。李贽不愿意世人以异端对待他，以儒教叛臣斥骂他，很主要很深刻的文化心理因素，也就在于此。做个道德英雄，不也正是孔圣人及其儒学所要求的主要内容之一？

如果学佛能够成为自在菩萨，参禅悟得身之主宰便是心，这又怎么会有碍于儒学我心即宇宙，万物皆备于我的道德境界？看看李贽的道德英雄气概：天地与我同根，谁是胜我者？万物与我为一体，又谁是不如我者？何等豪迈何等伟岸！世人不能胜我强我，所以又要强调谁又不如我。不但是自己要做道德英雄，而且，他人也须如此。这便是自信为道德英雄之后的道德救世救人的政治情怀。

念佛参禅，绝无离弃孔圣儒门的本意。时处明朝末世，英雄杰士不可免于世俗但可以进于道。君不见社会上有骨头人甚少，有识见人不多，不敢遽排众议夺其时论以重振门庭吗？

人犹水，豪杰之士如水中巨鱼。假若想要求得巨鱼，必须换水；想要求得豪杰，则必须异人。水已变得污浊枯竭，水中还能有大鱼存活，还能有大鱼的自在畅游吗？

当今世人若欲从世间俗人索取豪杰，那么，也就无异于从井中钓鱼，不可得也。李贽沉沉想来。换水异人难以为之，整个社会江河日下。可以努力的，也只能是为仁由己独善其身，企求免于世而进乎佛道而保有些豪杰骨气吧！不啻为末代衰世中做一真正出格丈夫的唯一上策。

儒学亚圣孟子想必与李贽心息相通。孟子主张：圣王周文已很遥远了！等待周文王出世而后有作为者，乃是庸碌小民；如果是一英雄豪杰，虽无文王也将闻鸡起舞，死而后已。如此观之，李贽作为封建社会末期的道德英雄，是很有些心灵支柱与精神关照的，不然，才识再高也难有豪气刚骨。

凭借着这些支柱和关照，他可以大言宏论："如今天下无人……"；他可以自信："丈夫在世，当自尽理"；他不畏死不怕人不依靠权势，活脱脱的一副英雄神气。

可是，他敢于遽排众好夺时议，常发惊世骇俗之论，也仅只是英雄神气的体现罢了，没有系统的思考与对社会对人性的理性总结。这就是李贽自我表白的，所以如此豪杰不过是得天所幸所宠而生我如此大胆。所以，凡昔人所赞尚以为圣人贤者的，他多认为是假的骗人的，凡社会所鄙弃唾骂以为不耻小人的，他又大都以为是可以托国托家托身的大丈夫。敢于这样的思想、言语，不是天生胆大又是为何！

这说明，李贽始终不能超越儒学，超越时代，超越自我，其思想、言行、意志、旨趣都没有突出明确的文化启蒙的指向。说得尖刻些，李贽不过是以其狂悖自恣、议论纵横而著称于世；道德英雄与英雄道德，终了也仅只在道德心性内圣自足的古老长城中徘徊苦恼，虽然是学与时迕，天下无此英雄而显得空谷足音，但脚步迈得再响再重也不越雷池一步！

豪杰与凡人的分别，李贽也只是从庇人和庇于人处去识取去判断。大人豪杰，即能庇人而不庇于人；小民凡夫，则不能庇人反而庇于人。居家而庇荫于父母，居官而庇荫于长官，立朝而庇荫于宰臣，为边帅则庇荫于中官，为圣贤则庇荫于孔孟。由此看来，即便是做了道德英雄，也是个可以庇人的父母、官长、宰臣……依然需要不做英雄只守道德的凡夫俗子。

当然，李贽的本愿初衷不受这个范围所局限。它只是一种历史发展的必然意向。就仅仅是道德英雄吧，李贽的个人意志与心灵情怀总是不能满足的。他还在为"如今男子知多少，尽道官高即是仙"而四顾茫茫；他老来无力，既没眷属之乐，亦无朋友之悦，茕然孤独，实在是未尝超脱。终日读书已非老人事，唯有安静等死。为官三十余年，未尝分毫为国出力；双亲归土，妻子所生四男三女，唯留一女在世。眼下垂垂老矣，体素羸弱，虽弟姊七人已婚嫁而各有儿孙，可以无疚遂以自慰了，然而，唯有一件人生大事未能放下，未能明了。当年心下烦懑不静，所以弃官入楚皈依佛门。如今到了耳顺之年，方觉陷溺过深且久，今是而昨非，自己的内心深处绝未曾自弃于纲常人伦之外。

不然，我卓吾老夫怎么只会顾影自怜，但望死在朋友手里就心愿了却？天下无友无朋，久矣！只有一塔墓室可以厝骸可以娱志，幸随我意。……道德修养不谈不论了，英杰豪气烟消云散了。

仿佛是卓吾老人自知其道德英雄难为难做似的，代表著作名为"焚书"，即准备其书被焚而弃之。历史果然如此。《焚书》刊刻问世，一时洛阳纸贵，风行天下，言谈间非卓吾不欢，几案间非卓吾不适。但《焚书》一次焚于明万历三十年，再焚于明天启五年。反倒是一个时代毫无英豪气度，只能以庸夫小人之腹来对待这位道德超人。

李贽享受不到中国人对圣贤那般的崇敬，他想成为圣贤，却因时代的局限而滞留在道德英雄阶段。同时，李贽还承受着后世立意要做道德英雄的儒生的痛诋与针砭（如顾亭林、王山史）。比较而言，李贽思想与言行在当时所能受到的某些喜爱和欢迎，确乎是不足挂齿的。

除非李贽具有改变时代、社会的治平本领，不然，作为道德英雄是不会受到社会崇拜的。这也是他由英雄升华成圣人的必经路途。然而，传统中国知识分子尽管把治国平天下的道德功利看得很重要，但它对于完善自我人格、注重道德、止善成圣的儒学意识来说，依然只是补充而不是替代，只是手段而非目的。所以，李贽德高一世，气盖天下，雄视今古，也就很能满足他的超人意志与趋圣情怀了，其激进的思想言行因此而不可能悖逆孔圣儒门，不可能启蒙于后世中国人，也就因为李贽的一腔热血乃洒滴在他道德激进主义的孤独足印中。激进、能动、不同俗子的，依然是传统伦理道德的观念与境界。不过，李贽想必是有所自足的。所以他临死前说出"七十老翁何所求"的言语，为他一个老人和一个如同老人的时代点上了最后的句号。

李贽的历史尽可以续写下去，想做英雄的中国人当代有人在。令人诧异的倒是，全面深刻的道德危机中却奇迹般地耸立出道德英雄的可爱形象。中国的历史，中国的文化和中国的政治，真正令人叹为观止尤是奥妙了。

金圣叹

悲凉的妄想者

◎陈　飞

　　"圣人"仁怀包括现实在内的整个宇宙，而现实却每每报之以
无赖、欺诈、暴虐……于是，他悲凉、愤怒、无奈——不仅在于它
的恶劣，更在于它不知改变。他不能改变它。

　　金圣叹总是说："一肚皮不合时宜。"
　　"不合时宜"，本身就体现着矛盾：与现实的冲突。清醒地意识到自己
的不合时宜，这是怎样的悲哀？明知不合而执意去做，所谓知其不可而为之，
这又是怎样的痛苦和勇决？！当他回顾所以来，讥嘲自己的"不合时宜"时，
又是怎样的遗憾和愤愤不平？！
　　"不合时宜"，是个人和群体的冲突，理想和现实的冲突，崇高与鄙俗
的冲突，清醒与浑浊的冲突……
　　困惑，不应该被狭隘地理解为"迷惘"。它同时意味着清醒、矛盾、求
索和不甘心。它还意味着没有希望的追求，无可奈何的奈何。明明白白义无
反顾地走向毁灭，也是一种困惑。
　　困惑，人所难免。古来圣贤、仁人志士尤多如此。困惑有各种，因其内
涵不同而价值可以判别。然则，困惑也许是一种精神财富。

金圣叹的困惑，萌始于他的童年，展开于青壮年，加深、加重于晚年，直至临刑就死，都不曾消释。其情怀所关，甚为广博深刻：从个人到万物；从现实到精神；从生到死。宇宙人生，无不在其关注忧怀之中。

◆◇ 童稚已徘徊

至今没有任何可靠的记载能够让我们悉知金圣叹家世、身世的全貌。所幸的是，金圣叹喜欢谈自己，尤其晚年，每每陷入深长的回忆。借此我们可以窥知其生平的概略和心灵的历程。

晚年的金圣叹在回忆：

> 七岁时，我眼窥深井，手持瓦片，一心想把它掷下去。但想到它将永远不能重见天日，便不忍心。转而又想没那回事儿，暗笑自己多此一虑。于是一边在井边徘徊循环，一边摩挲瓦片，久久不已。
> 然后横下心来，突然掷下去，一口气跑回家中，哈哈大笑……

如果是一个七岁儿童在向我们讲述他一次偶然的游戏，我们可以不予介意。然而这恰恰是一位老人在向我们回忆他的童年，我们就没理由漫不经心。七岁时的金圣叹怀着一个怎样的童心？读后不免令人惊悸！在掷瓦片下井这个小小的情节上，可以看到这个孩子的性情特点：第一，他是任性或者说是执着的，不管怎样，他终究要把瓦片掷下去，否则便不能安心；第二，他是矛盾的，他甚至想到作罢，经过长久犹豫，才"横下心来"；第三，他的行为意向是可怕的。他不是如一般儿童那样，将瓦片划向池塘，看取水面上美妙的波纹，而是将它投向"深井"。如果我们不怕涉嫌附会，不妨对"瓦片"和"深井"做一些象征性理解。"瓦片"可以视为某种生命热情（或曰理想、事业追求之类），而"深井"可视为某种"目标"、"过程"。瓦片固然是随处可得的，但对于孩子说来，亦不失为自己之一物；而"深井"既是神秘的，也是可怕的。将"瓦片"掷下"深井"，这是一种选择，至少表现出这个孩子既富于探险精神，又怀有某种不祥的预感。而他最终毕竟是掷下去了。于是，在他决意"探险"的同时，一层沉重的阴云就已笼罩在心头。第四，更进一步说，他并不打算永远留在"深井"里，或者，"深井"里边未必会有出路。他对"瓦片"的惋惜，体现着这个孩子是富于爱心的，仁者爱及万物，这是他的善良天性。这一"掷下"，实在昭示着他的追求、他的心性必将"毁灭"的命运。

显然，这是一颗早熟的、敏感的乃至是被扭曲了的童心。那么我们就有必要寻找铸成这颗童心的各种因素。金圣叹是一个很小就失去父爱、母爱的孩子。他的母亲甚至比他的父亲更早地离开他。所以，圣叹常说"吾虽年幼，而眷属凋丧，独为至多"。他的记忆中还保留着儿时母亲将一块玉钩挂在他颈下的情节。他的父亲是怎样的面貌我们不得而知，圣叹向我们描绘的只是幼年时见其父夜诵四书五经的剪影。不用说，金圣叹幼小之年没能得到正常的、足够的双亲之爱，长期处于孤独之中。

失怙的孩子一般说来也是贫穷的，并且容易生病。金圣叹的家境从小就贫寒，他那夜读《四书》的父亲似乎并没给他留下多少遗产。而幼小的金圣叹常为病苦所折磨，以致到十一岁上才入乡塾。以后，病魔伴随他终生。早年患的什么病，我们不得而知，成人以后，他似乎患了"消渴"症（糖尿病）。这是一种既消耗肌体又消耗精神的病。不用说，长期患病的儿童性情往往是敏感、忧郁和脆弱的。

然而，金圣叹又是绝顶聪明的孩子，真不知这是他的幸运还是不幸。他虽然迟至十一岁才入乡塾，而他所读的书却不少。恰恰是这些书，又给他的心灵和性情以重要影响。塾中所教，一般都是《大学》《中庸》《论语》一类的儒家经典。金圣叹由于常常生病告假，有机会得阅其他书籍，到了十二岁时，他已读到《妙法莲华经》、屈原的《离骚》、司马迁的《史记》，尤其是《水浒传》，简直令他入迷，"无晨无夜不在怀抱"，乃至日夜手抄，批点起来。这就是说，圣叹少年所接受的文化教育来源和性质较其他同时代的儿童为复杂。就其对人生的指导意义说来，四书五经，教人读书为儒，致君泽民，即走向积极的社会追求和政治（道德）实现；而《莲华经》《离骚》《史记》《水浒传》都含有"发愤"的意味，其中充满着人生空幻、不幸、怨愤和抗争色彩。这两类文化本身就含有某种冲突。在传统的眼光里，后一类东西是"儿童不宜"的。但偏偏被金圣叹迷上了，且奉为天下至文。可以想见，在他幼小的心灵里，都充斥着一些怎样的人生情调！这种互相矛盾不谐的人生内容，是一个十来岁的孩子的心灵所不应当承受、也承受不了的，但它们就这样一股脑儿涌进了金圣叹的内心。这未免有些残酷。

此外，还有当时的社会政治、思想文化大环境的影响，留待下面再说。

所有这一切，对金圣叹稚嫩心灵的作用是可想而知的，在前述掷瓦下井的情节中，也不难体味出来。如果说那情节的意向还嫌朦胧的话，还有另外的情节可供分析。晚年的金圣叹又回忆说：

> 儿童时节的嬉戏，在老人们看来似乎是毫无意思的，而在我的意念中却是都有寄托的，是经过长期筹划、精心安排的，绝非出于偶然：我把羊车竹马，当作国王出行的仪仗；我玩尘饭涂羹时，心中在比拟着国家的祭祀大礼；桐笋榆钱，被我当作排演临朝听政的道具……这些现在看来都是可笑的妄想。

金圣叹还回忆说：

> 我记得自己幼年时作过一首诗：
> 营营共营营，情性易为工。
> 留湿生萤火，张灯诱小虫。
> 笑啼兼饮食，来往自西东。
> 不觉闲风月，居然白头翁。
> 现在想来，也是可笑。当时一点点年纪，就想到要生子生孙，又想到广辟园圃……

在这里可以看到，金圣叹很小的时候就在思考着人生问题，就在试图确立自己的一生理想、事业和追求。但是，他的"确立"在人生态度上又是有矛盾、不能完全和谐的。一方面，他憧憬着出将入相，甚至为王为帝，即在现实政治中有极大的作为，达到极高的地位，这显然是儒家入仕用世的人生态度；另一方面，他崇尚"情性"，在率性尽情之中，自由自在地生息、笑啼、东西往来，在"闲风月"中，了此一生，这又分明是道家佛者那种恬淡自保、与世无争、远于功利的人生态度。这两种人生态度必然形成矛盾、冲突、不谐。而且，我们并不能以它还是一个儿童的意思来作解说。事实上，金圣叹在儿童和少年时代所思考的问题以及这些问题的内在矛盾，一直影响到他的青年、壮年和老年，而他的一生都在力图使这些矛盾能够达到统一。为此，他作了不懈的努力。然而效果如何？人们自可各持己见。但有一点是肯定的：他在现实中不是一个得意者。

幼小金圣叹属于那种高智、早熟而又敏感的孩子。他过早地体味到人生的种种不幸，也过早地涉足人生的艰难。他思考的不是如一般儿童那样：想得到一个玩具或一件好看的衣裳，而是那些与社会政治、天地人生有关的重大问题；与此同时，某种人生的不祥和悲凉也悄悄地袭上心来。于是，他的人生悲剧便由此启序，他的人生困惑也便由此肇端了。

◆◇ 青春最无奈

爱情与事业（或曰一婚一宦）为人生两大主题，也是青春生命的主旋律。而且，这二者互相影响，影响着人的一生，对于古代儒家知识分子说来，这二者对人生就更具有决定性意义了。

金圣叹结过婚。我们虽然还不能知道他妻子的家庭出身和他们的结婚经过，但这个女人跟着金圣叹吃了不少苦却是事实。她为他至少生了三个儿女，含辛茹苦而且贫病交加。最后的命运是人们共知的：在圣叹被杀头之后，她和儿子被流放到宁古塔。

在现有的材料中，看不出金圣叹对她的温情蜜意。但圣叹对她满怀同情和歉疚，却是显而易见的："病妇连年月，襟裾不复全。降严随子女，背眼弃钗钿。昼鼠骄游枕，春虫化出奁。呦呦听不得，一笑当相怜"（《病妇》）。"贫妇如野花，亦向春风好。千计求晨炊，梳头只草草。织麻复织麻，麻多织未了。不知美容颜，竟向机中老"（《贫妇吟》）。金圣叹终生未仕，又不曾经商，且并无许多产业。作为一个儒生，在那个社会里，他几乎没有什么经济来源。就算他本人能够忍受得疏食瓢饮的清苦生活，但作为一家之主，为人夫人父，面对病困之妻、待食之子，圣叹能不感到羞愧么？这种心境，不必出于爱情，仅仅从责任感出发，也是可以理解的。娶妻而不能养之，生子而不能育之，甚至还要靠妻子的"织麻"来维持生计，要靠变卖钗钿以待友人，圣叹能不怀有歉疚么？每思及此，圣叹总是不能平静。他晚年曾有出仕清廷的打算，其中一个重要原因是想借此摆脱全家的困境。

然而，青年金圣叹在感情上似乎是别有所钟的，这可以从圣叹的一系列文字中推测出来。在评《西厢记》"酬简"时，圣叹于张生、莺莺幽媾后写道：

> 诗云："最是五更留不住，向人枕畔着衣裳。"此最是不可奈何时节也。
>
> 圣叹自幼学佛，而往往如汤惠休绮语未除。记曾有一诗云："星河将半夜，云雨定微寒。履响私行怯，窗明欲度难。一双金屈戍，十二玉栏干。纤手亲扪遍，明朝无迹看。"亦最是不可奈何时节也。

金圣叹是个坦率尚情的人，他这两段话至少向人们透露他也有着"最是不可奈何时节"，他与那位女子的感情至深，关系亦至密。但是，她是一个怎样的人？她和圣叹的感情过程是怎样的？却很朦胧。金圣叹写过大量的"无题"诗和效李商隐体、效西昆体的诗，从中可以窥知一些消息。诸如：

> 经春消渴动，隔巷美人疏。
>
> （《春末怀周仲粟》）
>
> 巫山亦有晴天日，神女终无梦断时。灵雨灵云当面起，行人行过楚王祠。
>
> （《效李义山绝句》）
>
> 更深风定夜冥冥，欲醉将眠户已扃。忽忆栏杆花不动，又持红烛绕廊行。
>
> （《效李义山绝句》）
>
> 白日当天三月半，远山新寡一年多。相如又是真消渴，便解琴心奈若何？
>
> （《效李义山绝句》逸诗）
>
> 三郎乘醉欲关扉，满愿残灯未解衣。君自好贤宜易色，妾非之子亦宜归。可怜桃叶姻缘浅，自顾桐花羽翼微。不惜要盟过夜半，女儿珍重是双飞。
>
> （《无题》）

一双年小两无忧，四角同心百合裯。蒋妹桥梁天与婿，相如消
渴自云瘝。鸳鸯淫思多于睡，蝴蝶花狂卒未休。慎勿春眠恒着晓，
上房闻道已梳头。

(《无题》)

这些诗中大量出现星夜、云雨、栏干、屏风、巫山、相如（消渴）、桃
叶等意象，大体可以认为，金圣叹青年时期曾与一位女郎有过极亲密的感情，
这种关系大约始自圣叹婚前，保持至其婚后。这位女子的居处离圣叹当不会
很远。后来此女子因故（可能是战乱）离开苏州，入于娼门。从此圣叹与她
再难相见，但在他心中却始终不能忘怀。这种推测还可以从金圣叹的长诗《青
谿行》中得到印证：

鬖鬖杨柳碧如丝，客舍萧萧春雨时。
剪灯夜读青谿传，重作人间断肠词。
青谿女子博陵氏，艳若芙蓉依秋水。
慧业前身白玉楼，风尘今谪琵琶里。
……
荡子低头泪盈眥，仓皇为说别来事。
浑凝辽海鹤初还，真见天台人再至。
当时犹作来世盟，如今一笑隔三生。
柳条不见章台色，桃叶空留古渡名。
……

如果这里的"荡子"暗指圣叹的话，那么"青谿"就应是暗指那位女子，这篇《青
谿行》就是圣叹的夫子自道了。根据这里的描绘，青谿入娼门后又被某"侯门"
所得，最后含恨而逝。造成她与"荡子"生离死别的重要原因乃是战乱。当然，
这些都还只是文学的"真实"，并不能够完全坐实在金圣叹身上。

真实性是一回事，而金圣叹在感情上的矛盾与困惑又是一回事。不能和
自己所爱的人结成百年之好，不仅是人生感情生活上的不幸，而且，它还体
现着金圣叹在感情上的矛盾。金圣叹不止一次说过：人生"男女之事"青年

· 210 ·

时在所难免，但一有大事，便不得不痛与之别。所谓"大事"，大约就是男人的事业追求。在这里，他是主张为了事业可以牺牲爱情的。然而事实上，金圣叹在"事业"上并不成功，那么，他在爱情上的牺牲就毫无意义了。不仅如此，圣叹在爱情的观念上也是矛盾着的：他对"好色而不淫"的古训大胆怀疑，认为"好色"不仅不妨"淫"，而且真正的"好色而淫"是合情合理的自然之事。在这里，他是崇尚真情的。但是，一旦落实到具体，他又不能不以"礼"作为"防闲"了。如张生和莺莺，才子佳人，两相倾心，便是千死万死，亦应必求一当。为此而死，也是值得的。但是，才子佳人要实现其感情，必须有"理由"，爱佳人又爱"先王"的才子才是真才子，爱才子又畏礼的佳人才是真正的佳人。男婚女嫁，必依常礼。所以"贼警"之前，张、崔二人虽极相爱也不能私通；"贼警"之后，崔母虽极严厉，崔、张二人也不妨私通。在这里，"礼"又成了爱情的限制，甚至是矛盾。观念上的困惑和现实中的变故，实是圣叹爱情不幸的两方面重要原因。他既无力抗拒现实，也无力冲决观念。于是，他只能一辈子在贫病中咀嚼他的不幸，只能眼巴巴地看着他所爱的人沦落、事人以至郁郁而死，只能没完没了地为她写诗，而且还只能用"无题"等隐晦的手法去写。然而，在现实中，金圣叹为了"事业"牺牲了爱情，却并没能成就其事业；为了"礼"而牺牲其爱情也没能够成就其名节。他实际上是顾此失彼，结果是彼此皆失，最后一无所有。如果说他对妻子怀有某种"失职"的歉疚的话，那么他对其所爱的人所怀的，就应是无尽的悔恨了。这也许是旧时代儒生常常会碰到的感情困惑吧。

◆◇ 衰白早相逼

早熟，未必是值得庆幸和欣喜的事。大概是金圣叹过早地向"上帝"那里支取了生命的岁月，以致使他竟"没有"青年和壮年，只是从童稚蓬心一下子步入衰白老迈。这实在是令人难堪、令人心惊、令人无可奈何！

晚年金圣叹回忆说：

> 我在童年时代，整天茧茧然，傻乎乎，仿佛人生的岁月对我说来是静止不流逝的，那过去了的不再过去，未来的不再前来，天地

间唯有我的生命是常在不死的。人们都说《兰亭序》感慨生命为至妙之文，我却看不出它好在哪里。然而，大约当我三十四五岁时，开始常常莫名其妙地感触伤怀，忽地惊心！在此之前，我还是童稚蓬心，在此之后，却已衰白相逼。中间壮岁，全然失去不见，仿佛空白。再往后便是终日感叹咄嗟，陷入忽忽不乐的苦境……

从人的自然生命说来，没有"壮岁"一段，是不可能的。但是，如果从人的精神生命、心理状态上说，没有"壮岁"，则是完全有可能的。而作为一个儒家知识分子，精神生命尤为重要；作为一个文学艺术家，其（心理）情感生命也是特别珍贵的。因此，所谓没有"壮岁"，实在是指金圣叹的精神生命和情感生命。

在说到金圣叹的精神生命和情感生命的时候，不能不连带着他那个时代的社会环境和思想文化环境一并予以考虑。

金圣叹出生于明神宗万历三十五年（1607）。这可以说是一个典型的"末世"；明王朝走过了它的"盛极"开始转入衰败，中国千百年的封建统治也耗尽了它的活力全面沦入垂死。封建社会的"物质基础"在破裂解散，传统的思想文化也面临着彻底的总结批判。人们的自然生命朝不保夕，处于强大的生存威胁之中，而且精神苦闷，道德"沦丧"，心理"恶劣"，行为异常。所以，史家称这个时代——明末清初——为"天崩地解"的时代。一切都在激烈动荡，而且都来得那么迅疾而惨烈！概而言之："明亡之征兆，至万历而定"（孟森语）。明王朝统治至此已是楚歌四起，丧钟频敲，残局不堪收拾，广大民众忍无可忍，起义烽火风起云涌，其声势之浩大，为古来所罕见，终于给统治者以致命一击，崛起于北部中国的女真势力，问鼎中原的野心急不可待，适逢良机，便挥戈南下，长驱入关；那些"仁人志士"们，拥戴着"南明"的旗号，辗转东南，浴血战斗几十年，最后力不能支，成仁成义。那些怀有良心的读书人激昂奋进，慨然以天下家国为己任，以各种方式强烈地显示着自己的存在和力量；"市人"和"工人"在激增，他们的生活观念和方式表现出另一种风格；西方的天主教士们纷纷来华，他们不仅带来了"上帝"的声音，也带来了令华人瞠目结舌的自然科学知识；中国的传统思想至此也精疲力竭，一大批杰出人物表现出强烈的反叛性格和理性精神。这是一个愤怒与悲凉、狂热与沉思、求生与赴死、叫号与寂灭、烽烟与血泪纵横交织，反复搅和，惊心动魄的时代。

千头万绪，不胜缕述。就其要者而言。明末的败政，非止一端，大抵中国封建政治所能够产生的弊病，在这时都有，而且暴露无遗。皇帝"玩""皇帝"，宰相"玩""宰相"，从中央到地方各级官吏，率皆各"玩"其职，上下交相争利。而阉竖之祸，尤为恶烈，从嘉兴贡生所列魏忠贤十大罪状中可见一斑："一并帝；二蔑后；三弄兵；四无列祖列宗；五克削藩封；六无圣；七滥爵；八掩边功；九朘民；十通关节。"崇祯皇帝哀叹"臣皆亡国之臣"。臣诚如此，则君亦可知。观其十七年间置相五十，足可见其昏庸软弱程度。统治阶级大量的土地兼并、催课逼赋，抓丁派役，再加上连年的灾害，使得陕北民人吃草根、树皮、石头，乃至人吃人，最终走向起义。李自成、张献忠领导的农民起义，自天启七年起至崇祯十七年李自成撤离北京止，以反抗朱明统治为目标，历时十八年，而且推翻了朱明政权建立了自己的政权。此后起义转入民族自救，起义军与清人铁骑浴血战斗又长达十八年。这前后近四十年的声势浩大的农民起义军的存在，对中国社会、历史、文化及当时人心理产生影响的深刻程度，怎么估计也不算过分。李自成攻占北京后，驻扎在山海关外的吴三桂勾引清兵入关，迫使李自成农民军连夜撤离北京，清人堂而皇之地坐了皇帝。在京明朝官僚"送"走了李自成，又恭恭敬敬地迎来了多尔衮。崇祯皇帝吊死煤山，在南京的明朝诸臣便立福王朱由崧为帝。此后不到一个月，清摄政王定都燕京，车驾迎接爱新觉罗·福临来做中国的皇帝。天不能有"二日"，于是清统治者挥兵南下。当南京的明臣恭恭敬敬出迎清主的时候，在福建的明臣又立唐王朱聿键为帝，改元隆武。两年后他束手就擒，桂王朱由榔监国肇庆，一月之后，其弟朱聿鐭又即位广州，建号绍武，由榔索性称帝，以明年为永历元年。而此前一年，鲁王朱聿海监国绍兴。永历帝辗转桂林、南宁，最后入缅甸，为吴三桂所执，与皇太子一起被绞死；绍武帝为清兵所获，绝食投缳而死；鲁王于康熙三年死于台湾。至此，朱明王朝彻底为大清帝国所取代。

明朝大约自万历时期起，"党争"便日益激烈。"朝"中之争必然影响到"野"上之论。渐而形成以东林党人为代表的主持正义派与以阉宦党人为代表的奸邪派的斗争。东林之学意在世道时政，而东林党又是以书院讲学的形式出现并展开活动的，于是政治上的斗争与"学术"（思想文化）上的斗争遂一而二，二而一，密不可分。于是东林成了士大夫抱道忤时者云集向往之所，"东林"也就成了正义、正直、不随同流俗的代名词了。反过来，它又影响了大批读书人特立独行，甚至是以"奇""异"自期。东林之后，有号称"小东林"的复社。其宗旨与东林有着明显的继承关系。但是，它的用意似更委曲些，欲集合士人，砥砺名节，"共兴复古学，将便异日者，务为有用，因改名为复社"（陆世仪《复社纪略》）。可见他们对当世现时，已渐渐不抱什么指望了，而只能寄希望于"异日"，有用于将来。这一点很值得注意；它甚至可以作为某种时代心态的代表。到了明末清初，这种心态在士大夫中尤为普遍而强烈，以至黄宗羲作《明夷待访录》、顾炎武作《天下郡国利病书》、唐甄作《潜书》等，都有这种留用"后世"的用意。这本身就体现着巨大的"困惑"，对现实的绝望和对毁灭的不甘，在清醒地看到毁灭的前途时，尚寄希望于未来，那么此生此世活人之悲苦也就可想而知了。他们甚至都怀有某种"速死"的心理情绪。王夫之的名句"六经责我开生面，七尺从天乞活埋"，正体现了这种不甘便死、不忍再活的困苦悲愤的心态。

在以后的论述中读者会看到，金圣叹对生与死亦持有类似的态度。东林、复社都诞生于当时的中国东南部地域；其他地方也有一些文人社团，但不及前二者影响大。这些大大小小数不清的文人社团的存在，无疑意味着思想文化界的"活跃"。不过，这个"活跃"主要是以清理或曰"反思"现存的思想文化积累为内容的。他们或者也有"重建"的意识，但最终至多是对儒家的"六经"作某种"改造"，终不能形成新的属于自己的也是属于按历史逻辑应该到来的那个新时代的思想体系。正因为如此，那个时代读书人普遍存在精神上的苦闷。尽管晚明社团林立，讲坛遍布，但思想界主要为两大势力笼罩着。其一是作为统治的思想，即程朱"理学"。朱子之学，作为官定教条，是读书人尤其是有意于科举仕进的士子所必习的，其统治力量不言自明；其二是王阳明的"心学"，它作为"理学"的反动，一日甚于一日地占领着社会的意识天地，尤其是那些鄙弃功名、崇尚个性的读书人，对此抱以极大的热情。至明代末年，"心学"已取得了压倒优势。王阳明的学说，崇尚一个"心"字。"心"为宇宙之本体，也是万物之所源，"心外无物，心外无言，心外无理，心外无义，心外无善。"因此，不论物质的东西，还是抽象的精神性的东西，都必须即"心"以求之。阳明之学有多少合理性非本文所宜论，但它的实际效果是巨大的。由于它对"心"的作用的片面夸大和对"心"的极端推崇，落入实际中就变成了对人的主观作用的极端强调。也可以说，它是对人的性情、感觉的崇尚，它会培养出崇尚个性、率情任意的人格精神来。我们看王学门徒及后学中，这类人确是不少的，李贽可称代表。

上述"环境"介绍虽极简略，但已能看出它所反映的矛盾和它向那个时代的读书人提出的难题。在那样的朝纲吏治之下，正直的读书人是很难进身的，也就是说读书人传统的生存途径在此时已不能走或不愿走。因为很明显，出仕做官，要么就是坎坷遭祸，要么就是违心失节。因此对于有良知节操的读书人说来，实际已失去了"传统"的谋生条件。这至少表明他们在"职业"选择上的困惑。此其一。李自成、张献忠等农民政权和朱明政权的对立斗争，是两个阶级的对立斗争。从现实上说，农民的要求是有相当合理成分的，朱明政权活该灭亡。但从伦理观念上说，它又体现为下对上的矛盾，是"犯上作乱"。而读书人尤其是儒家知识分子是很难彻底否定传统的，于是，他们对待两个政权的态度因受到伦理观念的作用而常常见得矛盾和困惑，"忠君"与"泽民"很难得到统一。此其二。在当时的民族观念下，朱明政权代表着"汉人"，大清帝国代表着"满人"，汉满之争实为华夷之争。无论从感情上还是理论上说，读书人的立场都应在朱明政权这一边，然而现实是残酷的。朱明政权的灭亡已成事实，大清帝国的确立就在眼前，为生存计，必须作出选择，而无论哪种选择都是艰难和痛苦的。就连吴三桂、钱谦益这样一些老脸皮厚的人，降清后也常常陷入悔恨不安之中，其他有"民族气节"的人士在选择上的困惑是可想而知的。此其三。农民军和清军同样都是亡明的主要力量，但对待二者的态度却不易掌握。在正统的封建伦理观念中，农民军是"家贼"，清军是"外虏"，而事实上，"家贼"也在抗击"外虏"，"外虏"也在"剿灭""家贼"，这又是让读书人困惑的倾向选择。此其四。"内阁"与东林的斗争，在现实中乃是执政者与在野者的斗争。就正义性上说，理应支持东林而倾覆"内阁"，但倾覆"内阁"就意味着灭亡朱明。而且，与执政者的斗争，也就意味着冒各种现实风险，甚至是献出生命，这又是难以选择的事情。此其五。"理学"与"心学"的矛盾，集中表现为恪守纲常教条与尊重个人性情的矛盾。放弃前者，就意味着失去出仕进身的现实利益；崇尚后者，就会被视为"异端"，受到种种人格的和人身的攻击与迫害。而人要生存，就不能不考虑现实利益，但凡要做个真正的人，又不能不珍惜自己的人格和尊严，这又是令读书人难以选择的，此其六……

晚明社会就是这样矛盾重重，而且，这些矛盾又都是生死攸关的尖锐矛盾，必须立即作出回答的矛盾。事实上，晚明的大批读书人没能对这些难题思虑成熟就匆匆作出选择，甚至还没来得及"选择"就匆匆见诸行动了。于是，他们困惑、不安、彷徨、愤怒乃至疯狂。他们以"夸张"的形式、极端的态度去说、去做、去哭、去叫……于是到处都能见到"狂生"，出门就会碰到"怪人"。死不了，活不好，想死不甘，要活无义，眼前一片黑暗，身后四处茫然，这就是那个时代读书人的普遍处境。

金圣叹正是出生并成长在这样的环境中的。而且，他的家乡苏州当日无论是在政治、经济还是思想文化方面，都是全国最敏感的地区之一。金圣叹偏偏又是思想和感情都极敏感的读书人，他必然要陷入诸如上述的一系列难题的困扰之中，他必须作出"选择"。正是在这些重大问题的"选择"上，金圣叹表现出深刻的人生困惑和丰富的人格面貌来。

对于封建时代的儒生说来，"学而优则仕"乃是人生的必由之路；在明代，读书人欲入仕，科举乃是必由之路（唐宋以还莫不如此）；而欲科举及第，熟习"时文"（八股文）乃是必由之路。金圣叹并不是不会做八股文，也并不是不能应科举，但他放弃了，或者如一些记载所说的那样"游戏"科场，终其一生，仅仅是一个诸生。而且就连这个资格，也是"旋补旋辍"，不以为意的。因而也可以说金圣叹一辈子都没出仕或做官，到死只是一个如中举前的范进一样的穷秀才。科举对于读书人说来至少有两大意义：在现实上，它意味着一定的政治、经济地位和各种实在利益，起码是衣食所寄；在内容上，它体现读书人的精神追求，亦即理想、事业、抱负之所寄。典型的（或曰理想的）科举应该是这两大意义相统一，使读书人既可以解决现实的物质生活问题，又能实现自己的怀抱。但科举到了晚明，已经极端形式化，往往只是读书人求取利禄和虚名的"敲门砖"。它原来所包含的"精神追求"的意义至此已沦落殆尽。加之晚明政局腐败，官场恶劣，科举就更局限在"利"的意义上了。这也就是说，当时读书人欲作高尚的精神追求，指望走科举之途是不大可能的，必须求诸他途。因此，不能认为金圣叹"游戏"科场就是玩世不恭或自甘堕落。相反，应当从中看到金圣叹的远大抱负和执着追求。因为，在晚明社会向读书人提出的一系列重大难题面前，对于一个有志于治国平天下的儒者说来，一名一第实在没有什么作用和意义，既挽救不了亡国，也制止不了战乱。而仅仅为了蝇头小利，则为君子所不齿。

金圣叹的目标是异常远大的，晚年，他把它称作"妄想"。而这妄想和陈胜、刘邦等没什么区别。更准确地说，他的追求不外乎儒家的"三立"，即太上立德、其次立功，其次立言。最高理想是做尧、舜、禹、汤一类人，"以其至德，参天化育，俾万万世食福不厌"；不得已而求其次，像后稷布谷、燧人火化、神农尝药那样，为天下后世立些功绩；再不得已求其次，也要像周公制"风""雅"、孔子作《春秋》那样，为人类留下精神财富或艺术遗产。金圣叹的一生追求便是循此三个层面展开的，他的主要目标固然瞄准"立德"，同时也不放弃"立言"。或者说，在现实上，他希望成为出为将相、入为帝师那样的人，因而他特别崇拜周公、孔明；在精神上，他希望成为孔子那样的人，因而有人甚至认为金圣叹的"圣叹"之意也是取自孔子对颜回的"喟然叹曰"；在艺术上，他显然是要和屈原、司马迁、杜甫、施耐庵等大家取齐的。做个小小的"封建文人"，则从来都没想过。

但是，困惑也就同时发生了：儒家的"德"，实质上乃是社会政治的"德"，要立这种德，就必须和一定的社会政治地位相结合。所以儒家讲在其位则谋其政，讲名正则言顺。然而，"德"可以从书本上获得，而"位"则必须到现实中去求取。金圣叹一旦放弃了现实功名的唯一途径——科举，也就意味着他放弃了"位"的求取，那么，他的"立德"就成为既无现实条件的，又是与"德"本身有矛盾的了。因为这个"德"也指示人们"不在其位则不谋其政"，无"位"而谋政，是有背伦理之旨的。这种困惑，并非始自金圣叹，"圣人"孔子就已如此。孔子因有"德"无"位"，便只好退居"述而不作"：即把他的"德"通过整理古代文化典籍而隐含进去，供后人体味、借鉴、遵循，从而达到既"立德"又不"谋政"的目的。因此，这种困惑实在是儒家思想自身的一种矛盾和困惑。金圣叹解决困惑的办法也只能如此，于是他选择了《水浒传》这么一部通俗小说（前代野史），效法孔子述《春秋》，而详加批点，以期达到立他的"德"的目的。所不同的是，孔子专注于"立德"，故用力全在"微言大义"上；而金圣叹还要"立言"，故他于表"古人之德"的同时，还念念不忘扬"古人之才"。质而言之,他是要通过表古人的德来阐发他自己的社会政治思想,通过扬古人的才,来显示自己的文学艺术才能。这就是金圣叹终生致力于文学评点的最根本目的。而他的"评点",实在是上述困惑下的不得已的选择。困惑还不止此。儒家的"德"既然是指向社会政治的,那么它必然要求积极的现实实用。如果不能实用于现实,乃是这种"德"的一个悲哀;而怀抱儒"德"的人,自然是自认为有经天纬地之才能的,这种才能因没有"位"而不能施展,则是这种人的不幸。因而金圣叹就一直被这种悲哀和不幸所困扰着,体现在他的行为上便是狂傲不羁,流露在他的言论中,就是怨愤不平。

金圣叹既要立"德",又要扬"才",并不是他自视比"圣人"更高,而是他有更清醒的个性要求。所谓"才",主要指文学艺术方面的才调,而这又主要体现为人(作家、评论家、作品中人物)的性情。因此,金圣叹的"扬才",实质在于张扬自己的个性,或曰"率性任情"。于是,体现在他的评点中,其最用力、最得意处倒不是那些"文法",而是对人物和作者性格的分析和情感的理解。即使是他的"德",也和"圣人"的"德"不尽相同,其中包含着浓厚的个性崇尚的成分。他阐述孔子"忠恕一贯"之义说:

> 率我之喜怒哀乐自然诚于中形于外谓之忠;知家国天下之人率其喜怒哀乐无不自然诚于中形于外谓之恕;知喜怒哀乐无我无人无不自然诚于中形于外谓之格物;能无我无人无不任其自然喜怒哀乐,而天地以位,万物以育,谓之天下平。……此固昔者孔子志在《春秋》,行在《孝经》之精义。后之学者诚得闻此,内以之治其性情,即可以为圣人;外以之治其民物,即可以辅王者。然惜乎三千年来不复更讲,愚又欲讲之。

金圣叹将其学说直接孔子,自谓三千年来只有他独会其"精义",而这"精义"实是金圣叹自己的"德"。喜怒哀乐,概言人的性情,只要能够自然真诚地表现自己的性情,就是"忠";能"知"即"理解"这种真诚自然的表达性情,就是"恕";能够"理解"所有的人的真诚自然表现性情,就是"格物";

能够"听任"所有的人各尽其性情，就可致"天下平"。这样就可以成为"圣人"，可以"辅王者"。这就是金圣叹思想的"精义"。它的实质，是将社会政治与人的"自然"性情协调统一起来，使社会的一切秩序不与人的性情相冲突，而人的性情在"善"的尺度下也不与秩序相矛盾，于是天下便可太平。这便是我称之为"率性尽情"的金圣叹的社会政治思想。圣叹的用心可谓良苦，他一方面看到天下大乱，亟须使其致于"太平"，另一方面，他也看到旧的制度对人的性情的扼制，亟欲使人的个性得到承认，他想使二者统一起来。诚能如此，岂不美哉！但在现实中，这种政治理想是有些天真的。因为在君主专制下，天下"太平"是建立在一小部分人为所欲为、绝大多数人受到限制的基础上的，而金圣叹并不能从根本上否定这种王权政治，因此他只能说"维皇降衷于民，无不至善，知其至善，则应止矣"。天真地将社会政治的实现寄托在最高统治者的道德自觉上，又以这种道德作为标准，让人们服从它，这样，所谓"率性尽情"实际就流为只有少数统治者的权利，而广大民众只能"顺"着，得到一点点可怜的满足。因而，尽管金圣叹对自己的思想极为珍爱，但在现实中是不会被实现的。

这种困惑，金圣叹到了晚年便有了深刻的认识。他曾说，我当初自己觉得自己了不起，必然成就大事业，所以闻鸡起舞，刻苦自励，怎奈"许身太愚，为计太拙"，总想做一个像稷、契那样的人，把社会恢复到唐虞时代那样的太平状态。然而人一天天老大，一无成就，世既弃我，我亦弃世，颓然放废，形为槁木心成灰。金圣叹是清醒的，他知道时代已再不会是唐虞时代，自己的理想抱负太愚太拙，最后只能落个为世所弃的下场。这就是毁灭，清醒而又无可奈何，眼睁睁地看着自己的毁灭。

由闻鸡起舞到颓然放废，标志着金圣叹的由童稚蓬心到衰白相逼的心态转变。这中间，"壮岁"一段并非真的失去不见，实际也是在一种困惑下度过的。用他的话说就是"消遣"。但这又是怎样的"消遣"啊！

　　像诸葛亮那样躬耕南阳，苟全性命，是一种消遣法，既而感激三顾，许人驱驰，死而后已，也是一种消遣法；像陶渊明不愿折腰，飘然归来，是一种消遣法，既而饥寒求贷，至图冥报，也是一种消遣法；与天子结亲，位过百官，建牙吹角，品竹弹丝，是一种消遣法，淡饭疏食，露宿冰霜，说经度人，也是一种消遣法……

金圣叹的"消遣"正是矛盾和困惑的产物：它恰恰是早年的"妄想"和这种"妄想"实际上的不能实现两种力相碰撞、相作用的结果，也是典型的知其不可而为之的态度。因此，金圣叹的一生，就其对理想的追求态度说来，实在经历了"妄想"、"消遣"和"颓废"三个阶段，而每一阶段上都是困惑重重、散布着悲凉之气的，只是程度有所不同而已。

但是，如果认为金圣叹真的完全"颓废"了，那是不对的。他的人格的可贵之处，正在于在极度悲凉中仍然尽其所能执着地追求着。这只要一读他给嵇永仁的信就明白了：

> 弟年五十有三矣，自前冬一病百日，通身竟成颓唐。因而自念：人生世间，乃如弱草，春露秋霜，宁有多日？脱遂淹然终殁，将细草犹复稍留根荄，而人顾反无复存遗耶？用是不计荒鄙，意欲尽取狂臆所曾及者，辄将不复拣择，与天下之人，一作倾倒，此岂有所觊觎于其间，夫亦不甘便就湮没，因含泪而姑出于此也。弟自端午之日，收束残破数十余本，深入金墅太湖之滨三小女草屋中，对影兀兀，力疾先理唐人七律六百余章，付诸剞劂，行就竣矣……足下身体力行，将使盛唐统绪自今日废坠者，仍自今日兴起。名山之业，敢与足下分任焉。

在长期疾病、贫寒，理想不断幻灭的晚年，金圣叹仍抱病评点唐人律诗，这一精神是顽强的。如果把他的评唐诗看成某种兴趣使然，是很不够的。他把唐人律诗作为"千圣之绝唱"、"发言尽意之金科"来对待，因而它是"斟酌群言"，"总一众动"的材料、方式和内容，适合于几乎所有的社会政治活动。在这里，金圣叹再次阐述了和早年评《水浒传》时相同实质的政治目的，亦即人生理想。由此可见，金圣叹的精神怀抱自始至终没有什么改易。在他不同的年龄阶段上，变化了的只是心境或态度。甚至晚年因为某种原因的刺激，反使他的情绪"亢奋"了一下。顺治十七年（1660）正月，传说皇帝看了他所批的书，曾流露出"此是古文高手，莫以时文眼看他"等语，金圣叹闻此"感而泪下"，北向叩首，一气呵成《春感八首》。其二写道：

> 半夜虚传见贾生，同时谁会见长卿？
>
> 卧龙只合躬耕死，老骥何由仰枥鸣？
>
> 岁晚鬓毛浑短尽，春朝志气忽峥嵘。
>
> 何人窗下无佳作，几个曾经御笔评？

人在得意时就容易忘形，金圣叹本就率直，在激动之中，便一发不作掩饰。在《春感》诗中，金圣叹竟以吕尚、伯牙、贾谊、司马相如、曹操、诸葛亮、韩愈、苏轼等自比，明确表示自己有"王佐"之才，其理想目标是主讲"经筵"，为帝王师。但是，不知是顺治皇帝随便说说罢了，还是别人"欺骗"了金圣叹，天真的可怜的圣叹老人一天天地盼望着北京来的好消息，结果是一天天地失望，万没料到"盼"来的却是因"哭庙案"而被杀头。这个可怜的人被抓进监狱受刑时，还"口呼先帝（顺治）"。至此，已经很有些迂腐了。

金圣叹事业上的追求，是政治的追求，也是"道"的追求，它是金圣叹精神生命的主体和核心。这个追求终生处在"困惑"之中，而其困惑的实质，乃是个人主观上的热烈向往、历史的迫切要求同这种向往、要求在现实中几乎完全不能得到落实的矛盾。这使得金圣叹一生困苦不堪，悲凉难耐。

◆◇ 生死义如何

生与死，既是生命有机体的物质问题，也是人的精神问题；既是严酷的现实问题，又是深刻的哲学问题。

金圣叹，生于艰窘，死于非命。而他的早孤，他的贫困，他的多病，他的敏感和好思，使得他比一般人更早、更深、更切地触及这一人生的根本性问题。但是，他也和古往今来无数人物一样，虽经他的种种磨难和困扰，最终却很少获得明白、透彻、满意的答案。

致金圣叹于死地的直接原因，是顺治十八年（1661）苏州秀才们的"哭庙"事件和由此牵强附会而成的"哭庙案"。关于这一事件的详情，顾予咸的《雅园居士自叙》和无名氏的《辛丑纪闻》都有着较为具体的记载。

顾予咸没有参加"哭庙"，但却被牵连进"哭庙案"，并被一起逮捕关在江宁（今南京市）的监狱里。他当时的身份是吏部考功司员外郎。在复审案子时幸被释放。根据他的回忆："哭庙"本是当地"故习"，秀才们如遇什么冤屈时，即作卷堂文，身着儒生冠服，到文庙对着孔子的牌位撕裂卷堂文。这一次"哭庙"的直接原因是：新任吴县知县任维初私盗漕米、易值以贿赂江苏巡抚朱国治。此事被一秀才发现，即加干预，但不能奏效，正值顺治皇帝崩，依礼，地方官员在苏州设帐"哭临"三日。秀才们见众官咸在，便群奔往孔庙"哭庙"，然后往官员所集处跪递揭帖，揭发任维初种种不法事，当然是希望上级能对任做出处理和制裁。殊不知主管者朱国治恰恰就是受贿者，诸生等于自投罗网，当即以倡乱谋反、震惊先帝之灵等罪名，逮捕十一人，此是二月四日事。至四月初四日，将这十一人解往江宁审讯关押。四月十二日，又逮捕顾予咸等八人（主要以策划、嫌疑和支持罪）。至四月二十七日，又将丁子伟、金圣叹二人逮捕至江宁。经过反复推审刑讯，最后的罪名和处罚是由朱国治一手拟定的：

> ……秀才倪用宾等，平时不告知县任维初，于初二日遗诏方到，辄敢纠众聚党，于举哀公所要打知县，跪递匿名揭帖，鸣钟击鼓，招呼数千人，摇动人心，聚众倡乱，殊干法纪，查律无正条，所犯事关重大，应将倪用宾……（包括金圣叹等十八人）等，不分首从，立决处斩，妻子奴仆，家资财产田地入官。……应将顾予咸立决处绞，妻子奴仆家资财产当地入官……

至七月十三日，本当于未时行刑，朱国治怕有赦旨到，遗患无穷，便急急地于巳时动刑了。那一天，连同"哭庙案"一起，共十案一百二十一人，分五处被凌迟、斩、绞。"哭庙案"的斩所在江宁三山街：

> 是时，四面皆披甲围定，抚臣亲自监斩。至辰刻，狱卒于狱中取出"罪人"，反接，背插招旗，口塞栗木，挟走如飞。亲人、观者稍近，则披甲者枪柄刀背乱打。俄而，炮声一震，百二十一人皆毕命，披甲乱驰，群官皆散，法场之上，惟血腥触鼻，身首异处而已……

清人初入关，内地的反抗是强烈的，清廷的镇压也是残酷的。但就事论事，"哭庙"诸生的惨遭杀戮却是冤枉的，他们这次行动的本意，只不过是要惩办贪官污吏，而他们的死，正是贪官污吏牵强附会，诬以"谋反"罪名，借清廷屠刀报一己私怨，杀人灭口，掩藏劣迹。从这一点说，贪官污吏之狠毒无耻有时更甚于满洲统治者。而金圣叹的惨遭杀害，就更冤枉了。金圣叹不仅不是"哭庙"的领袖，甚至也不是"哭庙"的积极参与者。据说，当倪用宾等人前往文庙时，曾使人来约圣叹，其时，圣叹正和顾予咸在顾的"雅园"里，他们便同往，但顾有脚疾，圣叹不得不时时驻足以待，及二人赶到，揭帖早已递上，他们是迟到者。所以，在前两次的拘捕里，没有金圣叹。但金圣叹终于还是被捕了，这是因为吴县仓总程翼苍曾参任维初有"六大不法事"，其中说到"哭庙"时，相从哭者有数千人。及清查时，朱国治定要他写出数千人名来。程只得尽所知具列。这时有人建议："今纵开列无辜数十，总不满'数千人'，无益，徒害人耳，且已有（丁）子伟、圣叹二人，足以塞责矣"。翼苍遂止。金圣叹所以"足以塞责"，按鲁迅的话说，"则是因为他早被官绅们认为坏货了的缘故"，也就是说，金圣叹平时的所作所为，久为官绅们所嫉恨、畏惮，故借此机会，将其置于死地。金圣叹本人，对无辜入狱、杀头，也是深表冤屈不解的。他在狱中写的《狱中见茉莉花》说：

> 名花尔何玷，亦入此中来？
> 误被童蒙拾，真辜雨露开。
> 托根虽小草，造物自全才。
> 幼读南容传，苍茫老更衰。

既表示自己的"清白"，又惋惜自己的无辜。又有《黄鱼》诗：

> 自分终巴峡，谁知列上筵。
> 偶乘风浪出，遂受网罗牵。
> 绿藻君从密，清江我不还。
> 惟惭未深隐，哪敢望人怜。

隐然透露出他对自己命运的某种不祥预感和未能"深隐"的惭悔。他似乎已经很清醒地意识到，辩解是没有意义的，寻求庇护也是不可能的，只有接受——不管愿意不愿意、值得不值得——这个无辜的惨祸。因此，他在受刑前的家书中说：

> 杀头，至痛也；籍没，至惨也。圣叹以无意得之，不亦异乎？

他是死不瞑目的！换句话说，金圣叹本人并不打算为"谋反"而献身，不论后人怎样评价，在他自己的心目中，这种被杀而失去生命是出乎意料，也是没有价值和意义的。

然而，金圣叹对死的关注是很早的。在评《水浒传》时，就对于生命之短促、人生之悲凉特别致情致意。他算过一笔账：以七十年计算，人生有一半为白天、一半为黑夜，则只有三十五年，十五岁以前蒙昧无知，等于虚掷；五十岁以后耳目渐废，形同无用，真正有用的日子只有十来年，这中间还会有疾病、风雨、忧虑、饥寒……真正"畅遂"的日子实在少得可怜。于是他常常沉浸在生命的悲凉之中，以至于慨叹、恸哭。他的《第六才子书王实甫西厢记》前有两篇序，一为《恸哭古人》；一为《留赠后人》，最能体现他对生与死的态度。在《恸哭古人》中，圣叹将自己的个体生命置于无限的宇宙空间与时间中予以体认：浩荡大劫，自初迄今，谁知其有几万万年月？这几万万年月如水逝云卷、风驰电掣，一切一切都过去了，而至今年今月暂有我金圣叹，而这暂有的金圣叹又未尝不处于水逝云卷、风驰电掣之中，我之存在，是暂且又暂且的。在这暂且又暂且之中，我能够做些什么呢？我能够救成什么呢？就算我能做而且做成了，难道它不会水逝云卷、风驰电掣而去么？既然一切尽去，我为之又有何益？我欲不为，为何又不疾作水逝云卷、风驰电掣而去？为何又以这暂且之暂且为幸呢？我真是无可奈何啊？而我之无可奈何岂不和无数古人同一副无可奈何么？因此，我不能不致憾于天地：你是何等的不仁！你既已生我，便应让我永在；若不能，就不应生我！为什么本来没有我，我又未尝乞求你"一定生我"！而你毫无缘由地生了我，无端而忽然地生下的正是我，却又不容我少住，而不容少住的我，又最能闻生感心，多有悲凉！啊！啊！我真不知何处为墓地，说什么能够起古人。若是真有墓地，真起了古人，岂不同此一副眼泪，同欲失声大哭么……金圣叹一颗悲凉的心，关怀着生命的原始与终极，正是在这博大而悠长的关怀中，他更加深刻地体悟到生命的悲凉，以至于怨恨"天地"生"我"，本来就是一个疏忽、偶然、玩笑和过错。既然"生"已如此，那么"活"就更为痛苦而艰难了，然而又不能不活，于是只得去"消遣"，而这种"消遣"，又是那么艰难，虽说艰难，又不能不"消遣"……于是他又不能不思考"死"。"死"是什么？生与死，只不过是精气与粗气的转换，四十岁前，为精气所主；四十岁后，为粗气所占。前者是"神"，后者是"鬼"。

　　凡夫眼光短，故云"生死"，圣人眼光长，故云"死生"。逃不脱死，只为逃不脱生。

"凡夫"与"圣人"的区别，只在于理会生与死的不同。在"圣人"，是不计较死的，而只注重生。换句话说，就是"圣人"并不在意自然生命的终了，而追求精神生命的恒久，这就可达到虽死犹生、"死之必生，为'你'不是'你'做底，'你'便死了，做'你'的不死"，那种使你成为"你"的最本质的东西，不是你的躯壳、肉体，而是你的精神、原则。正因为此，金圣叹所苦苦追求的，并不是自然生命的延绵，而是精神生命的不朽。也正是因为此，他才呕心沥血，拼命批点他的"才子书"。这在《留赠后人》中说得极为清楚。他要化作光明，照耀后人读书；他要化作友生，与后人相伴谈笑；他要化作好香、好茶、好酒、好药，以供后人；他要化为知心青衣，日日侍候后人……

　　金圣叹对生、死的态度，看去像是虚幻、悲观，实质却是热烈执着。这正是他一生不曾放弃追求，追求精神不朽的根本依据。但他毕竟不免于悲观、虚幻。这不在于他对生死的体认，而在于他追求的内容：一方面他认为他的追求是有价值的、有意义的，另一方面，他又感到那些追求是"太愚"、"太拙"，不合时宜。他一直在这两者中困惑着，使得他的生与死呈现着极为复杂的意象。人们很难用悲观主义或乐观主义对他作简单的评断。

　　由以上简单分析可以见出，金圣叹的困惑是全面的。所谓"全面"，是指他在精神追求、现实立行和个人生活等不同层面上，都处于难以解脱的困惑中。在精神世界，他追求的是儒家的道德树立，但又明知其不合时用；在现实社会，他希望有所建树，却又找不到自己的位置，在个人生活中，他幻想着杯酒泉林，饱腹安宁，却一直处于艰窘贫病之中。而这三大方面的困惑，又分别体现着三个方面的矛盾冲突：在精神上，体现着儒家文化和释、道文化间的不能完全和谐，遵循秩序和率性尚情，是无法达到真正的统一的，这与金圣叹广泛的文化接受有关；在现实上，鄙弃功名和建功立业也是相矛盾的，这既与金圣叹的主观态度有关，又与当时的社会条件有关；在个人生活上，既失却相当的社会政治经济地位，便不可能摆脱贫困，而疾病侵袭，乃与他特殊的体质条件有关。正是这些主观的、客观的，文化的、现实的种种原因，使得金圣叹尽管一生都处于异常执着的追求中，到头来却如同两手空空，满怀悲凉和不甘离开人世。

金圣叹的困惑断不只是他个人的困惑，在很大程度上体现着中国古代儒生们的普遍困惑。从后世那么多金圣叹崇拜者的言行中可以得到证明。

然而，困惑并非是毫无价值的。金圣叹的价值，或许正包含在他的困惑之中！

鼠肝虫臂久萧疏，只惜胸前几本书。
且喜唐诗略分解，庄骚马杜待何如？

这是金圣叹的《绝命词》。死，他并不甚惜，念念不忘的只是他的著作。——他的精神。刘继庄读了金圣叹的书，推崇备至，写道：

忽有仙人在别峰，通身香气似芙蓉。
碧天明月一千里，独上瑶台十二重。

在他的眼里，金圣叹已是成仙作圣了。

然则，刘继庄也是一个悲凉的妄想者。

推而言之，几乎所有金圣叹的热烈崇拜者，都无例外地是满怀妄想且又难免悲凉的"不合时宜"者。

而金圣叹所热烈推崇的古代"才子"们又何尝不是如此？

这是一条拥挤而绵长的队伍，自古以来，排列出书生们人生的图案、命运的轨迹。

方以智

繁霜如雪孤南征

◎杨　林

　　他曾是出入禁闼、酬酢于达官雅士间的贵公子，也曾是行乞卖药、亡命于荒江老屋的苦行僧。社会的险恶，人世的凄迷，造就了一位自誓坐集千古之智的思想者。在他身后留下的四百万言著述中，折射出一个多样化的时代：空疏与笃实，黑暗与光明。

　　17世纪中叶的中国，正处于"破块启蒙"前的黑暗时刻。伴随着明王朝的土崩瓦解，在统治中国思想界长达六个世纪的理学体系内部，孕育出一大批自我批判的智能之士。他们在新与旧的抉择面前，表现出眷念旧物却又渴望新生的矛盾心情，因而恃才自负，佯狂傲世，或以结社为因缘，裁量时政；或潜心著述，探索人世的玄机，成为时代思潮中的佼佼者。方以智便是其中杰出的一员。

◆◇哭灵人

　　崇祯十七年（1644），对晚明的文人士子来说，是一个椎心泣血、肝肠寸断的年头。

三月十九日凌晨，李自成的农民军自彰义门杀入北京城。面临穷途末路的崇祯皇帝身藏血书遗诏，登上煤山。他自感无颜去见列祖列宗，取下皇冠，披发遮面，投环于寿皇亭前，大明朝历二百七十七年终告覆灭。史称"甲申之变"。

崇祯皇帝殉国后，被李自成以帝礼入殓。此时，大顺军的将官兵勇穿梭于北京的大街小巷，崇祯的公卿勋贵们纷纷更名易服，藏身犹恐不及，东华门前却出现了一个身披孝装、泪流满面的哭灵人。只见他虔诚地行过大礼，跪伏于帝柩之前，恸哭失声，几近气绝，令过路者也不禁染上几分凄楚之情。他，就是官居翰林院检讨的方以智。

是年三十四岁的方以智，出生在桐城（今属安徽）一个累代以忠孝传世的官宦家庭。其五世祖方法，建文帝时授以四川都司断事。朱棣发动"靖难之役"，以藩王的身份夺位继统，他不肯署名入贺，被下诏逮捕，舟行安庆时自沉于望江。父亲方孔炤曾为天启朝兵部职方员外郎，因忠梗不阿，忤犯阉党权奸魏忠贤、崔呈秀，竟被削夺官职。方以智的房师余飏，是明季治《春秋》的大家，他一生精心编织儒家济世报国的五彩光环，将自己无法实现的政治抱负寄托在这个怀负一腔血气的学生身上。就在天启帝下令毁全国书院、魏忠贤大肆捕杀东林党人时，年仅十六岁的方以智却以"挹东海之泽，洗天下之垢"为己任，同一帮意气相投的少年朋友结成泽园文社。他们啸歌林下，俯仰兴怀，优游龙眠，指点时政，以为天下将乱，当习劳苦，往往徒步百里之外习练体魄，功名之念溢于词表。

然而，明末的社会动荡，却没有为方以智们提供一个建立功名的舞台。自正德以下的几代皇帝，不能纳谏从贤，励精图治，和臣僚们同舟共济，反而与佞幸和宦官为伍，"不畏天怒，不恤人言"，致使朝纲不振，社会矛盾日益激化。虽有若干有识之士力图以政治改良和经济变革挽回颓势，可惜已是杯水车薪，无济于事了。至崇祯朝，随西北大旱，饥民揭竿而起，明王朝的统治危机全面爆发，有如燕巢危幕，大厦将倾。西北农民起义影响所及，桐城也发生"奴变"，龙眠山下干戈迭起。惶惶不可终日的士绅们，纷纷收拾细软渡江南逃，方以智全家也离开桐城移居南京。在这五方杂厝的繁华留都，愁情满怀，以至白发一夜数茎的方以智，见到的却完全是另一幅景象：权臣若堂燕恬嬉，或同室操戈，国事日危而无人忧及时势的艰难、前途的险恶。他愤慨奸佞败政，与诸少年运筹决策，准备有所作为，每于酒酣耳热之际，慷慨呜咽，拔剑砍地，誓以三尺许国。同那个时代所有知识分子一样，方以智希图以科举晋身仕途，却几遭挫折，屡试不第，自恨报主无门，又悲桐城家园不保，因而牢骚噎郁，意气激扬。对朝政的不满，对饱尝兵革之苦的百姓的同情，充于《七解》《流寓草》的诗集中，诵之气韵沉顿，文辞颇激而恢荡。他在一首诗中这样写道：

> 繁霜如雪孤南征，莫道能无故国情。
> 斥鷃抱榆方大笑，牵牛负轭总虚名。
> 凌云久动江湖气，杖剑时成风雨声。
> 海内只今信寥落，龙眠山下有狂生。

秦淮河中，燕子矶上，方以智以文会友，结交了一大批来自全国各地的青年学子，故得以武接东林，主盟复社，和商丘侯方域、广陵冒襄、宜兴陈贞慧齐名，合称"复社四公子"，声誉遍及海内。但于治国方略上，方以智则比一般东林、复社人物更进一步。他真诚地向往一种开明专制，认为政治的清明应自君主好贤好学始，还要有权有学、唯公唯明的宰相，以匡正君主的不足。他竭力主张"上失其道，无以属民，故游侠之徒以任得民"，表现出他热衷于聚社结客的政治活动，也恰恰代表了东林以至复社人物思想发展的高峰。

盛年多才负气又不甘寂寞的方以智，身当乱世却不得一展抱负的痛苦心情是不言而喻的。于是，这位容貌俊美、风流倜傥的贵族公子，便将自己无处倾洒的才情和苦闷，发泄在"香篆生烟与夜深，芙蓉帘内胜华容"的放荡生活中。他时常出入烟花柳巷，或填词狎妓，借酒浇愁；或跃马红妆，曼歌自喜。纵酒之后，便作狂生故态，长吟"莫好弹琴莫佩弧，莫言披褐在江湖。病来楼上难朝卧，醉后城头畏夜呼。与君焚却伤时策，结尽长干旧酒徒"。即使在应试之前，诸举子寒窗苦读，他仍极有兴致地去为冒襄引荐秦淮名妓董小宛，其沉湎声色之态可想而知。只有每每语及国事，他才气魄凛如，壮怀激烈，显示出一番忠肝义胆的本色来。

崇祯十三年（1640），父亲在湖广巡抚任上得罪了权臣杨嗣昌，以香油坪对张献忠作战失利被解职下狱。身处逆境的方以智不得不忍气吞声，秘密入闱参加大比，终于得中进士。此后十年间，他背着功名的包袱，奔走在坎坷的人生之路上，历尽世态炎凉，遍尝苦辣酸甜。他从经世而出世，出世又不忘救世的矛盾思想由此形成。

方以智对神州荡覆的忧患意识，在甲申年春天变得更加真切、更为强烈。此刻，他透过飘散的硝烟，失神地望着崇祯皇帝的丹漆棺椁，五内如焚，痛不欲生。臣子丧君之情自不待言，方以智对这位曾有知遇之恩的皇帝，感情更非一般。他依稀记得，正是崇祯皇帝即位后，果断地清除阉党，诛杀魏忠贤，父亲才得以平反冤案，官复原职。他更不会忘记，父亲再遭权臣陷害解京候审时，他效西汉缇萦救父，跪伏沙坵，刺血上疏，每日在朝门外等候百官经过，叩头呼号，膝行流涕，求为上达父冤，请以身代。崇祯皇帝得知后，很同情他，叹喟"求忠臣必于孝子之门"，便免去其父亲的死罪，使方门得以团圆。李自成进逼北京时，他侍班朝中，亲见圣上宵衣旰食，惨淡经营，不禁忧心如焚，连日苦思写下《请缨疏》，受到皇上青睐。德政殿召见，方以智痛陈救危方略，请求给予父亲军务之敕，以集冀鲁义旅守卫京师，并愿投笔从戎，矢骨原野，报效沙场。崇祯首肯其诚，认为所言多有可采，嘱他补本详奏。可惜终为权臣所阻，他的愿望仅成空谈。崇祯皇帝吊死煤山，以身殉国，更为方以智所崇拜。他积极策划拥戴王子南下监国，企图以此拯救危局，挽狂澜于既倒。国变当日，他又冒着生命危险急驰宫中，与魏学濂、陈名夏等大臣聚集于承天门前的金水桥上，图谋联络孙奇逢的军队，奉王子以续明统。直到大顺军攻破宣武门，杀入内宫，他们才不得不恨恨而散。为先朝暴死的君主哭灵，不啻是对大顺新政的公开反抗，但此时此地，对方以智来说，大概也是他表达忠君之情的唯一方式了。

农民军是不能容忍任何人对死敌崇祯进行哀悼表示的。巡哨的士卒们不由分说，将这个大胆的哭灵者拿下，执于午门。或许他们正沉醉在攻占北京的极度兴奋中，看守十分懈怠，竟被方以智寻隙逃脱。但逃回寓所仅一夜，一个胆小怕事的家仆便跑出去告发了主人。惊魂未定的方以智重新落入农民军手中。

次日薄暮，大顺军传令明朝百官据朝本集合于午门外，点名验身，追赃助饷。归顺的明官们身着青衣小帽，匍匐路边，昔日淫威一扫无余。平时老成者，巧佞者，哓哓利口者，昂昂负气者，皆俯首低眉，形如木偶，任士卒们侮辱而不敢作声。依输饷之数，中堂为十万，部院为五万，方以智官至翰林，也应缴纳三万银两。李自成麾下大将刘宗敏，拷降追银的手段极为惨烈，数以百计的官员被投于狱中。对大顺军怀有杀君之仇的方以智不肯丧失臣节，因而备受拷打，浑身上下遍体鳞伤。血肉枕藉中，他愤不欲生。所幸在狱中充任书记的一位洛阳书生，久慕方以智大名，每于刑后暗加慰持，蹈背焐火，治创给餐，才使他渐渐缓过气来。二十天后的一个夜晚，方以智在这位书生的掩护下，再度乘隙逃脱。他悄悄潜回家中，告别了环跪涕泣的妻儿，扮成菜贩模样，取途通州向南逃去。一路上乞食问道，昼夜兼行，说不尽的千难万险，终于在五月初十抵达留都南京。

就在形面悴鬠的方以智拜伏于南京明孝陵前，痛定思痛的时候，清睿亲王多尔衮的铁骑已在吴三桂的引导下杀进北京，一个多月前为百姓箪食壶浆迎进承天门的李自成，因对清军作战惨遭败绩，在故宫匆匆举行登基大典后，弃城西逃。多尔衮为崇祯发丧改葬的同时，谕令各地明军投降，准备乘势南下。大明的忠臣孝子们都把复兴的希望寄托在刚刚即位于南京的弘光皇帝身上。

无情的现实再一次击碎了方以智的报国之梦。弘光政权完全是明朝大军阀大官僚集团派系斗争的产物，成立伊始便矛盾重重。把持朝政的马士英残害异己、罗织清流于内；江北四镇的骄兵悍将火并纷争、鱼肉良民于外。为方以智所信赖的兵部尚书史可法也被挤出朝廷，奉命督师扬州。在军阀卵翼下被抬出来的弘光皇帝，则是一个极端腐化昏聩的傀儡，终日沉湎酒色，唯演杂剧、饮火酒、淫幼女为乐，早已丧尽人心。方以智上疏报告北京局势，反被朝臣诬为心怀叵测，觊觎新政，被迫隐居于吴县的一位朋友家中。不久，马士英不顾朝野的反对，悍然擢升崇祯初年就已列入阉党"逆案"的阮大铖为兵部右侍郎，党祸复炽。因方以智早年曾动员同学钱澄之退出阮氏主持的中江文社，导致了该社的解体，他遂与方以智结下仇隙；寄居南京时，又遭方以智指斥臧否、戟手痛骂以为笑乐，对其更加怀恨在心。崇祯十一年（1638），东林党子弟以顾杲、黄宗羲为首一百四十人，提出驱阮宣言——《留都防乱公揭》，阮大铖吓得躲进牛首山，不敢进城。他联系中江社往事，认为公揭出于方以智之手，因而怨毒愈深。此时他大权在握，便借机大捕东林复社人士，必欲置之死地而后快。方以智被诬以"自亏臣节，复撰伪书，以乱是非"

的罪状，列名追捕。

在一个凄风苦雨的夜晚，逃到南京才三个多月的方以智，又黯然辞别了家人，满怀愤懑地踏上了继续南逃的路途。为了不暴露自己的真实身份，他褪衣散发，隐姓埋名，一路上以卖卜卖药为生。按照复社友人陈子龙所示，他先是流亡浙南天台、雁荡诸山，后又自福宁府南下入粤，深冬季节到达广州。

方以智逃离南京仅七个月，弘光小朝廷由于腐败和内部纷争，理所当然地覆灭了。清军统帅多铎率兵进入南京时，弘光朝的一大批官僚冒着滂沱大雨，跪在路边迎降。文武各官争趋朝贺的职名红揭竟堆至五尺高，多达十余堆。

苍苍尘海，莽莽神州，亡命南奔的方以智回眸北望，不知何处才是自己的归程……

◆◇ 漂泊者

晚明以来的社会动荡，至明清更迭达于极点。农民军的摧枯拉朽，明王朝的土崩瓦解，清王朝的入主中原，顷刻之间接踵而至。历史的急剧变迁，酿成战乱频仍，经济凋敝，整个社会陷入空前的危机之中。宦程不遇的方以智，饱尝倾轧沉浮之苦，对政治风云的诡谲变幻，感到既不可思议，又无所适从。毋庸讳言，清军入关之初，他也曾为"北虏"镇压"乱民"而暗暗喝彩；但清王朝宣布定鼎北京，并以武力为后盾，渐次向全国推行薙发易服时，他又不能不为异族入主庙堂而憎恶有加。在振复明统的愿望被无情否定之后，方以智头脑中求仕求荣的思想渐渐发生了动摇。他上不能如陈涉江请缨杀敌，下不能交游要人以泽其身，佯狂不可，避世不甘，便同当代的许多文人一样，自觉不自觉地向寄趣文章、以期明学术、正人心的道路上走去。

立足于"神州荡覆，宗社丘墟"的现实，明末的思想家们都在各自进行着沉痛的历史反思。他们或猛烈抨击脱离实际的清谈学风，痛斥"天崩地解，落然无与吾事"的恶劣积习；或以匡复社稷为"天下之公"，力主讲求"当世之务"的经世实学；或以历代兴亡为借鉴，具体地去探讨国家政治制度、文教设施、赋役财政、军制兵法等等历史教训，规划出他们所憧憬的社会蓝图。然而，这种学术上的主潮却无法动摇、更不能改变当时整个社会从上到下的颓败景况。在这种政治背景下，方以智进退维谷的苦闷心情可想而知。

弘光政权灭亡后一个月，黄道周、郑芝龙等拥立唐王朱聿键即帝位于福州，改元隆武。方以智在"甲申之变"中的苦节为朝野所知，深得赞服。俨若有一番作为的隆武帝立即平反昭雪了他的冤狱，以厚官相召，并再三催他入朝赴任。方以智看出，隆武朝的军政大权，完全掌握在拥兵自重、居心叵测的大军阀郑芝龙手中，便避而不应。他自制一舟，取名"三萍"，浪迹于珠江山水之间，并辑《史绅》《岭外文》等书，以期"灼然知天下之几，而见古人之心"，在著述中寻觅着历史的过去与未来。

隆武元年秋天，方以智进入抗清名将、广西巡抚瞿式耜的幕府。不出他之所料，当清军直逼浙闽时，海盗出身的郑芝龙为保存实力，果然暗中投降了清廷。隆武皇帝被俘，绝食而死。方以智在瞿式耜的鼓动下，参与拥立桂王朱由榔监国肇庆，并为他起草了监国诏书。一个月后，朱由榔正位称尊，是为永历皇帝。方以智以拥立之功，擢升为左中允兼翰林院侍讲学士。

方以智抱着将信将疑的态度试图涉足新政，不想却再次走进朝廷的政治旋涡。这个政权外则与广州的绍武政权同室操戈，兵戎相见，内则门户纷立、互相水火，形同一盘散沙。先有瞿式耜与刘承胤不合，后有吴党、楚党之争，朝臣竭力应付异己已唯恐不及，哪有余暇抵御外患？被时人称作"远过乎刘禅，近胜乎弘光"的朱由榔，是个不学无术的浪荡公子，隆武朝弃而不用的宦官王坤，竟被他授为司礼秉笔太监，时时不离左右，明末许多弊政在永历朝初创之时便相继死灰复燃。对于清军，他则畏之如虎，唯以逃跑为能事。迫于危险的形势，他虽不得不重用瞿式耜等矢志抗清的大臣，但又多次拒绝他们的苦心劝谏。即位后的头一年，他几乎是在逃奔于广西、湖南各地的路途上度过的，成为历史上罕见的闻警即逃的皇帝。在这样一个从政环境中，方以智议开创之政，一切不与人合。特别是在宦官王坤的猜忌和排挤下，他心情十分抑郁，时间不长便挂冠而去。

永历元年（1647），经瞿式耜荐举，朱由榔拜方以智为礼部尚书、东阁大学士。在封建仕途上，这似乎可以算得上位极人臣、炙手可热的官位了。半生追求功名的方以智手捧诏书，脸上却露出了几丝苦笑。他自感政治上无法施展抱负，动而得祸；又目睹永历政权派系纷纭，不成气候，不禁发出"大厦忽如此，一木何以支！歧华互争夺，朋党偏险戏"的浩叹。他决意急流勇退，便托病相辞。这年夏天，索性自称道人，躲进被称作"化外之地"的沅州天雷山，与苗民杂居一处，过起了卖卦糊口的生活。清兵进入沅州，大肆搜捕亡明遗臣，方以智连卦也卖不下去了，只好数易姓名，辗转亡命于贵州、湖南等地人迹罕至的崇山峻岭之中。与其说他是在躲避如狼似虎的清兵，倒不如说是在逃避险恶难测的仕宦生涯。

官场上的失望与灰心，使方以智对现实政治产生了一种冷感，转而在学术思想上表现出高度的关心。他大概认为，只有从道德与学术上提高读书人的水准，国家政治才会走上健康的轨道。对于本质上是学者而不是官僚的方以智来说，通贯百家、博稽金石的学术生活，也确实远远要比仕途上的挣扎撕拼有意义得多。生长在一个积学种文、淡泊恬退的家门里，他二十岁时就疏注《尔雅》，撰写《物理小识》，试图搜采农业、手工业、医学等先进技艺，而作一集大成式的总结；以后又效法司马迁，孤身一人负笈出游，遍访江南藏书家，借抄不辍，大大开拓了学术视野，从而立下"欲备天地万物、古今之教，明经论史，核世变之故，求名山而藏之"的宏愿。入仕后，虽因权臣掣肘，始终未能立功于朝，但是读书学问却未曾一日废置。他与京中宿儒相往还，得以出入禁廷，酬酢宫苑，披阅内府秘典孤籍，并有机会结识了在"西学东渐"潮流中颇具影响的汤若望、毕今梁等外国传教士。他竭力搜罗整理中土科技成就与"西学"争胜，又以西方先进的自然科学知识来丰富自己的学术思想，朝参之余，不废翰墨，写下了一系列博通百家、学富才雄的著作。甲申以后的政治动乱将方以智赶出书斋，造成了他漂泊四方、颠沛流离的生活，却也使他有机会接触到社会的最底层，为他提供了从社会实践中直接汲取知识的机会。湘黔的药物，岭南的土音，边陲的地理，少数民族的风俗，这些在通都大邑难以获得的知识，无不使他感到新奇。虽然生活潦倒之至，方以智好学之心依然拳拳，伏处荒村老屋著述不懈。他积自己多年来探索大千世界的见闻与实践，改正了前人《本草》《本草纲目》《天工开物》等著作的疏误，并继续撰补缀集倾其半生心血的《通雅》，从而在中国文化史上留下了一部洋洋巨制的百科全书。

当方以智以丹铅笔墨寄托精神的时候，征召他入朝辅政的诏书却一道接着一道地飞到他面前。在三年中，永历皇帝连下十道圣旨，频频遣使进山相召，和他关系十分密切的翟式耜也一再苦言劝他应命。但方以智难为所动，自谓"烽火尚容人玩世，山川不劝客趋朝"，连上十疏坚辞不受。在《夫夷山寄诸朝贵书》中，他为自己拒绝入阁开列了诸多理由：乱后身体虚弱，不胜劳苦，一不能；秉性狂直，难与人容，二不能；生来疏懒，不耐烦处理朝政，三不能；过去曾自矢不加官，食言而受为一可笑；素喜闲居，若自寻烦恼为二可笑；鼓吹老庄之学，却不能身体力行为三可笑。加上自己的政治改革主张难为采纳，希望朝廷全其愚分，放其自然。逍遥物外的避世之想跃然纸上。朝中催征得越紧，方以智却越感到时事不可为，退隐之心越发强烈。他于明哲保身之道若有所悟，便放浪形骸，采薇行歌："彼一丘，此一壑，可荷锄，可采药。植杖何烦老父愁，灌园自有三公乐。山中十钱一壶酒，天地尚在我辈手。"

对现实政治的冷感，并不意味着方以智要真正洗心出世，更不意味着对于国事的漠不关心。他一面上十辞疏，苦辞阁衔；一面却条陈《刍尧狂言》以献救国之策，并鼓励自己的门生从军抗清。他也间或出入瞿式耜桂林留守幕府，为其谋划抗清军务，对瞿氏寄予了收复故土、痛饮江淮的殷切期望。即使在放舟漓江、随风东西时，他仍不忘上书朝臣，力陈练兵爱民、勤于政事，乃能自立的道理。全阳大捷后，降清的一批明朝将领纷纷倒戈，阻遏了清军在西南战场上的攻势，永历朝政蓦然为之改观。方以智也十分欣喜，致书督师湘鄂军务的何腾蛟，劝他尽早传檄各地，和诸镇戮力同心，以建盖世之功。

永历小朝廷依靠全国抗清力量的支持，虽然一度控制了江西、湖南、两广以及西南广大地区，但却热衷于什么"扈驾元勋"与"反正功臣"的权力之争，自然也就无暇顾及胜利局面的继续扩大，致使清廷得以逐个击破分散的抗清武装，重新集结力量反扑过来。永历四年十一月，清军攻陷桂林，由于各路明军弃城溃逃，督师瞿式耜成了光杆统帅。他拒绝逃走，不屈就义。至此，抗清大局再度陷于岌岌可危之中。

永历政治的腐败透顶，不仅断送了大好的抗清形势，也打破了方以智仕隐两兼的生活。为躲避清兵的搜捕，他独自遁入仙回山南洞。清将马蛟麟于平乐捉拿方以智不得，派出二十余骑急驰仙回山，逮捕了隐居其间的永历朝光禄寺卿严玮，严刑拷打，逼他交出方以智来。方以智自知不免，毅然削发僧装来到清军帐前，马蛟麟颇感惊讶，便将他押至平乐法场，命手下抬上两具木匣让他自作抉择。揭开匣盖，一具盛着绣蟒袍服和顶戴花翎，另一具则装着一把鬼头砍刀。方以智早将生死置之度外，慨然答道："我上不能与君分忧，下不能孝养老亲，落入敌手，自分当死，将军不必多言！"马蛟麟又端上笔砚，请他作书招降明庆国公陈邦傅。方以智接过笔来，略一思索，草成四行大字："百折不回横一剑，岂畏刀枪重锻炼。狮子尊者肯施头，仲连焉可错射箭。"马蛟麟心中暗自叹服，只好解缚放其为僧，羁养于梧州古刹冰井寺中。

这一年的冬天，西南大地显得分外寒冷。梧州城外的浔江水，映漾着墨云细雪，仍时时泛起畏缩的波动。贫病交加的方以智从此开始了长达二十年的逃禅生活。他以遁身空门、剃发出家的行动，表达了对异族统治的反抗，作为遗民僧，他终其一生也没有留下一条被看作新朝标志的发辫。

◆◇ 遗民僧

无论亡明的遗民们多么不情愿，满洲贵族入主中原，最终成为不可抗拒的历史现实。亲政不久的清世祖福临，看出文人士子们或不愿合作，或疑虑难消，便不失时机地为知识界打开了仕进之门。南方战火未熄，"临雍释奠"大典便在北京隆重举行。一度中断的科举考试恢复后，列名荐牍者或为求仕求荣歆动而出，或为地方大吏驱迫就道。方以智的旧友戴明说、陈名夏、龚鼎孳、吴伟业、周亮工等，都纷纷入彀于清廷门下。

皇帝热心笼络遗民、征召隐逸，大臣们便不敢怠慢。顺治十年（1653），安徽巡抚李芄两度亲临桐城，强请回乡不久的方以智出山效力朝廷，使他尽孝老父、著书桑梓的幻想顿成泡影。立誓不仕异族的方以智只好忍痛离别老父，正式来到南京高座寺出家，闭门于看竹轩。他奉觉浪道盛禅师为师，法名大智，号无可，受大法戒，成为佛教曹洞宗青原支脉第三十七世法嗣。

高座寺位于南京聚宝门外的雨花台前。相传梁代云光法师在此讲经，感动天神落花如雨，因得此名。南宋时抗金英雄杨邦义被俘后骂贼不屈，在台下抛心殉难。方以智十分崇敬的建文遗臣方孝孺，遭磔后亦葬于此。在这里主持佛事的觉浪道盛，是一位颇具反清意识的和尚，当年曾因作诗有"太祖高皇帝"字样，被清廷逮捕下狱，故在他门下聚集了许多亡明的遗民。

历尽沧桑的方以智，由贵公子而沦落为出家人，虽仅四十多岁，却形容枯槁，须眉俱白；回首往事，恍然有隔世之感。世道变化的突如其来，身世飘零的难以逆料，给他带来极度的彷徨和痛苦，此时从佛门藏经库中，他似乎找到了解释和安慰。

其实，方氏三代学《易》，善以《河》《洛》之秘推衍万物，外祖父吴应宾精于佛典，热衷释、道、儒三教合一，这些都使方以智早在青少年时代就染上了出世思想。"经世"和"出世"，两种互为矛盾的教育，交织地培养了他的个性，并随着环境的变化此伏彼起，左右着他的生活道路。经世思想在现实生活中破产后，隐藏在心中的出世之路，自然便成为他思想的主流。由儒而道、道而释的切身体会，使他愈发感到三教不可执一，不可任受，也不可阂受，于是力图以《易经》去融合三教。对于时局，他则不闻不问，冷漠无睹。孤傲、自信的情绪，一一宣泄在那些洋洋万言的著述之中。

但是，方以智毕竟是以儒者而托身寺院的。他虽主张三教合一，目的却在于复兴儒学。在《药地炮庄》一书中，他一再强调庄子为孔子托孤之说，无异在表明自己虽落发为僧，思想上却不失儒者本色。方以智所处的时代，正是儒学由宋明理学向清代经学过渡的时期，儒学内部程朱理学与陆王心学的矛盾已发展到十分尖锐的程度。省程朱格物之拘、陆王心学之荡，方以智继承了其祖"藏陆于朱，潜无于有"的理论，发出"欲挽虚窃，必重实学"的疾呼，并在此基础上，构筑了"虚实互济，由博返约，尊今薄古，中外会通"的思想体系，对一代学风的去虚就实，产生了不容忽视的影响。正是出于对学术界门户倾轧、教派偏弊执一的批评，他在著名的哲学著作《东西均》中提出了"合二而一"的观点，一扫旧理学"破作两片"的片面性，对矛盾的普遍性、统一性以及相互性原理作了十分深刻的发挥。与顾炎武、黄宗羲、王夫之等清初大家以儒救儒的思路不同，方以智一眼看出甑内不能运甑，便于批判儒、释、道末流偏弊的同时，积极弘扬三教的原始精神，高高举起了三教归儒、重建儒学的大纛。

然而，方以智的思想终究无法穿透传统儒学的樊篱。他的呐喊很快便被残酷的现实无情吞没了，以致在清初的学术界并没有激起强烈反响。在他身后的乾嘉学者们，从其走过的学术道路中依稀看到的，只是文字音义一类的考据之学。这种对方以智思想精华的无视和曲解，并不是学术界对他的不公正待遇，而是时代使然。这不仅仅是一个思想家的悲剧，实际上恰恰成为整个清初学术的历史悲剧。

伴随着佛门的晨钟暮鼓，清代的历史悄然走进了康熙三年（1664）。流亡缅甸的永历皇帝已为吴三桂所擒，缢死于昆明城内篦子坡；一代抗清名将郑成功、李定国皆相继病故，几十年的干戈扰攘渐趋偃息。以振兴青原法脉为己任的方以智，受吉安官绅之聘，在禅游六年之后，移席青原山净居寺，成为这片曹洞宗圣地的住持。

敕建于唐开元年间的青原山寺，原为禅宗青原一系开创者行恩的道场，除为佛教圣地以外，又是江右王学重镇。这里山色秀丽，树木相掩，瀑布飞泻，鸟语花香，南宋文天祥手书"青原山"的大字匾额，高悬寺门之上，给人以铜浇铁铸、雄伟不拔之感。于此荆杏双修、会通三教之所在，明禅暗儒的方以智继续讲法不休，反复论述阴阳轮回、三教合一的玄妙之机，过去庄肃激烈之态，也归为雍和平恕。回首自己一生的坎坷和险峻，他极力劝诫弟子们尽扫从前尔我分竞之私，"使缁流安本来之衣钵，书生奉中和之俎豆。实欲使处世胶柱者知有超出之一门，而昏贪可醒；出世但空者不昧秩序之法位，而莽荡谁逞"。

对汲汲求索一生的方以智来说，这与其视作一个饱尝忧患者参禅后的顿悟，毋宁看成是一个杰出思想家解悟不得的更深的困惑。

方以智的晚年为禅宗和道家观念所浸染，于象数学的神秘之路上越走越远。但他仍然能够以丰富的辩证法思想，对他所经历的社会矛盾运动做出精彩描述。他列举昼夜、生死、真妄、安危等一系列互相对立的范畴，指出它们彼此都是相害又并育、相悖又并行，即所谓相反相因的。"阴阳悬判而汁液不解，水火燥温而用不相离，生克制化无不颠倒，吉凶祸福皆相倚伏。能死者生，狗生者死。有无动静，交入如漆"。这种"公因反因"的学说虽缺少科学论证，却不乏天才的洞察和智慧的闪光。

"一柄善刀还自砺，欲挥残日上高春"。方以智仍然幻想着借笔锋为无厚之刃，在尖锐的社会矛盾间隙中开辟出一种新的时局。当然，这也只能是"了生死以尽人道"的自慰之辞了。

经过方以智的弘扬振发，沉寂多年的青原山讲学之风逐渐得到了恢复。他兴筑庙宇，建造佛塔，置田修志，授徒讲禅。四面八方的信徒闻风景从，参禅求道者络绎不绝，团蒲所至，群议竞起。士绅大户们纷纷为寺中捐资助米，连吉安、庐陵府县衙门，也免去僧田的税赋差役，以示优厚。青原一片山，曹洞一支脉，已非世守之庙宇，宛若祝国裕民的道场，接众讲学的丛林。方以智自觉不负觉浪禅师重振青原法脉之托，又在大千世界中求得无争的天地，少年时风流自喜之态便渐渐复萌，交游不分僧俗儒道，即使是那些仕清的地方官吏，也与之唱和酬答，往还颇为相得。遗民中的友人对他不甘寂寞违背逃禅初衷的行径时时加以批评，劝他挂鞋曳杖，灭影深山，免授小人以谗言、陷害之机。但方以智却不以为然，依旧热心于结纳干谒之事，以致日益招人注目，名声远扬，终于引起了清廷的注意。

康熙十年（1671），平地祸起。正准备回桐城老家主持浮山佛事的方以智，因列名"粤难"，受到清廷的通缉。史事的湮没，已使这起案件的详情无从考得，但根据史家们推测，不外是方以智的粤西旧友涉于反清活动，流言蜚语所及，使其无辜受到株连。这对一个年过六旬的老人来说，无论精神上还是肉体上，都是一个极为严酷的打击。为了不累亲友，他病中强起，自诣庐陵就逮，旋即押赴南昌。次子方中通自矢以身代父，也在桐城银铛入狱，家中鬻婢售田，顷刻破败，子侄仆人们惶惶不可终日。虽有不少朋友为其奔走营救，但更多的势利之徒却避之唯恐不及。

根据清廷的命令，方以智作为粤案的要犯，被押往岭南。十月初七，囚船在南赴途中到达了万安惶恐滩。

惶恐滩是赣江十八滩中最险要的地段，却为水路由赣入粤的必经之处。文天祥"惶恐滩头说惶恐，零丁洋里叹零丁"的诗句一出，这里遂成遗民孽子的圣地。方以智拖着虚弱的身体走上船头，眼望忠臣泣血的遗迹，不禁万念俱灰。想到自己逃禅之后，虽两度拒绝清廷袍帽，但并没有在行动上从事反清活动，也没有在文字上宣传过"华夷之辨"一类的民族思想，却依然无法逃避来自俗世的谗言，以行将就木之身，还要对簿虏廷，苟延残喘，一股"不罹一死，几负一生"的强烈冲动，不觉袭上心头。

月到中天，赣江上风浪骤起，方以智趁随船的三子方中履和解官们正在熟睡之机，纵身跳入湍急的江水，结束了他充满悲剧和困惑的一生。

在汹涌的江水中，他得到了永远的解脱。

即便是最黑暗的现实，也无法阻止殉道者的自裁，尽管它可以赐予人们以无穷的痛苦和灾难。也许正是从这个意义上说，方以智自沉惶恐滩的行动，成为一种反抗现实的壮举。他因而被时人冠以"真孝子、真忠臣、真才子、真佛祖"的美名。

方以智生前自负要"坐集千古之智，折中其间"，把古今中外的学问当作药材汇集一炉，以医治世人的千疾百病，特别是医治那些争挂单方招牌而不谙医术的"庸医"。然而，一个处于重重社会矛盾中的思想家，无论如何才思敏捷、博约兼综，他毕竟无法超越时代所允许的高度。方以智的建树，只是他在黎明前的暗夜中透视社会所取得的最佳值。如果没有个人自觉的时代反思和艰苦卓绝的努力，他连取得这样的视距也是断乎不能的。这个时代造就了他，也是这个时代扼杀了他。他的儿子曾这样感慨地写道：

> 相看何必问沧桑，幸有壶中日月长。
> 只恨情难投药石，其如病更入膏肓。
> 高人先得知人鉴，逃世还传救世方。
> 天地可怜生草木，不逢岐伯有谁尝！

社会本身已经溃烂到了不可救药的地步，虽妙手良医又有何能呢？

虽然方以智终其生也未能实现自己的"医医之愿"，但他的学力学风，却在清初学术界架起一座承前启后的桥梁。他的门生中，走出了许多名冠一时的思想家、文学家、美术家、科学家和考据学家。同绝大多数明末遗民一样，方以智的著作在康、雍、乾三朝的文字狱中遭到了野蛮的禁毁，但最终只是抽刀断水，虽官修的《四库总目》，也不能不承认其"卓然独立"的历史地位。

李
渔

无可告诉的戏剧人生

◎鲁培康

　　困惑，是一张网，一张打满死结的网。他撒下这张网，却捞起
一串鲜活的金鱼、闪光的贝壳，还有……

　　他，曾困惑一生。他的灵魂，始终在困惑中悸动；他的生命，始终在困惑中挣扎！

　　在中国文学的历史长河中，万千星斗，竞相闪烁。在这些才华横溢的艺术天才中，李渔便是不可多得的一位。

　　把李渔视为中国文化史上一颗独特的璀璨的星球，并非溢美之词。李渔学识渊博，多才多艺，著作等身。除流传于世的艺术论著《闲情偶寄》以及数十种传奇外，尚有诗词、文赋、序跋、传记、史论、杂说、赞辩、碑铭、小说等洋洋几十种。他不仅工于戏曲，深谙音律、诗文、书画、医药，而且通晓园林建筑，颇具百工技艺之才。他曾亲手设计营造了芥子园，编辑、刻印、发行了文学、历史、戏剧、美术等多类书籍。他在戏剧创作、戏剧演出上取得了很大成功，对戏剧理论、戏剧美学的贡献更是成绩卓著。然而，这位艺术天才的一生却始终充满着困惑。唯其困惑，他才成为艺术史上不可多得的文学家、戏剧家、艺术理论家；唯其困惑，他又有了寻花问柳、恣情放荡的令后人困惑之举……

◆◇ 天命惑——科场跌顿，屡试不举！问苍天："才亦犹人命不遭"，功名富贵谁来定？

李渔，字笠鸿，号笠翁、湖上笠翁，别号笠道人、随庵主人，金华兰溪（今浙江兰溪）人。明万历三十九年（1611）生，清康熙十九年（1680）逝世。至于李渔的家世，《曲海总目提要》说"渔本宦家书吏"；《中国大文学史》说李渔"亦明之遗臣"；至当代，仍有人认为李渔出生"富贵人家""官僚之家"。从新的考证资料来看，这些说法至少是不够全面的。

在李渔的故乡——浙江兰溪夏李村，流行着李渔出生时的传说：李渔一家曾住在伊山头的一个破旧祠堂的角落里，母亲给财主当"烧镶娘"（帮工）。在他将要出生时，母亲一连腹痛三天三夜，在床上翻滚颠顿，仍产不下。当时村上的几个长者说，这小祠堂太阴暗，地盘轻，恐怕载不住"星宿降地"，于是把产妇抬到夏李村总祠堂前，果然顺利分娩。这传说虽然有些神秘色彩，却说明李渔是出生于贫寒之家，母亲当过佣工。

从李渔的作品来看，他的《奇穷歌为中表姜次生作》一诗有"我侪穷骨天生成，身不奇穷不著名。纵使砚田多恶岁，还须载笔照当耕。"（本文所引李渔诗词均出自清康熙刻本《笠翁一家言全集》，下注略）也可以说明李渔出生时家境是贫寒的。在李渔的著述中，以"穷人"自况的地方很多，大多指他壮年之后的生活遭遇。但"予生也贱，又罹奇穷"中的"贱"，大概可以证明他母亲当过佣工的传说是可信的。李渔的父辈曾在江苏如皋以医药为业，李渔生活在这个药铺子家庭，幼年起就从父辈学药、学医、行医，因而他有诗句"累世学医翻善病"。后来，李渔曾把习医所得写成《调饮啜》《节色欲》《却病》《疗病》等篇章。

李渔从小学医，为何又改习文呢？原来，他自幼聪颖，"襁褓识字"，"初辨四声，发尚未燥"，被认为是神童，所以"名仙侣，号天徒"。他的伯父李如椿是一位有文学修养的医生，爱他如亲生子，常携于左右，言传身教，悉心栽培。伯父每到高门大第之家行医，常带之同往，以增长见识，又可炫耀侄儿的才华，所以李渔"自乳发未燥，即游大人之门"。由于他"绝才拔俗"，"髫岁即著神颖之称"（黄鹤山农《玉骚头》序），父亲、伯父便要他读书习文，同时兼习医药。十来岁的李渔，已能"于诗赋文人词""一倏忽千言"，"于诗书六艺之文，虽未精穷其义，然皆浅涉一过"。李渔亲手所种的一棵梧桐，铭刻着幼年的他刻苦攻读的印迹。他每年在梧桐上刻诗一首，以此激励和鞭策自己：切不可虚度青春韶华。十五岁那年所刻的一首五古《续刻梧桐诗》说：

> 小时种梧桐，桐木细于艾。针尖刻小诗，字瘦皮不坏。刹那三五年，桐大字亦大。桐字已如许，人长亦奚怪！好将感叹词，刻向前诗外。新字日相催，旧字不相待。顾此新旧痕，而为悠忽戒！

此期的七古《活虎行》，也抒发了李渔的少年抱负。

然而，李渔是不幸的。正当他才气斐然、踌躇满志之时，命运之神却给了他当头一棒：父亲染病身亡！父亲死后，李渔在母亲教育下继续攻读诗书。封建时代，知识分子想要有所作为，参加科举考试、获取功名乃是唯一途径。在这方面，慈悲的寡母对李渔寄予了深厚期望，但未能看到儿子中举做官，便猝然离世而去！李渔何尝不想中举登第，实现自己多年来的一腔抱负？然几应乡试，都无所成。母亲死后，李渔常梦见她责怪自己荒废了举业，内心深感辜负了母亲的厚望，悔痛不已，禁不住怆然泪下：

> 三迁有教亲何愧，一命无荣子不才。
> 人泪桃花都是血，纸钱心事共成灰。

昨天的理想、抱负，如今全都化作灰烬！想到寡母生前对自己深怀厚望，呕尽心血，茹苦含辛养育自己，他便心痛难忍。

三十岁那年元旦，他写有《凤凰台上忆吹箫》，词中说，"闺人也添一岁"，却祷祝他科场中举，"早上青云"。而他自己却只能"持杯叹息"，表示"封侯事且休提起，共醉斜醺"。李渔在二十余岁成为秀才之后，多次应乡试不第，直到三十初度仍只能望洋兴叹，举业之道何其坎坷艰辛！父丧、母亡，并没有换来命运之神对他的怜悯，面对闺人的热切期盼，他的内心是何等凄苦，何等惆怅！自己的志向落空，父母的期望未达，妻子的祝愿无成……抬头询问苍茫的天空，天空不语，低首遥望广袤的大地，大地无声！路——在哪里？他不禁感到困惑、感到迷惘了。

李渔在明末乱世的科举之道上坎坷跌顿，屡试不第，拉开了他人生悲剧的帷幕。然当此大明帝国江河日下、风雨飘摇之时，他的命运又将如何呢？崇祯十六年（1643），东阳一带发生兵乱，战火越烧越旺，竟将他在婺城的住所化为灰烬！李渔流离失所，无家可归，只得穷鸟入怀，来到府治金华。当时担任金华府同知的许檄彩"怜才好士"，他便成了许的幕宾。李渔自谦地说："只解凌空书咄咄，那能入幕记翩翩"；"马上助君唯一臂，仅堪旁执祖生鞭"。谦词中流露出在国家危亡之时，他愿协助许君有所作为的意思，然而，"中流徒击楫，何计可澄清"，面对乱世，他又无计可施。

明崇祯十六年和清顺治元年、二年这三年中，李渔常奔波于金华城里与兰溪乡间，目睹官军的残暴，感慨万端，发而为诗。在《甲申纪乱》一诗中，李渔怒斥官军比"贼"更坏，"贼心犹易厌，兵志更难遂"，对下层人民的不幸遭遇深表同情。此期的李渔，感情十分激荡：

> "忠魂随处有，乡曲不须催"。"下地上天路俱绝，舍生取义
> 心才决。不如坐待千年劫，自凭三尺英雄剑。先刃山妻后刃妾，衔
> 须伏剑名犹烈。"

他简直下决心要为气节而牺牲了。连年的战乱，在李渔的内心留下了深刻的创伤。顺治三年（1646），清兵南下浙东，金华失陷，当时他正避兵山中。重回乱后的府城，他深受触动，饱含悲愤地写下了《婺城乱后感怀》：

> 骨中寻故友，灰里认居停。城欲成沧海，天疑陨婺星。可怜松
> 花石，竟作砺兵硎。

诗歌鲜明地反映出李渔感时伤世的愤慨。

大诗人杜甫身处乱世，诗多反映现实，风格以沉郁顿挫而著称。李渔虽无诗圣的功力，然战乱之苦，颠沛之痛，乃他亲身所体验，因而诗的愤激之情庶几近之。战争动乱中个人的不幸，人民的灾难，不仅成了诗人一再抒写

的题材，而且给他后来的戏剧创作以重要影响。莫愁钓客、睡乡祭酒为《巧团圆》第四出所写的一则批语说："笠翁之曲，工部之诗，俱得力于兵火丧乱。可见文人遭遇，无境不可，不必定如太史公以名山大川为有益之地也。"顺治元年五月二十八日，吴三桂和多尔衮的军队击败李自成军，多尔衮进入山海关的当天，就曾下令关内外兵民薙发，当时因南方未定，出于策略考虑，暂缓执行。次年攻下江南，清政府重下厉令：凡清军所到之处，限十日内，尽行剃去前半部头发，后半部依满族习俗，削发垂辫，并废弃明朝衣冠。厉行"留头不留发，留发不留头"，违者处死。并指派一批剃头匠，挑了剃头担，逡巡于大街小巷，见没剃发的，拉将过来，强行剃下，稍有反抗，刀举头落，并挂之于剃头担上，杀鸡骇猴！新的统治者这一强制暴虐的同化政策，激起了各地人民的英勇反抗，江南人民的殊死斗争，更是可歌可泣。"头可断，发不可剃！"千千万万江南人民，用自己的鲜血和生命谱下了中国古代史上人民反抗异族统治者的一曲悲天壮地的凯歌。

顺治三年，浙东为清兵所占，李渔被迫剃了发。在《剃发二首》等诗中，他对清统治者这一强制政策表示了强烈的愤恨。李渔一身正气，极不愿向现实屈服。世道的不平，来自贫富贵贱的悬殊，出身贫寒的李渔深知这一点。他曾作《吴钩行》，表达了他要用宝剑怒斩世间不平的雄心，可他又感到无从下手："把酒看吴钩，吴钩光陆离。不平事满眼，欲试宜先谁？"是啊，中国的封建社会绵延了几千年，其间经过了无数王朝的变迁，但贫贱富贵之悬殊，世代皆然。如今又有谁能够改变这世道的不平呢？难道功名富贵、贫贱穷愁乃为上天所定？经过了鼎革之灾，坎坷多难的李渔，深深陷入困惑之中。

可以想见，在明末清初那社会动荡不安的时期，一个正直的、有理想有抱负的知识分子，内心是何等复杂，矛盾是何等剧烈。生命苟全下来了，随之而来便是新朝廷撒下的令人垂涎的香饵。清统治者深知汉族知识分子迷信科举，于是，顺治元年即宣布："文武制科仍于辰、戌、丑、未年举行会试，子、午、卯、酉年举行乡试。"顺治二年乡试后，顺治三年命再行乡试，四年会试。新的羁縻政策，一方面是为了从抗清队伍中把汉族知识分子分化出来，另一方面又可以慰藉明末一批不得意的读书人，网罗他们为新王朝服务。李渔曾胸怀抱负，立志科举，并曾艰辛地、痛苦地追求过。然而，清廷连年开科，李渔却并未投考。究其原因，主要在于经历了明末清初的易变之苦，李渔的思想情感发生了剧烈变化：一方面，他对异族统治者的蹂躏深感痛恶，对新廷的羁縻政策采取不合作态度，这在最初，不能不说是一条重要的原因；另一方面，功名利禄、荣华富贵本于天的宿命观逐渐占据了他的思想，并深深困扰着他。还在明末下第时，他就悲叹自己"才亦犹人命不遭"，"三迁有教亲何愧，一命无荣子不才"，"我爱黄金天却吝，人恋乌纱神不许！"他为自己举业的失败而抱恨苍天。在他看来，功名富贵乃天注定，他科场跌顿，屡试不举，乃因天不授才于他。对此，他极为伤怀感慨："自知不是济川材，早弃儒冠辟青莱"，"我不如人原有命，人能恕我为无官"。直到康熙五年所作的《凰求凤》第十二出中，还有"莫把科场看得易，幽明两处来官吏，功名若道不由天，请看今朝这出戏。"显然，这是李渔借剧中人对自己人生感慨的道白。李渔在自己的得意之作《闲情偶寄》中又说："性中带来一语，事事皆然，不独填词一节，凡作诗、文、书、画、饮酒、斗棋、与百工技艺之事，无一不具凤根，无一不本天授。"事事皆然，理当包括作八股文。难怪余怀对此评道："借此阐发笠翁本意，举业工矣。"李渔能以填词名家，却不能以时文中举，在他看来，无疑是因为自己的八股文不具凤根，不本天授。这种思想时时缠扰着他，致使他终生都困惑不已，茫然不解。

李渔的天命观，给他的人生着上了浓烈的悲剧色彩。岁月的流逝，并未使他彻底消除对功名的眷恋。李渔的困惑是深长的，因而，他对功名的态度也就表现得极为复杂：一方面，李渔对功名利禄投之轻蔑与厌倦：

> 酒少更宜赊痛饮，愤多姑缓读《离骚》。
> 姓名千古刘黄在，比拟登科似赏高。

诗中表现出了他对科场失意的愤懑与对功名利禄的轻蔑情绪。崇祯十三年，李渔三十初度，元旦有《凤凰台上忆吹箫》一词，词意明显地表现出他已经厌弃功名，倦于进取了。崇祯十五年，李渔又一次出应乡试，但被战事所误。应试途中闻警，他便高高兴兴地回家了，"正尔思家切，归期天作成"。没想到这次应试，竟成为他一生中的最后一次。是年，他才三十二岁。《礼记·曲礼上》云："四十曰强而仕"。李渔厌弃功名，倦于进取，不是在强仕之年，而是在而立之年。此后，李渔常流露出他对功名的轻蔑情绪，这种轻蔑与他的天命观紧紧相连，使他的性格变得更加复杂。另一方面，李渔又深怀功名不成的茫然。科场失意之苦，功名不成之痛，常常纠结于心，"艾不服官今已矣，岁当知命却茫然"。直到五十初度，他还流露出这种思想。晚年，李渔相继刊行了《资治新书初集》与《二集》，汇辑了明末清初许多官员的吏牍，并自撰《详刑末议》《慎狱刍言》系于《初集》卷首，从这里也可以看出李渔对功名的向往。再一方面，李渔后来率家庭戏班奔走于权贵之门，亲眼目睹了官场内幕，对自己功名不成、未能涉足宦海浮沉又深感庆幸。他在《南柯子·做官难》一词中写道："若鉴为天苦，推情莫做官，一家颂德九称冤"。在《闲情偶寄·颐养部》中，李渔也发出了类似的感叹："悟居官守职之难，其不冠进贤而脱于宦海浮沉之累者，幸也。"这并非李渔的聊以自慰，而是由衷之言。对功名利禄的厌弃之感，功名不成的茫然之感，未能置身官场的幸运之感，就这样矛盾地统一在李渔的思想之中。李渔的一生坎坷多难，穷困潦倒，无论心灵还是肉体都倍受折磨，直到晚年，为了生计，他仍不得不颠沛四方，劳苦奔波，以至忧劳成疾。"是人皆喜获，唯我独长吁"，"嗟乎，伤哉！李子之穷遂至此乎！"难道命当如此？不幸的李渔，终生也未能解脱这一困惑。

困惑是一张网！李渔被紧紧地包裹在其中……

◆◇ 童心惑——穷愁潦倒，看破红尘！为文作戏，能否对世道人心有所匡正？

早年，李渔父亡之后，他与母亲靠遗产度日。母丧，生计日窘，至三十来岁，家境"中落"。三十二岁过除夕时，竟落到了"酒债征除夜，难赊此夕酤"的窘困地步。恰又身逢战乱，尝尽了流离失所之苦痛，辗转漂泊之辛酸。从有关的考证资料来看，大概在三十五六岁上，李渔曾泊居故乡，因而易名"谪凡"。在乡亲好友的帮助下，他摆脱了"糊口尚愁无宿粒，买山那得有余钱"的困境，买了山地，造了一座有"容身小屋及肩墙"的麓草堂，开始了"但做人间识字农"的生活。然而，李渔对乡农生活毕竟不太习惯，曾外出另谋职业，然"百事未能做，仍归咬菜根"。这样，他也就安顿下来，并积极关心村上的公益事业。李渔不只是一介书生秀才，他多才多艺，堪称天才。此间，他曾实地勘察，精心设计，倡议兴建了四座石坝，修通了附近的两条溪流，开凿了三条水渠，总长六里多，环绕全村，使周围上千亩田地得到自流灌溉，又为全村村民的饮水、用水大大提供了方便。由于李渔热心公益事业，获得了全族老少的尊重，被推为祠堂"总理"。不过，李渔的乡居生活并非一帆风顺。据说有一次，离夏李村十里路外的两个村坊，为一座山的所有权，起了纠纷，邀请李渔去调解。在调解中，他触犯了一方的切身利益，引起了嫉恨，甚至要谋害他，听到风声，他乔装逃回本村。一到村，却闻讯有人要来追杀，无奈，又只好扮作渔翁，驾船入兰溪江，仓促出走。命运之神又一次捉弄了他！水上孤舟，载李渔何往？

经过一段颠沛困顿之后，他定居杭州。李渔身有傲骨，颇以才自负。《一家言释义》即自序云："凡余所为诗文杂著，未经绳墨，不中体裁，上不取法于古，中不求肖于今，下不觊传于后，不过自成一家，云所欲云而止。"他蔑视"道学气""书本气"，不与世苟同，把自己的全集取名"一家言"，也可见其风格的独特。李渔的傲骨，使他吃了不少苦头，甚至成为他科场失败、终生赤贫的一个重要原因。光绪《兰溪县志》卷五《文学门·李渔传》说他为文"率意构思，不必尽准于古"，恰好道出了问题的要害。可想而知，李渔科场作文也必定率性而发，标新立异，多惊世骇俗之论，不合时文之准，以致败下阵来。《偶感》诗有"伤哉日以贫，致此皆由傲"，正说明李渔常因傲致贫。可是，李渔却并不后悔；"因贫才能乐，为傲始能闲"，不仰人鼻息，宁可受穷，也不伤骨气。显然，这已经给他的人生注入了一个重要的悲剧因素。直到晚年，他穷困潦倒，避居杭州西子湖畔山中，还作诗说："半生长蹙额，今日小开颜。绿买田三亩，青赊水一湾。妻孥容我傲，骚酒放春闲。"强调的还是他性中之傲。

李渔自二十余岁成为秀才之后，多次出应乡试，终无所成。科场屡遭跌顿，使他极为感伤，也十分厌倦。而天命观更加剧了他心灵的痛楚，思想的困惑，此后，这一困惑便在他的头脑中延续下来，始终也未能摆脱。明末诗句中已表达了他对自身不幸的满腔不平与对功名利禄的轻蔑情绪。崇祯十三年，他三十初度，元旦所写《凤凰台上忆吹箫》一词，词意表现出他已经厌弃功名，倦于进取了。从这时候起至顺治八年元旦，整整十一年中，李渔尝尽了人生的种种辛酸。鼎革之际的战乱，使他流离失所，颠沛四方，穷愁困顿，几近潦倒。他亲身经历了战争给人民带来的巨大不幸与灾难，目睹了新的异族统治者对人民的残酷蹂躏，从道德、气节到生命都经受了种种严峻的考验。对于世态炎凉，他也深有体察。所以，随着人情的变故，他便"人以面交我，我亦交以面。"他变得孤独了、怀疑了、迷惑了。然而，李渔"借伪"却是为了"全吾真"，在这个如此虚伪、残酷的现实世界面前，他却步了，他把自己的内心世界掩藏起来了。"借伪全吾真"，是一把解开李渔后半生种种矛盾与困惑的钥匙。从这里，我们完全可以触摸到李渔那颗掩藏在虚假背后的真心；从这里，我们可以洞察出李渔那颗在困惑中悸动着的灵魂。一个坦诚的人要委屈自己，戴上一副虚假的人格面具，该有多难！一个真率的诗人、一个满身傲骨的艺术家要强迫自己戴上一副虚假的人格面具生活、创作，又该有多难！李渔的内心何等痛苦，何其困惑？这苦、这惑究竟有多深、有多沉？……

在经历了灵与肉复杂的矛盾冲突和现实、人生的种种苦痛磨难之后，李渔更加清醒了，他彻底看破功名，看破尘世。似乎，他已经找到了可以解脱自己人生困惑的希望之光，似乎，他又想到了先前的抱负与理想。顺治八年元旦，四十一岁的李渔写了《辛卯元旦》一诗：

又从今日起，追逐少年场。过岁诸逋缓，行春百事忘。易衣游舞榭，借马系垂杨。肯为贫如洗，翻然失去狂！

这新的一年，大概也算是李渔的一个新的起点，他不畏清贫，重又焕发出少年之志。不过，这与先前却已大不一样。先前，他刻苦勤奋，攻读写作，只是为了能中举做官，获取荣禄富贵；而现在，却是为了人生，为了人心世道。终于，他从穷愁困惑中站立起来，并决定要把创作小说与戏曲作为自己的职业，这在明清文学史上几乎是独一无二的。有些人一方面搞戏曲创作，一方面还不得不应付举业。汤显祖就曾感叹说："不佞生非吴越通，智意短陋，加之举业之耗，道学之牵，不得意横绝流畅于文赋律吕之事业。"李渔却不同，尽管是由于他的天命观，由于时代的灾难、自身的不幸等诸多原因，使他的思想发生了根本变化，才放弃了科举，尽管后来他仍然有一种功名不成的茫然之感，但是，当他一旦放弃进取功名之后，便把自己的整个生命投入到小说、戏曲的创作之中，为中国文化史增添了独特的光华。

对小说、戏曲的重视，明李卓吾、袁中郎早已倡导于前，但像李渔这样积极地、身体力行地去从事它，并把它作为自己的终生职业，在中国文学史上是极为罕见的。继明万历以后，清初小说戏曲创作仍然处于繁荣时期，李渔适应了社会的需要，选择了自己的事业，却招来了别人的攻击，余怀就曾指摘其"不为经国之大业，而为破道之小言"。李渔却坦然宣称："若诗歌词曲以及稗官野史，则实有微长，不效美妇一颦，一拾名流一唾，当世耳目为我一新。"又认为："虽稗史传奇，亦大有关于人心世道。"居杭州大约十年，他完成了短篇小说集《无声戏》《十二楼》，这是李渔小说方面的代表作。《十二楼》写于顺治十五年前后，流传甚广。在杭期间，李渔还先后写成了《怜香伴》《风筝误》等五部传奇体戏剧，特别是《风筝误》，奠定了李渔作为清初重要戏剧家的地位。后来，他在答友人书中说："此曲浪播人间几十载，其刻本无地无之。"虞镂的《序》点出了该剧深含的哲理：世事往往妍媸互掩，黑白等观，"《风筝误》一编写照寓言或在有意无意间乎？"对于旧社会这种令人啼笑皆非的现实，剧作家出之以滑稽调笑的笔墨，可谓用心良苦。所以，包璇为《一家言》作序说：

> 笠翁游历遍天下，其所著书数十种，大都寓道德于诙谐，藏经术于滑稽，极人情之变，亦极文情之变。不知者以为此不过诙谐滑稽之书。其知者则谓李子之诙谐非诙谐也，李子之滑稽非滑稽也。当世之人尽聋聩矣，吾欲与之庄语道德固不可，既欲与之庄语经术复不可，则不得不出之诙谐滑稽焉！

李渔曾为滑稽之雄东方朔鸣不平。昔李卓吾列东方朔为"讽谏名臣"，人称"有识"。李渔则更进一步："人谓武帝名臣当推董仲舒、汲黯，予谓东方朔之玄朝，风采不在二臣之下。史氏不察，乃以滑稽轻之，与优孟诸人并齿，冤哉！"他认为"朔乃一代之诤臣"，"朔又一代之通儒"。《风筝误》的结局又是乐观的：妍者终妍，媸者终媸，一切终有大白之时。"惟我填词不卖愁，一夫不笑是吾忧"。有心的读者、观众能不于大笑之后而别有所悟吗？

顺治后期，李渔作为文学家、戏剧家已具有一定影响，然而他的生活仍十分艰辛，由于当时南京书籍出版业较发达，李渔只得移家南京，"挟策走吴越间，卖赋以糊其口"，在穷愁坎坷之中，靠卖诗文维持生计。李渔深深感到疲劳。顺治十七年，度过五十岁生辰的李渔却是"穷愁岂复言初度，衰病空劳祝大年"。好在这时候，他盼望已久的第一个男孩降世了，才又变得兴奋起来："年逾四十便萧条，人说愁多面色凋。欢喜若能回老态，十年霜鬓黑今宵。"已经冷下去的"壮怀"竟又热了起来。他十分勤奋，诗、文、戏曲，堪称高产，传世的《奈何天》《比目鱼》等剧作便是写成于这些年中。他又是极其矛盾与困惑的，虽屡次宣言无心讽世，却无法从自己的诗文剧作中彻底消除其愤世嫉俗、忧国忧民的情调。对于新朝，作家是颇有微词的："兴朝既鼎革，江山若铁铸。新木虽成行，尚未栖云雾。故不耐远观，需之及迟暮。寄语部橐驼，夙夜防生蠹！"对于统治阶级的苛政暴行，他坚决反对。《一丛花·题画》词曰："绝无人处有人家，不畏虎狼耶？因避人间苛政苦，才甘受，猿鸟波渣。还怕招摇，只作牵引，不敢种桃花。"反苛政的思想十分明显。康熙十二年，清政府下令撤藩，吴三桂等三藩相继乱事。十三年，耿精忠以福建反清，清廷增兵入浙御耿。对杭州所受之蹂躏，李渔直言揭露："民苦征徭官苦饷"，"六桥凄绝无行人"，明媚的西湖，凄凉至此！对于时局，他也时常忧心忡忡。《写忧》诗说："升平才有象，又复虑沧桑"。"极目千家泪，惊心六月秋。试观旬日里，又白几人头。"在戏曲里，李渔对时政亦有所抨击。如《比目鱼》等，对官场黑暗内幕的描写极尽嬉笑怒骂之能事，笔触之醋畅泼辣，实不减元人高处。

在李渔的一生中，十分重要的一件事，是他组织并带领了一个由姬妾子婿组成的家庭戏班，到处去为达官贵人演戏，以博取钱财，维持家庭生计。李渔不仅亲手编剧，还亲自导演，这使他积累了丰富的戏剧创作和舞台演出的实践经验，对一个戏剧理论家来说，这是一笔宝贵的财富。同时，李渔走南闯北，还积累了丰富的社会经验。他自称五湖四海九游其八，游海内郡治百五十有六，所未到者仅十之二三。又称，二十几年来负笈四方，三分天下，几遍其二。"过一地，即览一地之人情；经一方，则睹一方之胜概"。没有这些，他是写不出《闲情偶寄》来的。数年之间，李渔带领戏班先后到过苏、皖、赣、闽、粤、鄂、豫、陕、甘、晋、北京。李渔著书三十年，演戏十余省，想借这些对世道人心有所匡正。

　　　　尝以欢喜心，幻为游戏笔。著书三十年，于世无损益。但愿世
　　间人，齐登极乐园。纵使难久长，亦且娱朝夕。一刻离苦恼，吾责
　　亦云塞。

　　尽管他终其一生也未能见到"齐登极乐园"的世界，但他却真切地希望过，
热忱地努力过。李渔是极为好心的，他希望自己能够带给人间一点暂时的快
乐，这愿望，当然是实现了的，而且其影响也是长远的。他在看破尘寰之后，
便把生命投入到文艺创作之中，他希望能以此解脱自己的人生困惑。然而，
在血淋淋的现实面前，有着稚童般真纯之心的李渔，却又一度陷入困惑之中！

　　——顺治十八年，"哭庙案"发，李渔素所钦佩的金圣叹及其他文人士
子数十人被斩！

　　——康熙二年，"明史案"结案：庄允城及其子庄廷钺被杀，庄廷钺被
戮尸焚骨，作序的李令皙及其五个儿子被杀，其余买书、卖书、刻书以及书
中列名的文人名士共七十多人统统被砍，株连遭罪者共二百二十人！

　　无辜的知识分子的血，染红了楚地江天……

　　李渔耳闻目睹了这一系列矛头对准汉族知识分子的残酷镇压，惶惑不解，
触目惊心！

　　李渔的政治嗅觉是极为敏感的，他似乎嗅到了一股血腥味：一场对知识
分子的大规模镇压就要开始了！李渔既熟读二十二史，又能于史之字里行间
别有所悟，"三字狱成千古恨，从来谤语不须多"，在古老的斑斑血迹教训下，
他急迫地在《闲情偶寄》中作一番"此地无银"式的表白，以文为戒了！他宣称：
"生平所著传奇皆属寓言，其事绝无所指，恐观者不谅，谬谓寓讥刺其中，
故作此词以自誓。"甚至赌咒发誓说："不肖砚田糊口，原非发愤而著书，
笔蕊生心，匪托微言以讽世……观者幸谅其无他。"从这里我们可以看出：
李渔的心灵深处何其矛盾、何其困惑！文人之心是天真、单纯的，文人的对
象世界是主观化、心灵化的，他们的理想世界往往要被现实世界撞得粉碎，
于是他们清醒了、彻悟了：现实原来如此残酷，如此虚伪，如此肮脏！于是
他们痛苦、矛盾、困惑、不安，于是他们柔顺了、驯服了、萎缩了或者应变了，
古往今来，究竟有多少知识分子敢于直面惨淡，究竟有多少士子文人不惜以

身试法？中国知识分子的命运是极为不幸的，因而知识分子的心态也是十分特殊的，在血迹斑斑的历史与现实面前，他们早就学会了沉默和忍耐。"忍"，被儒家视为美德，俗话有：小不忍则乱大谋。然而中国知识分子究竟忍受了多少眼泪与辛酸、多少不幸与灾难、多少屈辱与冤枉？

由于种种原因，清初产生不了与新王朝相适应的，具有新时代特点的新文风。数十年间，占领文坛的还是明遗民或于明末就已经成熟了的文学家、艺术家，是晚明的文学艺术风格。清廷既在这个领域无建树之力，又无法从人们心灵深处根除对清廷的不合作情绪，于是，正如李渔所料，大规模的、频繁的、草木皆兵式的文字狱展开了。无辜的知识分子的血呀，哪里有流尽的时候！？

腥涩的血，染红了李渔的视线。这位曾一度注目乱世，忧国忧民，"请为杜拾遗，再补十之二"的诗人，这位曾希望自己的创作能对世道人心有所匡正，并满怀热情，"但愿世间人，齐登极乐园。纵使难久长，亦且娱朝夕"的戏剧家，这位曾经"为任侠，意气倾其座人"的豪客，不禁心惊肉跳，缄口结舌，百思而不得其解。

他，又深深地陷入了困惑、迷茫——

何为民？何为帝？何为社稷？中国历代知识分子为何忧患难除？中国历代皇朝为何如此惧怕文人？如此心毒手辣、残暴无端？诗文有何罪？文人有何罪？文学为何而存？文人为何而生？文学的意义何在？

困惑是一张网！是一张打满死结的网。

◆◇ 浪情惑——寻花问柳，恣情放荡！岂不是离经叛道？

李渔在其《闲情偶寄·声容部》中，用了大量的篇幅来谈论选姿修容之术，招来世人非议。他曾在家书中说过："客中买婢是吾之常"，又自称是"好色的登徒子"。对此，早有人大骂于前。与李渔同时代的一个戏曲作家袁于令曾说："李渔性龌龊，喜逢迎，游缙绅间，喜作词曲小说，极淫亵，常挟小妓三四人，……其行甚秽，真士林所不齿者也。"（《娜如山房说尤》卷下）字里行间，充溢着对李渔生活态度的唾弃与鄙视。近年来论及李渔的文章较多，而在这个问题上却几乎没有超越前人的谩评。论者多指摘其思想品行"低级庸俗",生活态度极为"腐朽",应加以批判;有的论者对这个问题则一笔带过或干脆避而不谈。笔者认为,用封建腐儒的道德观念或者当代人的行为准则去评价李渔,都是片面的,重要的在于找出促成李渔这一生活态度的原因,从而全面地解剖他的灵魂。

确实,李渔的生活态度是极为放荡的,他甚至说自己"年将六十","寻花问柳,儿女事犹然自觉寻常"。应该看到,导致李渔困惑,促成他这种生活态度的原因是多方面的,既有深刻的社会历史原因,又有复杂、独特的个人原因。

李渔生不逢时,前半生在明朝浮荡,后半生在清朝挣扎,而鼎革之际,兵荒马乱,他正处于而立之年,结果科场跌顿、屡试不第,紧接着便是流离失所,颠沛四方,尝尽了现实人生的种种苦痛与辛酸。在穷愁坎坷、辗转漂泊之中,李渔目睹战争给社会带来的深重灾难,于是感时伤世,内心极度失望,产生了悲观厌世、及时行乐的思想。一方面,他今朝有酒今朝醉,时有"纳姬之兴";另一方面,他的感情又是激荡的,他并没有沉溺于寻花问柳之事而不能自拔,而是拿起他的笔,写出了许多愤世嫉俗的诗章,艺术地反映了现实。李渔在穷愁困惑之中走上创作道路,诗文戏曲堪称高产,名望日增。但他却时时为饥寒所苦,于是选取演员,组织戏班,东奔西走,北去南来,靠演戏为生,实乃不得已而为之。李渔率家出演,虽有过较好的收益,但也常常无法维持数十口之家的生计,不得不写信述贫求援:"渔无半亩之田,而有数十口之家,砚田笔耒,止靠一人。一人徂东则东向以待,一人徂西则西向以待。今来自北,则皆北面待哺矣。"李渔无半亩之田,无一官半职,而有数十口之家,以卖文为生,这在封建社会中实在是令人不可思议的。为了维持生计,获取更多的收入,李渔不得不出入达官显贵之门,甚至逢迎他们,恭维他们,以博得他们的欢心和慷慨,这是李渔不同于一般清高文人和处于底层的民间艺人的地方。但李渔却又不同于趋炎附势、卑躬屈节的无耻文人。别看他常与显宦名流交际应酬,沾沾自喜,可在他的身上始终保藏着自己的傲骨与气节。常有人羡慕他出入公卿之门的生活,可他却深深地哀叹:"十日有三闻叹息,一生多半在舟船。同人不恤饥驱苦,误作游仙乐事传。"有谁能够真正了解他所苦尝的皮肉之痛,又有谁能够真正了解他心灵深处的隐衷呢?今天,当我们以历史的眼光来审视李渔的种种困惑与矛盾的时候，是否触摸到他这颗始终在苦痛中跳动的灵魂？是否体察到他这具始终在不幸中挣扎的生命？对封建时代一个极不得志的文人、一个痴情的艺术家来说，在无端的困惑与失望中，他所能做的又将是些什么呢？

李渔经历了两个封建王朝的变迁，亲身体验了人生的种种不幸，早已深为困惑了。他对知识分子众所崇尚并孜孜以求的读书做官这一价值标准十分鄙夷，对封建士大夫们众所信守的传统道德观念全然漠视。无此，便无艺术家李渔，这是为人们所忽视了的极为重要的一点。李渔是在彻底看破尘寰，放弃功名进取以后才走上创作之路的，他把生命投入到小说、戏曲的创造中，对艺术、对自己的事业倾注了无限的热望与痴情。他对虚伪的世情、肮脏的官场内幕十分熟悉，也深恶痛绝，他不同于假道学者，而是公开表现"吾真"，至少在个人私情和生活态度上是这样。他的行为放纵不羁，寻花问柳之事时有发生，他把这些真实的东西写进作品，内容自然颇有些轻佻。然而，他的许多作品成为传世之作，难道不是文学史上的一个显著事实吗？用我们今天的话来说，李渔的作品属于通俗文学，是符合大众口味的东西，而恰恰是这样的东西具有旺盛的生命力，正说明它来之于大众，而为大众所喜爱。正如余怀所说："沦者读之旷、塞者读之通、悲者读之愉、拙者读之巧、愁者读之怃且舞、病者读之霍然兴。"看来李渔十分通晓民俗美学，他的作品俗而不浅，充满乐趣，寓教于乐。流传了三百多年，今天人们读之仍觉兴味无穷；他逝世已经三百一十年了，人们却还能记得他。从这种意义上说，李渔堪称我国的通俗文学大师。他那卷帙浩繁的著作，是中国文化大观园中一朵绚丽斑斓的奇葩。如果把中国文学史比作一条长河，把正统文学作家视为长河中之星斗，李渔这位通俗文学大师就恰如挂在长河边缘上的一颗星球，它为中国文学史放射着独特的光华。

李渔晚年靠演戏为生，虽是为生活所迫，不得已而为之，但是，如果没有姬妾与他通力合作，组成戏班并走南闯北，足遍十余省，他就无法获取丰富的艺术实践与大量的社会生活经验，他也就根本无法写出理论佳著《闲情偶寄》。而恰是这部著作的问世及其重要价值，李渔才成为当之无愧的戏剧理论家。对李渔这个艺术天才来说，女人，尤其是他的姬妾与他命运攸关。他四处演戏，声望大增，得来不少荣耀，这与他的姬妾们是分不开的；随着她们年老色衰，李渔的生活便每况愈下，以至穷困潦倒。所以，他曾深深叹息道："天下何人最潦倒，名娥色衰名士老"！如果我们认为李渔常从寻花问柳之中寻找灵感，不免有点牵强，不过李渔作品中的不少素材却与此有关。寻花问柳，听歌买笑，本是封建士大夫们的常事，宋代名宦欧阳修、苏轼等都在所难免。用当代人或当代知识分子的行为标准去衡量封建士大夫们的所作所为，显然是不可取的。就李渔对姬妾的态度来看，至少对戏班的主要演员乔、王二姬的感情是十分真挚的。康熙十二、十三年，乔、王二姬相继去世，李渔十分悲痛，写下了缠绵悱恻、凄婉动人的《乔复生、王再来二姬合传》。

李渔并不是一个正统的士大夫和谦谦君子，而是封建时代一个博学多才的艺术家，他自身充满种种悲剧因素，交织着种种复杂的矛盾与困惑。中国的封建社会绵延了数千年，历代统治者不齿于自己荒淫无度、醉生梦死，欲壑难填，却以虚伪的传统封建道德观念麻痹人民。文人士子一旦触犯了他们的利益，便遭排斥打击。北宋词人柳永，因在其作品中吐露了自己与乐工歌妓的欢情而触怒了宋仁宗、晏殊等当权者，被斥为"薄于操行"，一生不受重用。李渔在看破尘寰之后，对传统的道德观念彻底漠视，甚至走向极端。尤其是他的后半生，常以寻花问柳、恣情放荡为慰安，大有离经叛道之勇气，不惜为正统的封建士大夫听唾骂。然而，李渔毕竟属于那个时代，他的思想与创作又打上了那个时代的烙印，在表现出对传统的封建道德观念的背叛与否定的同时，却又表现出了对封建观念的维护。是有意为之，还是无奈为之？李渔的后半生靠"卖赋糊口"，他的作品大都要在权贵之家演出，如果不这样，他就将生计无着，对此，李渔早已深深困惑了。

困惑是罩在他心灵躯肉上的一张网！

—— 一张永远解不开的网。

戴名世

恃才·骂世·触讳

◎朱端强

在封建中国，聪明人、傻子和奴才或可独自存活，唯"狂士"竟无容身之地。

封建专制社会往往把中国人扭曲为鲁迅所说的三种人：聪明人、傻子和奴才。但对本文的主人公来说，却无法归类，或一者说兼而有之。横溢的才气、强烈的事业心和傲岸的个性使他无法学得乖巧和循规蹈矩。穷途潦倒，却又不甘沉沦；身居士林，却又好品评时人；心怀归隐，却又有乞食风情。这就不免牢骚太盛，被世人目为"狂士"。

康熙五十二年（1713）二月十日，历时两年的《南山集》案最后裁定：作者戴名世由凌迟处死改大辟（砍头）正法，禁毁其书。其余与本案相关的两百多人全部免死。就中与名世关系最深的著名学者方苞，由于名臣李光第的极力保举，不但免死出狱，而且很快"入直南书房"，开始步入他作为康、雍、乾三朝高级御用文人的光辉生涯。参题此案的浙江巡抚赵申乔，一直颇得康熙宠信，旋充会试正考官、左都御史，钦赐"匪懈"二字，以资鼓励。名世被害之后，赵又升任户部尚书。申乔之子，与名世同科的状元公赵熊诏，也奉诏入宫，充日讲起居注官……

世称"皇恩浩荡",人曰"狂士"已死,天地照旧运行。

◆◇ "罪状"之一:恃才

中庸社会并不一般地排斥才能,但最难容忍有个性的人才,因为他们往往会有意无意地伤害这社会的中庸。所以,我们祖先告诫人们"藏才勿露"、"大智若愚"的格言不啻千万。但戴名世却蔑视祖训,赫然宣布自己"负不羁之才"。

戴名世,又名宋潜虚,字田有,自号褐夫。清顺治十年(1653)三月出生在安徽桐城一个世代"孝悌力田"之家。他父母两系都从未有人做过什么大官,却极善读书作文。名世的曾祖孟庵先生,明末诸生,"国变"后隐居故乡龙眠山,名世的第一篇抒情散文《响雪亭记》就在他的指导下写成。外祖父涛山先生为人直爽,不拘礼俗,酒醉吟诗,往往"大呼自豪,凌其座人",他对名世早期人格形成影响很大。父亲戴硕亦颇具文才,人称"落笔成章,不点窜一字。"但自二十岁成诸生(秀才)之后,却累跌场屋,仕进无门,只好在乡间教书养家。贫穷无望的生活过早地磨去了戴硕的锐气,使他变成一个"忠厚退让,从不言人过失"的老好先生。康熙十九年,这位老好先生竟以壮岁之年累死在外乡学馆之中。

父亲的"早死、客死、穷死、忧死"对青年名世震动很大。日后,他虽然不得不从父亲手里接过破烂的教书讲义,却拒绝接受父辈所遵从的颜回式"身居陋巷,无怨无忧"的君子之德。难道天下只有读书人活该默默忍受这极不公平的命运?他在《先大人诗序》中石破惊天地提出了相反的看法:士穷则怨,怨则鸣,鸣不能尽,则继之以死!这种"不平则鸣"甚至以死相拼的反叛精神,加深了他对人世的理解,也激荡出他那"逸发不可收拾"的才气。

名世是戴家的长子,自幼聪明超凡,相传一岁能言,六岁入塾读书,十一岁即穷治四书五经。方志称他"少负奇气,不可一世"。往后,他又师事桐城著名诗人兼藏书家潘江。诗人"谢绝人事,闭户著书"的淡泊也对名世产生过另一种影响。名世读书极博,于古文辞,尤精庄、屈、马、班、韩、柳、欧、归(有光)等大师的文章;于制义,颇受明代名臣左光斗"清真切实,寒芒色正"文风的影响。读书之余,他常与"里中秀出之士"置酒高会,相互砥砺名节,商榷文章之事（《年谱》）。天赋加勤奋，使名世从青年时起，就以文才知名江南。他杰出的才能主要表现在散文写作和制义（八股文）改革两个方面。他是清代"桐城古文"当之无愧的第一开山！

我国散文（古文）之花初绽于先秦两汉时期。六朝骈文兴起，散文一度中衰。唐宋掀起"古文运动"，又使之生机勃发，繁花似锦。元明以还，随着理学和科举制度的进一步发展，散文艺术又遭到第二次摧残，虽然明有宋濂、刘基、归有光等人曾为它的存活而努力，但也无法抵御理学糟粕和八股时文汇成的浊浪。明末迄于清初，情况更为严重。日益僵化的八股文风窒息着散文垂危的生命；反之，由于严重缺乏思想、知识和艺术的养分，牵动千家万户的科举时文也面临着灭顶之灾。

为了挣钱养家，戴名世从二十岁起就和父亲一道走上了传习时文的教师之路。父亲死后，债台高筑，家况日蹇，名世又独自挑起了养家活口的重担。此后，他一生从事的主要职业依然是教书和间或为地方官充当房师。他先后在故乡陈家洲、舒城以及北京、淮上、吴门、金陵、苏州等地"授徒"；又相继为山东学政、畿辅学使、福建主考、浙江学使等人"操房书选政"之事，直到他晚年登第为止。

在长期教习和写作八股的实践中，名世对相沿成习的所谓"时文"深感切肤之痛。他认为，天下本无所谓"时文"，如有，也不过是古文的变种。所以，要作好时文，首先必须多读书和写好古文。针对流行的八股程式，他率先提出了"援古文入时文"的写作原则——"道"、"法"、"辞"三统法。"道"即儒家圣贤之道，这一点名世虽无法超越历史的局限，但他坚决反对"代圣人立言"的解经论道之术，主张深入理解圣贤，立言之时，用自己的话说出圣贤之道。（《有明历朝小题文选》）"法"，包括"御题之法"和"行文之法"。前者系关审题、布局和写作时间，名世力主"有法"。后者属于个人风格，名世力主"无法"，且应"非有意而为之"。"辞"，即遣词造句，名世强调以先秦汉唐散文名家为风范，力斥雷同腐烂之语。（《乙卯行书小题序》）这些被父亲称为"冒天下之大不韪"的观点，实质上为后来主宰中国文坛数百年之久的"桐城学派"文论三要素：载道（思想）、义法（技巧）、复古（言辞）奠定了理论基础。在无法遽然废弃科举考试的时代，这对于提高封建教育和取才质量，无疑是最天才的改良方法，即便对今天文科作文考试，也不无参考价值。名世在自己的教学中积极向学生传授此法，带头示范作文。许多士子虽然学得皮毛，却也不断登第高中。有人不远万里专程到桐城向名世讨教作文之法，请他评点习作。于是，名世的制义之文不胫而走，几成家藏之书，不断为书商翻刻贩卖，乃至有人冒名为文，赚取不义之财。他因此成为远近闻名的"制义大师"！

然而有谁知道，戴名世改革时文的成就不过是他"不得已而为之"的事。或如他自己所说，他"卖文授徒"，完全是为了年终换回"一镪两镪"养家活口的盐米钱！事实上，他内心深处非常厌恶八股文，厌恶自知无法战胜又必须赖以为生的科举制度，所以，他的思想和行为十分矛盾。尽管他二十多岁就以擅长制义而闻名天下，但他本人直至五十三岁才考中第五十九名举人，五十七岁才考中进士，这对于科举制和这位"制义大师"是多么辛辣的讽刺！他生平所作制义"佳文"，不啻数千之多，但经他删定的《南山集偶钞》，竟无一篇时文！正如方苞所说："天下皆称褐夫之时文，而不知此非褐夫之文也。"那些被方苞称为"非褐夫文"之外的文章，正是名世生前"不敢示人"的散文，也是名世被害之后，人们用生命保护而流传至今的佳作。

和制义文论不同，名世论散文要立诚有物，率其自然，淡焉泊焉，去其町畦。艺术上强调精、气、神并重，实践上直追汉、唐、宋、明古文大家。文风尤受《庄子》和《史记》的影响，意度各殊，波澜不一。放笔直抒之处，有的是对黑暗现实的抨击，对历史人物的褒贬，对世态炎凉的嘲讽，对文艺理论的辩说，和对自然人生哲理的阐发。无论是状物、写景、叙事、议论，乃至代人作序，皆能刊落俗气，独具匠心。"桐城学派"三祖之一的方苞最爱戴文，他认为："当世之士，学成而并于古人者，莫先于褐夫"（《南山集·序》）。晚清学者萧穆称其古文"汪洋浩翰，纵横飘逸，雄浑悲壮，深得左、史、庄、骚神髓"。（《敬俘类稿)》戴名世对自己的散文也非常自信，他曾自论其独特的散文意境是"远山缥缈，秋水一川，寒花古木之间，空濛寥廓，独往焉而无与徒也"！（《成周卜诗序》）

由于《南山集》长期不能公开传布，论者仅以方苞、刘大槐、姚鼐为"桐城古文"之祖。笔者认为，作为一种文学流派，"桐城古文"的兴起，和唐、宋"古文运动"灵犀相通，对于救正八股文风和反对繁琐考据具有独立不拔的历史地位。"不能以其末流之堕落，归罪于作始。"（梁启超《清代学术概论》）而名世的散文不但首开方、刘、姚之先河，且其积极的思想内容和独特的艺术成就也比"桐城三祖"高出一筹。正如晚清桐城学者徐宗亮所评，名世散文"不必于三家之中求其同，亦不必于三家之外求其异。"（《南山集后序》）

戴名世既负才名，且又天性高傲，言行率直，就不免与这个讲究世故的社会发生尖锐的冲突。对此，他是非常明白的，他说："苟有毫发之不同于世俗，则必受毫发之困折，以至不同于世俗者愈甚，则困折亦愈多。"忌妒名世的锋镝主要来自于他朝夕相处的文人圈子。

早在名世穷处皖南之时，由于他首倡时文改革，"耻为趋时之作"，就开始"以文章得罪朋友"。许多人先从名世研习时文，趋之若鹜，后来及第高中，又反过来指责名世"离经叛道"，"恃才狂放"。乃至公开结成"逐戴"团伙，"从者纷如"。名世以优贡入太学之后，这些人又"相戒毋道戴生名"，想以沉默来诋毁这位才子。为科举闱墨（优秀考卷）作序，向来都必须以恭维之语为主，但名世却并非如此，无论选文作序，往往要坚持是非，直抒己见。例如，代地方学政作《乙卯科乡试墨卷序》，指出该科所收江南、浙江、山东、江西、顺天五省"优秀考卷"之中，既有"见理明，择言精"的佳文，也有"鄙背之甚，至于臭败不可近者"的狗屁文章！友人狄向涛年二十举进士，入翰林，他非常得意地将自己的制义文稿付名世作序。不料名世于序文中却大谈科举非功名、制义非学问的见解，末了，竟如此写道："向涛之得第非功名，而向涛场屋之文，又为向涛之糟粕煨烬！"（《狄向涛稿序》）这类言论，对于虚伪成性的中国文人也许是最难容忍的了。

早已被嫉恨包围的戴名世如果远离士林，与世无争，亦不至于晚年被祸。然而康熙四十八年，他又偏偏点中会元，恰与时任浙江巡抚的赵申乔之子赵熊诏同科。殿试之后，才能不及中人的熊诏高中状元，名世却屈居第二。士论以为这是赵氏父子作弊所致。有人认为申乔出于害怕露馅儿，才迫不及待地对名世过去的言论提起了公诉。

◆◇ "罪状"之二：骂世

戴名世生当顺、康年间，论者以为"盛世"。而名世却径直将其骂为"败坏之世"！顺、康果为盛世乎？天下一统，兵锋渐消，社会趋于安定；科举新开，士人鱼贯而入，易服登籍，齐唱升平乐章！这些都可以说是盛世的表现。然而，盛世背后，却实在难以掩盖中国封建社会末世的痼疾与民瘼。也许在古今读书人眼里，自己所生活的世界从来就没有所谓"盛世"的概念。他们往往于白昼见到鬼魅，所以举起了投枪！

戴名世愤世嫉俗的言行来自怀才不遇的刺激，更来自深沉的忧患感。他自言"生而好忧"，故又字"忧庵"。他在《疑解》一文中充分论述了这种使他无法摆脱的忧怨之情。他认为天下"忧怨"，分为"小人之忧"和"君子之忧"。前者"徇于外物而汲汲嗜欲"，是纯属个人的"戚戚之情"；后者为天下"劳人、忠臣、孝子"而忧，是自孔子以来的一种高尚的社会责任感。所以，他认为"不必忧者，忧之不可，可忧者，不必不忧"。这种先天下之忧而忧的思想正是中国知识分子值得肯定的光荣传统。在这种思想支配下，戴名世唱起了盛世危言！

在戴名世看来，当时的社会是一个"五行乖沴、阴阳颠倒、元气败坏"的病态社会。集中表现在吏治败坏、科举腐朽和世风日下三个方面。

清朝以异族入主中原，顺、康以来，最高统治者虽然表面一再强调"整肃吏治"，"为民解悬"，但他们最关心的不是官与民的矛盾，而是满汉矛盾，是如何尽快尽好地取得那些先后"归顺本朝"的汉族官吏士人的支持。所以，他们事实上对各级官吏的贪赃枉法采取了相对宽容的政策，这无疑使清朝一开始就出现了官吏腐败的严峻局面。戴名世对此提出了尖刻的批判。他在《赠王序论之任婺源序》一文中活画出当时官吏虐民、大鱼吃小鱼的关系网：现在，一个毫无德行的人奉命上任，车舆所至，地方上美女玉帛不知被他掠去多少！殊不知奸滑的差役上下其手，地方豪强巧取横夺，过往宾客请客送礼，敲诈勒索，又不下十分之四五，殊不知他们的上司还瞪着眼睛贪婪地站在他们背后，又使他们不得不掏空自己的口袋！作《李太常案牍序》，指斥当时司法黑暗，草菅人命：执掌刑杀大权的衮衮诸公只知道"秉节钺之重"，有的姑息养奸，"以博忠厚之名"；有的文深网密，陷害忠良，致使"无罪而被杀戮者不可胜穷也！"作《钱神问对》，以拟人之笔，骂贪官污吏又尤为痛快淋漓："官之得失，政以贿成，敲骨吸髓，转相吞噬，而天下之死于汝（钱）手者，不可胜数也。挺土刻木以为人，而强自冠带，羊狠狼贪之徒，恣侵暴剥穷孤，而汝之助虐，又何可胜数也！"尤称胆大的是，代浙江布政使作《德政诗序》，公开揭露那些粉饰太平、专唱赞歌之流的嘴脸，足为古今官场所警："上之人无其实而欲得其名，为涂饰以欺世；而下之人攀援贡媚，亦不难以过情之举奉于众所不与之人。又或今日颂之，明日谤之，而谤之之人还即颂之之人，爱憎毁誉视乎势与利，而直道不与焉！"

戴名世生在士林，出入场屋，对科举时文的批判尤为深切。他并不一般地否定科举制度，以为科举考试作为国家取士的一种方法本无所指责，考试内容四书五经原本所涉及的礼乐制度、农桑学校、明刑讲武等都是关系社会的大经大法，亦应为士子所熟知。所以，他认为从前行科举"在上者养之以廉耻，在下者亦不务为苟得，是故功名犹有可观"。但自明清以来，由于八股时文的兴起，上上下下并不以考试内容为重，仅将四书五经割裂为大大小小、千奇百怪的"题目"，作为诱导士人擢取功名富贵的敲门砖，一旦入门，则弃之如粪土！名世指出，这样一来，时文变成残害经义的"蟊贼"。执掌衡文大权的考官变成丧失辨别"正味"的怪舌，他们或尽思远方之奇味以为快，或如饿鬼饕餮不避腐臭之食！为了迎合这种需要，天下应试之人，"相率苟且以应之"，他们除"场屋命题"之外的书一概不读不知。名世痛斥制义之文大多"非鄙则背"，而这种鄙背之语还并非出于"自造"，往往来自老生腐儒的余唾，雄唱雌和，互相抄袭而成！因此，他公然宣布，科举时文根本不配称之为学问——"时文之外有学，而时文非学也；制科之外有功名，而制科非功名也。"他强烈谴责："讲章时文，其祸更烈于秦火！"并大声疾呼：要明达圣人之道，要恢复真才实学，要保持廉洁之心，甚至要使"天下太平"，必须从废除举业之文开始！

戴名世通过自己的坎坷遭际进一步认识到，由于吏治败坏的恶劣影响，整个社会民风也日趋唯利是图，是非不分。在这种风气之下，"修德益穷，有文益困"，知识极度贬值！官绅士民，一切向钱看齐：官吏非钱不乐，商贾非钱不通，交游非钱不厚，文章非钱不贵，亲戚非钱不和，有钱则生，无钱则死！人和人之间已缺乏最起码的信赖，"即昆弟同父母犹怀猜忌，而况朋友之间！"（《订交序》）由于科举制度的腐败，士林文坛也变得"沉疴久不可治"，天下士人（包括他自己），已被这病态社会扭曲成一个"一身之内节节皆病"的"药身"。名世指斥说，那些身居高位的当代"名人"，不过是些"妄庸人"，他们开口说书，执笔属文，"天下之士皆其流辈，以故从而称之"。但这些人"贤愚之品不能辨，邪正在前不能释，利害之来不能审，治乱之故不能识"，比真正的瞎子还不如！（《盲者说》）而窜居底层的文人又大多是搬弄是非的小人。名世怒斥他们有如夏天可怕的蝇蚊："生负不洁之形，徒开口憎之口，乘人不备，其毒在喙！"名世尤其对文坛士林拉帮结伙，互相吹拍，以序文谀人阿世的丑行进行了无情的鞭笞。他指出，古人从不轻易为人作序，或作，必当如实指出别人著述中的优劣所在，"取其所不足以规之，委曲开导，务期其成就。"而当今名流文人动辄随便以序相赠，"谀人之文不嫌其过。"专捡好语说尽，其实不过是"相互欺谩"，有如娼优媚人之术！

记得鲁迅说过：在中国，你可以骂天地，骂鬼神，甚至遥骂皇帝，但切不可骂自己周围的人。与此相反，戴名世"佯狂骂世"的锋芒不仅指向整个社会的黑暗，而且也指向自己随时遇到的丑恶，从而使他成为以骂人著称的"狂士"。

名世居京师，尤以清高自居，除与桐城籍官僚韩菼略有接触之外，"未尝上书宰相，献文当涂。"平时见达官显要，"只举手一拱，即无他语。"非但如此，他就读太学时，常与朱书、刘齐、汪份等"狷狂之士"相聚论文，臧否人物，形成颇具影响的清议中心，"诸公贵人畏其口，尤忌嫉之。"（方苞《四君子传》）更有甚者，大官僚赵士麟自编文集，请名世为之作序，但名世却以"家贫多事，未惶有为"相推。不料厚颜无耻的赵士麟随后把自己的文集寄给名世，书前竟盗用名世之名请人代作了一篇序文。名世看后非常生气，当即致书赵氏，指斥这种骗人伎俩"为剽、为伪、为欺谩而已"，强调该文与己无关，请赵氏将冒名之文"削而去之"。

孤愤的反世俗行为使名世得罪了官僚，得罪了文人，也得罪了"朋友"。渐渐陷入他自己所称"世遂争骂仆以为快"和"举世共弃"的绝境之中！生前，"所与士大夫交游颇多，然无度外之人为一悯其穷而援之者！"出事之后，坏人落井下石；"好人"袖手旁观，连名世自称"最亲爱者"的方苞也向他射来了可耻的暗箭。方、戴是同乡、同学和"同时并名"的知心朋友。他从前非常敬重名世，乃至每写好一篇文章，必请戴评点，如戴稍不满意，就将之烧毁。但从《南山集》案发之后，方虽于公堂上无法否认自己曾为该书作序，但私下在朋友之间却竟然说："田有文不谨，予责之，后遂背余，梓《南山集》，予序亦渠（他）作，（我）不知也。"（李塨《恕谷后集》卷三）攻击名世等人"孤行己意，踬而不悔……士之謇拙自负而务立名义者皆宗之。"（方苞《四君子传》）甚至讨好卖乖地说："余每戒潜虚当弃声利，而潜虚不能用，余甚恨之！"（《方苞外集》卷四）"狂士"的结局的确十分凄凉，名世临刑之时，虽然政府一再宣布与他人无关，但"众犹荡恐……亲戚奴仆皆避匿"。只有一个名世从前指导过的浙江学生良心未泯，还敢于到刑场为他收殓了血肉模糊的遗体！

◆◇ "罪状"之三：触讳

康熙二十九年（1690），戴名世在京城向挚友倾吐了他生平两大志向：其一是重订《四书五经大全》。其二是希望效法司马迁，私撰一部明史，藏之名山，传之后人（《赠刘言洁序》）。遗憾的是，他不但没有实现这一宏伟目标，反而最后因此罹难，抱恨九泉！原因究竟何在？

这得先从戴名世私撰明史的动机说起。

明末清初私人撰史成风，不足为奇。但当时私撰明史者，主要是两种人：一是沽名钓誉的达官贵人；再就是明朝遗民或以遗民思想自居的学者，他们大多拒不仕清，潜隐山林，撰史的目的意在反清思明。对于穷途潦倒而又汲汲入世的戴名世来说，既不属于前者，也难划归后者。名世私撰明史的目的和态度，其实比较自然和单纯。他自幼读书受司马迁和欧阳修影响，不但以文才自傲，而且以史笔自命。在他看来，经、史、文三者，互为表里，而尤应以经史为业："学莫大于辨道术之邪正，明先王大经大法，述往事、思来者，用以正人心而维持名教。"（《蔡瞻岷文集序》）他的确选治了明史。那首先是因为他自幼生活在明清历史交替的重要舞台之一——江南地区，他从文献、师友和家庭中深切感到，有明一代历史确有许多是非得失值得反思和书之汗青。其次，他愤感当时官修《明史》"旷日踰时，卒底无成"，他误以为是缺乏史才，有如"拙工治器，懦夫治军"，故欲别裁一史，以惊天下。其三，他以为"近日方宽文字之禁"，既然研经治史是为了"维持名教"，于是乎大家可以放心大胆地写历史了。

　　戴名世真是天真过了头！他也许只懂得以史学"彰善瘅恶，为法万世"的大道理，却并不理解史学与封建政治的微妙关系，在那巫史不分的蒙昧时代，作为兼通神人的史官，或许真正约束过（应为愚弄过）帝王和万民。但自专制政权出现之后，史官的地位便一落千丈。史学在真与假、是与非、直与曲的煎熬下，早已变成一柄危险的双刃剑。它是卑怯者欺世媚上的殿堂，也是正直者最易蹈入的火坑。远的不说，即如清初史坛，又何曾有过名世所谓"文字渐宽"的时候？清朝以明廷的异族小藩入主中原，对于如何处理自己和明朝历史的关系尤为敏感。顺治二年，南明"王气未断"，北京清宫就迅速拉开了官修《明史》的序幕。康熙十八年，清政府又为此特开"博学宏词科"，天下才彦，一时云集京师，总裁又特聘明史方家万斯同专司其事，史才不可言差。但官修《明史》前后经历了将近一个世纪才正式出台，其关键的症结全在于清政府"寓禁于修"的指导思想！尤其对于"建州三卫"和南明诸帝的历史更是把关甚严，以至当时分题抓阄的史官们谁都怕拈着这两段易触忌讳的史题。官修明史尚如此噤若寒蝉，政府对私修野史又岂能置若罔闻呢？就在《南山集》案发之前，涉及明史而"触电"的恶性事故就有四起：康熙二年，庄廷铖私刻《明史》案。康熙六年，沈大甫著《江南忠义录》案。康熙四十六年，陈彭年"虎丘诗"案以及邹流骑私刻《绥寇纪略》案。可以毫不夸大地说："明史"是当时布满刀丛的一个禁区！

　　然而，戴名世却非常狂热地闯入了这一禁区。从青少年时起，他一方面教书糊口，一方面锐意搜寻"先朝文献"。为得到第一手资料，他不惮广泛交结南明故臣遗老和世家子弟，向他们了解晚明朝野掌故，动员他们刊布先人遗著，别人不敢与之，他竟至著文呵骂其数典忘祖，卑怯不孝。其态度之放达无忌，比起标准的遗民故老，有过之而无不及。浮图·犁支原为永历宦官，康熙初从滇黔逃回安徽舒城，他认识名世的学生余湛，名世希望通过犁支的口碑来订正方孝标著《滇黔纪闻》一书的内容，以资编写明史。不料当名世到达余湛处时，犁支已离开了舒城，名世只好要求余湛将他从犁支处听到的内容整理成文，寄给自己。推知余湛曾为此告诫名世要小心从事，不料名世致书余湛，反倒直率地阐发了自己编著南明史的真实思想。这就是《南山集》案最后定谳的主要"罪证"——《与余生书》的写作经过。

　　名世在这封信里主要提出了两个问题，首先他呼吁如实撰写南明历史。

他说：蜀亡，其事迹载诸《三国志》；宋亡，其事迹也载诸《宋史》。但南明弘光之帝南京，隆武之帝闽越，永历之帝两粤、滇黔，地方数千里，首尾十八年，其事迹却渐渐泯灭，史将失载。难道他们还不如从前的刘备和帝昺吗？其次，他对官修《明史》的资料来源提出了质疑。他指出，当时翰林史馆征购天下文献，虽使"书稍稍集"，但人们出于害怕，大凡万历末年之后事涉"边疆"历史的书，史馆征集之外的稗官野史，"皆不得以上"，这样，又岂能写出一代信史？

在收集、订正史料的同时，名世也写下了一些关于明代历史的光辉篇章。现存《南山集》中计有史论一篇，记事史文七篇，人物传记五十多篇。这些文章皆能以实事求是的态度和酣畅淋漓的笔墨，从不同侧面揭示出明末清初的历史风貌。"予人以正气凛然之感，非龌龊钻营之辈所可比。"（王树民《南山集》点校前言）例如，作《弘光乙酉扬州守城纪略》，展示了爱国英雄史可法率扬州军民抗击清军、宁死不屈的光辉业绩。作《温溓家传》《王学箕传》《曹先生传》等，描写明末士人于"国变"之后，拒不仕清，或绝食以死，或焚冠毁服，或潜隐僧寺，或佯狂骂世，表现出共同的民族气节。作《杨维狱传》《朱铭德传》《画网巾先生传》等，生动地再现出江南人民"反薙发"斗争的悲壮史实。就中"画网巾先生"的形象尤其令人难忘：清军占领福建，某无名志士为清军所捕。清军摘去他头上的网巾（明人束发头饰），他又叫人在他的额上画了一个摘不掉的"网巾"，"网巾斑斑然额上，军中皆哗笑之。"不久，这位志士又为明朝降将王某所捕，王追问他的姓名，他沉痛地回答说："吾忠未能报国，留姓名则辱国；智未能保家，留姓名则辱家；危不即致身，留姓名则辱身，军中呼我为'画网巾'，即以此为吾姓名可矣！"王某劝其薙发投降，"画网巾先生"却凛然回答说："我连网巾尚且不忍摘去，何况头发！"最后，降将王某只好砍下了他那始终画着象征民族气节网巾的头颅。

尽管戴名世撰史的目的是为了维持名教，歌颂忠义，以存信史，绝无怀念故明的反叛思想。如史文中称清兵为"大兵"，称清朝为"我朝"，纪时并用"大清"和晚明年号，早期的《南山集》刻本还充分注意到对本朝皇帝的恭敬与抬格。（近人黄裳说）即如书中最要命的一篇文章《与余生书》的内容，在名世看来，也不过是重申"史贵直笔"的老传统罢了，所以他才并不在意地将其收入了文集。但名世并不明白，历史总是由胜利者撰写的，道统与法统并非随时可以统一,他越是从道统的角度如实地记叙晚明历史,也就越是触犯了清朝用刀剑建立的法统威严。

康熙五十年十月,貌似公允的赵申乔最初对名世的参题只笼统地提出"倒置是非,语多狂悖",并无一字涉及史案。九卿奉旨严察之后,"莫须有"的罪名就开始在杯弓蛇影的夹讯中层层加码了。九卿部议首先提出名世不该引述方孝标《滇黔纪闻》一书,因为该书于"车书一统"之时,竟敢不奉大清正朔,为史案找出了"证据"。据载,戴氏原刻之书称方孝标为"方学士"。当康熙审阅此案的国书(满文)奏疏时,因满文"方学士"与"方学诗"是同音词,就误以为是同一个人。实则"方学士"(孝标)名世已确切说明是桐城人,而"方学诗"则是与"方学士"毫不相干的歙县人。后者曾为吴三桂大员,吴逆事败,畏罪潜逃。康熙为此询问大臣,名世所称"方学士"是否就是漏网的"方学诗"?不知出于昏庸,还是故意,当时廷臣谁也未加辨析!于是康熙示意严办,尤其强调不准放过方氏一门"恶乱之辈"。奴才秉承主子之意,刑部公然歪曲事实,凭空作出"查戴名世书内欲将本朝年号削除,写入永历大逆等语"的判决,并据此拟定了骇人听闻的量刑标准:一、戴名世凌迟处死。弟弟、祖父父子兄弟、异姓伯叔兄弟之子立斩,妇女及旁系兄弟给功臣为奴。二、方孝标已死,开棺剉骨。子三人立斩。族人无论男女婚否,一律流放黑龙江。三、为《南山集》作序、刊刻者分别处绞刑或流放宁古塔为奴。后来据说康熙帝终于明白"方学士"原来并非"方学诗",这才大大"减轻"了处罚。雍正继位,进一步"洞悉此案",又将充军关外的方氏后人特赦回籍。但被冤而死的戴名世却始终未能昭雪。

◆◇ 历史的申诉

戴名世死时已是六十一岁的老人,入狱以后,他抓紧完成了《四书朱子大全》的修订工作。面对自己的著作和刑部的判决,他如实承认了自己不该"乱用"明朝年号著书,"罪该万死"。这离他中会元、入翰林才不过四年,离《南山集》的刊布已经十二年。离他文动天下,名满京师则已经三四十年了。作为一代古文大师,他早已深入人心;作为一个希望写出奇史的学人,他壮志未酬;作为"文字狱"的刀下之鬼,他死得冤枉;作为一个敢于直面人生、抨击黑暗的"狂士"，他又死得其所！

　　戴名世人生悲剧的根源并不在于连他自己也承认的三大"罪状"：恃才、骂世、触讳，而在于他人格深处的分裂。他痛恨清朝的黑暗，又没有"耻食周粟"的勇气；他怒斥科举的罪孽，又始终窥视着功名的台阶；他宣称潜隐山林，著史明志，又真正缺乏为学术忍耐孤独的毅力。这种脚踏两只船的言行矛盾，正是古往今来很大一部分中国士人的处世哲学和致命弱点。当他已花甲之年才从愤世嫉俗的反叛之路转向安分守己的传统老路的时候，无奈已为时太晚！从前的孤芳自赏和佯狂骂世已使他失去了化险为夷的人际关系，几处在清初一般文集中也能见到的"犯讳"，则成了彼时"叨列巍科"的翰林学士最合法的罪证。于是，专制的淫威、世俗的无耻和自身的矛盾共同杀死了"狂士"——但恰恰是在这个"狂士"已不狂的时候。

　　命也夫？运也夫？

　　难以琢磨……

納
兰
性
德

浸染于古国的忧郁

◎李　雷

　　带着对人世的挚爱和依恋，他走了。留下声声哀歌和串串困惑。

　　这困惑、这哀歌，却升华出一个诗化的生命境界……

　　清康熙二十一年（1682）初春，康熙大帝又一次御驾起程了。这是一次非同寻常的远征。

　　北京通往盛京的千里古驿道，一扫往日的寂冷荒凉，旌旗猎猎，车马萧萧。紫驮玉辇上端坐着当朝天子，二十八岁的爱新觉罗·玄烨。

　　眼前掠过的沃野大地，当年曾是他祖先浴血拼杀的战场，这个带着野性而英机勃发的民族，卷白山之风暴，挟黑水之狂滔，驰骋江南，马踏中原，踩着几代人的血肉之躯，终于坐稳了大清帝国的江山。此刻，正是康熙亲政第十五个年头——风云变幻、惊心动魄的十五年：废除四大臣辅政、智擒鳌拜；尊孔崇儒，鸿博开科，缓和满汉矛盾；锐意撤藩，八年平叛……

　　如今，历史的风风雨雨全部化作胜利者的微笑。因此他要亲至松花江畔，眺望长白山——传说中的满族发祥地，祭奠祖陵，告慰先人。谁能说，此次北上，对"康乾盛世"的出现，不具有特殊意义呢？

在这浩荡北上的队伍中，有一个人默默记录了这次远征。然流露其笔端的，却是另一番心灵的消息：

> 山一程，水一程。身向榆关那畔行，夜深千帐灯。风一更，雪一更，聒碎乡心梦不成，故园无此声。
>
> 《长相思》

> 万帐穹庐人醉，星影摇摇欲坠。归梦隔狼河，又被河声搅碎。还睡、还睡，解道醒来无味。
>
> 《如梦令》

身向榆关的无奈与心在故乡的执拗，恢宏阔大场景的描绘中担荷着深广巨大的心灵压抑，强烈的反差铸就出一个美丽而又忧伤的境界。这是游离于万帐灯火，繁华热闹之外的一颗孤寂、忧郁、无所依托的灵魂。他是何人？

> ……澄海楼高空极目，望夫石在且留题，六王如梦祖龙非。
>
> 《浣溪沙·姜女祠》

> ……犹记当年军垒迹，不知何处梵钟声。莫将兴废话分明。
>
> 《浣溪沙·小兀喇》

不再是挣不脱、剪不断的离愁别恨、残碑断碣、空祠古刹，在对历史遗迹的凭吊中，剩下的只是一份冷静、沉重的客观凝神的观照。好比正在演奏着的一组交响乐，突然跳出一个不和谐的音符，这幽冷的思古之情，与此次长白山之行的热烈基调太不相称了，这旁观者的淡漠与正在蒸蒸日上的大清帝国的心气儿，也大相径庭。莫非这是哪位明朝的遗老遗少在垂悼他那刚刚逝去的王朝？或是某个被迫做了贰臣的人发出的内心忏悔！

历史，常和人们开着耐人寻味的玩笑。

山海几经翻覆、人世几多沧桑。康熙帝的长白山之行早已为人们淡忘，而这些词句却跃过时间的激流，冲撞着今人的心扉。我们又将探寻的目光，投向它们的作者——康熙帝身后那位锦冠绣服、英俊倜傥的年轻侍卫、满洲贵公子、一代词人纳兰性德。

◆◇ 生命之惑——社会的人与性灵的人

这是一个富有戏剧性色彩的生命过程。

顺治十二年（1655），纳兰性德降生在满洲正黄旗一个世代簪缨、钟鸣鼎食之家。父亲明珠在朝中任职，长子的出世，使他无比欣悦。而这个比皇三子玄烨、未来的康熙帝晚一年降临人间的小生命，又似乎带给他格外的好运。伴着纳兰性德的成长，明珠的官也越做越大，一升再升，直至当朝宰相，权倾一时。

纳兰性德天姿英俊、聪颖睿智。幼时读书就过目不忘，很早便展露出其才华。十八岁那年，他在顺天乡中试，次年会试连捷，但因病未赴殿试；二十二岁补殿试，中进士，被授予三等侍卫，不久又晋升为一等，深受康熙帝赏识。接下来，他无疑会被封官加爵，一条光宗耀祖的辉煌前程，在向他招手。

纳兰性德也确实未辜负命运之神的眷顾与偏爱。他习武操练，善骑射，可谓百发百中；他勤勉好学、著述丰厚；他精通经书史画，诗赋散文无所不能。他的词写得尤其好，沉寂冷落了两个朝代之久，终于在清初复苏、中兴的词坛上，在流派纷纭，群星荟萃的词学星空中，他是一颗最年轻、最明亮、最令人瞩目的星。

但这也是一颗划破夜空的流星，华光异彩却瞬忽即逝。正当而立之年、风华正茂之时，纳兰性德突患寒疾，七日不汗而死。年仅三十一岁便走完了他人生的路。

人们掩袂垂泪，扼腕叹息。但最使人吃惊、最令人不解的是：这位世人眼中的幸运儿，这个浸泡在"花柳繁华地、温柔富贵乡"中的贵公子，却留下一部凄楚迷离的《饮水词》。一页页翻下去，"伤心""断肠""惆怅""憔悴""凄凉"等语，恰似杜鹃啼血，哀婉凄切，至情至性，心酸处"令人不忍卒读"。它们似乎正是诗人英年早逝的不祥注脚，印证了他中途夭折的悲剧成因。

"家家争唱饮水词，纳兰心事几人知？"人们为之困扰、为之猜疑。于是，清代的笔记中便有人推出纳兰即《红楼梦》的男主角贾宝玉的假说，更有人发出纳兰是被明珠收养的汉家子弟的奇谈。这，的确是一个难解的谜。

纳兰性德是那拉氏家族的后代，地地道道的满洲贵公子。不过，与其说他的血管中奔流着他的祖辈——那个勇武、剽悍的游猎民族的血液，带着跃跃欲试、咄咄逼人之锐气，倒不如说他自幼吮吸着汉文化的乳汁长大，更有儒风典雅、钟慧毓秀之灵气。

精通汉语又附庸风雅的明珠为儿子提供了最优越的读书条件，找来当时颇负盛名的翰林编修、汉人徐乾学为其师，对他进行全面的汉文化教育。在"闲庭照白日，一室罗古今。偶然此楼栖，抱膝悠然吟"的环境与心境下，纳兰性德博览群书、诵经读史、欣快满足地悠游、穿行在五彩斑斓的汉文化艺术长廊中，吸取精华，濡养性灵。他周围聚集了一批诗朋文友，有趣的是，他们竟大都是年长纳兰二十岁左右的江南名士，失意落拓的汉人知识分子。他们饮酒赋诗、谈古论今，自由自在地徜徉漫步于几千年华夏文明的殿堂里，开阔视野，拓展胸襟。十九岁那年，纳兰性德曾捐资钞刻宋元以来各种儒家典籍的注释，共一百四十四种，一千九百九十二卷之多。如此卷帙浩繁、令人生畏的大部头著作，似乎真有些难为年轻的纳兰。但他在其师友的帮助、参与下，竟用两年时间完成了。

有系统的学习、有意识的熏陶，还有这种自觉地扑向汉文化的热忱，自然为纳兰性德的思想与性格打下了儒家思想的烙印，以至在某种程度上构成了他的思维方式与行为准则。

这对纳兰性德来说，究竟是幸还是不幸呢？

二十二岁的纳兰性德走向社会。此时，他已作为康熙帝的一等侍卫，出入宫闱，穿梭往返于金殿瑶阶。对皇帝他尽忠："进反取折有常度，性耐劳苦，严寒执热，直庐顿次，不敢乞休沐自逸。"深得康熙帝器重：下江南，出边塞，祭祖长白山，巡视五台山等等，均让他随驾陪征；对父母他尽孝尽心，一次父亲明珠偶然患病，纳兰日夜守候病榻左右，"衣不解带，颜色黝黑"，直到病情缓解，他才转忧为喜，奔告亲朋好友；对幼弟，他手足情深，关心备至；对妻子，他伉俪情深，琴瑟相谐，对朋友，他忠诚真挚，侠骨柔肠。

作为一个社会的人，纳兰性德几乎是完美的，"忠、孝、礼、义"——

儒家的最高伦理道德标准，纳兰当之无愧。世人赞叹，天子赏识，父母珍爱，都在情理之中。可以说，纳兰性德是他那个阶级年轻一代的佼佼者，是八旗子弟中的凤毛麟角、是他那个统治集团最理想的接班人之一，于国有益，于家有望。

丹墀凤阁，瑶华映阙，多少人梦寐以求的，纳兰性德全有了；皇室根苗，天子近臣，别人可望而不可即的，纳兰性德也有了。该满足了吧？可这位在人生舞台上已成功旋转的主角的自我感觉又是如何呢？

人间的事物往往呈现给我们复杂的多面，人生舞台的大幕下，更换着不同的布景与场次。此刻，夜阑人静，黑暗取代了白日的喧哗。凄冷的月光照射着一位不眠的青年，他悄然伫立，聆听着远处幽清的笛怨，心灵一隅发出喃喃的颤音："我是人间惆怅客，知君何事泪纵横，断肠声里忆平生。"

光彩照人的背后，是一个孤独寂寞、怅然若失的纳兰。他心灵的深处，有着满腹的困惑、难以抚平的隐痛。

才华横溢、志向高远的纳兰性德，虽出生于豪门贵族，却看不起那些纨绔子弟的饫甘餍肥，醉生梦死。而是"我亦忧时人，志欲吞鲸鲵"，要一展才干，实现一匡天下的抱负。他最崇敬的古人，当推屈原。屈原的才高人愈妒、忠贞反遭谤的境遇，使这位贵公子悲绪万般、怅然不已：

> 西风一夜剪芭蕉，倦眼经秋耐寂寥。强把心情付浊醪，读《离骚》，
> 愁似湘江日夜潮。

屈原的"世人皆浊我独醒"的忧患意识、"虽九死而犹未悔"的悲剧精神，引起他深深的共鸣："冬郎一生拼憔悴，判与三闾共醒醉。"纳兰在屈原那里找到了知音。

从屈原的遭遇，纳兰联想到自己的不幸："我今落拓何所止，一事无成已如此。平生纵有英雄血，无由一溅荆江水。"一腔青春热血，本可叱咤疆场、建功立业，可命运却偏偏安排自己做了皇帝的一名侍卫，这种"目睹龙颜之近，时亲天语之温"的职位，看起来十分荣耀，令人羡慕，实际上不过是皇帝身边的一件摆设，一个小小的点缀而已。纳兰的才华、志向根本无从施展。他不由得慨然长叹："世无伯乐谁相识，骅骝日暮空长嘶。"其精神苦闷、意

志落空之感既重且深，就连他的老师徐乾学都说："自从蒙恩侍从，无所施展。"

侍卫生涯不仅使纳兰性德如置虎穴，如履薄冰，小心翼翼，身心不能放松，而且长期的伴驾随征，也使纳兰失去了正常人的生活。翻开他的人生履历，从二十二岁任侍卫到三十一岁病逝，他短暂一生的三分之一时间中，竟年年扈从出京。大漠苦寒，塞北狂沙，漫漫羁旅行途，无谓的奔波往返，蹉跎岁月，消磨青春，耗蚀生命。这对酷爱自由、"身在高门广厦，常有山泽鱼鸟之思"的纳兰性德来说，实在是沉重的精神负担。"倚柳题笺，当花侧帽，赏心应比驱驰好。"难言的苦痛，无奈的悲凉，只有他独自品尝。"金殿寒鸦，玉阶春草，就中冷暖和谁道。"个中的哀愁，无告的怨恨，唯有他默默咀嚼……一切又是命中注定："明日客程还几许，霑衣况是新寒雨。"不可更改的事实，无法扭转的命运，不属于自己的人生！

由于社会理想无法实现，给纳兰性德多彩的人生蒙上一层铅灰色的阴影。而他用全部性灵弹奏出的真善美的生命旋律，也遭受无情的压抑。他的精神世界注定要承载厄运的劫难，因为面对那个冷酷污浊，荒诞无稽的现实社会的，是一颗太敏感、太多情也就太脆弱、太容易被伤害的爱心。

古往今来，爱情是人类精神的一种最深沉的冲动。它于纳兰升腾起一轮生命的光彩，但又把他拖入痛苦的深渊。

这位贵公子，天生一个情种。他忠贞于爱情，而爱情也曾给他甘美如饴的回报。十九岁时，他与两广总督卢兴祖的女儿结婚。卢氏美貌端庄且富才情。她知书达理、善解人意。两人志趣相投，沉浸在甜蜜的爱河里。纳兰把妻子比作"吹花嚼蕊"的天仙，不知还用了哪些美丽的词句形容她，而一个"相看好处却无言"更把那份痴情和盘托出。他们的婚姻生活融洽在共同志趣与和谐的气氛中："玉局类弹棋，颠倒双栖影。花月不曾闲，莫放相思醒。""水榭同携唤莫愁，一天凉雨晚来收。戏将莲菂抛池里，种出莲花是并头。"饶有情趣的夫妻生活画面，觅到知己的幸福感溢于笔端。

在唯父母之命、媒妁之言而恋爱不能自主的年代，在一切都被别人安排好的命运中，纳兰性德能获得美满婚姻，可谓幸运。而他毫无顾忌地赞美妻子，不加掩饰地畅言闺房之乐，在当时亦属难能可贵。这与那些视女子为玩物，在家三妻四妾，在外青楼醉酒的纨绔子弟以及那些道貌岸然的假道学先生，有着天壤之别。

　　然而，命运之神似乎有意捉弄纳兰。婚后三年，卢氏因难产而死。这飞来横祸，使纳兰从幸福的顶端跌到不幸的谷底，感情专注又性格内向的他，只有用词来寄托哀思。那一首首悼亡词艳丽绝伦又悲伤至极，道出一个未亡人的复杂心理波动。

　　最初他不肯正视妻子逝去的事实，固执地为她画像，希望"凭仗丹青重省识"，结果却是"一片伤心画不成"；他幻想妻子能化为天上的明月，"但愿月轮终皎洁，不辞冰雪为卿热"；他时时惦念九泉下的妻子："重泉若有双鱼寄，好知她，年来苦乐，与谁相倚？"他甚至寄希望于来世："待结个，他生知己"……上天入地的追寻，交织着希望与绝望的冥想，这哪里是在悼亡，分明是在向无情的命运作最后的挣扎。他要向死神夺回妻子，夺回那份永远逝去的幸福。因为他明白，在这丧失性灵、缺少亮色的世界上，爱情是块最纯洁、最少被功利色彩污染的净土。在风雨如磐的人生之旅中，爱情是避风的港湾，精神的避难所。然而，一切终将落空。当这位贵公子终于能面对妻子永远离他而去的冷酷现实时，非但未能解脱，反而使本来就灰冷的心愈加灰冷："唯有恨，转无聊。五更依旧落花潮。衰杨叶尽丝难尽，冷雨凄风打画桥。"这里的悲哀已不仅是儿女柔情，而是对整个人生的淡漠与绝望了。

　　纳兰性德与第二个妻子官氏感情也很好。但这次婚姻所带来的幸福感受，又被他身不由己的侍卫生涯，被一次又一次长久的分离冲得黯然无光了。那些在羁旅征途中记下的离愁别绪与悼亡词一样，美丽而忧伤，传达出极细腻、极幽微的内心悸动，记录了他乐少苦多的爱情生活。

　　友谊，在纳兰性德的生活中占有同样重要的位置。这也是一首动人的歌，其基调依然是美丽而沉重的。

　　翻开纳兰的交游录，一连串熟悉的名字：顾贞观、陈维崧、朱彝尊、梁佩兰、严绳孙、姜宸英、吴兆骞……多么鲜明的反差：一边是身居高位、锦衣绣冠、俊逸飘洒的满族贵公子，另一面是失去家国、徒有才华、穷困潦倒的汉族文人。阶级地位的悬殊，民族心理的樊篱，像一道无形的墙，横碍在他们中间。但纳兰性德跨越了。他以文会友，倾心相交。汉族友人的真知灼见、意气才华、人生阅历，给纳兰的思想以很大影响：开阔了眼界，深入了解了社会，丰富充实了精神生活，也使他在官场中绷得很紧的神经得以放松。他坦荡真诚，与朋友肝胆相照，尽自己最大的力量帮助这些失意落拓的异族友人。

他在家中特意构建三楹茅屋，照他的话说"要学得海鸥，闲飞闲宿"。在这里与朋友们饮酒唱和，说古论今，海阔天空，达到高度的精神默契。在物质上，他也慷慨解囊，资助为生活所困的友人。有些生活无着的朋友甚至长期寄宿他家。

纳兰受挚友顾贞观之托，营救吴兆骞一事，更是传为一时的佳话。吴兆骞本是江南著名诗人。顺治十四年，因受江南闱科场案牵连，被无辜流放东北边陲宁古塔。二十年后，顾贞观恳求纳兰利用自己的特殊身份营救吴兆骞。纳兰知道这是件棘手的政治案件，关涉清政府对汉人地主知识分子的政策，深感为难。但他同情吴兆骞，又被顾贞观对朋友的真情所感动。他宽慰顾贞观："绝塞生还吴季子，算眼前，此外皆闲事。知我者，梁汾耳。"（梁汾即顾贞观）果然，在他的奔走、斡旋、努力下，在明珠、徐乾学等人的参与帮助下，五年后，吴兆骞终于得以生还。纳兰性德还安排其在自家住下，在他病逝后还出资厚葬。

吴兆骞的不幸遭遇，顾贞观、姜宸英等人遭诽谤、受排挤的事实，给纳兰以沉痛的刺激，认清了清统治者排汉的政策，也看透了"信道痴儿多厚福"、"高才自古难通显"的黑暗现实。可悲的社会状况使美好的友情带来缺憾，给纳兰苦涩的心灵平添了几多痛苦。

在他大量赠友人的诗词篇章中，常常一忽儿是送行时的黯然神伤："留君不住我心苦，横门骊歌泪如雨，君行四月草萋萋，柳花桃花半委泥。江流浩淼江月坠，此时君亦应思我"；一忽儿又是一往情深的相思别念："别后闲情何所寄，初莺早雁相思。如今憔悴忆当时……""遥知独听灯前雨，转忆同看雪后山"；甚至还有放心不下地嘱咐叮咛："凭寄语，劝加餐，桂花时节约重还"……这一首首用心灵的情愫编织成的友谊之歌，真挚动人，映照出高度的人道素养，闪烁着人性的光辉。

他的赠友之作中，还有一些直接道明他对汉族友人坎坷际遇的愤愤不平：

> 谁复留君住。叹人生，几番离合，便成迟暮。……一事伤心君落魄，两鬓飘萧未遇。有解忆长安儿女，衷散入门空太息，信古来，才命真相负。身世恨，共谁语。

　　木落吴江矣。正萧条，西风南雁，碧云千里。落魄江湖还载酒，一种悲凉滋味，重回首，莫弹酸泪，不是天公教弃置，是华南，误却方城尉。飘泊处，谁相慰。……

　　……仕宦何妨如断梗，只那将，声影供群吠。……

　　羡煞软红尘里客，一味醉生梦死。……

　　由于心绪亢奋，感情激越，这类词一扫往日的低吟回唱，含蓄婉曲，出之以真率奔放，有一贯到底之气势。它们既有对汉族友人遭遇的同情，也有自己内心痛苦的宣泄，更有对丑恶现实的鞭挞。其情真，其意切，我们仿佛看到纳兰的心灵在淌血！

　　愈深入纳兰的内心世界，愈可真切地感觉到：外在的显赫通达并没有给他带来幸福，相反，正如他的挚友顾贞观所说："吾哥所欲施之才百不一展，所欲建之业，百不一副，所欲遂之意，百不一酬，所欲言之情，百不一吐。"这位贵公子生活的方方面面都不尽如人意：他热爱自由，自由偏与他无缘；他忠于爱情，爱情却得而复失；他珍重友谊，友谊又总伴着别离与伤怀；他执着于人生的理想，而实现理想的路又是那般遥远……他苦苦地寻觅幸福，可他所希冀所渴望的都未能如愿。

　　世间有各种不幸，有人为衣食而愁，有人受冻馁之苦，又有人糊里糊涂地走向悲剧的结局。纳兰性德的不幸，是他自我选择的结果，是他独特的人生价值取向使然。

　　纳兰的灵魂承载着双重的压力：行为被现实的大地紧紧束缚，任凭命运的摆布，违心地坐在相国长子、皇帝侍卫的位置上。他不可能做出对他那个阶级叛逆的举动，也从未脱离过他赖以生存的那个"团花锦簇、喧红闹紫"的生活氛围。他还不能走向人民。但同时，他的心灵则被自由的空气吹动着，执着地飞向蓝天。他的天性不适合命运为他安排的位置，固执地循着自己的轨迹而前行。他那敏于感受的心灵与外部世界息息相通，冲越有形与无形的樊篱，呼唤着人与人之间平等的爱。他向往高质量的精神生活，要过有价值的人生！

　　这种现实与理想的矛盾、社会的人与性灵的人之间的冲突、世界观中的困惑，使纳兰的身心被巨大的痛苦吞噬着，处于分裂状态。他焦苦不安，他困惑不解……但纳兰之所以是纳兰，他无怨无悔地担荷起心灵的苦难，咀嚼着这份酸涩的人生苦果。他的心从来不曾冷漠与麻木不仁。那些用心血凝成的词句，对自己的身世、命运、遭遇提出了深深的质疑。他用自己独特的方式迸发出抗争与叛逆的呐喊：

> 非关癖爱轻模样，冷处偏佳，别有根芽，不是人间富贵花。……

他把视线的焦点投向那平凡、微小、不被人注意的塞外雪花。那纷纷扬扬、漫天飞舞、无际无涯的雪花，多像跋涉关山路、漂泊万里行的诗人自己；晶莹碧透、冰清玉洁的雪花不正是鄙视富贵、不尚虚荣的诗人自我形象的写照吗？

如果说纳兰借雪花含蓄委婉地传达出自己的人生价值观念，那么，面对挚友顾贞观，他则真率坦荡地发出自己的人生宣言：

> 德也狂生耳！偶然间，缁尘京国，乌衣门第……身世悠悠何足问，冷笑置之而已！……

掷地有声、荡气回肠，他要急切地拉平自己和汉民族友人间阶级地位的距离，带着对自己的身世、所处阶级的蔑视，向一生知己捧上一颗赤诚的心。

当纳兰被迫无奈地扈驾出征，当他无语垂鞭、踏遍青秋路时，压抑的悲愤几乎冲出胸膛："不恨天涯行役苦，只恨西风吹梦成今古！"这哪里是不恨，无端地迁怒西风，内心无法言说的痛楚该有多深！早已不仅是抒发漂泊之苦了，实在是对无常的命运、不幸人生的哀怨！

当纳兰的身影融入暮叶萧萧、乡路迢迢之中，无法排遣的乡愁、对亲人割舍不掉的情思一齐涌来。他无助地仰望冥冥苍天，大声寻问："一生一代一双人，争教两处销魂。相思相望不相亲，天为谁春？"感情激烈，语气逼人。这哪里是在问天？简直是对这不合情理的人间世界的血泪申诉。

纳兰性德永远找不到答案。他年轻的心灵让困惑折磨着，注定要终身隐忍被分裂的痛苦。

"矛盾的破坏力愈大，就愈显出主体性格的深厚。"（黑格尔语）在苦难的心路历程中，纳兰像一叶扁舟，跌宕在海天相接的万顷巨涛间，孤助无援，看不到希望的彼岸，面临着灭顶之灾。但他全然不顾，奋力挣扎着。

他还太年轻，还不能挣脱儒家正统思想的束缚，迈向叛逆之路；他还看不透，而未走入道家超脱空灵之境界。他就是他自己，一个清醒于恶的存在却不失对善的信念、一个充满矛盾却从不心死、一个在痛苦中热烈爱着的有血有肉的生命，一颗在对苦难默默担荷中自觉前进、于内在冲突中显出强大生命力度的高贵灵魂！

浩瀚环宇，大千世界，人类社会一直在茫茫暗夜中求索探寻，捕捉光明，却又常常于不自觉中走入自身的悖论，在对外部世界的追逐、占有、利用的同时转向自身的异化。可当人们极度享受着物质财富、得到他们想要的一切时，却又总感到缺少了什么？

困惑的人类，人类的困惑！

当人们重新从战争、劫掠，从残酷、贪欲、冷漠、迷失的人性中幡然醒悟，重新追问那个亘古之谜：人是什么，究竟为何活着，当我们再次寻找精神家园、返归心灵故乡时，会看到，几百年前一个年轻的身影在这条道路上踽踽独行，看到他留下的一串串心灵的足迹……

◆◇ 时代之惑——迷惘的梦境与梦醒的无路

当哲学还在沉睡的时候，诗人最先感受到时代的情绪。

谁翻乐府凄凉曲，风也萧萧，雨也萧萧，瘦尽灯花又一宵。不知何事萦怀抱，醒也无聊，醉也无聊，梦也何曾到谢桥。

（《桑采子》）

昏鸦尽，小立恨因谁？飞雪乍翻香阁絮，轻风吹破胆瓶梅。心字已成灰。

（《忆江南》）

找不到缘由的烦恼，却总也挣不脱，甩不掉，不知为何事厌倦，却醒也无聊，醉也无聊。因谁而恨？为何感伤？却早已是心灰意冷，倍感凄凉。……

　　……六曲屏山深院宇，日日风风雨雨。
　　……回首凉云暮叶，黄昏无限思量。

　　……一行白雁遥天暮，几点黄花满地秋。
　　……人间所事堪惆怅，莫向横塘问旧游。

这种似有所失落，又似有所追寻，精神落空、无所依傍的感伤情绪，怅惘情怀，有些能找出缘由，正如我们前面所述。可有些却似乎找不到具体原因，你不知它从何而来，又挥之不去，它不是大起大落的情感宣泄，却又无时无刻不在折磨着人，藤葛般紧紧纠缠着人。它既不可确指，又没有限度，像一团阴霾，缓缓聚拢又扩散开去，渐渐弥漫成一种氛围，使人压抑得透不过气来。

　　终于，我们明白了，可怜的纳兰正徘徊在时代与人生的十字路口！这苦苦寻觅幸福而终不可得的焦灼与无望；这沉浮于历史更续、社会变迁的大动荡、大旋流中找不到出路的彷徨与困惑！

　　本来并不奇怪，我们每个人在生命旅程的某一时刻，都可能会有这种莫名的失落、无端的怅惘，任何时代的历史转折时期，总伴着牺牲者和泪的呻吟。何况纳兰性德所处的正是血雨腥风的改朝易代：

　　眼看他起朱楼，眼看他宴宾客，眼看他楼塌了。……诌一套哀
江南，放悲声，唱到老。

《桃花扇》以及《长生殿》《聊斋志异》等文学作品，最早透过对家国兴亡的喟叹，对个人悲欢离合的倾诉，在坟狐鬼魅的粉墨登场之际，道出了整个人生的空漠之感。它所传达出的明末清初整整一代知识分子的心声，是那个时代普遍的情思意绪。

　　奇怪的是：这种厌倦、空虚、乏味的心理状态，这种对外部世界茫然陌生之感，本不该属于纳兰。他从白山黑水走来，作为中原大地新一代主人，

他本该带着胜利者的骄矜与自豪，身为满洲贵胄、皇帝近臣，他本应目标明确、全身心投入重建新王朝的热情。然而，此刻的纳兰性德却"无聊成独卧，弹指韶光过"，陷入深深的困惑。

困惑会使一个人走进伟大。

乍一看，明代的覆亡和清王朝的兴起，与以往的历史变更并无两样：统治者的腐朽衰败导致大规模农民起义，破坏原有的社会秩序。推翻旧王朝……这似乎仍不过是中国封建社会超稳定结构又一次周期性变化而已。

然而，历史的进程远非如此简单。17世纪初叶的中国与世界都孕育在微妙、深刻的蠢动之中。

明代中晚期，中国社会的内部结构发生了很大变化：商品经济在悄然兴起并飞快发展。应运而生的市民阶层也在逐渐壮大，构成一支不可忽视的社会力量。尽管它的实力还很弱小，不足以和封建制度相对抗，却也透露出一点新的信息：中国两千年封建社会的牢固根基在动摇，中国的历史将在往复循环中缓慢前进。

几乎同时，大洋彼岸的另一方，欧洲大陆也在发生着惊人的嬗变：英国工业革命推动了整个西方资本主义的迅猛发展，打碎了田园牧歌式的旧有社会秩序，以血腥的野蛮方式开道，支付出了社会道德方面的代价。新的生产力蓬勃兴旺、崭新的生产方式确立起来。……新殖民主义者又以他们灵敏的嗅觉，将注意力转向中国——这块古老、神秘的东方土地上。一时间，商人、传教士纷纷涌来……

如果当时的中国能吸收外来的精华，奋起直追，如果当时摇摇欲坠、岌岌可危的明王朝，被一个更先进的社会制度、文化体系所取代，那么，古老的华夏文明也许还能重新焕发出生命的活力。

可历史并没有实现这样的"如果"和"也许"，它从不顾及人们的美好愿望，而常常无情地依循自身的逻辑向前演进。此时的中国，并没有新的生产力能够担当扭转乾坤的重任；市民阶层与封建体系的力量对比还悬殊。李自成领导的农民起义军更无力完成这一历史嬗变的使命，事实已经证实，最终取而代之的，却是一个更为落后的民族。

历史就是这样，有时异乎寻常的冷峻，有时却又如此滑稽。

满洲的入主中原，偶然也必然。作为新兴的少数民族，它刚刚完成从奴隶制向封建制的过渡。禀赋着游猎民族所特有的豪兴，它呼啸着其上升时期的迅猛气势，勃发着盎然的生机。康熙帝是中国历史上屈指可数的杰出帝王之一。他励精图治，勤勉治国，采取一系列政策和措施，企图重振往日中国封建王朝的雄风。经过数十年的努力，确也达到繁荣稳定、国富民安、版图阔大的所谓"康乾盛世"。已昏昏欲睡的古老帝国一时间似乎注入了些许生气。

然而，一切终归无益。这繁荣，不过是一个病入膏肓、行将就木之老者的回光返照；这辉煌，恰如日落前的最后一抹余晖。浩浩的历史长河，奔流至此，封建制度的气数已尽。当最后一幕改朝换代的历史话剧在华夏大地重新上演之时，它悲剧的结局已是注定了的！

此刻，纳兰性德的位置和心态十分微妙。

满洲贵族的血统把他的命运紧紧系在清王朝的战车上。而祖辈为夺取皇权、旷日持久的征战讨伐、相互残杀，那伴着刀光剑影与膻腥气味的以血书就的满族发迹史，像一团阴云遮在他心中，驱赶不掉，总让他感到不寒而栗，因而惴惴有临覆之忧。斜阳下的一片断碣残碑，故物陵前散落的铜驼石马，又总是引触着他："须知今古事，棋枰胜负，翻覆如斯。叹纷纷蛮触，回首成非……"这种沉重的精神负荷，让他绝对欢乐轻松不起来。

同时，与他所处的满洲统治集团根本对立的汉文化却又如此吸引着、影响着他，启发他的心智，引触他的灵感，也使他对中国的历史和现状有较清醒的认识。在满汉文化的夹缝中，纳兰性德该有何种异样的感觉呢？

作为皇帝的一等侍卫和贵公子，他有幸接触到较早传入我国的西方先进科学技术，最先呼吸到大洋彼岸吹来的清新的近代文明之风。他在二十岁出头写下的《绿水亭杂识》中，对此有多处记载：

西人历法实在郭守敬之上，中国未曾有也。

西人风车借风力以转，可省人力，此器扬州自有之，而不及彼之便易。

中国天官家俱言天河是积气。天主教人于万历年时至，始言气

　　无千古不动者，以望远镜窥之，皆小星也历历分明……

　　西方先进技术的使用、接受，中西方文化的交流、碰撞，给这位贵公子带来何种全新的感受呢？

　　纳兰性德不是哲学家，他未留下洋洋洒洒的鸿篇巨制来审视、评判他的时代。他自始至终未走入哲学思辨的领域。他只是一位优秀的诗人，他有诗人的锐感先觉，有他内在气质中的睿智敏悟。这种独特的内外因素，使他比别人更容易敏感于时代最微小的变化，成为时代的早熟儿。

　　当明末清初，带有民主思想萌芽，倡导个性解放，具有叛逆色彩的浪漫思潮遭扼杀，当大量哲人雅士躲入故纸堆，走上考据、小学的歧路，当思想论坛上了无生气、一派死寂之时，纳兰最早以诗人的直觉，从表面的烈火烹油、歌舞升平中嗅出隐藏其后的危机，从外在的繁华看到内里的空虚。他失去了卫道的热情，他唱不出时代的颂歌。相反，焦虑、厌倦、乏味、无法安顿等等浑然不可捉摸的复杂感觉，一齐朝他袭来。这层层压迫下的感受，不再是公子哥酒足饭饱后的无病呻吟，而是用诗情来传达抑郁感伤的时代情绪，以词章来垂悼他所处的那个不起波澜、一潭死水、看不到前途、没有希望的社会。

　　平定三藩之乱是刚刚稳固下来的清王朝与叛逆势力的一次较量。对此，身为朝臣的纳兰性德做出的反应是：有感于清军进军湖南，他写道："边月无端照别离，故园何处寄相思。西风不解征人语，一夕萧萧满大旗。"像这样的《记征人语》，纳兰一连写了十三首。全没有战场上的浴血厮杀，更没有牺牲的悲壮惨烈，其间，全是一样的低沉、无奈、幽怨、哀伤……说不清是纳兰代参加战争的将士们传达悲苦的心迹，还是他借征人语来抒发自己的一腔怨绪，但一个事实是清楚的：在这里，唐代边塞诗中那种昂扬进取、恢宏超迈的时代精神消失了，开疆拓土、建功立业的豪情伟魄不见了。再不会无畏于牺牲，再没有视死如归的献身，高亢的盛唐之音已被对人生、对世界淡漠的感伤情调所代替，这不正是封建末世整个时代情绪的真实写照吗？

　　青山暮暮朝朝，落木疏疏萧萧，当纳兰性德自己也作为征人，一次次踏上出关路，独自品味着天惨云高，白雁哀鸣的那份孤寂与凄凉时，内心的矛盾冲突就更复杂多了：

> 今古河山无定数，画角声中，牧马频来去。满目荒凉谁可语，
> 西风吹老丹枫树。　从前幽怨应无数，铁马金戈，青冢黄昏路。一
> 往情深深几许，深山夕照深秋雨。

（《蝶恋花》）

> 古戍饥乌集，荒城野雉飞，何年劫火剩残灰。试看英雄碧血，
> 满龙堆。
> 玉帐空分垒，金笳已罢吹，东风回首尽成非。不道兴亡命也，
> 岂人为。

（《南歌子》）

大自然的山川河流依然奇伟瑰丽，可在纳兰笔下总杂糅着深深的失落、悲凉、
缺憾……今古河山、铁马金戈的阔大壮伟反衬出青冢黄昏路、劫火剩残灰的
苍老、破败，英雄碧血的壮志、一往情深的怀抱终于化为无数幽怨的叹息和
物是人非、家国兴亡的感喟！

　　纳兰性德的大量边塞词中，除去那些相思别恨、羁旅漂泊之愁而外，几
乎全是这种咏史之作。它们揭示了纳兰内心深刻的矛盾与疑惑。古往今来，
历史上一次次征战杀戮，纷扰人世间的这一幕幕，究竟有何意义？

　　那雄奇壮伟的长城，记录着秦皇汉武的伟绩，是帝王霸业的象征，如今
却"女墙斜矗"，断壁残垣，一派荒败！"看来费尽祖龙心，毕竟为谁家筑"？
纳兰在这里发出深深的质疑。

　　当年的古战场、龙战地，如今也早已是饥乌集，野雉飞。繁华零落，断
烟衰草。"不道兴亡命也，岂人为。"纳兰只有发出这带有宿命色彩的哀叹了！

　　这哪里是开国臣子、皇室贵胄所该有的精神状态？分明是一种世纪末的
情绪。而纳兰性德的可贵之处也恰恰在此。面对这个表面繁荣、实际已濒临
死亡、毫无希望的时代，这个敏于思考的灵魂开始怀疑了。他再也提不起精
神为他的王朝做些什么"莫把韶华轻换了，封侯。"他再也鼓不起生命的激
情来讴歌他的时代。剩下的，只有冷静、沉重的垂吊，及旁观者的淡漠了……

不知从何时起，纳兰性德的词作中出现了大量的"梦"字："落花如梦凄迷"，"欲渡浣花溪，梦远轻无力"，"梦也何曾到谢桥"，"梦里云归何处寻"……梦中的世界凄美、朦胧、迷离，难道它是纳兰的理想之境？他在其中寻寻觅觅，期待向往着什么？"若问生涯原是梦，除梦里，没人知。"那缥缈、神秘的梦幻中，隐匿、包容着何样的人生？一个个"梦"字串成一串儿不解的谜。

一位西方哲人的话，给我们的纳兰做了注脚："一个幸福的人，绝不会幻想，只有一个愿望未满足的人才会。"（弗洛伊德《创作家与白日梦》）不是吗？这个人生事事不如意、与现实有着强烈心理冲突的贵族青年，似乎真要把自己耽溺于梦中，"梦也不分明，又何必催教梦醒"？他要在梦中忘却那无尽无休的苦恼与哀伤，他要在梦中逃离那个令他厌倦、乏味的污浊现实，要在梦中寻回那失落的幸福与希望……但一切终是枉然！"是梦久应醒矣"，纳兰性德太聪明，他不肯欺骗麻痹自己。等待他的只有"料也觉人间无味"。梦醒后更深的失落，永久的痛苦！

纳兰性德太不幸，他只能对他生存的空间提出一连串的疑问，却无力解答。他注定梦醒了而无路可走。他甚至还不能像《红楼梦》中那位怡红公子，遁入空门，走向消极叛逆。可我们怎么能过多苛求他呢？他出生得太早。他能找到出路的时代还没有到来。重要的是，"颓运方至，变故渐多；宝玉在繁华丰厚中，且亦屡与'无常'觌面……悲凉之雾，遍被华林，然呼吸而领会之者，独宝玉而已。"鲁迅对《红楼梦》的精辟论断同样适用于纳兰。那些黯然神伤、如泣如诉的诗章词篇，不正是一首首封建社会的挽歌吗？那份醒也无聊、醉也无聊的孤独寂寞，那种怅惘情怀、感伤情调，不正是他超越于时代的价值所在吗？

纳兰性德去得太早，一场急症夺走他的璀璨年华。结束了他凄美动人的一生。那是怎样一个活生生的有血、有肉、有灵的生命？尽管这生命的灵台中发出的常常是痛苦的呻吟，但抑郁、忧伤也罢，焦灼、烦躁也罢，全不是对生命的唾弃，恰恰是觉醒了的生命意识的强烈体验。

纳兰性德还是走了，带着他对人类拳拳的挚爱和对生命的依恋，留下声声悲歌和串串解不开的困惑——人生的困惑，升华到一个丰富充盈的诗化的生命境界……

这一切，足以使他不朽，并给后人以无尽的启迪。

人生如斯，更有何说？

幸哉，纳兰！

汪中

"盛世狂生"的诅咒

◎张晓虎

> 不知是世道容不得他，还是他容不得这个"物阜民康"的乾隆盛世？他骂天地、骂圣贤、骂世道、骂人心、骂旧学、骂陋俗，直欲骂翻整个"太平世界"，直骂得神魂颠倒、迹类疯癫。

当清王朝聚敛起北方民族剽悍的历史遗风而再度叩关南进时，历史居然成全了几位马背上英雄帝王的一统霸业之梦。八旗劲旅的将士们吃着"白菜叶子包高粱米"，却以摧枯拉朽之势席卷了朱明王朝那桌摆了二百余年的"人肉筵席"。虽然，拖着一条游牧社会的小辫子称霸帝业的满洲权贵们，只用数十年便完成了从游牧向农耕社会过渡的心理历程，但这一伟大而辉煌的功业，却以泯灭明清启蒙思潮所闪现的人权、理性和科技之光为代价。而此后的世界历史，恰恰是以能否确立人的权力、地位和价值来决定强弱势差的。

当大不列颠帝国把自己与18世纪的太阳并称为"日不落国"的时候，重建封建盛世王朝的"十全老人"乾隆皇帝，依然扬扬自得地做着天子光被四表、广有四海的历史旧梦，狂妄地责令英国使团行跪叩之礼。而独处江南一隅的穷儒汪中，却预感到一种"回光返照"的濒死前兆。于是，巨大而可怖的困惑，连他自己也无法解释的困惑，使他窒息绝望、矛盾惶恐，苦苦搜遍散发着尸棺气味的旧坟典亦无答案，终于开始骂了起来。

◆◇ 贫穷的困惑——人们常说"穷困潦倒"，"穷"与"困"乃形影不分，妙哉斯言。

一群移民只用了两个多世纪，便在北美大陆上托出一个堪称世界首富的美利坚合众国，而具有五千年文明史的中国，至今仍没有追上他们的步伐。

显然，历史的长短并非决定贫富的因素。这是个残酷到令中华儿女难以接受，却又不得不承认的历史结论。

当然，穷奢极欲的乾隆皇帝决然不会承认一个"穷"字。在这一点上，汪中比他要高明得多，极度的贫穷迫使他和亿万处于冻饿之中、朝不虑夕的中国子民一样，不得不去思索贫困的根源。如果说"愤怒出诗人"，那么似乎可以说，饥饿和失意则是产生思想家或哲学家的必要条件。

汪中的一生与乾隆盛世相始终，不可谓"生不逢时"；俗语云"苏常富，天下足"，汪中生于江苏的富庶之乡江都地区，不可谓地望不富；汪中素负才名，语惊文坛，以笔墨换饭吃似也游刃有余。然而，他的"穷"却远比"才"更有名气。其友人杨蓉裳如是说："江湖流浪苦复苦，人说才奇穷更奇。"诚为至论。

汪中初字庸夫，后以唐代诗人杜甫为楷模，改字容甫。生于乾隆九年（1744），卒于乾隆五十九年（1794）。其祖上几代皆为"志洁行芳"和不屑"脂韦随俗"的学者。父名一元，曾邑增生，"通乐律，尤精天文、步算，尝逆推日月食、五星赢缩若干年，悉与台官合。"汪一元的知识结构已深受西学影响而趋于改变，从埋头于经书的故纸堆中转向天文历算的自然科学知识，这对汪中的思想影响至深。但汪中七岁丧父，未能全部继承家学，贫穷却使他更多地秉承了父亲的经世致用思想。其子汪喜孙（字孟慈）曾追述："计先君五十有一年，少苦孤露，长苦奔走，晚苦疾疢，终先君之世未尝有生人之乐焉。"可谓一生挣扎在艰难竭蹶之中。

汪中的众多诗文中每每议及穷困之境，"先君下世，无寸田尺宅之籍，三族罕过问者。母教女弟子数人且辑履以为食，犹思与子女相保。值岁大饥，乃荡然无所托命矣。再徙北城，日常使姊守舍而携某及妹偠然丐于亲故，率日不得一食。归则以薪蒙地而卧，且以供爨。每冬夜号寒，母子相拥不自意全济，比见晨光则欣然有生望焉。"如此惨苦的生活和有钱亲友们的冷眼，使幼小的汪中"居贱习忧劳"，养成刻苦自励的不屈精神。在"短衣曳地学周旋，历历门庭记行迹"的乞食生活中，他更看透了世态炎凉。

就在汪母扯儿带女、托碗求食于江都城闾巷之内时，乾隆皇帝的龙舟在一片"吾皇万岁"的撼天动地呼喊声中驰抵江苏淮安，开始了首航江南的豪华之行。从北京至杭州的五千八百余里水陆途程，镶金铺玉，掘坟毁田，尖营（小憩打尖之处）林立，泼水清尘，罄万民膏脂扬皇帝之威；南巡船队大小船艇数以千计，簇拥着御舟安福舻和翔凤艇，宛若众星捧月、蜿蜒成阵、平波伏浪，浩荡而行，沿途接驾臣民势如蚁攒。此后的近半个世纪中，这位中国最富有的统治者，接连五次南巡以炫耀文治，指挥十次战争以显扬武功，视国库如同私囊，以千金买笑似的挥霍换来一个"乾隆盛世"的名声，直花得库府告罄，继位的儿皇帝嘉庆叫苦不迭。然而，在当时千万张嘴的高声礼赞之中，却有一人在大唱悖调，使这惊动天地的溢美之声也不尽和谐。

乾隆皇帝诗兴盎然，命笔金笺："袅袅东风拂面春，乘眷銮辂举时巡。江南至矣犹江北，我地同子总我民。祗厪观方怀保切，岂难解泽惠新频？更欣余事寻文翰，秀丽河山发藻新。"在他看来，朗朗乾坤，歌舞升平，这是一个完美到无疵可剔的太平世界。

而迹类托钵僧的汪中，却决无此雅兴。他与其也称为"诗人"，其诗却不啻冻饿濒死者的呼救声："……寒丛出火夜投宿，入门老嫠兼孤婴。复然四顾但一室，踪迹人鬼疑难凭。菜羹麦饭各冰冷，饥肠内热痴蝇鸣。欹斜竹栅卧踏地，江风燐火吹荧荧。水虫毒蝎共高忱，草头雨落珠玑明。人生到此百虑绝，虽无噩梦魂屡惊。"

很难确认哪种声音是这个时代的主旋律，但两支相悖的乐曲构成一组不协调的时代之声，伴随着社会的不协调节律而行，这几乎是在任何王朝都能找到的变奏进行曲。

乾隆王朝——一个集正确与错误、光明与黑暗、半个多世纪的貌似安定与汇聚社会诸种弊端而自掘坟墓的时代。如果说《红楼梦》的大观园中"悲凉之雾遍被华林，然呼吸领会者，独宝玉而已"，那么在这个五光十色的盛世幻影之中，汪中乃真切地呼吸领会到了"气数将尽"的悲凉之意。

　　汪中的沿街乞食生活，一直持续到十四岁成为书佣才暂告结束。在此期间，他为一家人免于饿死而竭力奔走，"上堂见阿母，晌午未得食。欹卧草榻间，弱妹立其侧。枵腹汗如注，饿久面转赤。但闻啼哭声，想见心如炽。骨肉无二视，此心讵木石？感此号且呼，气撼声不出。"尽管他也可以在市井百业挑选糊口养家的行当，并且在街市上叫卖过家织土布，但家学渊源终使他捡起登科入仕的敲门砖——八股时文。成为书佣后，他得以大量借阅经史百家之书，"博综典籍，谙究儒墨"。可怪的是，汪中并未一头钻进"捷径南山"的儒学大门，而是同时叩响了曾经大唱对台戏的儒、墨两家祖师爷的门环，并且对于被斥为"异端"的墨学表现出极大的同情和关注。当儒家经典成为升官发财的敲门金砖之后，墨子以及众多对儒家论调相悖逆的子学，遂成为历代追求"学以致用"者的关注领域。然研究这样的"异端学问"，不仅需要有敢冒杀头风险的勇气，更要有甘守清贫寂寞的志趣。当时的汪中虽非汲汲于名利之徒，但吃完上顿忧下顿的生活，仍逼得他不得不苦读儒经以求活路。

　　他二十岁时初入科场，榜列扬州府第一，入江都县学为附生。他仿佛在地狱门前望见了一线人生的天光，自此不顾性命地读书课业，"昼营饘粥之养，夜则背诵所业，以红豆记其数。伏腊、蜡饮之时，音声琅琅达于邻舍。"其友人们常惊叹："先生吟太苦，终日闭荆关。"按照清制，凡通过县、府、院三级考试者称为生员，然后入学深造，称之附学生员（即附生），也通称秀才。秀才们在校学习期间，依成绩优劣分为三等，只有一等的廪膳生才有资格每年领取四两白银，称之"廪饩银"，劣等者无此优待且须受罚。为了这赖以活命的四两廪饩银，汪中不得不拼命苦读，这区区白银四两与全家数口人的生命竟有同等重量。而为乾隆皇帝南巡途中点缀景致，仅扬州一地的行宫建筑就耗费白银二百余万两！

　　如果仅靠苦读便可平步青云，也许汪中能侥幸跻身于封侯拜相之列，然科场多如牛毛的规定和贿赂公行的黑暗，终使他望而却步。关于秀才应试的繁难琐细，蒲松龄曾有过穷形尽致的描写：

　　　　秀才入闱有七似焉。初入时白足提篮似丐；唱名时官呵隶骂似囚；其归号舍也，孔孔伸头，房房露脚，似秋末之冷蜂，其出闱场也，神情惝恍，天地异色，似出笼之病鸟；迨望报也，草木皆惊，梦想亦幻，时作一得志想，则顷刻而楼阁俱成，作一失意想，则瞬息而骸骨已朽。此际行坐难安，则似被系之猱；忽然而飞骑传入，报条无我，此时神情猝变，嗒然若死，则似钳毒之蝇，弄之亦不觉也；初失志，心灰意败，大骂司衡无目，笔墨无灵，势必举案头物而尽炬之，炬不已而碎踏之，踏之不已而投之浊流，从此披发入山，面向石壁。再有以且夫尝谓之文进者，定当操戈逐之。无何日渐远，气渐平，技又渐痒，遂似破卵之鸠，只得衔木营巢，从新另抱矣。

汪中初试得隽，以后的科场之路却步履维艰，其原因并非才学不济，而是他倨傲亢直、不屑于随波逐流，因而常结怨于人。两次科场受挫，使他终于绝意仕途，另觅人生的蹊径。一次是乾隆三十三年秋闱，汪中在江宁应试时与考官口角相抵，并使考官当场受窘，结果被逐出场屋。但他的文章却被是科主司点中，出榜时派人在江口守候，他却毅然扬帆远去。乾隆三十七年，汪中与安定书院某编修争论经史疑难而激成怨怒，恰是年督学江苏的彭文勤与该编修是同乡，私谮成谋。九月场试时，彭文勤对汪中试卷惊叹欲绝，不得不置为上等，然复试却将一等改为二等一名。当诸考生谒见时，彭文勤心怀鬼胎，试探道："子其怨我乎？"汪中冷言作答："命应逢毂弩，心不怒虚舟。"意即不肯为五斗米折腰，必遭"毂弩"暗伤，早在意料之中。

从此，他以侍母为由而屡辞科考，认为："科名身外之一物，以之荣亲则为实际。某每闻人致语云：'一举登科日'，泊然无所动心也。"这种把侍奉父母看得重于登科入仕的看法，在"学也，禄在其中"的旧士林中并非多见。更重要的是，他清楚地看到"眼前冠盖谁容我？"在依门傍户、倾轧剧烈的官场之内，"已矣吾生穷，飞腾竟何望"，他这种强项不屈的狂士是没有出路的。

性格即命运。

当汪中以解民倒悬的热情和希望去拥抱这个时代而被社会的诸种弊窦挤出"正途"之后，一腔怨怒之气便左右冲突，寻觅发泄之处：

——汪中就读的安定书院乃江南著名书院之一，主持该书院者多称饱学之士。每届主持人选更替，汪中则必挟经史疑难相质，直逼问至对方张口结舌，遂呵呵大笑而出。诸如孙志祖、蒋士铨等皆为称誉当时的经史诗文名家，皆为其所困而狼狈万状。

——扬州历为人文荟萃之地，时程晋芳、任大椿、顾九苞等颇负盛誉的学者皆侨居此地。汪中当众宣称："扬州一府，通者三人，不通者三人。通者惟高邮王念孙、宝应刘台拱与江都汪容甫，余为不通之人。"一时訾议汹汹，众人皆曰可杀。

——时人皆知得到汪中一语之誉实为难事，于是某富绅愿以重金买得一赞词。汪中朗声惊叹："君不在不通之列。"富绅大喜过望，"言润"之资颇丰。汪中淡然一笑，徐曰："君再读三十年书，可望不通矣。"

——涌急浪险的长江上，一叶小舟颠沛而行，汪中与某士争论经史，勃然大怒，挥拳相向，几乎翻船落水。

——安定书院大门外，一对石狻猊卧于左右，乃避邪迎吉之圣物。汪中与洪亮吉各骑一狻猊，大谈《礼经通考》得失，见者目为二怪。适一商人冠服贵倨，乘二人肩舆至书院门前而下，昂然投刺拜访书院山长。汪中见状愤甚，潜行至其身后，猛然拍其项大喝："汝识我乎？"商人大愕，逡巡曰："不识。"汪中斥道："我乃汪先生也，识之乎？"商人喏喏："识之。"汪中喝道："既识之，速去！毋溷吾事。"商人大懊丧，登舆悻悻而去。

汪容甫——一副穷骨、满身奇气的时代叛逆者，以眼空无物的怪行诞言将整个时代踩在脚下。

汪中的中年生活多在客游江湖，为大户人家做幕僚、以笔札求食中度过的。"千里关河七尺身，长年逐食走风尘"，寄人篱下的生活，使他对贫富悬殊的社会现状感慨万千，在《示仆》诗中写道："同生非有属，因势遂相役。百年讵自免，念此罕苛责。贫居累人事，早作暮未息。天寒井爨苦，一饱愧安食。贵贱各有谋，相争尽智力。叹彼劳心人，无营觉尔适。"他认为人并非天生就是主仆各有命，而是在社会角逐中才"因势遂相役"，对仆人饥寒劳苦的同情溢于行间字里，对那些挖空心思去追逐利禄的"劳心者"，汪中嗤之以鼻，并感到奴仆无营，反得自适。

他在三十四岁时，正值朝廷选拔岁贡。吏部左侍郎谢墉十分爱才，特意点选了一大批江南的通经能文却又屡挫科场之士，诸如顾九苞、陈燮、程赞和郭均、江德量、刘玉麟、宋绵初等人，同时也选拔了诸士皆訾诉的汪中。在众人看来，此乃"旷代之知"和"送袍推襟"之爱，汪中却依然故我，甚至与谢墉辩难经史时偶有不合，则"艴然而去"，结果仍落得"举世欲杀，块然无一人可伍者"。他痛斥"世之君子屡仕而不遇，则愤然自负其学"的行为，以为"学古之道，藏器于身"的目的，旨在"必期于有用"。因此，他宁可依靠鉴别书画的微薄收入为生，也不愿再登科场去应付无止境的是非纠葛。

乾隆五十五年（1790）诏修四库全书告成，颁于江苏、浙江，敕建文汇、文宗、文澜三阁以储藏图书。汪中被推荐参加校书工作，"检理本书，是正文字"，历时四年方校毕全书。在众多参与校书的学者中，汪中表现出极高的才华和过人的学识，"先生在在皆繙研，万八千函供一指"，与诸人"谈论古今，少有不合者，旁引曲证，诸人折服而散"。他在文汇和文宗阁校书时，"绳愆纠谬不下数百万言"。而在文澜阁扶病校书时，书局地址在西湖照胆台一侧，门对西湖佳景，他校书期间竟"足迹未一至胜地"，有时累得"裂眦迸血濡墨书"。校书工作完成的同年，即乾隆五十九年十一月十九日，杭州文澜阁校书即将告竣时，汪中与书友们治具邀饮，是夜便因暴病猝发而客死于西湖葛岭园僧舍内，也有人说他狂饮而致猝死。

几乎是在汪中去世的同时，大洋彼岸的法国皇帝拿破仑公然露骨地叫嚣："不要让人活到老——这是统治的极高艺术！"而乾隆大帝虽不知彼岸的事情，却似乎与这一混账箴言取得某种共识或默契。他为了炫示自己的旷世伟大，以规模惊人的南巡和西征，将全国纳入一种经常性的紧张运动之中，使人人都负重如牛。而对于思想家和学者们亦不例外，诏修工作量吓人的"四库全书"，请君入瓮，终使汪中之类的狂士也在碌碌饥肠中不得不俯首就范，以望五之年而终。

贫困，造就了一代奇士汪中，也扼杀了一颗不屈的灵魂。

◆◇ 旧学的困惑——当儒教成为封建极权者的锋利双刃剑之后，多少不屈者、叛逆者死于利刃？多少盲从者、驯顺者死于钝刃？

在先秦子学的琳琅武库中，董仲舒为以后的历代封建极权者拣选了一把剑——孔孟儒学。这把剑在数百位帝王手中交接传承，锻冶锤炼，终于铸成一把利、钝兼备的双刃宝剑——儒教——儒经。经者，日月经天也。而当儒学一旦成为儒经，顿时成为灵光四溢的圣物，连它的始作俑者孔子先师也难辨真伪。帝王们挥舞着双刃剑，有效地临御万民之上，对叛逆者以利刃挥下，鲜血淋漓，何等畅快；而对盲从或驯顺者，则以钝刃相待，谓之"钝刀子割头不觉死"，妙不可言！

17 世纪初叶，随着西方传教士的西学东渐运动，西方的异质文化像一位过于性急的催产婆一样，引动了明清封建中国母体内的资本主义胎儿剧烈躁动，结果产下未足月而天殇的死胎——启蒙思想的狂潮。但启蒙思想家们以疑经惑古的批判精神，举起早期资产阶级的民主、理性和人权的旗帜，向经学旧垒的猛烈冲击，却是震古烁今的一场思想解放运动。然而，在此后的一个半世纪中，满族权贵们以残暴的铁血政策，迫使中国社会复归封建故道，令人发指的文字狱更是囚禁了几代中国人的探索精神。此期间，能上承启蒙思潮精蕴、下启近代今文学派新思想的继往开来者，实属寥寥无几，汪中即其一。

面对大批"专己守残，拘墟于章句之内；贪常嗜琐，限迹于点画之间"的训诂专家，汪中喟然叹道："中尝有志于用世，而耻为无用之学。故于古今制度沿革、民生利病之事，皆博问而切究之，以待一日之遇。下至百工小道，学一术以自托，平日则自食其力，而可以养其廉耻……。何苦耗心劳力饰虚词以求悦世人哉？此吾藐然常有独学之忧。"他像一只茫茫暗夜中离群独飞的孤雁，矫翼厉翮，当空起舞；似一颗稍纵即逝的流星，为如聋如瞽的人群亮起一道刺眼的理性流萤。

然而，"以待一日之遇"的时机终未出现。

此时，探寻西方富国强民之路已经壅塞，汪中无法在西方异质文化中探寻社会出路，只得循着历代异端人物所开创的榛棘小路，艰难地走向那可望而不可即的上古唐虞三代，企图在瓦砾遗存中寻些有用之物。他在启蒙思潮的大波大澜流过的故道上徜徉，从潮头寻觅到余波，找到了六位悖时代潮流而动却又开一代叛逆精神的先驱人物——顾炎武、胡渭、梅文鼎、阎若璩、惠栋和戴震，并为此作《六君子颂》。那么，这是六位什么样的人物呢？

顾炎武不但是一位"综贯百家，上下千载"的通儒，而且是批驳理学、鼓吹实学，开一代经世致用学风的健将；胡渭作《易图明辨》，揭穿了两千余年间所谓"河出图，洛出书"的一大骗局；梅文鼎则打破了"舍经学便无学问可言"的旧学格局，吸取西方数学成就而独治数学，以卓有建树的数理科学冲击儒教的一统天下；阎若璩钩沉古籍、爬梳诸家，以《尚书古文疏证》向伪古文尚书宣战，使凛然不可干犯的《尚书》一落千丈，从圣典变为可供研究的普通古书；惠栋和戴震则分别是发凡起例、全面清理旧学的两大领袖，即清代经学两大阵营——吴派和皖派的主帅。他们以各自特有的风格，汇集同志，精研穷考，把儒经一举降格为儒学，还孔孟之学的本来面目。以上诸家犹如激电怒雷、摧林折木，在明清之际掀动一场蔑视千古、醒人残梦的新思潮和新学风。然雍、乾以后，文禁森严，言路钳口，众多学者买椟还珠、舍本逐末，抛弃实学运动力图变革社会现状的真蕴，而拾取其考证训诂的治学手段以为目的，使著名的启蒙运动归于昧晦，而造成的乾嘉学派不过是乾隆盛世的缀饰之物。

于是，汪中振臂而起，奔走呼号，力图挽狂澜于既倒，再兴启蒙思潮之雄风。他高呼："凡文之不关六经之旨、当世之务者，一切不为！"相传汪中自言平生有三憾：一憾造物生人，必饮食而始生，生不百年而即死；二憾身无两翼可飞踏九霄，足不四蹄可徒走千里；三憾古人仅著述流传，不能以精灵晤对。诚然，这是一种不着边际的苦恼和苦闷，却又埋着他深沉的追求和向往，若无此三憾，他可以不再为饮食求活而寄人篱下，可飞升九天、足履四海而广求新知，可晤对先哲前贤而搜讨治世之道，无须千百后学们旁征博引地去考证圣贤之书。

饥饿中的诙谐，痛苦中的幽默。

一阵愤世嫉俗的呼喊之后，响应者寥若晨星，汪中不得不孤军应战。于是，种种惊世骇俗的声音，从这个病魔缠身、双目患疾者的口中笔下喷涌而出：

其一曰："荀卿之学，出于孔氏，而尤有功于诸经。……自七十子之徒既殁，汉诸儒未兴，中更战国、暴秦之乱，六艺之传赖以不绝者，荀卿也。"他是最早为荀子作《年表》的人。此外，他还竭力推崇贾谊，说："盖仲尼既殁，六艺之书卓然著于世用者，贾生也。"他认为六艺乃孔子之学，用世是孔子主张，传孔学者首推荀子，用孔学者则属贾谊，这完全是一派与时代相悖的反调！

其二曰："自儒者言之，孔子之尊，固生民以来所未有矣；自墨者言之，则孔子鲁大夫也，而墨子宋之大夫也，其位相埒，其年又相近，其操术不同，而立言务以求胜，此在诸子百家，莫不如是。"因此，他"出入群籍，发明作者（墨子）之旨于千载之上"，为沉冤两千年的墨子之学翻案。他认为孔、墨乃至百家之学，在当时都是"操术不同"和"自为其道"，并无"正统"与"异端"之说，这就恢复了孔墨并称显学的原貌，将孔学从至尊的地位拉了下来。他大胆提出，所谓"兼爱无父"的罪名，完全是孟子对墨子的污蔑之辞。此说一出，舆论哗然，内阁大学士翁方纲大骂汪中是"名教罪人"，主张"褫其生员"。汪中未被吓倒，强项抗争道："欲摧我以求胜，其卒归于毁，方以媚于世，是适足以发吾之激昂耳。"

其三曰："孔子曰：'父在观其志，父殁观其行，三年无改父之道可谓孝矣。'三年者，言其久也。何以不改也？为其为道也。若其非道，虽朝没而夕改可也。何以知其然也？……君子之所谓孝者，先意承志，谕父母于道，此父在而改于其子者也。是非以不改为孝也，然则何以不改也，为其为道也，三年之者，虽终其身可也。自斯义不明，而后章惇、高拱之邪说出矣。"此话直斥孔子，可谓"非圣无法"，但"无法"并非无道理。"三年无改父之道可谓孝"，倘父亲为盗为淫，其子"三年不改父道"。"孝"则孝矣，只是这"孝子"恐难为楷模。汪中以为是否改变"父道"，应视父亲是否"为道"，如果父亲依道而行，其子无改父道何必仅止三年，"终其身可也"。倘若父亲无道为虐，不妨"朝没而夕改"，甚至未死便可背道而行，"是非以不改为孝也"。对此，汪中举证史实：大禹如果不改父道，不惟水患难息，脑袋也要像鲧一样搬家；蔡仲若不背离蔡叔度的意旨，也会像追随商纣王灭亡的父亲一样，遭到万世唾骂；舜帝乃一代明君，然其父母皆刁悍愚昧之人，照孔子的说法，舜难道也只能"三年无改父之道"去做个孝子么？

其四曰："孔门设教，初未尝以为至德要道而使人必出其途。"既如此，儒教为何独步中国学界两千余年呢？汪中认为儒学演成滥觞之势的根本原因，在于后世学者穿凿附会，遂至积谬成习，"意者不托之孔子则其道不尊"。他尤其痛斥宋明之后的空疏理学家们，"举平日之所心得者著之于书，以为本义固然，然后欲俯则俯，欲仰则仰而莫之违矣。习非胜是，一国皆狂"。

汪中以冒刃摧锋的气概独自向旧学营垒冲击的后边，决非掩藏着故作惊人之态以哗众取宠之心。他治学极为认真严肃，主张"学问观其会通"，"所为文恒患文不逮意，意不称物，不专一体"。其探研的范围几遍文史各领域，治经则有《春秋述义》《尚书考异》《仪礼校本》《知新记》《尔雅校本》《大戴礼记校本》等数种，人称"解经有神识"。其治经成果不仅当时广为诸家，如王引之、刘申甫、胡培翚、郝兰皋和阮元等人广为引用，至今仍为治经者倍加注意；治史有《春秋后传》，校正本《国语》；治训诂学作《小学》《说文求端》，治史地学撰《广陵通典》《金陵地图》《秦蚕食六国地表》；治诸子学则有《荀子校本》《墨子校本》《贾谊新书校本》，又著《旧学蓄疑》和《疆识录》。此外，他对诗词、古文、书法、金石、篆刻也无所不工，所作《哀盐船文》《黄鹤楼铭》《广陵对》皆称绝一时之佳文，诗词更是倾倒侪辈。当时学者评其著述是"镕之百过烟火尽，一滴著地皆成膏。不比酸冷争派别，教人寻味持空鳌。"唯其如此，当时敢与汪中交手论争者，莫不丢盔落马而败北。

汪中尤其痛恨那些标榜风雅、自诩才学的名士，对之嘲谑捉弄不遗余力。一次，袁枚于书室"随园书斋"内新制一联，"此地有崇山峻岭，茂林修竹；是能读三坟五典，八索九邱"。袁枚乃颇负时誉的文坛大家，此联悬于书室，倍得阅者夸赞。汪中闻之，颇不以为然，驰书求见，袁枚畏其怪诞，故于会期出避。汪中语其书童："尔主人果在者，吾将借其所读之坟典索邱一观也。"俟袁枚归，僮以汪语面禀，袁枚大惭，遂撤其联。原来，"坟典索邱"乃早已失传之上古书籍，袁枚何处"能读"？自讨无趣。汪中善谑，时人皆知，其行乞之法也与众殊异。湖广总督毕沅也是一位经史名家，久慕汪中之名而一直未能见面，一日忽接汪中尺牍，拆视乃笺纸一幅，只书四句："天下有中，公无不知之理；天下有公，中无穷乏之理"。毕沅阅后，不禁捧腹大笑，连称妙言，即派人以五百两银送至汪家，传为一时佳话。此语妙在"天下有公"，乃一语双关，"公"字既指毕沅，又暗喻"公道"，既然天下还有毕沅之类的官员主持公道，汪中一类的穷士怎应穷乏？而此语更妙之处，实则是说"天下无公"，才会有穷士汪中，可谓余意无穷。

汪中抱用世之志、独学之忧、出入经史、臧否人物、以疑经惑古的思想燧石去敲击传统文化的大山，这种敲击所迸溅出的星星闪闪的火花，并未能照亮那个"众人皆浊"的时代，但上存启蒙思潮之火种，下引今文经学运动之烈焰，其功不可没矣！

他越来越清醒地看到以往、现时的种种沉疴痼疾，却又深深陷入对未来的不可知之中。

18世纪的中国，向何处去？

◆◇ 未来的困惑——历代进步学者解不开的斯芬克斯之谜。

顾炎武曾大声疾呼："今天下之患，莫大乎贫。用吾之说，则五年而小康，十年而大富！"他认为历代标榜的"天下为公"，不过是为帝王一人之公，而实际上"天下之人各怀其家，各私其子，其常情也。为天子为百姓之心，必不如其自为。"因此，每逢乱时则国贫民也贫，而出现盛世王朝时，也是国富民不富。有鉴于此，顾炎武提出富国之首务在于富民，而人类的自私自利之心乃合乎情理之事，"圣人者，因而用之，用天下之私，以成一人之公"。顾炎武也曾猛烈抨击过帝王专制之弊，终不免又回到"成一人之公"的家天下制度上来。但他明确为中国社会中的资本主义因素发展正名，而且高擎起"圣人南面而治天下，必自人道始矣"的人道、人权大旗，与西欧资本主义运动的早期呼声不谋而合，确为识见过人之论。

汪中接过这面既倒之旗，独自唱着"人道之穷，虽圣人亦不能事为之制"的人道歌，在18世纪的中国封建故道上踽踽而行。

应声寥寥，寂若空谷。人们为这绚丽多彩的残阳落照而惊叹不已，为濒死者脸上的一脉红晕而欣喜若狂。好景难继，仅一个世纪后，中国人为此付出难以想象的沉重代价。

为了警醒世人，汪中发愤著书，立志写一部长达一百卷的巨帙，名之《述学》，总结中国古代的全部学制、学术盛衰兴废的历史，以使中国学界迷途知返、弃旧图新，"中之志，乃在《述学》一书，文艺又其末也"。为了这个宏愿，他吃尽了苦头，寒暑不辍，艰苦搜辑。然而，"独自成家编《述学》，无多同调感知音"的汪容甫，终因迫于贫困、牵累生活、限于力量未能成此大业而抱憾终天。《述学》写成的部分章卷也多散佚，仅余数卷编为《述学内外篇》，仍名之《述学》，实则草稿，无非追悼这部流产的鸿篇巨制之意。

汪中并未因孤军作战而稍减锐气，不仅"决史文之宿疑，破相传之积谬"，而且关注种种社会中的礼教流弊，多方予以批驳。且言"世多淫祀，尤为惑人心，害政事"。见人邀福祠祷者，辄骂不休，聆者掩耳疾走，而君益自喜。于时流不轻许可，有盛名于世者，必肆讥弹。人或规之，则曰："吾所骂者，皆非不知古今者，惟恐莠乱苗耳！若方苞、袁枚辈，岂屑骂之哉？"实际上，方苞曾因《南山集》一案锒铛入狱，写下《狱中杂记》揭露吏治黑暗。袁枚也曾痛恨礼教杀人，其《祭妹文》为后世推作哀文名篇。但方、袁二人又都被名缰利锁拘囿，对封建礼教的批判远不及汪中更犀利尖刻。袁枚之妹曾与某富户子指腹为婚，但其夫成年后行为放荡，男家父母主动提出解约，然袁妹却坚执"从一而终"，合卺成婚。婚后其夫滥肆嫖娼，对她百般毒打，甚至欲卖她抵债，被迫跑回家中，终因受虐过重而死。对此事，袁枚虽在《祭妹文》备述哀情，却未敢对旧礼教稍加挑剔。汪中既痛且怒，说她是"好仁不好学，其蔽也愚。本不知礼而自谓守礼，以殒其生，良可哀也。烈女不事二夫，不谓不聘二夫。"

　　妇女的解放是衡量社会解放的天然尺度。汪中之母孀居半世，备受艰辛，他对此感触颇深，认为"婚姻之道可以观政"。他甚至提出为男女婚姻自由立法，"中春之月令会男女，于是时也，奔者不禁，若无故而不用令者罚之。……凡男女自成名以上，媒氏皆书其年月日名焉。于是时计之，则其年与其人之数皆可知也。其有三十不取，二十不嫁，虽有奔者不禁焉。非教民淫也，所以著之令，以耻其民，使及时嫁子取妇也"。自古以来，"父母之命、媒妁之言"的旧礼不知扼杀了多少青年男女的爱情和幸福，"私奔"成为耻辱的代名词。汪中大肆宣扬"奔者不禁"，而且著之法令，为私奔正名，为万千青年男女的自由恋爱劈山开路，实为古今第一声。

　　婚姻的解放不仅是妇女的解放，也是人的解放。

　　对于已婚夫妇，汪中同样力主破除旧礼法，认为夫死而妇不再嫁乃"非礼也"，直欲把颠倒的乾坤再颠倒过来。他痛责那些徒有夫妻之名而无爱情之实的家庭，"今也，生不同室，而死则同穴，存为贞女，没称先妣，其非礼孰甚焉！"时人沿袭旧谬，总称礼法乃"先王之遭"，汪中凭借渊博的学识，细考上古礼法，提出"先王恶人之以死伤生"的大胆结论，公然与整个时代分庭抗礼。他自己曾有一段婚事曲情，为此饮憾终生。他初娶孙氏为妻，孙氏颇通文墨，二人可谓诗书知己，琴瑟和谐。但这位女诗人不善家政，女工厨院之事一概陌生，致使婆母不悦，姑妇失欢。汪中既为有名的孝子，难违母命，遂"援古礼出之"，违己意而休妻。孙氏颇为伤心，写下"人意好如秋后叶，一回相见一回疏"之句，辞意幽怨，吐纳自如，可见其才气远在一般妇女之上。孙氏被休后，抑郁自伤，一直未再醮，这使汪中既悔且痛，因此喊出寡妇再嫁、非为无礼的强烈呼声，以此自赎罪愆。

他严斥那种"相见复相见，君心一朝变。杯酒定人情，身危易恩怨"的人际关系，对一些已故老友的子女竭力周济，尽管自己也是"著书五年，数穷覆瓿"。他呼吁建立"贞苦堂"，收养那些孤苦无依的老人，并为详加规划，又设想过孤儿院和为渔民修建避风港，但终归泡影。他写了大量反映社会下层人民困苦生活的诗文，其诗全无那种香车宝马、风花雪月的绮丽时尚，时人评之"病马振鬣，时鸣不平"。他的散文超迈时辈，又以《哀盐船文》著名，此文备极传神地描述了盐船失火的惨状，杭世骏称之"惊心动魄，一字千金"。朱筠在浙江督学时，汪中曾往谒见，痛陈"扬州之迹，死节之人"，写成《广陵对》，王引之称之"博综古今，天下奇文字也"。毕沅为湖广总督，汪中应约作《黄鹤楼铭》，程瑶田为之书于石，钱坫操刀篆刻成碑，时人称为"三绝碑"。这时汪中的名气大噪，文坛耆宿如朱筠、杭世峻、王昶、钱大昕、王引之等人，莫不对他优礼有加。据说谢墉在乾隆四十二年督学江苏时，每临扬州主试，即于发榜时另列一榜，仅署"汪中"一名，并对同试诸生说："予之先容甫，以爵也。若以学，则予当北面事之矣。"按此情况，汪中若收敛形迹，依附名门，混得全家温饱似也不费力气。然而，他依然故我，"颠狂骂座日侘傺，头蓬气结颜如灰"，指斥世道"鹿马无定形，黑白随转移"；讥讽官场"九折行山自不平，蜗牛蛮触苦相争"；慨叹官吏制度是"少壮不用世，垂老反任官。年命苟不延，后世何所观。高材为人弃，贫贱独良难。焉知天下士，一身饥且寒"。更有甚者，某富商以十万重金捐得二品官衔，汪中闻讯颇为气愤，每逢这位"二品大员"着官服外出拜客时，他便骑一驴紧随其后。他穿戴怪诞，头顶草制暖帽，上插一红萝卜为顶，后拖松枝为孔雀翎，而且特意在脖子上挂冥镪一串，像是发送死人，"商行亦行，商止亦止"，引得观者如堵，嘘声四起。富商恼怒之甚，却又无可奈何，只得陪送五千金为汪中"祝寿"，此事方罢休。这岂是在嘲弄自附风雅的富商，而是在抗议弊窦丛生的捐纳制度，为这个不久于世的"盛世王朝"唱起一支挽歌。

驴蹄轻轻叩击着混沌腐朽的时代，驴背上歪坐着一位怪人，草编"官帽"，红萝卜为顶，松枝代翎，更有项间一串雪白的冥镪"朝珠"，在西风落叶中摇曳。

汪中，怀着愤怒、困惑，带着对未来的迷惘、憧憬，越走越远，消失在18世纪的落日余晖中……

阮元

一代名儒的探索与困惑

◎黄爱平

一个高官厚禄、著述等身的名宦、名儒，在乾、嘉、道之际中国封建社会出现缓慢然而又是巨大变革的前夜，孜孜不倦地探索学术思想，并认真审视中西文化。他给后人留下了什么呢？

清代乾隆、嘉庆、道光年间，正是中国封建社会由盛世的顶峰跌落下来转入衰微的关键时期，也是中国的大门由关闭到被迫打开的重要转折点。

自公元1644年清朝统治者利用农民起义推翻明朝政权的机会，举兵南下，进占北京，建立全国政权以来，经历了初期尖锐复杂的民族斗争和阶级斗争，清统治政权逐渐走上了一条稳定发展的道路，至康熙、乾隆年间达到鼎盛时期，整个社会政治稳定，国家统一，经济发展，学术繁荣。然而，如同历史上所有的封建王朝一样，清朝统治者也未能避免盛极而衰的历史命运。乾隆末年，吏治败坏，贪贿公行，土地兼并加剧，社会矛盾激化。嘉庆元年（1796）爆发的历时九年半，波及四川、湖北、陕西、河南、甘肃五省的农民大起义，以武器的批判形式，宣告了"盛世"的结束。而道光二十年（1840）发生的鸦片战争，则极大地改变了中国封建社会的进程，标志着中国近代历史的开端。在这一百余年的风云变幻中，有幸历经乾、嘉、道三朝，聪明早达，高官厚禄，剔历中外，兼享大年，而又始终孜孜不懈，脚踏实地，努力探索学术思想，认真审视中西文化者，当推一代名宦、名儒阮元。

◆◇ 学术思想的探索与追求

阮元，字伯元，号云台（或作芸台），乾隆二十九年（1764）出生于江苏扬州府城一个以武兼文的世家。从小受到良好的家庭教育，又得到当地名师的指点，因而，青年时期的阮元，立志束身修行，决心有所作为，不虚度一生。乾隆五十四年（1789），阮元考中进士，步入仕途。从此，在乾、嘉、道时期的政治乃至学术舞台上，阮元几乎活跃了近半个世纪。

乾嘉年间，是考据学如日中天的时代。阮元以其坚实的汉学基础和封疆大吏的特殊地位，一面自身勤奋不懈地从事研究，一面致力于提倡学术，奖掖人才，整理典籍，刊刻图书。影响所及，海内学者趋之若鹜，俨然成为清代汉学的最后一位领袖人物。然而，就是这样一位高官厚禄、著述等身的名宦、名儒，在学术思想的探索过程中，也不无困惑和迷茫。

与同时代的绝大多数学者一样，阮元治学注重考据，强调实事求是，主张由文字、音韵、训诂入手来寻求经书的义理。而这一点，正是清代汉学家共同遵循的学术宗旨，也是清代汉学有别于宋明理学的显著特征。

在我国学术史上，汉学、宋学的区别，可以借用宋代著名学者陆九渊的两句话来加以概括，这就是"我注六经"和"六经注我"。所谓"我注六经"，就是比较客观地按照经籍文字本身的含义进行疏解，尊重经籍的原貌和本义；所谓"六经注我"，则是借题发挥，把经书当作自己思想的注脚。宋明理学便属于后者。当然，理学作为一种思潮和学派，在中国思想史和学术史上自有其特定的地位、作用和影响。但大多数理学家，尤其是那些末流学者，对古代典籍一味附会，随意曲解，有的甚至"束书不观，游谈无根"，不仅在思想、学术界造成了极大的混乱，也给社会带来了极坏的影响。沿及明代末年，士子不读圣贤书，为宦不知兵刑谷，致使庙堂无一可倚之臣，边关无一御敌之将，整个天下鱼烂河决，生灵涂炭。

明末学风空疏、误国误民的种种弊端，神州荡复、宗社丘墟的惨痛现实，促使学术思想界进行了一次前所未有的深刻反省。清代初年，以顾炎武、黄宗羲、王夫之为代表的一批学者，都不同程度地摈弃、批判了宋明理学，转而提倡读书，强调实用，主张穷经研史，反对空谈臆说。其后，胡渭、阎若璩继之而起，潜心于经籍的考订和辨正，经过他们严密精细的考辨，证明了所谓"河图""洛书"并非《易经》原文，而是五代时期道士陈抟的伪造；《古文尚书》也非孔子编定，而是后人的伪作。这样，理学家据此推衍而出的太极无极、先天后天、理气心性之说，大肆标榜的"人心惟危，道心惟微，惟精惟一，允厥执中"等十六字"孔门心传"，全都成了骗人的鬼话。理学的基础既被动摇，理学的权威更加失坠。雍乾年间，以惠栋为首的吴派学者公开打出了汉学的旗帜，极力主张恢复汉儒的训诂，以真正理解经书的本义。他们完全撇开魏晋以后的经说，不遗余力地搜辑钩稽阐释汉代经师的训诂，使得对文字、音韵、训诂、校勘、辑佚的研究，成为一时风气。但是，吴派学者过分尊崇汉儒经说，"凡古必真，凡汉皆好"，盲目拜倒在汉代经师的脚下，不分青红皂白，一概全盘继承，走进佞汉泥古的死胡同。以戴震为首的皖派学者崛起之后，进而强调由声音文字以求训诂，由训诂以寻义理，实事求是，不专主一家。这就有力地矫正了吴派学者的墨守之弊，把清代汉学推向了发展的高峰。

然而，清代汉学在它发展到全盛阶段的同时，也不可避免地出现了诸多弊病。以其学术宗旨而论，汉学主张由声音、文字、训诂入手来寻求经书的义理，这本来是很有道理的，因为要弄清楚古代经籍中的思想内容，首先必须弄懂古文字的音义。如果连古文字都不认识，怎么能谈得上研究经籍呢？清代汉学从顾炎武开始，中经胡渭、阎若璩，直到惠栋、戴震，正是针对宋明理学空言说经，牵强附会的不良风气，强调要从声音、文字、训诂、校勘、考证的基本功夫入手，来整理和研究古代的经籍，以消除长期以来附加在古书上的误解和歪曲，认识其原来的意义。正是由于汉学家对声音、文字、训诂的高度重视，才使得历来附属于经学研究的"小学"由附庸蔚为大国，发展成为一门十分发达的学科。但也正是由于汉学家对声音、文字、训诂的过分强调，使许多学者长年累月埋头于声音、文字、训诂的研究，以为只要正文字、辨音读、释训诂，通传注，义理自会显现，圣道即在其中。一言以蔽之，就是把声音、文字、训诂当成了天下的唯一学问。这种只求训诂、不究义理、不寻圣道的做法，当时就遭到了一些学者的批评。著名学者、思想家章学诚指责汉学家的通病在于征实太多，发挥太少，如同蚕食桑叶不能抽丝。反对汉学的某些理学家更是抓住了把柄，攻击汉学驳杂细碎，不得所用。

阮元身处乾嘉时期，继惠栋、戴震之后，洞观数百年来的学术流变，他既反对宋学凭臆说经的蹈空之弊，又不满于汉学拘泥于文字训诂、不求圣道的倾向，而努力想要补偏救弊，一方面扬汉学之长而避其短，一方面取宋学之精而弃其弊，亦即综合二者之长，在自己的学术实践中，走出一条"由字以通其词，由词以通其道"的途径。他比喻说：圣人之道，如同一座高大宏伟的宫殿，文字训诂，就是通往这座宫殿的门径。如果文字训诂不对，就像走错了路一样，怎么能升堂入室，进到宫殿里去呢？因此，要寻求圣人之道，一定要通过文字训诂。如果不讲求文字训诂，就像天上的飞鸟，虽然高高在上，却并不能探寻到宫殿里边的奥秘。但如果仅限于文字训诂而不究明圣人之道，又好比终年安居于走廊上，而不知道还有更好的宫室。为了避免这两种弊病，阮元十分注重文字、音韵、训诂的研究，并力图通过这一途径来阐明经书义理，探究圣人之道。为此，阮元对经书中常见的"仁""性""命""格物""一贯"等字进行了集中的考释。以"仁"字为例。这本来是圣道中最详切平实的概念，《论语》《孟子》中都有很多地方提到。但理学家却根据自己的需要，或把"仁"解释为博爱，战胜一己私欲，或把"仁"当作宇宙生生不息之大德。一个好端端的"仁"字被无端加上的附会曲解，弄得乌烟瘴气。那么，"仁"的本来含义究竟是什么呢？阮元把《论语》《孟子》中所有讲到"仁"的地方全部集中起来，综合加以考释，证明"仁"的本义其实就是人，指人与人相处，亦即人与人之间的关系。他说：所谓"仁"或"不仁"，必须从一个人的所作所为去考察才能判定，也必须人跟人在一起才能辨别，孔子所言"夫仁者，己欲立而立人，己欲达而达人"，正是指的人与人之间的关系。如果一个人整日闭户斋居，瞑目静坐，那么，尽管他自诩有德理在心，也不能说成是圣贤之道，孔孟之仁。

再如"性""情""欲"等命题，理学家们把人性分成"义理之性"和"气质之性"，认为"气质之性"是产生"情""欲"的罪恶渊薮，高倡"存天理，灭人欲"。阮元认为，理学家的说法是违背圣人之道的。他从字的构造及含义入手，考证说："性"字本来从"心"从"生"，先有"生"字，后造"性"字。"心"和"生"指人的"血气心知"，有血气无心知不成其为性，只有心知而无血气也不是性。人既具有血气心知，也就有七情六欲，"情"括于"性"，"欲"则生于"情"，性包括情、欲，所谓味、色、声、嗅，喜、怒、哀、乐，都本于性，发于情，不能说性内无情无欲。正因为人有血气心知之性，又有情有欲，所以圣人需要制礼乐，修道德，以节制人的欲望和情性。理学家主张彻底弃绝人的情欲，这实际上和佛家清静出世的说教如出一辙，果真如此，那么，天下就不再有人类，而成为杂草丛生、禽兽横行的世界了。这怎么能说是圣人之道呢？

阮元就是这样，从经书的文字训诂出发，通过对字义的考证和训释，在相当程度上弄清了经籍本来的含义，从而也就揭穿了宋明理学家强加给经籍的种种谬妄和曲解。在这一点上，阮元确实不同于当时许多只拘泥于声音文字训诂，不明义理，不究圣道，更不关心国计民生的学者。或许，由于阮元洞察汉学宋学之弊，因而能够综合二者之长，探索出一条由文字训诂以明经书义理和圣贤之道的途径？或者，由于阮元亲身经历了封建社会由盛而衰的转变，在他遍历数省的仕途生涯中，也在一定程度上接触、了解到民众的疾苦，感觉到"盛世"后面潜在的危机，因而想要从封建社会的思想武库中寻找出某种理论武器，来挽救封建统治的颓势？

总之，阮元力求通过文字音韵训诂这条途径，走进学术殿堂的瑰丽宫室，去寻求其中的宝藏——圣人之道。为此，他努力地探索，不懈地追求，并且，也可以说在一定意义上达到了目的。然而，阮元毕生探索与追求所得到的，至多不过是弄清了经书当中的某些字义而已。在他留下的诸多著述中，《论语论仁论》《孟子论仁论》《性命古训》《论语一贯说》《大学格物说》《明堂论》《释颂》《释矢》诸篇，是最为时人乃至后人所称道的，甚至被推为"卓识精裁，独出千古，固足俟圣人而不惑"。但是，只要看看这些著述的篇名，就会发现，它们仅仅是对于经书中某些文字及概念的考证和训释。相对于当时乾嘉农民起义风暴给整个社会带来的冲击，相对于西方资本主义各国长期觊觎中国所造成的"山雨欲来风满楼"的局势，它们毕竟显得太苍白无力了。

尽管阮元极力想要寻求圣人之道，并且，在某些方面，他确实接近或达到了经书字义训释的真实，但这些一字一义的训释考证，就像散落一地的珠玑，阮元无法也不可能把它们贯穿起来，重新组合或建立起像理学那样庞大的思想体系，来适应统治阶级的需要，应付已经出现或正在出现的社会危机。

而这一点，正是清代汉学本身的局限性所造成的。试想，一个片面强调"言言有据，字字有考"，只局限于古代经籍的研究，"向纸上与古人争训诂形声"的学派，怎么能够适应社会大动荡的局势，又怎么能够解决社会的实际问题呢？只是尚处在乾、嘉、道时期社会似变未变之际，又作为汉学殿军的阮元，还无法清醒地觉察传统旧学与社会现实的距离，仍然试图调停汉宋，在二者之间走出一条亦汉亦宋、兼容二者之长的第三条道路。这，也许正应了那两句千古传颂的至理名言："不识庐山真面目，只缘身在此山中"吧！

◆◇ 中西文化的审视与比较

乾、嘉、道之际，是中西文化交流的低潮时期。清朝政府顽固地关闭了对外交往的大门，陶醉于"天朝上国"的虚幻梦境，根本不闻不问、不管不顾中国以外的世界上究竟发生了什么事情。所谓"天朝物产丰盈，无所不有，原不藉外夷以通有无"，正是当时清朝统治者乃至学术思想界封建知识分子普遍心态的写照。但是，就在这一片死水深潭中，也有人投进了一块小小的石子，激起了层层微澜。这就是阮元编写的《畴人传》以及他对中西文化所进行的审视与比较。

《畴人传》是我国古代科技史的开山之作。在这部书里，阮元不仅汇辑了我国古代数百名优秀天文学家、历法家、数学家的传记资料，而且收录了数十名包括传教士在内的西方学者的有关资料记载。也正是在编撰这部书的过程中，阮元接触到了与传统文化迥然相异的西学。面对东、西方两种不同的文化，阮元是如何进行比较和评判的呢？

西方传教士来华初期，正值明代中后期。当时，自然科学的研究极度衰微，就连一向受到统治者重视的历法，也因年久失修，屡次失误。而传教士带来的天算知识及测量仪器均比中国高出一筹，这样，明末士大夫中的一些有识之士便主张学习西方，并建议聘请传教士协助修历。但这些主张却受到保守势力的群起攻击，他们认为，纲纪正朔乃中国历代相传之大经大法，堂堂中央大国岂能学习西方，"用夷变夏"？为了对付守旧势力的责难，这些有识之士不得不求助于古代圣贤，根据古籍中片言只语的记载，提出"西学源于中国"的主张，以此说明中学西学同出一源，二者并不相悖。于是，明清之际，中西文化交流出现了前所未有的开放局面。传教士供职内廷，参与修历、制器、造炮等政事，中国士大夫与其合作，翻译、介绍西方书籍，一些学者更是努力学习西方天文历算知识，力图融会中西，自成一家。然而，这种情形未能、也不可能长期保持下去。由于东西方文化背景的巨大差异，以及罗马教廷与清朝政府在传教方式上引发的种种冲突，再加上有的传教士在中国内地的一些不法活动，都促使清政府下决心禁教。雍正以后，禁令日严，传教士的活动基本停止，中西文化交流也被迫中断。时隔半个多世纪之后，当阮元重新审视这段历史时，他仍然感到十分困惑，为什么这些偏远的西方小国，这些小国"陪臣"带来的天算知识及测量仪器竟然会比中国高明。但是，处在与世隔绝的社会环境，局限于狭窄的治学范围，阮元不可能也无法了解西方，了解世界大势，并从中找到正确的答案。出于头脑中根深蒂固的传统观念，他很自然地接受了"西学源于中国"的观点，并极力从古籍中寻找根据，来和西方的科学技术知识加以比附，以进一步证明此说。《山海经》有一段记载："禹使大章步自东极至于西陲，二亿三万三千三百里七十一步；又使竖亥步南极尽于北垂，二亿三万三千五百里七十五步。竖亥右手把算，左手指青邱北"。阮元解释说："青邱北"就是舆地图，竖亥一边测量步算，一边指着舆地图计算里差。据此，阮元理直气壮地宣称：西方传教士根据地球经纬度来计算里差，认为中国不懂此法，岂知中国早在上古时代就已经有了这种方法。阮元还进一步推衍说，西方人认为地球是圆的，中国古籍《曾子》中已有记载；西方人称各大行星都有其运行轨道，中国古代天文学家郤萌也早有"不附天体"的说法，诸如此类，西方的许多科学技术知识，事实上都出于中国。既然西学源于中国，西方的科学技术都是中国古已有之，那么为什么到了明代，中国的科学技术、天文历算反而不如西方呢？阮元为了自圆其说，把明末自然科学的落后归咎于当时空疏的学风。他说，中国古代的科学技术、天文历法本来是很高明的，远非西方人所能望其项背。只是因为明末学风空疏，士子空谈心性，不务实学，才导致天文历算之学衰微落后，让西方人乘机钻了空子。因此，只能说明代的天文算学不如西方，不能说中国古代也不如西方。如果说西学要比中学高明，那么，堂堂"天朝上国"的亿万年颁朔之法，就要向偏远的"夷狄小国"请教，这岂不是太失体统了吗？

应当说，阮元指出中国古代的科学技术比西方进步，这是正确的。但阮元并非是在了解西方的基础上得出这一看法，而仅仅是一种盲目自大的猜测，并且其出发点还在于说明"西学源于中国"。这样，那偶尔闪现的真理的火花，很快就又淹没在谬误的污水中去了。

与对待中西文化的看法相联系，在涉及东西方两种不同的思维方式时，阮元也简单地采取了扬中抑西的态度。

中学与西学的差异，在一定意义上，可以说是由于东西方思维方式的不同所造成的。比较而言，西方重理性，重实验，东方重直觉，重经验；西方强调严密的逻辑思维，注重探索大自然的奥秘，东方则往往只是提出某些包容一切的模糊概念，对自然规律抱不求甚解的态度。以天文学理论为例，西方的天文学理论，从起源于古希腊的小轮系统，中经托勒密的地心体系，到哥白尼的日心体系和地动说，在漫长的发展过程中，西方学者始终不断地在追求真理，纠正谬误，使其理论更符合自然规律的实际，并逐渐接近科学的真实。这本来是自然科学发展过程中的正常现象和必然趋势。但阮元对此却很不理解，他无论如何也弄不明白：都是西洋人，他们的学说竟会如此不同；都是西方的天文学理论，前后竟然有如此之大的变化，而且越变越不可思议，越变越难以理解，甚至主张太阳为宇宙中心，地球绕太阳旋转。这岂不是"上下易位，动静倒置"吗？如此"离经叛道"，岂可为训！照此发展下去，不知还会有什么谬妄的学说出现，更不知何时何地才是其归宿。那么，西方的天文学理论为什么会出现这种怪现象呢？阮元百思不得其解。他找来找去，找到了西方人的思想方法上。他说，由于西方人好刨根问底，凡事总要问个"为什么"，总想"强求其所以然"，所以导致"其法屡变"，"无所底止"。应当指出，阮元还是颇有眼力的，他比较准确地抓住了西方思维方式的特点。然而，令人惋惜的是，阮元并未从中受到任何启发和唤醒，站在中国封建士大夫的立场，出于对传统文化的偏好，他对西方思维方式采取了极为轻蔑的贬斥态度，而对东方的思维方式大加颂扬。他说，中国古代哲人著书立言从来都十分谨慎，凡事只说它"是什么"，"但言其所当然"而已，而"不复强求其所以然"，因此，他们的看法或结论自然"终古无弊"，任何时候都是正确的。比起西方人来，中国古代哲人的思维方式不知要高明多少倍。阮元不理解，正是这种"终古无弊"的模糊概念、不求甚解的思想方法，锢蔽了中国古代哲人的眼界，阻碍了中国科学技术的进步。面对东西方两种思维方式的差异，阮元不无困惑，不无思考，并曾经在探索中碰撞出真理的火花。但传统观念的影响，社会的以及历史的诸多条件的限制，使之重又陷入了深深的泥潭。

然而，阮元毕竟是一个客观求实的学者。他看到西方的科学技术确实有比中国高明的地方，譬如各种天文仪器，形制精致，测量准确，各种水利工具，原理科学，使用方便，特别是西方算学中的几何知识，精深简括，更是测量计算，乃至各种工艺制作的依据。因此，阮元对西方的科学知识和工艺制作技术抱着肯定和推崇的态度，在《畴人传》一书中，他搜集了许多西方学者有关工艺制作的各种记载和资料，把它们详尽地介绍给中国的学者，并希望中国学者能够"网罗古今，善善从长，融会中西，归于一是"，在掌握中国古代科学技术和天算知识的基础上，采用西学的某些知识技艺，以赶上和超过西方，保住"天朝上国"的领先地位。不难看出，在阮元强调学习西方技艺，提倡"融会中西，归于一是"的主张背后，隐藏着狭隘的民族自尊心和"天朝上国"的盲目自大思想。但是，在清朝统治者推行闭关锁国政策，中西文化交流处于低谷状态的乾、嘉、道之际，在学者大多沉溺于对古代典籍的整理和研究，"家家许郑，人人贾马"之时，阮元能够在一定程度上超越乾嘉学者狭窄的治学范围，对中西文化问题进行一番认真地审视与比较，并提出一些有益的见解，不能不说是难能可贵的。尽管这些比较和看法仍带着浓厚的封建正统观念的痕迹，仍局限于传统思想的束缚，但先行者的脚印，绝不可能那么正确笔直，它给后人留下的，更多的是启示和思考。

不是吗？当侵略者的鸦片和大炮强行撞开中国紧闭的大门，当人们从多次挨打的屈辱中警醒，痛切地感到中国需要学习西方，从武器——制度的差异，直至感受到东西方两种不同文化的撞击之后，再回过头来看看先行者探索的艰难历程，或许是能够得到一些有益的启示的。

王
国
维

昨夜西风凋碧树

◎徐　枫

　　当虚设的"清室"已颁布听任剪辫的明谕后，他那天姿英发的脑后，竟出人意料地重新拖起一条长辫，拖到"五四"，拖着千百年沉重的负累，拖着几十年求学的困惑，拖入那一池生命的逝水……

　　阳光下，昆明湖水泛着幽波。

　　一个清癯执着、忧郁沉静的学者，兀坐在颐和园石舫前，犹如青铜雕像。

　　日近正午。北平城耸着，昆明湖流着。而大师的心魄，如落地钟摆，破碎着。

　　憾世的悲剧，自此刻开始。正午时分，颐和园的日光变得异样，清皇室的花园寂天寞地。大师以头就水，生命愀然逝去。

　　他是一座崇高的山峰，以著作之多之精而睥睨一切的山峰，矗立在从鸦片战争到新中国成立的一百多年间；20世纪初，他将西方美学用于对中国古代文学进行批评，并建立起自己瑰伟的理论体系，开一代风气之先。

　　然而，只在瞬间，这座山峰竟在无垠的青天中消失了。

　　王国维，这位中国近代伟大学者困惑的一生，便终结在此刻。这是1927年6月2日孟夏。大师撒下了如日中天的国学事业，桃李满园、莘莘学子，半世才华、超人哲思，就像一部交响乐到了高潮，却意外地戛然而止，遁入一池湖水。

◆◇ 东渡蓬莱浴海涛

他短小文弱，诚笃切实，早年常给人以恬雅文静的印象。东太平泽新雨微润的岛国，人们曾经记得大师青年求学时，那一头新剪的西发体现了中西合璧的努力。但到晚年，当清廷已颁布了听任人民剪除发辫的明谕以后，他那天资英发的脑后却沉重地负累起了一条长辫，带着某种信念、节义和幽愤的表征，拖到"辛亥"，拖到"五四"。微微皱起的眉宇下，一双忧郁的眼睛深藏在圆圆的镜片后。那是一双近乎悲哀、无助、疑虑、执着的眼睛，像是在透视令他一生都在困惑的人生问题的终结，内中透出了"不降其志，不辱其身"，但求洁身自保的中国儒家士大夫的节操。

王国维，字静安。又字伯隅，号礼堂，又号观堂。1877 年 12 月 3 日生于杭州湾附近的海宁城，一户中产人家。

不像大多数人那样享受过天真童趣，一开始，人生于他就显得是一座总染不成绿意的失乐园：四岁丧母，父亲远去经商。一对伶仃的小姐弟，便被寄养在祖姑母身边。

童年，如压黄了的白纸，没有回味，没有余音，寂寥，更启动了天才忧郁的性灵。劳悴终生、尽归幻灭的春蚕曾使他忧伤，万物生长、自作牺牲的自然规律曾使他悲哀。大自然的花鸟虫鱼、春树嘉禾，带给他的只是人生背面的启示。"体素羸弱，性复忧郁"，这便是不幸童年给大师刻下的深深创痕。

大师的少年完全受着旧式教育。七岁入私塾，读传统的"十三经"；十一岁，晚自塾归，秉烛泛览家书，十五岁开始显露才华，一时位极"海宁四才子"榜首；十六岁考取秀才。

但他却没有顺遂文愿，去寻那顶戴花翎的儒林荣耀。在西子湖畔的崇文书院接受科举考试训练时，他彻夜诵读的却是《史记》《汉书》《三国志》。站在恢宏的历史长廊之间仰望悠远的时空，注视着暴风雨后海上桅樯摧折的沉舟，大师有了一种完全融入其中的感动，一种超越和痛快于一切八股文、试帖诗之上的透心的升华感。那一刻，这个怯弱而又疏离的、来自小镇的少年，毅然以不囿流俗的气度，做了科举之路的叛逆者。

王国维的童年尽管过早地失去了人生的明媚春阳，但他对这个发蒙时代和消磨这时代的浙水滨，却永远深藏着一种温柔而凄凉的回忆。虽然他不得不离开海宁，几乎一生转辗于上海、北平及其他城市，却从没忘记杭州湾畔的故乡，那汹涌的钱江大潮。"潮起潮落，几换人间事？""人间孤愤最难平，消得几回潮落又潮生？"的确，它是那样地躁动、不安、悲慨、愤懑，几乎赋有人性似地深孕着痛苦的灵魂。无数的思想与力量在江潮中涌动，而中华大地上再没有哪一处水流比它更汹涌、更气派、更磅礴了。它传出的那种威慑一切、统摄一切和想摧毁一切的力量，使他感到了自身的渺小和无助。在此，王国维消磨了他最初的二十三年；在此，形成了他心中忧郁的人生观；在此，他变得沉静而内省。他的灵交与水永是默契的。自那以后，这惊破历史河床的际天大水，这激励过他那抗金远祖就义英灵的不废江河，竟也成了他灵魂的解脱处，这是一个奇异的结。

1894 年，钟声不再敲着和平。堂堂中国屈败于区区岛国日本；卧薪尝胆欲洗英法联军辱国之耻的清廷水师，在甲午炮战中化为片片碎骸。蛰伏于万木草堂写《大同书》的康有为惊起，公车上书，重笔写下救亡维新的大字。刚刚觉醒的中国知识分子，痛感向西方学习、摆脱落后的必要，新思潮遂排闼而入，猛烈冲击着先辈惨淡经营的儒学大厦；世纪的流风，第一度震撼了海宁学子年轻的心。"始知世尚有所谓新学者"（《自序》）的王国维，遂"弃帖括而不为，绝举业而不就"，毅然立志向西方学习。因赞成维新变法而"往往为时人所诟病"（王国维《先太学君行状》）的开明家父王乃誉，也把康、梁的奏章、政论带给他看。

遥想汉人多少宏放，唐人也还不算弱。看清廷在弱败中冬眠，《马关条约》割辽东半岛、台湾岛、澎湖列岛给日本，沙市、重庆、苏州、杭州沦为太阳旗下的商埠，二万万两白银随城下之盟付诸东流。面对"外患日逼，民生日困"，青年王国维清醒地认识到，中国正面临着列强瓜分的危险。至于救亡图存，在他看来，"此刻欲望在上者变法，万万不能，惟有百姓竭力做去，做得一份算一份。"

维新运动在中国大地上热烈酝酿着。1898 年 2 月，一个寒风凛凛的日子，二十二岁的王国维来到了上海，来到了这汇聚着强学会精英人物的远东第一繁华大都市。在以启民智、伸民权为己任的《时务报》，王国维成为一名普通的文书校对员，在新思想的集中点做着自己的一份。

同年春天，以滚滚热血撰《集蓼编》、激昂呼唤着学习日本"以御西力之东渐"的罗振玉，以私资设立了东文学社，聘请日本人以日文教授科学。在东文学社最早的六名学生名单中，可以看到王国维的名字。

这是一贯正直朴实、不尚空言浮行的王国维。

1898年6月，戊戌变法的波峰浪谷，只在一瞬。百天后，这场巨大的政治风潮便在北京城内黯然消退了，光绪帝幽囚于瀛台，西太后重新垂帘听政，六君子慷慨赴死，康、梁逃亡海外。爱国志士，风流云散。在这凄凄惨惨的一幕后，紧接着便是《时务报》关闭。

大师沉默了。他痛苦地注视着这个不平的真实的人间，眼里不时流露着对爱国志士的真切同情，对守旧派攻讦的愤慨不平；间或，也有一丝对革命的淡淡的迷乱，从心头飘忽而过。他仍不辍地在东文学社学习，那曾经撩起过的对新学的向往，唯因"家贫不能以赀供游学，居恒怏怏"（《自序》）的眼睛，却更深情地投向新学，并自心中燃烧起对留学的渴望。

1900年，八国联军入侵，兵燹过后，照例是丧权辱国的不平等条约，加剧了外国资本主义的贪婪、中国社会经济的破坏，加剧了封建统治者对人民的压迫、人民群众对大清帝国的反抗。

这就是阶级斗争民族矛盾错综复杂的清代末年。新与旧、君权与民权、西学与中学、革命与保守、科学与八股在交锋，在搏斗。

在这内忧外患令人翻思振作的关头，受着旧式教育濡染而又倾向新学的王国维，是把握到历史潮流而欲以新学为己任的一个。他不曾大声疾呼过什么，但他仍是明智的，清醒的。他不会像黄遵宪那样，擎起"诗界革命"的大旗，作"最好沙场死"的悲壮军中歌，虽然他也写诗；他不会像梁启超那样，拍案击节："读此诗而不起舞者，必非男子"，虽然他风华正茂；他更不具备谭嗣同那样峻切的思虑，想到"各国变法，无不从流血而成，……有之，请自嗣同始"。所以，那一段，他的眼光并不见得特别犀利，却可能比较沉着。戊戌的失败，许多悲壮的努力都不能救中国于一难，救国救国，怎么救？他忧戚满怀地注视着这一浪盖过一浪的铺天巨澜。他想，多半还应从为学和振兴上起步，或可唤起富强中国的启明？所以，最初他就同八股科举决裂了，后来又去大上海学数理化，为着它或可富国强兵。他还学外语，盼东渡，这不啻叛逆，"因为那时读书应试是正路，所谓学洋务，社会上便以为是一种走投无路的人，只得将灵魂卖给鬼子，要加倍的奚落而且排斥的"（鲁迅《呐喊·自序》）。但他做得毕竟太少了，而他的省，他包藏在内心深处的理思又很少外露。他本不属于振臂一呼、万众景从的领袖人物。戊戌后，他更忧郁、沉静，而且孱弱，他的秉性素质都无法使他具有政治家的风采，无法使他激流弄舟。所以，在那一个时期，他显然并不特别璀璨，却也不是"凭栏一片风云气，来作神州袖手人"的那一类人物。他介乎二者之间而趋向前者，所以也是典型的。

1901年，一个又长又稳定的冬天，受着恩师罗振玉的资助，大师终于东渡扶桑，赴东京物理学校学习了。浩瀚的大海护拥着大师去发轫，去敞开胸扉，迎接东太平洋旭日的洗礼。庄子的大鹏，一定是重负凭凌以去的，他去了。在那时代东渡的大船中，脱颖过王国维、鲁迅以及许多中华莘莘学子、优秀儿女，历史期待而且祝祷着他们。

◆◇ 欲寻大道况多歧

在通州，在1903年泛滥的千佛寺河边，大师度过了一生中最平静的一年。这是他一生中表露着诗人气质最为浓厚的一年。但痛苦依然。

那是一个三面环水，景色宜人的地方。大师在那里执教心理学、伦理学、社会学。他喜欢那"清旷淡人虑，幽茜遗世网"（《端居》）的氛围，喜欢在安详宁静中独坐，细数晚祷的钟声。大自然的春煦嘉树，苏慰着他的病体，而"枳棘苦其旁，既锄还复生"又在他敏感的心理上增添一种悲天悯人的感慨。他是那么苦恼，苦恼于"何为方寸地，矛戟森纵横"（《端居》）的时代纷乱，"我生三十载，役役苦不平"的个人遭际；苦恼于东渡方数月，即因病局促地结束留学梦，落得个"闻道既未得，逐扬又未能"（《端居》）的尴尬处境。"野鸟困樊笼，奋然思展翅"（《游通州湖心亭》），大师的胸怀，一样饱涨过激越之情。但如今，所有未酬的渴望，有声有色的一切，都化作遗憾，被窒息、被冷落了。"人生苦局促，俯仰多悲悸"（《游通州湖心亭》），"蓬莱自合今时浅，哀乐偏我辈深。局促百年何足道，沧桑回首亦骎骎。"（《登狼山支云塔》）于是，风景逆变了心境，心境充溢着来自生命底蕴的永恒不尽的苦恼。"体素羸弱，性复忧郁，人生之问题，日日往复于目前，自是始决从事于哲学。"（《自序》）这就是留学归来的王国维。

他近于崇拜地吮吸着"先验论""唯意志论""悲观主义"超人哲学的精髓，"因喜其先获我心"，因喜其"息彼众喙，示我大道"（《汗德象赞》），清风伴着思绪，哗哗掀动着康德《纯理性批判》、叔本华《意志及表象之世界》的章章页页。他为叔氏这"凌轹古今"的伟大哲学体系而惊叹，为尼采这"破坏旧文化而创造新文化"的先进思想而入迷。当时中国文化界、知识界还鲜有人知道他们的名字，而为人生问题所困的大师，就已同那些异邦先驱者的心事遥遥相通，并借此建构着自己的思想体系了。他译介日本的《教育学》、英国的《西洋伦理学史要》、丹麦的《心理学大纲》；他发表了《论性》《释理》《原命》等一系列介绍西方哲学家思想的论文。

英文、德文、日文，文字的暌隔消失了。他读出理解，读出崇拜，触动起千弦万调叫人痴绝痛极的件种。他视它们为"赤日"，为"丹凤"。这种一心以为哲学方是解答自己的困惑、提高大众知识，复兴民族精神的唯一途径的理念，在他的作品中，也时有表现，尤其在《论大学及优级师范学校之削除哲学科》一文中，他更是振臂一呼："不通哲学，则不能通教育学及与教育学相关系之学科也。且夫探索宇宙的人生之真理而定教育之理想者，固哲学之事业。"

幸与不幸？近代史上，他是第一个引进了叔本华、尼采学说的人；第一个将西方资产阶级美学引进中国的人；第一个以这些哲学为理论依据，论述文学和教育并获得成功的人。

西洋哲学当然不是焚燃黑夜的太阳。王国维是为着解决人生的问题去读哲学的。然而，西洋哲学却无助于揭示人生的真谛。他的《论性》《释理》《原命》，篇篇都在追索着人生终极的大理，篇篇都在以古今哲人的理论求证着人生、人性的大解，结论却使他陷入更深的大困惑：《论性》的结论，是人性善与恶的永恒争斗；《释理》的答案，是"为善由理性，为恶亦由理性"的荒唐悖论；《原命》的解，是人在命运前束手待毙，"但为其所决定，而不能加以选择"的无解。人生，除了充满生存意志之欲外，罪恶与痛苦，竟全无救赎的希望了！

哲学，当是怅惘无助时，一道划破黑夜的曙光，是对基本原理和第一原因的顿悟，是对这顿悟的形而上的思辨。但叔氏哲学却不能。大师无法悟，无法瞥见它所撩起的那块豁亮的天、那道迷人的虹。初迷上哲学的惶悚与盲目过去了，淡淡的迷乱，渐自胸中涌起。

1904年，徘徊在哲学迷圈中的大师，仍以叔氏哲学理论为指导，写下了中国批评史上第一篇运用西方理论批评中国文学作品的《红楼梦评论》。他对人生的诠释，他的悲剧观，他的解脱论，也一并融入这洋洋五大章中。

站在曹雪芹用心灵砌塑的大观园内，他冷静地审视着那些痛苦的心灵。大师心中，总会飘忽起先秦诸子低沉的声音。老子曰："人之大患，在我有生。"庄子曰："大块载我以形，劳我以生。"想着"故人生者，如钟表之摆，实往复于苦痛与倦厌之间者也"，心中顿时充满凄凉。他把先哲的话，写入开章，镌入心坎，人生的意义——这些追寻的主题无数次在笔中凸现。大师艰难地启程了，他把"寻求解脱之道"作为《红楼梦》的主旨，却发现了解脱的虚幻。

解脱"果足为伦理学上最高之理想乎？""举世界之人类，而尽入解脱之域，则所谓宇宙者，不诚无物也欤？""人苟无生，则宇宙间最可宝贵之美术，不亦废欤？"用理智的光芒拨开了笼罩在解脱四周的光圈，他终于悟出解脱的虚无。而人生真能解脱吗？他困惑。释迦牟尼，耶稣基督，坐着宁静，坐着永恒，他们自身解脱了吗？他迷惑。他默默打开叔本华的《知识论》，想获取北极光一样的思想，去破译这人生大玄奥、大诡秘，却发现了叔氏哲学对这个问题产生了根本矛盾。欲望是人生的本质，叔氏说。那么，只要是人，无论妇孺，都应有"意欲"，大师想。那么，强者必为膨胀的"意欲"所驱使，强加痛苦给弱者，弱肉强食，这怎么能"解脱"全人类？叔氏只"言一人之解脱，而未言世界之解脱"，"实与其意志同一之说，不能两立者也"。这倒是成了保存人类痛苦根源的"妙方"了！

无望无奈如注，浸冷了吴侬软语的苏州师范。一首七律《平生》，在平仄合韵的规矩里诉说着交错纷杂的追寻的伤心。

说到叔本华哲学，那原是"以厌世名一世"（鲁迅），将唯意志主义、唯我主义、悲观主义、虚无主义融一体为特征的。这一特征，使它自有一种别具一格、令人沉思之处。这是一种令人迷惑、窒息的哲学，有一种灭绝种族、个体、生活的典型的妄想狂症状。在中国社会新旧交替的历史关头，新生资产阶级力量尚未壮大时，王国维满怀着人生的困惑走向它，并以它指导人生，指导"评红"，将文学的时空关系悉数省略，怎能不矛盾百出？

"人生过处惟存悔，知识增时只益疑"。（《六月二十七日宿峡石》）人生人生，满怀求证人生的热望走向哲学，叔氏哲学却使他坠入危机四伏的大峡谷，这样的经历是摧残心灵的。

他觉得很累。真的一无所获？他想。这失望，这颓丧时内省的转换，这求索的悲剧，都反映在他三十岁的《自叙》里："余疲于哲学有日矣。哲学上之说，大都可爱者不可信，可信者不可爱。余知真理，而余又爱其谬误……知其可信而不能爱，觉其可爱而不可信。此近二三年中最大之烦闷。"他爱康德、叔本华哲学，把它们视为"伟大之形而上学，高严之伦理学，纯粹之美学"。但康德哲学中晦涩难懂之处，"大抵其说之不可持而已"，又"悟叔氏之说，半出乎其主观的气质，而无关于客观的知识"（《自序》）。哲学世界里，"可爱"与"可信"无法缔结的大对峙，感情与理智无法溶解的大矛盾，与宇宙人生无法求证的大问题，纠集在心。关于这些日子的思虑，还保存在他三十岁《自序》的一部分记叙里。"近日之嗜好，所以渐由哲学而移于文学，而欲于其中求自接之慰藉者也"。

大师突然中止了他的哲学研究，举家北上。1907年3月，随罗振玉到北京学部总务司供职。家庭变故，也纷迭而来。1906年，父病卒。翌年，夫人莫氏病故，继母也亡。在这多难的日子里，以"描写自然及人生之事实为主"的《人间词·甲稿》（1906）、《人间词·乙稿》相继问世。

走进《人间词》，里面扰攘着人间的困惑；扰攘着百余首百结回肠的忧戚：

薄晚西风吹雨到，明朝又是伤流潦。

（《蝶恋花》）

偶开天眼觑红尘，可怜身是眼中人。

（《浣溪沙》）

悲水东流，人生飘忽，陌上楼头，都不过是忧患劳苦众生相中的一个，有谁能逃脱命运的这般劫数？"天末同云黯四垂，失行孤雁逆风飞"（《浣溪沙》），是那样苦悬苍茫的周遭，危机四伏的人间，自蓝天里响过的雁声，指顾间成了"闺中素手试调醯"的欢宴佳肴，这岂不是弱肉强食社会的写真？大师在霜华满地的邮亭天气独自徘徊，任"北征车辙、南征旧梦"，辗过心头调停无计的泪意，想着"人间事事不堪凭，但除却无凭两字"（《鹊桥仙》），梦也枉然，醒也枉然，谁不潸然？阅尽天涯，"最是人间留不住，朱颜辞镜花辞树"（《蝶恋花》）。忧戚无助的大师，直觉人生正一步步逼近那可怕的沉船失事点，那被叔氏称为"人生航程的最后目标"——死亡。

尽管如此，逃向文学的大师仍不懈地在苦恼人间里滞留了二十年。稍后，他又转入了词论和戏曲研究。1910 年，写下了摆脱西方理论支配，但又吸取其合理概念和思辨方法的《人间词话》，从而筑就了自己那具有划时代意义的诗歌理论体系。

回首世纪初那几页，论及世局忧患中中国知识分子的危机意识，大师给人留下忧世而持守的印象。1902 年到 1911 年，正是大师文学活动集中的时期，也正是反清运动高涨，中国资产阶级民主革命开始走向高潮的时期。戊戌的失败，使他苦闷，令他困惑，也使他对资产阶级革命怀有畏惧。面对乱世，大师一以贯之地寄望于教育、学术，认为"修明政治，大兴教育"才是经世济民之道。这种教育救国的理想，我们只消听听他那时在《教育小言》中，对人不悦学而天下亡的种种忧戚，对"孔子以老者不教，少者不学为国之不祥"的告诫，便可知一二。这种关切和忧虑，在他的《论平凡之教育主义》《人间嗜好之研究》《纪言》《教育普及之根本办法》等文中，随处可见。这种思路，在当时不免成为空谷足音，却是他透过学术以救时局的理想之体现。

站在教育前沿，倡言学术，阔步在 20 世纪初恢宏的天地间，他了解现实主义、浪漫主义种种流派，涉猎过亚里士多德、但丁、莎士比亚、歌德；他向欧洲各社会思潮投出关注的目光；1908 年，还因戏曲研究，旁涉了文艺复兴后西方人文主义文学，旁涉了"西洋之名剧"，并对资产阶级民主主义、人道主义和自由主义思想作了真诚而热烈的感应。他精通日、德、英几国文字，在狂热的文哲之学的创造中，显示了他在封建锁国里向世纪流风所敞开的伟人胸襟。

他为人文主义在中国不被接受甚至不被认识而痛心，他向封建文化专制势力发起挑战："今日之时代已入研究自由之时代,而非教权专制之时代"(《奏定经学科大学文学科大学章程书后》);他高喊要以人之道对人,以孔孟之道为学术而不为宗教教义;他赞扬诸子百家"灿然放万丈之光焰",斥汉武帝罢黜百家独尊儒术导致"抱残守缺"的僵化和停滞。他欢呼西学为中国思想领域传入清新空气,并为严复所译的《天演论》"一新世人之耳目"而感奋……正如《书后》被清末列为禁书,三十岁前呼唤着"异日发明光大我国之学术者,必在兼通世界学术之人"的大师,始终是倡导以学术教育救国,任重道远。他不是战士,他也不是一般的学人,而是"兼通世界学术"之通人。通,是学贯中西,开一代风气之先,身体力行,踏实勤学;也是不忘做学问方式,以近代式的思想感情顺应潮流。

只是,他未能继续朝这一方向走下去。历史无可移易的潮流,竟使大师向西方学习时所激发的生命火花,在再次东渡时冷却了,熄灭了。

◆◇ 饱更忧患转冥顽

旧民主主义炽热地酝酿着。武昌起义一声巨雷,数千年来支撑封建专制王朝的砥柱整个地倾倒了。民主共和国的光芒遍印华夏各部。

就中国而言,这意味着封建制度的帷幕落下来了。1912年1月1日,南京临时政府成立,宣布实行共和政体。伟大的资产阶级民主革命之炬公然把封建势力挤到角落。但拨开云雾后,所期待的光明并没有真正来到。革命的兴奋过去后,接着的是妥协,是退让,是中央政府不到三个月即告夭折。封建势力伙同帝国主义开始反扑,而种种回响与反应堆积成一条逆流,在共和大地泛滥。

辛亥革命的希望消散了。民国旋被大地主、大买办的总头目袁世凯取代。矛盾继续存在着,激化着,人们摸索着准备走上新的革命道路。

但这先天软弱的资产阶级民主革命之火,却使王国维感到了有被焚毁的危险。他一直逃到了日本。

一来到这远离"虎踞龙争讫未休"的"君子国",他从慌乱中静了下来,在吉田町田中村白番地,找到了一个为他烦恼的心魂所能安息的庇荫所,一住就是五年。他属于学术巨人那一类,在异乡客舍里伏案疾书,过很简朴的生活，写很高深的文章。

这五年间，正是袁世凯称帝并镇压二次革命、"讨袁"护国运动高涨的迭变时期。但是王国维此刻对于周围事物的态度变得更为淡漠。在完成了著名的《宋元戏曲史》（这在当时被认为是文艺史上的拓荒工作）以后，他就埋首于经史考据、小学训诂中，专治国学。

20世纪初，西方人利用从我国新疆、甘肃劫掠而去的汉晋时代的木简写成的考释，于1913年冬从欧洲辗转到了日本京都，到了王国维、罗振玉的案头。而罗振玉在净土寺町建的乡村别墅式书库内，四壁无虚地陈列着的，恰是古籍、碑帖、甲骨、钟鼎等实物。

古来新学问起，大都由于新发现。有孔子壁中书出，而后有汉以来古文字学；有赵宋古器出，而后有宋以后古器物、古文字之学。千载难逢，王国维碰上了一个殷墟甲骨文字、敦煌及罗布淖尔的汉晋木简、莫高窟的六朝及唐人写本纷纷而出的时代，一个"此不能不有待少年之努力"的"发现的时代"。

古来成就大事业、大学问者必经过的三种境界，宛然陈现。在三十自述中，他说："余之性质，欲为哲学家则感情苦多，而知力苦寡；欲为诗人则又苦感情寡而理性多。诗歌乎？哲学乎？他日以何者终吾身，所不敢知，抑在二者之间乎？"连大师自己也未曾料到，他将为之奋斗终身的，却是超乎二者之外的国学。

1913年，他同罗振玉合编《流沙坠简》的那一年，讨袁的二次革命在血泊中沉默了。一切危险都集中在革命者身上。孙中山、黄兴被严令通缉，宋教仁在上海车站遇刺，可怜的议员们忍着饥饿在军警流氓的胁迫下，从早上八时到晚上十时投票三次，选出了非常独裁之大总统。国会解散了。"易水萧萧人去也，可能唤醒国人无？"王国维一声也不响，在他的文章中，找不出辛亥事变的任何痕迹。

王国维一声也不响，但他完成了《流沙坠简》。

> 中国有一部《流沙坠简》，印了将有十年了。要谈国学，那才可以算一种研究国学的书。开首有一篇长序，是王国维先生做的，要谈国学，他才可以算一个研究国学的人物。
>
> （鲁迅《热风·不懂的音译》）

一位新学的向往者，为着新学而东渡，而学日文、英文、德文，而读康德、尼采、莎士比亚，而懂人文主义的天才，在再次东渡后，转瞬成了国学的天才。

《齐鲁封泥集》《布帛通考》《宋代金文著录表》《西周金石文韵读》《说觥》《说俎》……"其心如具灵光，经此灵光所照即生异彩"（缪钺《王静安与叔本华》）。他不独在简牍研究上，在甲骨文、封泥、敦煌写本研究上，都获筚路蓝缕之功，达到了一般博学勤力的学者所难达到的境界。

他沉埋在千年古文化中，一声不响，心坎却焚燃着现世的骚扰，不得安宁。

他一直就是个执着的理想主义者。他总是在追求着某种永恒、固定和颠扑不破的人生常数和宇宙大美，一种"万世之真理"。从少年时放弃八股，追求新学，到为着解答人生困惑而深入哲学，到发现了西洋哲学的"不可信"而毅然转向文学，直至沉浸在烟黄的小学之中，一次次的选择、放弃、再选择，无不是他探索人生真谛、追求理想世界的踏实步履。尽管这种追求有时带着某种近乎书卷气的固执，然而，回过头想想，鸦片战争后有洋务运动，"中体西用""师夷长技"却在黄海海战的角声中化为泡影；甲午之后，有戊戌百日维新，"废旧倡新""变法改良"却在封建专制的大网中折戟沉沙。戊戌之后，终于有了1911年10月10日那个令人激动的晚上，统治中国两千年之久的封建制度在清末腐败之后轰然解体了。但革命后的中国，却不能百废俱兴建起完善的新政权，于是有了袁世凯称帝，张勋复辟，北方军阀混战，南方军阀权争……历史本是十分复杂的问题域，旧学新学，得失成败，不会一蹴而就，但大师却深深失望了。或许是理想太纯、太痴，容不得半点杂质？或许是叔本华悲观主义哲学的阴影使他失去直面悲惨人生的勇气和不懈追求的毅力？总之，他是决绝了。

也曾苦海慈航，二上扶桑，冀望新学布满中国早晨的鲜绿；也曾译介过彼岸学说，置纷纭活跃的思维于先进知识分子心中。但，这片产生过老庄的黄土地，却并未因西学的浸润而沙明如镜。在他看来，反倒流失了它固有的沙之烨炜，露出了泥泞；而西来涛声，又嘭嘭然传来欧战的嚣声，蠕荡着混乱陈腐的泡沫……

中国啊中国，该怎样寻得一路？

> 原西说之所以风靡一世者，以其国家之富强也。然自欧战以后，
> 欧洲诸强国情见势绌，道德堕落，本业衰微，货币低降，物价腾涌，
> 工业之斗争日烈，危险之思想日多……而中国此十余年中，纪纲扫
> 地，争夺频仍，财政穷蹙，国几不国者，其源亦半出于此。
>
> （《论政事疏》）

西向大海，换得多少荧燃心坎的迷惘？矫枉过正，喷涌起的，却是荒漠里绝望的援手："而长治久安之道，莫备于周孔"。（《论政事疏》）唯有从中国古史得失成败的借鉴中，方有救中国于一难的新路。

大师在自己心灵的法庭上判决了偶像。对辛亥革命不能理解的政治态度，对时局混乱的失望，对爱新觉罗家族的哀挽，促使他沉溺到经史考据中去。他把行箧中百余册《静庵文集》悉数放到火上烧燎着，以表白自己对昨日尚在笃信奉行的新学决绝的勇气。他在京都孤单寂寥之夜，守望着一些时空中暗淡的人和物，写下了《颐和园词》《蜀道难》《隆裕皇太后挽歌辞》三首长篇叙事诗，为清皇室悲鸣、歌赞，也为自己的堕沉写下了开篇。

在近代中国，作为大学人，一面想要守住学术和事业的领域，一面要投入时代生活的激流，平心而论，这不易。我们不强求他为"六君子"写颂，也不奢望他为甲午之役作"国殇"，但他的选择，令人痛心。

辛亥革命，是大师由新趋旧的关键。

"一代之学人，其言行与时推移恒趋于矛盾之两端"（周振甫）。这是一个奇异的文化现象。

康有为如是；谭嗣同如是；痛哭流涕与其前所热爱的"共和"相诀别的梁启超如是；以译介《天演论》而名重一时复又"起反古之思"，"恶其与一切自由平等之论如蛇蝎"的严复如是；自命遗老图谋复辟而弃前所译介之新学的罗振玉亦如是。

王国维和这些学者一样，在人生的森林中迷失了。世界观的局囿，使他无法超越一切迷雾去瞩视了无障蔽的天空和原野，也就无法窥见这个变革时代的真正底蕴和强力节奏。当着不屈不挠的人们又在酝酿着新文化运动的风暴，预备揭开新民主主义革命那一页时，他却回过头来，想从丘墟所得的材料中重建邦国。他的行为思想，终于与激变的时代格格不入了。

这注定了他终生困惑，永远受难。

1916年2月，大师戚戚然离开了物价腾涨的日本京都，回到了正处于反袁护国运动胜利前夜的祖国。

◆◇ 最是人间留不住

他的面貌有了确定的特点。由于这特点，使他的形象在整个社会演进的大背景中，显出了愚执而又遗世独立的味道："短短的身体，嘴唇上蓄有八字胡须，瓜皮小帽，缀有红帽结，后面拖着一根长辫子，这是他的特别标记。十足的清朝遗老，最引起同学们的注意。"（王德毅《王国维年谱》）

这就是1918年后，执教于上海仓圣明智大学的王国维。

从1916年到1923年春，是大师精神生产的丰收期，他是富有的，他拼命使自己富有，果然十分富有。他持续不断地在殷人占卜的神秘符号中离析着什么。没人懂得他为什么要那么自苦地劳作，没人懂得自苦对他是一种需要。

顶峰降临了。

1917年，他完成了旷世之作《殷卜辞中所见先公先王考》及《续考》，使甲骨文字的史料为举世所公认，使甲骨学独立于森郁学林而自成一门真正的学科；他完成了"为近世经史二学第一篇大文学"《殷周制度论》，以二重证据法创造性地提出了氏族社会在社会制度、礼教、婚姻关系诸方面的不同点，后来的学者，没有不在他那巨人的肩膀上前行的。关于"卜辞的研究，要感谢王国维。是他，首先由卜辞中把殷代的先公先王剔发了出来……""殷墟的发现，是新史学的开端，王国维的业绩，是新史学的开山"（郭沫若《中国古代社会研究·序》）。

1917年，威临着他的盛年，仿如正午的阳光威临着苍溟。从这些作品里，我们比在他别的任何作品里更清楚地看到了大师为学清明的目光：独创的、睿智的、融乾嘉的朴实与西学的思辨为一体而更成一境界的目光。

他的最后一峰或是最高一峰——不可见的峰峦在雾氛中消失了。

他早年嵌入血脉的悲观主义、"物自体"不可知论，他中年蒙垢了的世界观、学术观，一齐开始向他发难。他清明的目光变得混浊了：枯索、茫然、狭隘、绝望。他再不能拨开迷雾，瞭望无际的天空和海洋。他会深入到某些细节中去，注意到海中大团的泡沫，一线、加一线的涟漪的颤动，却无法从个别中加以概括、综合，并追源溯流，探寻远方伟大的海岸线，摸索海浪震颤起伏的规律，更无法将浪花与水流缀合成博大恣肆的汪洋。只是水，不见海，知其然，不知其所以然。他在治学的道路上戛然中止了前行。

就在这一年，他写道："殷墟文字，人力殆已馨尽"。（见《观堂书札》）

五四运动起来了。在五朝京都的千年古都北京，新文化运动的浪涛声冲撼着中国人檀香氤氲的书屋。

事变中心的北大，展开一种壮烈、高远的气势，呼唤大师溯流北上，做热血青年的文科教授。

大师端坐不动。忧戚的目光，穿过大上海"密韵楼"藏书室深奥的古籍群，注视着时局。论学于晚清遗老之间，编校"密韵楼"藏书，在古城墙一般的线装书后，大师度过了震撼世界的1919年。

新文化运动高步远蹠的光芒，再也照射不到他的心魂。

1923年，诗情逼苗的五月，大师匆匆溯流北上，去赴另一个邀约。亢奋从"感冒二日"的晕眩里扩散开来。仓圣明智大学，那超浮于世乱的疏淡的政治空气，那联袂来去的学子和凝重的书香，渐远；故宫的红墙，渐近。桂冠入值故宫南斋，大师为溥仪师，且"加恩赏给五品衔"，"着在紫禁城骑马"。

1924年，又一个温暖烂漫的春天。北大国学院再度邀约王国维出任主任。他以"绝无党派之人"，"与此事则不愿有所沾濡"，再度拒绝了。

同年4月，他上书溥仪，陈时事，斥西学之危害、共产主义之"不合理"，将十月革命后的形势形容成"伏尸千万，赤地千里"。

11月。冯玉祥将军的国民革命军攻入京城，溥仪出宫，帝号废除。这个代表着时代的节拍的事件，却使王国维大为伤怀。他追随"圣上"左右，不忍离去。

他还愤然辞去了北大通讯导师的职务，拒绝在"民国"学刊上发表文字。他要求立即"停止付排"将刊于《国学季刊》上的数篇文章。他那与民国划清界限的要求，写入了当时邮给沈兼士、马衡的信中。

是的，这是行路难的时代。逍遥游，只是范蠡的传说。

他终于陨落了。

王国维，这位诞生在杭州湾富庶土地上的天才与伟人，这位生活在多变年代的政治落魄者和学业胜利者，这位在冷峻芜杂的史籍上为世界创出黄金钻石的智者和斗士，在新时代的大浪中陨落了。

他甚至没能守住但求学问、不与政治有濡染的立身准则，没能守住年少时"生百政治家不如生一大文学家"（《文学与教育》）的思路，匆促惶乱却又是固执郑重地卷入了政治涡流，卷入了与时代相悖的遗老群。像是进进退退的角色，不得不承担起一种矛盾的双重命运：一方面，是但求洁身自保的超党派的观念人物，一方面，又是身不由己参与守旧的行动人物；一方面，想借此机会读到"秘中书"，守着古文字以求心灵慰藉，一方面，又想守住儒家的君臣之礼而追随逊帝左右；一方面，有"出世"的狷介性格，一方面又怀"入世"的仁者襟怀；一方面是思想和知识的固有理路，一方面，又是社会问题的紧迫抉择。

两难的冲突，造成难以摆脱的心理焦虑和岁月蹉跎。

痛苦还不止于此。

溥仪出宫事件，沉重打击了他脆弱的心。他的身体愈加不行了。他的意志面临着全面崩溃。他严重咯血。他在给沈兼士、马衡的信中悲戚地说："弟近来身体孱弱，又心绪甚为恶劣"。他给日本友人狩野直喜的信中更说："皇室奇变，辱赐慰问，不胜感谢。一月以来，日在惊涛骇浪间。"他已无南书房行走的俸禄可拿，又辞却了北大通讯导师的薪金，他还不得不为家庭经济的拮据而承担起责任。

他想到了死。

"是月，先生日在忧患中，常欲自杀，为家人监视得免。"（王德毅《王国维年谱》）

1925年，困扰烦躁中的大师，征得溥仪同意，接受了清华国学院的邀约，回到了自己熟悉的天地，重整学业。5月，在熙春园的鸟音花畦中，大师开始了西北地理及元代史的研究，撰写了《古史新证》等一大批文章，教授着《尚书》《说文》《仪礼》。直到自沉前两天，古风古貌的大师，还在撰写着《金界壕考》。关于这次入迁清华园，他给蒋汝藻的信中是这样解释的：

数月以来，忧惶忙迫，殆无可语，直至上月，始得休息。现主

> 人在津，进退绰绰，所不足者钱耳！然困穷至此，而中间派别意见
> 排挤倾轧，乃与承平时无异。故弟于上月中已决就清华学校之聘，
> 全家亦拟迁往清华。离此人海，计亦良得。数月不亲书卷，直觉心
> 思散漫，会须收召魂魄，重理旧业耳。

温馨的书桌，依旧拂不去心中的苦憾。1925 年 7 月，大师写诗祝贺他一生的师友罗振玉时，仍念念不忘"宫门之变"，不忘君王的"知遇"，臣子的"惭愧"。"君辱臣死"的儒家持守，"忧君""忧国"的愚执意绪，沉重地压在他那原已不堪重负的破碎的心上。

他与清室的关系是矛盾的。退位后的清室，曾在紫禁城内享受过外国君主的同等礼遇，他以为这就可以超乎党争之外了，可以守着宫内宁静，远离热浪如炽的现实了，却不料旋又跌进了逊帝周围那些各抱野心、各怀私见、互相倾轧、争权斗势的宵小群中。他实在不堪与之周旋。他不能有着伪君子般的心。他陷入了去之不忍，不忍与正遭"大难"的"圣上"分手；就之又不能，不能陷入倾轧角逐的旋涡中的矛盾。

他与民国的关系是矛盾的。他做过北大研究所通讯导师，正做着清华国学研究院的教授，他拿了民国的俸给已有五六年了，他当然算不上"西山采薇蕨"的遗民了。他在理智上早已清楚革命之大势必然，感情上却见不得溥仪出宫的"惨状"。而且，北伐后，国共两党的斗争，更使他惊惶不安，从而陷入了另一种有所离而又无法离的矛盾中。这种忧惧，在北伐军逼近华北之际达到了顶端。

在这荒漠的心空，"仅而不死"的自责与羞惭，更如钝刀割肉，搅碎心灵。周围大雾迷漫，人生大困惑大矛盾，流星一般在混沌中剧烈旋转，死的意念在其中回荡。

1926 年 8 月，他失去了大儿子王潜明。一生知己罗振玉，也与他有了龃龉。

1927 年，北平城的遗老们经历着一场空前的大恐慌。国民革命军进抵郑州，黄河南岸已是五色旗的天下。直鲁危急，北京大恐！这大恐慌，在一片大逃亡、大引避中，达到了顶峰。《世界日报》晚刊戏拟党军到京所捕之人，王国维大名赫然在目。

6 月 1 日。自沉前的一日。清华园开始了悠闲的暑假。告别会后，大师面

容忧戚，对膝下承教的学子说："北京日内有大变"。是夜，"先生神色黯然，似有避乱移居之思焉。"（《柏生《记静安先生自沉始末》)

6月2日，大师平静地赶往学校，平静地与人谈论招生。直到那一刻，一生的绝望，临死前的执着，迫他离开了书香绚烂的校园，去叩颐和园的门。

在大地上有过嘹亮声音的人，是永不会被人忘记的！

王国维，多少人泫然感佩于他的伟大，不分时代的辽远与地域的暌离，服膺于他的治史方法，译介着他那飞扬着真正学术巨匠之精神气的大文字：

> "他留给我们的是他知识的产物，那好像一座崔巍的楼阁，在几千年的旧学的城垒上，灿然放出了一段异样的光辉。"
>
> （郭沫若）

他本可以引领我们走得更远，他本可以在学术的高峰上更迫近烨炜的永恒。但他走了，为一种从生命的底蕴中发出的痛苦所迫。

在这悲剧的终了，我仍为一项思虑所苦。我自问，是什么使这个伟大的心魂迷失在水中？是什么使这座伟峻的山峰充满云翳？

关于他的自沉之谜，哀悼至深的陈寅恪作《王观堂先生挽词序》有云：

> 凡一种文化值衰落之时，为此文化所化之人，必感痛苦。其表现此文化之程量愈宏，则其所受的苦痛亦愈甚；迨既达极深之度，殆非出于自杀无以求一己心安而义尽也。

从社会大背景中追根溯源，陈寅恪的目光别具一番深沉。

回首世纪初那几页，从戊戌到辛亥到"五四"，中国历史很少有那么几页像这一段，变化大，有意义。但就在中国被民主、科学推动着上路，诱发着理思时，"意义危机"，一种盘旋于中国人心智结构之上的"精神迷失"，却也急迫地亲昵其上。这一"迷失"，表现为三个层面：是行之有效的儒家伦理已然失范，一时又找不到足以替代的新道德、新律令之信仰共识的"道德迷失"；是内圣外王的人生境界已然解体，个人存在的意义又将维系何方的"存在迷失";是西学使人们为外部世界的"什么"与"如何"而动容,却无法解答"终极原因"而使人困惑于世界的终极究竟是什么的"形而上迷失"。三重迷失,了无间歇地侵蚀着大师的生命。

请想一想政治上蒙昧的大师与他学术上惊人的洞察力的关系,请想一想那个孤身一人漂洋过海作新的先驱的大师与退避一隅作旧的忠臣的关系;请想一想一半热烈向前瞻望与一半又向后不断顾恋的关系;请想一想在书本上驳斥着陈旧,却又在现实中恐惧着新生的关系。想到这些,我们可以发现,没有终极关切的人生太轻飘,轻飘得使人无法承受。大师的一生,便都笼罩在这种时代的苦闷中。他的抱负总是挫折多于实现,大到济世明道,小到自己的学术走向。他的屡而西学救国,屡而国学安邦;屡而欲从文哲之学求得人生终极的关切;屡而又欲从经史考据中求得心灵的安置,似乎正表明了他与中国思想史上这种"意义危机"的痛苦抉择的关系。这种不可调和的人生大矛盾、精神大迷失,加之时局动荡、人生多难(爱子夭亡、生计窘迫、知己龃龉)齐集而来的诸多因素,终于撕碎了那颗脆弱的心,胀裂了他那个衰朽的魂。他走了。

这个有时非常伟大,有时极为渺小的人物,这个有时是叛逆的、鄙视陋儒的天才,有时则是守旧的、恐惧新生的庸人,走了,走出飘忽的人生,走入凝冻的史卷,面对世间永恒的品评,遗响不绝……

这就是王国维。